舟山统计年鉴

ZHOUSHAN STATISTICAL YEARBOOK

2017

舟　山　市　统　计　局
国家统计局舟山调查队　编

中国统计出版社
China Statistics Press

《舟山统计年鉴-2017》
编委会和编辑人员

编 者 说 明

一、《舟山统计年鉴——2017》是一本全面系统地反映舟山经济和社会发展情况的数据资料性读物。它实事求是地展示了舟山市改革开放尤其是“十二五”以来各个领域的新进展和新成就，是各级领导和有关部门研究浙江舟山群岛新区建设和舟山市情、制订发展规划的重要工具书，也是市外乃至国外友人了解舟山，熟悉舟山投资环境的指南。

二、全书内容共分十六个部分，即：综合、人口与劳动力；渔业；农业；盐业；工业、能源；交通、邮电；固定资产投资、建筑；批发零售、住宿餐饮、外经和旅游；财政、金融、保险；物价；人民生活与劳动工资；教育、科技；文化、体育和卫生；城建、环保、民政、司法等情况；各县（区）、乡镇、住人岛屿基本情况；全省各市国民经济和社会发展主要指标。为便于读者使用，各篇末附有主要统计指标解释，在有些指标下方作了简要注解。

三、本年鉴编入的统计数据以1990年以来为主，部分指标列有1952年和1978年以来的统计数据，部分指标列出了1985年及1990年以来各个年度的统计数据。

四、本年鉴对过去发表的统计资料重新予以核实，对有的数字作了调整，凡与本年鉴有出入的，均以本年鉴为准。

五、本年鉴凡带续表的资料，对部分指标的注解一律在最后一张续表的下面。

六、本年鉴部分数据合计数或相对数由于单位取舍不同产生的计算误差未作机械调整。

七、本年鉴中的符号使用说明：“#”表示其中的主要项，“空格”表示无该项指标数据或数据不详，“…”表示该项指标数据不足本表最小单位数。

《舟山统计年鉴》一直得到了社会各界的关心和支持。我们殷切地期望读者继续给予重视，欢迎提出宝贵意见。

目　　录

CONTENTS

一、综合、人口与劳动力

General Survey, Population and Labor Force

二、渔　　业

Fishery

三、农　　业

Agriculture

四、盐　　业

Salt Industry

五、工业、能源

Industry,Energy

六、交通、邮电

Transportation, Posts and Telecommunications

七、固定资产投资、建筑

Investment in Fixed Assets, Construction

八、批发零售、住宿餐饮、外经和旅游

Wholesale and Retail, Accommodation and Catering, Foreign Economy and Tourism

九、财政、金融、保险

Finance, Banking and Insurance

十、物　　价

Prices

十一、人民生活与劳动工资

People's Livelihood and Wages

十二、教育、科技

Education ,Science and Technology

十三、文化、体育和卫生

Culture, Sports and Public Health

十四、城建、环保、民政、司法等情况

City Construction,Environment Protection,Civil Administration and Judicature

十五、各县(区)、乡镇、住人岛屿基本情况

Basic Statistics on Counties Regions, Towns and Islands Living Persons

十六、全省各市国民经济和社会发展主要指标

Major Indicators of National Economy by City in Province

一、综合、人口与劳动力

舟山统计年鉴
ZHOUSHAN STATISTICAL YEARBOOK

1-1 人口与自然资源

项目	2016年
一、人　口	年底户籍人口总数97.33万人 人口密度676人/平方公里 年底常住人口总数115.8万人 人口密度804人/平方公里
二、地理位置	北纬29°32′至31°04′ 东经121°30′至123°25′
三、区域总面积	东西长182公里,南北宽169公里 区域总面积2.22万平方公里 其中:海域面积2.08万平方公里;土地总面积1440.12平方公里 (包括滩涂面积183.19平方公里)
四、岸线总长度 深水岸线长度	2444公里 水深15米以上200.7公里 水深20米以上103.7公里
五、舟山本岛面积	东西长44公里,南北宽18公里,土地总面积502.65平方公里(包括滩涂面积26.48平方公里)
六、岛屿个数	大小岛屿1390个,礁3306座,2015年底户籍人口在50人以上的岛屿有68个
七、水资源量	水资源总量11.58亿立方米 其中:地下水总量1.97亿立方米
八、气　候	历年年平均降水量1185.9mm 2016年降水量1585.2mm 2016年平均气温17.6℃

1-2 行　政　区　划

单位:个

	1990 年	1995 年	2000 年	2001 年	2002 年	2003 年	2005 年	2006 年	2007 年	2008 年	2009 年	2010 年	2011 年	2012 年	2013 年	2014 年	2015 年	2016 年
一、市辖县个数	2	2	2	2	2	2	2	2	2	2	2	2	2	2	2	2	2	2
二、市辖区个数	2	2	2	2	2	2	2	2	2	2	2	2	2	2	2	2	2	2
三、街道个数	3	4	4	9	9	9	9	9	11	11	11	11	11	11	13	13	13	13
# 定海区	3	4	4	6	6	6	6	6	6	6	6	6	6	6	9	9	9	9
普陀区				3	3	3	3	3	5	5	5	5	5	5	4	4	4	4
四、镇个数	20	27	29	24	24	23	23	23	21	21	21	21	21	21	17	17	17	17
定海	4	6	8	7	7	7	7	7	7	7	7	7	7	7	3	3	3	3
普陀	7	10	10	7	7	7	7	7	5	5	5	5	5	5	5	5	5	5
岱山	5	7	7	7	7	6	6	6	6	6	6	6	6	6	6	6	6	6
嵊泗	4	4	4	3	3	3	3	3	3	3	3	3	3	3	3	3	3	3
五、乡个数	70	36	34	12	12	12	12	12	11	11	11	11	11	11	5	5	5	5
定海	22	15	13	3	3	3	3	3	3	3	3	3	3	3				
普陀	25	8	8	4	4	4	4	4	3	3	3	3	3	3				
岱山	13	4	4	1	1	1	1	1	1	1	1	1	1	1	1	1	1	1
嵊泗	10	9	9	4	4	4	4	4	4	4	4	4	4	4	4	4	4	4
六、行政村个数	847	830	774	729	591	559	424	417	414	345	344	344	344	344	344	344	344	327
定海	322	319	309	276	181	181	114	113	113	113	113	113	113	113	113	113	113	110
普陀	275	272	240	232	199	177	177	177	177	108	108	108	108	108	108	108	108	98
岱山	182	172	167	167	163	153	95	89	86	86	85	85	85	85	85	85	85	81
嵊泗	68	67	58	54	48	48	38	38	38	38	38	38	38	38	38	38	38	38
七、社区居委会（居委会）个数	84	105	129	129	93	89	83	80	85	89	84	86	96	96	89	98	101	111
八、村民小组(万个)	0.70	0.65	0.63	0.60	0.58	0.56	0.54	0.53	0.53	0.52	0.52	0.52	0.52	0.52	0.40	0.39	0.45	0.46

1-3 历年气象概况

年份	气温			年降水量（mm）	年蒸发量（mm）	年日照（小时）	年灰霾天数（天）
	最高(℃)	最低(℃)	年平均(℃)				
1955	37.1	-6.1	16.3	1167.3	1395.8	2109.6	4.0
1956	34.3	-4.5	16.0	1160.3	1403.4	1908.5	5.0
1957	37.7	-4.9	15.8	1198.8	1252.2	1858.3	0.0
1958	36.0	-6.1	16.2	1279.0	1370.5	2087.9	0.0
1959	35.9	-5.1	16.6	1499.0	1343.6	1958.8	0.0
1960	36.5	-3.4	16.8	1267.0	1300.5	1970.3	0.0
1961	33.6	-2.6	16.8	1277.1	1530.1	2266.1	1.0
1962	33.8	-4.1	15.9	975.2	1421.1	2232.3	1.0
1963	37.9	-5.4	16.2	950.2	1448.0	2433.5	2.3
1964	36.3	-2.5	16.4	927.0	1371.5	2156.2	0.5
1965	35.6	-4.2	16.1	1058.7		2157.4	1.3
1966	39.1	-3.0	16.6	1161.7		2286.7	4.0
1967	38.3	-7.0	15.9	578.7		2240.6	2.3
1968	35.8	-4.3	16.0	798.5		2245.7	0.3
1969	36.7	-4.5	15.7	1024.6		2229.1	1.5
1970	34.1	-5.0	15.9	1029.8		1912.2	1.3
1971	38.2	-2.9	16.1	952.9		2422.6	0.3
1972	33.7	-3.1	15.6	1064.9		2028.8	4.5
1973	33.7	-3.3	16.4	1468.1		2086.3	3.3
1974	34.1	-3.8	16.0	1175.1		2089.6	2.5
1975	34.6	-2.1	16.4	1238.3		2119.6	3.8
1976	36.2	-3.1	15.5	1352.9		2127.2	3.8
1977	36.5	-4.8	16.3	1497.8		2011.5	2.0
1978	36.4	-2.5	16.5	922.5		2179.4	4.0
1979	37.9	-4.0	16.6	969.9		2242.6	4.0
1980	35.7	-5.5	15.7	1231.2	1233.6	2003.8	4.0
1981	34.8	-3.2	15.9	1202.1	1335.6	1947.8	7.3
1982	34.7	-4.1	16.2	1138.1	1294.2	1899.8	3.8
1983	36.0	-2.6	16.2	1367.3	1235.8	1897.4	4.8
1984	36.3	-3.8	15.9	1082.7	1311.2	2035.3	1.0
1985	35.8	-3.9	16.1	1298.3	1283.7	2024.0	5.5
1986	36.5	-5.7	15.9	1090.9	1344.1	2182.0	4.3
1987	36.5	-4.1	16.2	1111.2	1244.1	1991.4	8.0
1988	37.1	-3.0	16.1	970.5	1395.5	2117.3	6.3
1989	36.2	-1.1	16.1	1608.2	1175.8	1719.9	8.3
1990	35.7	-3.6	17.0	1234.3	1270.1	1940.7	15.0
1991	35.3	-5.7	16.3	1209.6	1241.8	1743.2	7.7
1992	34.5	-2.2	16.0	1273.9	1296.2	1876.2	20.0
1993	35.3	-3.8	15.9	1555.5	1183.8	1884.6	14.3
1994	35.1	-1.3	17.2	1398.0	1371.5	1998.3	12.7
1995	38.6	-2.2	16.2	1220.3	1354.9	2110.1	22.3
1996	34.6	-3.3	16.3	1026.7	1357.1	1976.9	15.3
1997	34.4	-2.3	16.8	1520.2	1295.7	1913.8	16.7
1998	37.8	-3.9	17.5	1421.7	1248.2	1998.2	16.0
1999	34.2	-2.8	16.8	1536.8	1142.6	1825.0	16.0
2000	34.9	-3.0	17.0	1269.6	1316.1	1920.4	12.5
2001	34.0	-3.7	17.2	1267.0	1313.2	2008.6	16.8
2002	37.2	-1.0	17.4	1577.7	1289.5	1807.8	26.8
2003	38.3	-3.0	17.0	737.9	1472.9	2141.3	31.0
2004	36.6	-4.0	17.3	1126.8	1582.2	2227.7	25.8
2005	39.5	-3.1	16.7	1104.6	1502.9	2113.5	17.8
2006	36.9	-3.3	17.5	1099.0	1412.8	1781.1	13.8
2007	40.2	-1.7	17.8	1139.2	1473.7	1878.3	17.5
2008	35.4	-3.5	16.8	1317.2	1337.4	1898.0	18.3
2009	38.7	-5.5	17.1	1279.0	1405.5	1924.1	15.5
2010	37.3	-5.1	16.7	1274.8	1338.0	1760.9	17.5
2011	36.3	-4.2	16.3	1040.2	1437.7	1892.0	34.8
2012	36.9	-3.6	16.5	1629.6	1376.5	1813.8	17.5
2013	42.3	-2.0	17.0	1051.2	1588.1	2037.9	44.3
2014	35.2	-2.6	16.8	1435.6	924.8	1726.5	59.5
2015	37.3	-3.7	17.0	1582.6	935.3	1607.5	47.0
2016	37.2	-6.6	17.6	1585.2	981.2	1665.3	12.8

注:1.年降水量、年蒸发量、年日照、年灰霾天数为各县(区)平均值。
2.2014 年起,年蒸发量测量器皿型号有变,与往期不可比。

1-4 国民经济和社会

	单位	1978年	1980年	1985年	1990年	1995年
一、年末总人口						
常住人口	万人					
户籍人口	人	871602	888818	934608	969904	982763
二、年末社会劳动者人数	万人	45.69	47.29	57.96	61.69	67.18
#非私营在岗职工人数	万人					
#国有经济在岗职工	万人					
集体经济在岗职工	万人					
三、地区生产总值	万元	38846	49020	130950	245697	743786
第一产业	万元	16310	19087	50044	87732	221934
第二产业	万元	12336	17085	47721	79305	245948
第三产业	万元	10200	12848	33185	78660	275904
海洋经济增加值占GDP比重	%					
四、工农业总产值	万元	45318	64617	186780	404242	1305486
五、渔农业总产值	万元	21147	30182	81149	178831	576233
#渔业总产值	万元	15303	19612	59666	137287	481126
主要农产品产量						
粮　食	万吨	18.38	16.57	17.35	16.37	14.52
棉　花	吨	2102	2515	1390	473	684
油菜籽	吨	1987	2437	2759	5707	5738
茶　叶	吨	140	178	187	171	176
蔬　菜	吨	73100	102100	95415	134812	116080
水　果	吨	2048	3117	5351	8017	20260
猪牛羊肉	吨	5515	7343	5044	8130	8118
禽　蛋	吨			4484	5503	8321
牛　奶	吨		282	881	806	711
水产品	万吨	48.78	39.70	42.59	53.21	98.00
#远洋渔业	万吨					9.00
猪年末存栏头数	万头	13.71	12.63	10.43	11.52	9.11
六、全部工业总产值	万元	24171	34435	105631	225411	729253
#规模工业	万元	20408	29096	96003	196752	533024
#轻工业	万元	12805	18256	60235	136264	365583
重工业	万元	7603	10840	35768	60488	167441

注:1.规模工业有关指标数据范围2011年起为年主营业务收入2000万元及以上工业企业,2008-2010年为年主营业务收入500万元及以上工业企业,1998-2007年为国有及年销售收入500万元及以上非国有工业企业,1998年以前数据为乡及乡以上工业企业。

2.2013年起,三次产业分类依据国家统计局2012年制定的《三次产业划分规定》,下同。

发展主要指标（一）

2000年	2005年	2009年	2010年	2011年	2012年	2013年	2014年	2015年	2016年
				113.7	114.0	114.2	114.6	115.2	115.8
984104	967250	967721	967710	969870	971760	973054	974892	973632	973262
64.21	55.72	65.95	66.65	68.99	72.90	72.65	74.32	74.50	74.70
	10.53	14.30	16.07	15.85	16.79	17.51	17.24	17.18	17.33
	5.61	6.10	6.19	6.52	6.41	6.25	6.32	6.54	6.46
	0.53	0.85	0.97	0.81	0.67	0.82	0.68	0.30	0.35
1215702	2822516	5363502	6451008	7737927	8554735	9335299	10152567	10928459	12411989
324041	398400	522392	620247	760390	830578	954187	1008966	1110070	1267057
360073	1121198	2413177	2920458	3480669	3804716	3893758	4252670	4496313	5100434
531588	1302918	2427933	2910303	3496868	3919440	4487373	4890931	5322076	6044498
	62.0	67.1	68.0	68.6	68.7	69.1	69.8	70.0	70.2
2024120	4908256	11086795	13182976	15905842	17490186	19392362	21670981	23732960	27177860
745242	871891	1023923	1212670	1499355	1636653	1888062	1994830	2192735	2523449
653543	784021	899445	1072373	1345277	1477327	1725843	1828866	2029764	2362855
8.84	5.20	5.93	5.24	5.06	5.22	5.14	4.42	3.20	3.60
279	78	71	60	79	181	145	119	93	105
5445	3795	2964	2839	2867	2858	2767	2640	2583	2356
155	132	98	95	91	87	85	97	80	85
151945	185479	172655	161209	159850	149103	143481	137090	129290	131041
20638	77200	92680	85858	87377	84033	81317	78578	73351	72187
9297	15712	17346	19455	18412	18489	16918	18286	17333	11307
7208	8324	7624	6599	6362	6127	4896	5107	4887	4049
766	1572	456	571	390	350	312	312	2	13
134.92	124.08	123.78	131.12	141.95	148.30	155.38	166.94	176.46	190.25
13.36	15.52	10.42	12.18	21.06	25.05	29.66	39.35	46.52	53.88
8.68	12.45	16.65	17.06	16.18	15.37	14.80	12.42	8.45	4.89
1278878	4036365	10062872	11970306	14406487	15853533	17504326	19676151	21540225	24654411
742164	2833416	7905601	9790516	11051733	11998334	13335566	14977609	16333676	18721066
465484	1775066	1920302	2228079	2263104	2854134	3022248	3015010	3184063	3359425
276680	1058350	5985299	7562438	8788629	9144200	10313318	11962599	13149613	15361641

3.2015年起，按照《国务院关于进一步推进户籍制度改革的意见》（国发〔2014〕25号）要求统一城乡户口登记，公安人口数不再区分户籍。

4.2016年起研发支出计入地区生产总值。

5.2015年及以前年份，“非私营在岗职工人数”为“城镇在岗职工人数”，下同。

1-4 国民经济和社会

	单位	1978年	1980年	1985年	1990年	1995年
七、盐产量	万吨	18.41	8.46	19.57	25.33	27.45
八、全社会货物周转量	万吨公里	29485	42430	91678	232209	1114437
全社会旅客周转量	万人公里	14527	21047	52131	77371	128033
港口货物吞吐量	万吨				281	1005
邮电业务收入	万元					
九、固定资产投资	万元	9257	13254	44695	58206	365882
十、社会消费品零售额	万元	19219	26683	61994	122592	316102
旅客接待人次	万人			74.64	162.57	280.65
#国际游客	人			3299	21466	42629
十一、外贸进出口总值	万元					23061
#出口总值	万元					19212
实际使用外资额	万美元		89	291	528	2812
十二、财政总收入	万元	6075	7032	14510	22334	45869
一般公共预算支出	万元	2775	4502	9819	20244	46263
十三、非私营单位在岗职工工资总额	万元					
非私营单位在岗职工平均工资	元					
十四、城镇常住居民人均可支配收入	元				1888	6826
渔农村常住居民人均可支配收入	元	121	163	702	1500	3592
十五、商品零售价格指数	%			116.3	100.2	111.0
居民消费价格总指数	%			115.4	101.9	114.8
十六、人民币储蓄余额	万元	3151	6626	25716	95643	354591
人均储蓄余额	元	36	75	276	986	3608
十七、中小学在校学生	人	173417	151322	120601	127315	139227
#小学在校学生	人	110406	104936	81358	89662	89343
适龄儿童入学率	%	97.70	98.04	98.30	99.40	99.66
十八、各类专业技术人员	人			5374	19122	19346
卫生机构数	个	213	223	286	320	281
#医院、卫生院	个	103	105	95	101	102
床位数	张	1537	1867	2238	2923	3456
#医院、卫生院	张	1421	1763	2133	2798	3259
卫生技术人员	人	2268	2530	3078	3576	4016
#执业医师(含助理)	人	903	958	1228	1611	1874

注:1.城乡居民收入指标从2013年起采用城乡一体化后新口径。

2.2011年起,固定资产投资项目统计范围由计划投资50万元及以上提高到500万元及以上,且不包含农户投资同,下同。

发 展 主 要 指 标 （二）

2000 年	2005 年	2009 年	2010 年	2011 年	2012 年	2013 年	2014 年	2015 年	2016 年
26.20	23.15	12.59	7.87	10.80	6.62	10.59	5.58	4.10	3.47
1164924	5051782	10057786	12916966	17219446	19761010	10687409	22691335	24890580	28082825
148569	181400	245294	241117	250211	249938	123573	127682	155108	153307
3189	9052	19300	22084	26054	29099	31387	34700	37925	42590
		131161	145111	153438	164061	172728	168470	148499	157672
421801	1611191	4006632	4138437	4760876	5705986	7500233	9608783	11347553	13111370
594809	1004469	1816860	2125429	2517051	2905445	3316470	3765820	4155181	4573956
459.72	1001.71	1752.93	2139.00	2460.53	2771.02	3067.47	3397.96	3876.22	4610.61
61180	140028	223482	256790	277468	310468	315375	315835	322371	339247
46736	150467	702451	1073258	1326405	1535605	1267249	1233469	1170087	6961124
41162	106874	373936	693734	742796	9224448	664911	577574	618522	413784
1075	3120	10595	6719	10788	18339	20930	19962	7792	21017
107701	285224	769928	985282	1271752	1334507	1374225	1489267	1595920	1732865
114820	319384	827392	1050303	1481022	1552230	1898260	1881904	2396523	2505417
	265604	580553	716934	856696	984670	1109090	1183478	1284141	1378804
	25377	40560	43642	51938	57294	63283	68954	74717	80311
8886	15524	24082	26242	30496	34224	37799	41466	44845	48423
4228	7190	12612	14265	16608	18601	21401	23783	25903	28308
99.2	101.0	99.2	104.3	105.4	101.7	100.4	100.5	99.4	101.0
101.6	101.7	99.2	104.1	105.8	101.7	101.6	101.7	101.2	101.8
853857	1735399	3501863	4050932	4566918	5036888	5446392	5980044		
8676	17942	36187	41861	47088	51833	55972	61340		
123392	98177	86937	86096	84012	81965	81036	80665	80148	79540
67066	50096	46913	47201	46728	46607	46378	47086	47683	48122
99.92	99.99	100	100	100	100	100	100	100	100
19792	19084	20261	19182	17214	20310	21176	21196	21829	21759
293	395	385	406	666	618	632	668	708	697
98	80	82	81	71	70	71	60	66	68
3293	3501	3755	4059	4044	4562	4621	5050	5500	5510
3293	3501	3755	4059	4044	4562	4621	5050	5500	5510
4262	4610	5782	6172	6832	7047	7679	8101	8602	8872
2074	2093	2370	2524	2659	2703	2847	3055	3328	3422

3.2015 年起，人民银行取消“人民币储蓄余额”指标统计，下同。

4.学龄儿童入学率由 2006 年起改为“适龄儿童入学率”。

5.2015 年及以前，外贸进出口总值及出口总值为万美元计价。

1-5 各计划时期国民经济主要

	"一五"时期	"二五"时期	1963年——1965年	"三五"时期	"四五"时期
一、人口数	3.51	2.64	2.70	1.77	1.57
二、社会劳动者人数	4.49	-1.20	3.28	4.95	4.59
#城镇国有经济在岗职工	21.16	7.13	2.93	2.54	7.67
城镇集体经济在岗职工		16.13	7.72	2.35	4.25
城镇其他经济在岗职工					
三、地区生产总值	17.33	2.76	11.92	-3.00	7.73
四、工农业总产值	12.35	1.37	16.39	-3.74	11.12
#工业总产值	13.78	4.06	15.16	-3.34	17.23
农业总产值	11.96	0.61	16.77	-3.86	8.93
#渔　　业	15.63	1.47	17.91	-5.47	12.15
五、财政收入	13.56	10.34	6.45	0.39	5.93
财政支出	23.70	3.44	2.40	4.13	23.00
六、货运周转量	27.06	14.69	19.12	4.50	9.67
客运周转量	63.42	8.72	-1.67	3.51	15.51
七、全社会固定资产投资	32.4	15.2	61.5	11.1	15.5
八、社会消费品零售总额	21.21	2.74	5.13	-1.00	14.77
九、城镇国有单位在岗职工工资总额	33.84	8.74	1.08	3.18	6.02
城镇国有单位在岗职工年平均工资	9.98	0.49	3.75	-0.53	-0.64
十、储蓄存款余额	39.50	9.28	22.70	-0.41	16.29

注:1.地区生产总值"九五"及以前工农业总产值增长速度按可比价格计算,投资指标年均增长速度按累计法计算。

2.在社会劳动者人数其中项中"十五"时期及以前为国有经济职工、集体经济职工、其他经济职工。

指标平均每年增长速度

单位:%

“五五”时期	“六五”时期	“七五”时期	“八五”时期	“九五”时期	“十五”时期	“十一五”时期	“十二五”时期
0.87	1.01	0.74	0.26	0.03	-0.35	0.01	0.12
3.14	4.21	1.26	1.72	-0.90	-2.80	1.06	2.25
11.95	4.36	3.71	3.07	-9.61	-2.85	1.99	1.10
5.76	5.50	-1.73	-4.46	-20.28	-16.14	12.85	-20.88
		14.86	62.12	25.23	3.90	15.18	3.03
14.36	12.61	4.10	14.90	9.30	15.20	14.30	9.9
7.57	13.92	8.08	17.81	11.08	19.40	21.85	12.48
17.79	21.72	9.87	21.24	13.77	25.80	24.29	12.47
1.35	3.76	4.02	13.21	5.90	3.19	6.82	12.58
-0.31	3.63	4.44	14.92	6.52	3.71	6.46	13.61
10.45	15.59	9.01	15.48	18.62	21.50	28.14	10.13
11.74	16.88	15.57	17.97	19.94	22.70	26.88	17.94
16.40	16.66	12.88	33.43	0.89	34.10	20.65	14.02
15.49	19.89	5.93	7.86	3.02	4.07	5.86	-8.45
27.1	18.7	11.4	45.50	-0.40	30.80	25.0	23.34
8.19	18.36	14.61	23.54	13.48	10.98	16.17	14.35
16.81	13.03	23.48	25.94	1.25	16.58	14.51	12.78
4.20	8.62	18.42	22.07	10.68	20.27	11.29	12.09
20.88	31.16	30.0	29.96	19.22	15.24	18.48	

3.城镇国有单位在岗职工工资总额和城镇国有单位在岗职工年平均工资“十五”时期及以前为国有单位职工工资总额和年平均工资。

1-6 国民经济主要比例关系

单位:%

	1995年	2000年	2002年	2005年	2006年	2007年	2008年	2009年	2010年	2011年	2012年	2013年	2014年	2015年	2016年
一、地区生产总值三次产业比例															
第一产业	29.8	26.7	20.4	14.1	12.3	10.7	9.8	9.7	9.6	9.8	9.7	10.2	9.9	10.2	10.2
第二产业	33.1	29.6	32.9	39.7	41.6	43.7	45.8	45.0	45.3	45.0	44.5	41.7	41.9	41.1	41.1
第三产业	37.1	43.7	46.7	46.2	46.1	45.6	44.4	45.3	45.1	45.2	45.8	48.1	48.2	48.7	48.7
二、工农业总产值中农轻重比例															
农　业	44.1	36.8	27.7	17.8	14.0	12.1	10.5	9.3	9.2	9.4	9.4	9.7	9.2	9.2	9.3
#渔　业	36.9	32.3	24.4	16.0	12.4	10.7	9.3	8.1	8.1	8.5	8.4	8.8	8.4	8.6	8.7
轻 工 业	37.3	40.9	47.7	47.5	44.9	39.6	30.7	25.1	23.2	22.4	25.4	24.8			
重 工 业	18.6	22.3	24.6	34.7	41.1	48.3	58.8	65.6	67.6	68.2	65.2	65.5			
三、工业总产值中轻重工业比例															
轻 工 业	66.8	64.8	66.0	57.8	52.2	45.0	34.3	27.7	25.5	24.7	28.1	27.4			
重 工 业	33.2	35.2	34.0	42.2	47.8	55.0	65.7	72.3	74.5	75.3	71.9	72.6			
四、农业总产值中各业比例															
农　业	12.1	9.5	8.7	6.8	7.6	7.4	7.4	7.7	7.5	6.6	6.4	5.9	5.7	5.1	4.7
林　业	0.6	0.3	0.3	0.2	0.2	0.2	0.2	0.5	0.2	0.2	0.2	0.2	0.1	0.1	0.1
牧　业	3.8	2.5	3.0	3.1	3.5	4.3	4.3	4.0	3.9	3.5	3.2	2.6	2.5	2.2	1.6
渔　业	83.5	87.7	88.0	89.9	88.7	88.1	88.1	87.8	88.4	89.7	90.2	91.3	91.7	92.6	93.6
五、财政总收入占地区生产总值比例	**6.2**	**8.9**	**10.0**	**10.2**	**11.1**	**12.9**	**13.6**	**14.4**	**15.3**	**16.5**	**15.6**	**14.8**	**14.7**	**14.6**	**14.0**
六、文教科卫事业费占财政支出比例	**37.2**	**33.6**	**27.9**	**28.9**	**28.5**	**25.9**	**23.1**	**26.6**	**24.3**	**21.7**	**24.6**	**22.2**	**25.0**	**22.2**	**22.5**
科学、教育、文化、卫生支出															
七、农业拨款占财政支出比例	**3.2**	**10.0**	**13.4**	**10.1**	**9.8**	**9.9**	**11.5**	**16.9**	**18.5**	**24.1**	**19.6**	**25.8**	**21.1**	**20.5**	**20.8**
八、客运量中各种运输方式比例															
公　路	77.4	79.2	79.7	78.6	79.3	76.2	74.6	82.2	85.9	85.5	86.2	62.6	44.2	53.2	50.5
水　运	22.6	20.8	20.3	21.4	20.7	23.8	25.4	17.8	14.1	14.5	13.8	37.4	55.8	46.8	49.5
九、货运量中各种运输方式比例															
公　路	37.9	43.0	40.5	26.9	25.5	24.9	23.6	33.8	30.8	24.7	23.6	23.2	25.2	26.0	25.7
水　运	62.1	57.0	59.5	73.1	74.5	75.1	76.4	66.2	69.2	75.3	76.4	76.8	74.8	74.0	74.3

注:1.2006年起,文教科卫事业费和农业拨款口径有所调整。

2.2014年起,取消全部工业中的轻重工业分类统计。

1-7 按经济类型分的国民经济主要比例关系

单位:%

	1995 年	2000 年	2002 年	2005 年	2006 年	2007 年	2008 年	2009 年	2010 年	2011 年	2012 年	2013 年	2014 年	2015 年	2016 年
一、全社会劳动人数比例															
国有经济	16.1	10.2	11.3	10.3	10.2	9.4	9.3	9.9	9.8	9.6	9.1	9.2	8.9	9.6	9.6
集体经济	6.1	2.1	1.6	2.1	2.1	1.4	1.3	1.6	2.5	1.2	1.6	5.3	5.2	5.8	5.4
其他经济	1.7	5.4	8.1	8.3	8.3	12.5	12.7	13.6	14.7	13.4	15.0	17.4	14.0	14.1	14.3
城镇个私劳动者	2.8	5.3	7.9	11.8	11.8	19.0	25.1	24.1	34.5	33.7	34.0	29.5	32.0	33.1	33.6
乡村劳动力	73.3	77.0	71.1	67.5	67.6	57.7	51.6	50.8	38.5	42.1	40.3	38.6	39.9	37.4	37.1
二、固定资产投资比例															
国有及国有控股投资			53.7	61.1	57.0	52.9	50.1	46.3	44.3	35.3	38.6	50.3	48.6	51.3	56.0
民间投资			45.8	37.3	39.7	40.0	43.4	47.7	50.3	59.3	57.5	46.7	48.6	47.0	42.2
港澳台与外商投资			0.5	1.6	3.3	7.1	6.5	6.0	5.4	5.4	3.9	3.0	2.8	1.8	1.8
三、工业总产值比例															
国有经济	33.6	12.6	10.0	5.8	5.9	5.0	4.1	10.7	10.4	1.9	1.9	1.7			
集体经济	31.8	12.3	5.7	1.3	1.1	0.9	0.7	0.6	0.7	0.7	0.7	0.7			
其他经济类型	14.5	28.6	23.3	33.0	35.5	42.5	21.7	34.0	37.1	55.8	55.7	53.3			
城乡个私经济	20.1	46.5	61.0	59.9	57.5	51.6	73.5	54.7	51.8	41.6	41.7	44.3			

注:1.2002 年起,全社会劳动力人数比例按新口径计算。

2.2014 年起,取消全部工业中的按经济类型分类统计。

1-8 全市平均每天主要社会经济活动

	单位	1995年	1999年	2000年	2002年	2005年	2010年	2011年	2012年	2013年	2014年	2015年	2016年
一、全市平均每天创造的财富													
地区生产总值	万元	2038	2908	3331	4310	7733	17674	21200	23438	25576	27815	29941	33913
工农业总产值	万元	3577	4600	5546	7205	13447	36118	43578	47918	53130	59372	65022	74256
农业总产值	万元	1579	1848	2042	1996	2389	3322	4108	4484	5173	5465	6007	6895
工业总产值	万元	1998	2752	3504	5209	11058	32795	39470	43434	47957	53907	59014	67362
财政总收入	万元	126	224	295	430	781	2699	3484	3656	3765	4080	4372	4735
固定资产投资	万元	1002	1039	1156	1768	4414	11338	13043	15633	20548	26325	31089	35823
外贸进出口总值	万元	63.2	86.8	128.0	136.1	412.2	2940.4	3634.0	4207.1	3471.8	3379.4	3205.7	19019.5
外贸出口	万元	47.0	69.7	112.8	121.7	292.8	1900.6	2035.1	2527.3	1821.7	1582.4	1694.6	11305.6
水产品产量	吨	2685	3641	3696	3414	3399	3592	3889	4063	4257	4574	4834	5198
盐 产 量	吨	752	390	718	422	634	216	296	181	290	153	112	95
货 运 量	万吨	6.08	7.12	8.07	8.95	18.40	37.89	49.01	54.63	58.61	61.05	68.68	76.98
客 运 量	万人	16.53	19.54	20.60	21.32	24.20	41.30	42.62	44.13	13.49	17.95	14.72	14.30
住宅竣工面积	平方米	3058	1829	1540	1647	3275	2773	1318	4005	2521	3533	1745	3655
邮寄信件	万件	2.16	1.99	2.11	2.20	1.58	3.93	3.93	2.65	2.37	1.85	1.42	1.19
二、全市每天消费量													
城乡居民消费总额	万元	966	1496	1630	2093	2752	5823	6896	7960	9086	10317	11384	12497
平均每人消费额	元	9.8	15.2	16.6	21.4	28.5	60.2	71.1	81.9	93.4	105.83	116.92	128.40
三、全市人口变动													
出 生	人	23	19	21	17	18	18	17	21	18	21	16	18
死 亡	人	17	17	18	18	19	21	19	21	19	19	20	18

注:2015 年及以前,外贸进出口总值、外贸出口为万美元计价。

1-9 人口普查主要数据

项　　目	第一次 1953.7.1	第二次 1964.7.1	第三次 1982.7.1	第四次 1990.7.1	第五次 2000.11.1	第六次 2010.11.1
一、总户数(万户)	**11.89**	**14.66**	**24.63**	**30.25**	**36.07**	**45.48**
家庭户平均每户人数(人)	4.23	4.72	3.55	3.17	2.73	2.39
二、总人口(人)	**503820**	**692383**	**904506**	**976132**	**1001530**	**1121261**
1.按性别分:						
男	255696	351433	458242	495839	506171	588414
女	248124	340950	446264	480293	495359	532847
2.按民族分:						
汉　　族	503818	692252	904222	975613	999166	1109813
苗　　族		6	8	9	836	3089
土 家 族				12	483	2861
回　　族	2	95	244	403	449	1148
彝　　族			2	2	42	724
布 依 族			1	9	131	562
满　　族		4	13	34	68	432
其　　他		26	16	50	355	2632
3.按文化程度分						
大专及以上		1221	4001	11658	33107	115286
高　　中		5445	50885	75336	122249	138542
初　　中		23519	175206	238689	327691	398202
小　　学		195570	375804	380412	356443	341269
文盲、半文盲(15及15岁以上)			197916	166951	95512	77577
4.按年龄分:						
儿童人口(0-14岁)			235610	208572	153012	114265
老年人口(60岁以上)			72019	94250	128808	176331
其中:(65岁以上)			47810	61631	93404	117770
劳动年龄(男16-59岁,女16-54岁)			561435	639683	686747	781648
5.按县区分						
定 海 区	191379	245863	317550	342831	369448	464184
普 陀 区	155436	223587	299023	329436	346237	378805
岱 山 县	116717	160615	206624	216523	197483	202164
嵊 泗 县	40288	62318	81310	87342	88362	76108

注:1.前四次人口普查时点均在7月1日零时,第五次和第六次人口普查时点在11月1日零时。

2.文化程度包括肄业和在校学生。

1-10 渔农村基本情况和生产条件

（2006年渔农业普查）

	舟山市	定海区	普陀区	岱山县	嵊泗县
一、渔农村生产经营户(户)	72200	33844	20410	14999	2947
二、渔农村生产经营单位(个)	5383	460	1693	2009	1221
三、渔农业从业人员(人)	105757	28682	34477	30079	12519
按行业构成					
农作物种植业	48376	22265	14640	10108	1363
林业	485	301	112	55	17
畜牧业	3179	2007	647	423	101
渔业	51292	3918	17011	19393	10970
农林牧渔服务业	2425	191	2066	100	68
按性别构成					
男	70944	14723	23407	22921	9893
女	34813	13959	11070	7158	2626
按年龄构成					
20岁以下	801	42	146	465	148
21-30岁	7332	546	2416	3096	1274
31-40岁	17611	2346	6146	5789	3330
41-50岁	28153	6187	9422	8501	4043
51岁以上	51860	19561	16347	12228	3724
按文化程度构成					
文盲	16824	6840	4159	4534	1291
小学	56771	16981	18398	14872	6520
初中	29746	4310	11043	9985	4408
高中	2331	519	848	673	291
大专及以上	85	32	29	15	9
四、渔农业生产经营单位从业人员(人)	51311	3459	18029	20394	9429
按单位行业分					
农作物种植业	348	187	126	35	
林业	784	264	221	262	37
畜牧业	251	74	88	73	16
渔业	49862	2920	17561	20018	9363
农林牧渔服务业	66	14	33	6	13
五、农业机械情况(台)					
大中型拖拉机	94	57	13	24	
小型拖拉机	441	326	80	35	
大中型拖拉机配套农具	60	49	8	3	
小型拖拉机配套农具	107	78	15	14	
联合收割机	131	95	13	23	
六、设施农业情况(亩)					
温室面积	28.7	5.2	23.5		
大棚面积	2622.8	1535.7	639.2	385.1	62.8
中小棚面积	750.2	409.2	247.2	78.6	15.2
温室和大棚中主要作物种植面积					
蔬菜	2429.9	1555.3	395.6	316.3	162.7
食用菌	54.3	17.2	28.6	8.5	
果用瓜	784.1	419.3	253.9	109.6	1.3
水果	512.2	356.9	108.6	46.7	
园艺苗木	234.7	102.6	51.2	80.6	0.3

1-11 渔农村基础设施建设和基本社会服务

（2006年渔农业普查） 单位：个

	舟山市	定海区	普陀区	岱山县	嵊泗县
乡镇数	35	10	11	7	7
一、交通设施					
有码头的乡镇	35	10	11	7	7
通公路的村	411	112	176	89	34
通公路的自然村	1597	521	586	424	66
二、电力与通讯设施					
已经完成农村电网改造的乡镇	34	10	10	7	7
有邮电所的乡镇	33	10	10	6	7
通电的村	420	114	178	90	38
通电的自然村	1651	546	598	426	81
通电话的村	422	114	178	92	38
通电话的自然村	1656	547	598	430	81
三、文化教育设施					
地域内有职业技术学校的乡镇	3	1		1	1
有公园的乡镇	18	6	4	5	3
有广播、电视站的乡镇	31	10	11	4	6
能接收电视节目的村	420	114	178	90	38
能接收电视节目的自然村	1645	540	598	426	81
安装了有线电视的村	415	113	176	89	37
有幼儿园、托儿所的村	98	41	27	21	9
有体育健身场所的村	203	63	95	32	13
有图书室、文化站的村	150	59	36	39	16
有渔农民业余文化组织的村	203	65	90	35	13
安装了有线电视的自然村	1619	530	592	419	78
四、环境卫生设施					
实施集中供水的镇	23	7	7	6	3
饮用水经过集中净化处理的村	321	85	148	72	16
实施垃圾集中处理或统一清运的村	395	110	172	80	33
完成改厕的村	193	55	81	33	24
五、医疗和社会福利机构					
有医院、卫生院的乡镇	35	10	11	7	7
有敬老院的乡镇	29	10	9	7	3
有卫生室的村	323	97	131	71	24
六、市场建设					
有综合市场的乡镇	31	8	9	7	7
有专业市场的乡镇	5	1	3		1
有农产品专业市场的乡镇	5	1	3		1
有储蓄所的乡镇	34	10	10	7	7
有50平方米以上的综合商店或超市的村	151	44	59	35	13
在村内就可以买到化肥的村	131	51	53	26	1

1-12 渔农村居民生活条件

（2006年渔农业普查） 单位：%

	舟山市	定海区	普陀区	岱山县	嵊泗县
一、住房情况					
户均拥有住房面积（平方米）	121.2	133.2	126.1	105.6	99.8
按拥有住房数量分					
拥有1处住宅	88.88	87.72	90.47	89.51	85.87
拥有2处住宅	6.77	7.53	6.01	6.78	6.43
拥有3处住宅	0.31	0.37	0.28	0.27	0.31
没有住宅	4.04	4.38	3.24	3.44	7.39
按住房类型分					
楼房	74.62	71.18	78.86	71.32	83.02
平房	25.24	28.74	21.03	28.47	16.7
其他	0.14	0.09	0.11	0.22	0.28
按住房结构分					
钢筋混凝土	2.92	5.24	2.84	0.51	0.83
砖混	78.8	72.39	81.5	81.18	88.23
砖木	18.17	22.22	15.53	18.26	10.93
竹草土坯	0.05	0.02	0.09	0.05	
其他	0.06	0.13	0.03	0.01	0.01
二、饮用水情况					
获取饮用水困难住户的比重	0.75	0.92	0.95	0.27	0.74
使用管道水住户的比重	78.7	80.57	84.22	77.6	53.5
按饮用水水源分的住户构成					
净化处理过的饮用水	70.94	68.45	78.33	74.42	42.96
深井水	4.37	2.19	8.06	2.35	5.64
浅井水	20.82	25.43	11.23	22.19	33.59
江河湖水	1.14	2.13	1.23	0.02	0.02
池塘水	0.34	0.94	0.03		0.07
雨水	2.29	0.63	1.09	0.99	17.67
其他水	0.1	0.24	0.03	0.02	0.05
三、主要使用的炊事能源					
柴草	7.69	11.45	5.62	6.84	2.46
煤	0.11	0.14	0.08	0.08	0.12
煤气、天然气	92.07	88.28	94.21	92.9	97.34
沼气		0.01			
电	0.13	0.12	0.09	0.18	0.08
四、家庭卫生设施					
水冲式厕所	52.67	59.87	52.22	49.89	32.75
旱厕	0.32		0.91	0.12	0.03
简易厕所或无厕所	47.01	40.13	46.87	49.99	67.22

1-13 渔农村劳动力资源与就业

（2006 年渔农业普查）　　单位：人

	舟山市	定海区	普陀区	岱山县	嵊泗县
一、渔农村劳动力资源总量及构成					
渔农村劳动力资源总量	417410	154452	134337	96726	31895
按性别构成					
男性	229710	83794	74932	53224	17760
女性	187700	70658	59405	43502	14135
按年龄构成					
20 岁及以下	33405	13345	9467	8324	2269
21-30 岁	63236	25720	214078	12678	3760
31-40 岁	100728	37317	33918	21237	8256
41-50 岁	115405	39184	37707	28684	9830
50 岁以上	104636	38886	32167	25803	7780
按文化程度构成					
文盲	26975	10989	6327	7154	2505
小学	161865	59397	49839	39067	13562
初中	174383	64143	59975	38073	12192
高中	46561	17025	15500	10760	3276
大专及以上	7626	2898	2696	1672	360
二、渔农村劳动力从业人员	329302	128294	104628	72291	24089
第一产业	87110	21182	28737	26123	11068
第二产业	140083	68983	39707	26050	5343
第三产业	102109	38129	36184	20118	7678
三、渔农村外出从业劳动力	60267	31265	18463	8319	2220
按性别构成					
男性	42267	22003	13040	5815	1409
女性	18000	9262	5423	2504	811
按年龄构成					
20 岁及以下	3620	1653	897	768	302
21-30 岁	18263	8284	6186	2721	1072
31-40 岁	14702	8437	4330	1594	341
41-50 岁	14094	7708	4283	1824	279
50 岁以上	9588	5183	2767	1412	226
按文化程度构成					
文盲	1355	877	243	210	25
小学	16512	9212	4651	2240	409
初中	31774	16569	9962	4058	1185
高中	8239	3763	2637	1441	398
大专及以上	2387	844	970	370	203
按从业地区构成					
乡外县内	38845	22141	12049	3876	779
县外市内	11305	5617	2549	2366	773
市外省内	6052	1432	2747	1450	423
省外	3379	1852	718	576	233
港澳台与国外	686	223	400	51	12
按产业构成					
第一产业	2170	630	986	360	194
第二产业	29871	18228	7710	3551	382
第三产业	28226	12407	9767	4408	1644

1-14 渔业船舶、渔业劳动力基本情况

（2006年渔农业普查）

	单位	全 市	市本级	定海区	普陀区	岱山县	嵊泗县
一、渔业船舶（按船质分）	艘	9395	104	701	3632	2418	2540
钢质	艘	5499	104	371	2225	1691	1108
木质	艘	3896		330	1407	727	1432
二、捕捞渔业船舶（按作业类型分）	艘	8127	100	666	3114	2194	2053
拖网	艘	2675	2	281	1538	486	368
围网	艘	151	7	1	89	45	9
流刺网	艘	1523		50	539	395	539
帆张网	艘	1049		14	93	572	370
其他涨网	艘	1416		235	373	333	475
钓业	艘	477	91	28	255	8	95
蟹笼	艘	541		29	66	320	126
其他	艘	295		28	161	35	71
三、水产养殖单位数	个	2550		291	940	447	872
四、渔业劳动力	人	66292	2493	4247	24362	22297	12893
# 船上劳动力	人	62780	2493	3730	23084	21694	11779
# 水产养殖劳动力	人	3540		519	1299	603	1119

1-15 历年地区生产总值

年 份	地区生产总值（万元）	第一产业	第二产业	第三产业	# 工业	# 建筑业	# 交通运输、仓储和邮政业	# 批发和零售业	人均地区生产总值（元,按户籍人口计算）	人均地区生产总值（元,按常住人口计算）
1978	38846	16310	12336	10200	10239	2097	1981	5222	447	
1979	42680	17384	13891	11405	11746	2145	2170	5879	487	
1980	49020	19087	17085	12848	13416	3669	2241	6484	554	
1981	53031	18329	19547	15155	15794	3753	2842	7657	593	
1982	62012	21993	21840	18179	17991	3849	3902	8834	685	
1983	66014	20270	24959	20785	20863	4096	4608	9869	721	
1984	92033	35939	30487	25607	25516	4971	6330	11747	996	
1985	130950	50044	47721	33185	38408	9313	8360	15016	1407	
1986	148972	57266	50335	41371	41990	8345	9549	18013	1588	
1987	187194	70333	65060	51801	51594	13466	11999	21568	1977	
1988	236098	85120	83509	67469	65625	17884	15317	29414	2407	
1989	239207	80372	81910	76925	63161	18749	17861	29389	2483	
1990	245697	87732	79305	78660	65665	13640	17811	28342	2538	
1991	289436	104880	93564	90992	76190	17374	20898	31292	2979	
1992	341425	112811	114697	113917	96097	18600	27730	40528	3502	
1993	430620	123589	144701	162330	117289	27412	35937	46380	4405	
1994	601946	186009	200939	214998	164808	36131	51373	71225	6146	
1995	743786	221934	245948	275904	201885	44063	61454	86146	7579	
1996	838231	273669	255977	308585	201630	54347	61429	112886	8521	
1997	912924	293428	269651	349845	210973	58678	75687	116384	9266	
1998	972744	303022	270577	399145	211303	59274	87805	127758	9869	
1999	1061528	307141	313323	441064	242833	70490	105399	137965	10779	
2000	1215702	324041	360073	531588	289648	70425	122567	152106	12353	
2001	1343755	324225	420875	598655	334313	86562	138160	155840	13676	13384
2002	1573010	320958	518301	733751	421626	96676	157848	171274	16063	15590
2003	1866184	319919	689576	856689	538045	151531	189538	204084	19152	18386
2004	2312696	369500	882590	1060606	668490	214100	250807	245429	23838	22640
2005	2822516	398400	1121198	1302918	868360	252838	268285	220500	29152	27456
2006	3406497	418800	1416330	1571367	1063639	352690	381510	250200	35246	32929
2007	4188145	449400	1828175	1910570	1332089	496086	461880	286800	43340	40136
2008	5090376	497122	2333173	2260081	1700343	632830	563231	342500	52625	48250
2009	5363502	522392	2413177	2427933	1758724	654453	575115	370565	55426	49963
2010	6451008	620247	2920458	2910303	2171978	748480	657690	506024	66662	58449
2011	7737927	760390	3480669	3496868	2661255	819415	773712	625527	79872	68526
2012	8554735	830578	3804716	3919440	2937114	867603	840795	734877	88119	75140
2013	9335299	954187	3893738	4487373	3161656	924400	899074	803894	96002	81817
2014	10152567	1008966	4252670	4890931	3361980	1101041	1022214	860650	104239	88746
2015	10928459	1110070	4496313	5322076	3561735	1145000	1132935	974556	112172	95113
2016	12411989	1267057	5100434	6044498	4198458	1168264	1229392	1140496	127506	107463

注：1.由于行业变动，2004 年及以前年份的交通运输、仓储和邮政业为交通运输、仓储和邮电业数据，批发和零售业为批发和零售贸易和餐饮业数据，下同。

2.2016 年起研发支出计入地区生产总值，下同。

1-16 历年地区生产总值构成

单位:%

年份	地区生产总值	第一产业	第二产业	第三产业	#工业	#建筑业	#交通运输、仓储和邮政业	#批发和零售业
1978	100	42.0	31.8	26.2	26.4	5.4	5.1	13.4
1979	100	40.7	32.5	26.8	27.5	5.0	5.1	13.8
1980	100	38.9	34.9	26.2	27.4	7.5	4.6	13.2
1981	100	34.6	36.9	28.5	29.8	7.1	5.4	14.4
1982	100	35.5	35.2	29.3	29.0	6.2	6.3	14.2
1983	100	30.7	37.8	31.5	31.6	6.2	7.0	14.9
1984	100	39.1	33.1	27.8	27.7	5.4	6.9	12.8
1985	100	38.2	36.4	25.4	29.3	7.1	6.4	11.5
1986	100	38.4	33.8	27.8	28.2	5.6	6.4	12.1
1987	100	37.6	34.8	27.6	27.6	7.2	6.4	11.5
1988	100	36.1	35.4	28.5	27.8	7.6	6.5	12.5
1989	100	33.6	34.2	32.2	26.4	7.8	7.5	12.3
1990	100	35.7	32.3	32.0	26.7	5.6	7.2	11.5
1991	100	36.2	32.3	31.5	26.3	6.0	7.2	10.8
1992	100	33.0	33.5	33.5	28.1	5.4	8.1	11.9
1993	100	28.7	33.6	37.7	27.2	6.4	8.3	10.8
1994	100	30.9	33.4	35.7	27.4	6.0	8.5	11.8
1995	100	29.8	33.0	37.2	27.1	5.9	8.3	11.6
1996	100	32.6	30.6	36.8	24.1	6.5	7.3	13.5
1997	100	32.1	29.5	38.4	23.1	6.4	8.3	12.7
1998	100	31.2	27.8	41.0	21.7	6.1	9.0	13.1
1999	100	28.9	29.5	41.6	22.9	6.6	9.9	13.0
2000	100	26.7	29.6	43.7	23.8	5.8	10.1	12.5
2001	100	24.1	31.3	44.6	24.9	6.4	10.3	11.6
2002	100	20.4	32.9	46.7	26.8	6.1	10.0	10.9
2003	100	17.1	36.9	46.0	28.8	8.1	10.2	10.9
2004	100	16.0	38.2	45.8	28.9	9.3	10.8	10.6
2005	100	14.1	39.7	46.2	30.8	9.0	9.5	7.8
2006	100	12.3	41.6	46.1	31.2	10.4	11.2	7.3
2007	100	10.7	43.7	45.6	31.8	11.8	11.0	6.8
2008	100	9.8	45.8	44.4	33.4	12.4	11.1	6.7
2009	100	9.7	45.0	45.3	32.8	12.2	10.7	6.9
2010	100	9.6	45.3	45.1	33.7	11.6	10.2	7.8
2011	100	9.8	45.0	45.2	34.4	10.6	10.0	8.1
2012	100	9.7	44.5	45.8	34.3	10.1	9.8	8.6
2013	100	10.2	41.7	48.1	33.9	9.9	9.6	8.6
2014	100	9.9	41.9	48.2	33.1	10.8	10.1	8.5
2015	100	10.2	41.1	48.7	32.6	10.5	10.4	8.9
2016	100	10.2	41.1	48.7	33.8	9.4	9.9	9.2

1-17 历年地区生产总值指数

（1978 年=100）

年　份	地区生产总值	第一产业	第二产业	第三产业	人均地区生产总值（按户籍人口计算）
1978	100.00	100.00	100.00	100.0	100.00
1979	97.79	94.00	95.21	110.94	96.99
1980	101.49	88.72	113.05	119.86	99.67
1981	110.98	88.13	129.80	140.19	107.74
1982	124.33	94.92	144.89	165.48	119.16
1983	129.63	78.25	167.78	190.53	122.85
1984	155.27	93.42	202.83	226.20	145.95
1985	193.10	97.56	293.03	261.17	180.10
1986	208.98	112.80	291.66	304.08	193.43
1987	231.99	100.61	348.67	351.88	212.77
1988	249.68	99.23	391.81	373.56	226.82
1989	236.12	89.48	365.83	368.77	212.75
1990	239.31	99.76	369.56	357.12	214.46
1991	272.10	115.22	419.45	399.62	242.98
1992	308.00	123.63	487.54	467.02	274.08
1993	347.90	123.63	602.99	540.53	308.62
1994	418.77	146.25	757.94	629.56	370.65
1995	478.83	165.27	869.73	724.68	422.91
1996	511.68	184.77	906.33	764.28	450.82
1997	552.87	206.57	961.46	815.53	486.43
1998	593.41	225.16	1007.82	885.11	521.94
1999	665.94	240.70	1203.48	970.51	586.10
2000	747.20	250.57	1416.80	1102.06	658.19
2001	836.33	253.32	1680.07	1254.94	737.17
2002	958.90	247.75	2007.48	1482.47	840.38
2003	1099.24	248.25	2565.74	1686.39	976.36
2004	1286.12	273.57	3129.04	1952.85	1147.29
2005	1517.62	274.66	3898.78	2323.89	1356.10
2006	1790.79	284.00	4826.69	2730.57	1602.91
2007	2095.23	288.26	5975.45	3140.16	1875.40
2008	2399.04	295.47	7164.56	3520.12	2145.46
2009	2665.99	290.28	8111.49	3933.43	2383.21
2010	2973.39	305.17	9064.96	4425.70	2657.94
2011	3309.29	322.10	10066.43	4990.95	2954.92
2012	3653.68	339.70	11190.38	5522.15	3255.62
2013	3962.94	365.12	12206.92	5968.67	3525.40
2014	4365.59	386.58	13591.25	6557.30	3877.36
2015	4768.13	406.22	15256.35	7026.83	4233.63
2016	5309.30	438.77	16927.39	7897.20	4718.09

1-18　历年地区生产总值比上年增长

单位:%

年　份	地区生产总值	第一产业	第二产业	工业	第三产业	人均地区生产总值（按户籍人口计算）	人均地区生产总值（按常住人口计算）
1979	-2.2	-6.0	-4.8		10.9	-3.0	
1980	3.8	-5.6	18.7		8.0	2.8	
1981	9.3	-0.7	14.8		17.0	8.1	
1982	12.0	7.7	11.6		18.0	10.6	
1983	4.3	-17.6	15.8		15.1	3.1	
1984	19.8	19.4	20.9		18.7	18.8	
1985	24.4	4.4	44.5		15.5	23.4	
1986	8.2	15.6	-0.5		16.4	7.4	
1987	11.0	-10.8	19.6		15.7	10.0	
1988	7.6	-1.4	12.4		6.2	6.6	
1989	-5.4	-9.8	-6.6		-1.3	-6.2	
1990	1.3	11.5	1.0		-3.2	0.8	
1991	13.7	15.5	13.5		11.9	13.3	
1992	13.2	7.3	16.2	21.7	16.9	12.8	
1993	13.0	0.0	23.7	22.5	15.7	12.6	
1994	20.4	18.3	25.7	25.4	16.5	20.1	
1995	14.3	13.0	14.7	14.9	15.1	14.1	
1996	6.9	11.8	4.2	0.7	5.5	6.6	
1997	8.1	11.8	6.1	5.5	6.7	7.9	
1998	7.3	9.0	4.8	5.1	8.5	7.3	
1999	12.2	6.9	19.4	19.1	9.6	12.3	
2000	12.2	4.1	17.7	21.6	13.6	12.3	
2001	11.9	1.1	18.6	17.8	13.9	12.0	
2002	13.7	-2.2	19.5	22.2	18.1	14.0	13.1
2003	15.6	0.2	27.8	24.3	13.8	16.2	14.9
2004	17.0	10.2	22.0	19.8	15.8	17.5	16.3
2005	18.0	0.4	24.6	25.9	19.0	18.2	17.3
2006	18.0	3.4	23.8	19.7	17.5	18.2	17.3
2007	17.0	1.5	23.8	21.0	15.0	17.0	16.0
2008	14.5	2.5	19.9	22.7	12.1	14.4	13.3
2009	11.1	-1.8	13.2	13.7	11.7	11.1	9.2
2010	11.5	5.1	11.8	14.1	12.5	11.5	8.5
2011	11.3	5.5	11.0	15.4	12.8	11.2	8.8
2012	10.4	5.5	11.2	12.3	10.6	10.2	9.5
2013	8.5	7.5	9.1	9.9	8.1	8.3	8.2
2014	10.2	5.9	11.3	9.6	9.9	10.0	9.9
2015	9.2	5.1	12.3	11.4	7.2	9.2	8.7
2016	11.3	8.0	11.0	13.6	12.4	11.4	10.8

1-19 按行业和构成分的地区生产总值

单位:亿元

指　　标	2005年	2006年	2007年	2008年	2009年	2010年	2011年	2012年
地区生产总值	**282.25**	**340.65**	**418.81**	**509.04**	**536.35**	**645.10**	**773.79**	**855.47**
按行业分								
第一产业(农、林、牧、渔业)	39.84	41.88	44.94	49.71	52.24	62.02	76.04	83.06
第二产业	112.12	141.63	182.82	233.32	241.32	292.05	348.07	380.47
工业	86.84	106.36	133.21	170.03	175.87	217.20	266.13	293.71
建筑业	25.28	35.27	49.61	63.28	65.45	74.85	81.94	86.76
第三产业	130.29	157.14	191.05	226.01	242.79	291.03	349.69	391.94
交通运输、仓储和邮政业	26.83	38.15	46.19	56.32	57.51	65.77	77.37	84.08
信息传输、计算机服务和软件业	5.91	6.35	8.14	8.52	8.60	8.76	8.83	9.23
批发和零售业	22.05	25.02	28.68	34.25	37.06	50.60	62.55	73.49
住宿和餐饮业	6.19	7.18	8.26	10.15	10.93	13.70	16.92	19.70
金融业	13.64	18.24	24.76	34.91	40.16	47.26	57.33	62.49
房地产业	14.46	15.62	20.83	19.08	21.92	27.00	34.68	39.69
租赁和商务服务业	5.07	5.88	6.94	7.63	8.19	9.60	10.71	11.08
科学研究、技术服务和地质勘查业	1.73	1.82	2.06	2.37	2.71	3.59	4.88	6.61
水利、环境和公共设施管理业	1.59	1.87	2.17	5.45	6.25	7.24	8.44	9.78
居民服务和其他服务业	2.55	2.92	3.29	4.68	4.76	5.50	6.55	8.22
教育	7.78	8.35	9.55	11.04	12.02	13.67	16.44	17.37
卫生、社会保障和社会福利业	4.57	5.30	6.27	6.52	6.70	7.61	9.30	11.11
文化、体育和娱乐业	1.88	2.20	2.62	2.73	3.24	4.13	5.13	6.34
公共管理和社会组织	16.04	18.23	21.28	22.35	22.74	26.61	30.56	32.76
按构成分								
劳动者报酬	138.93	174.92	209.80	264.18	282.36	318.82	410.87	483.81
生产税净额	30.50	34.02	41.25	48.93	57.48	79.29	101.34	101.76
固定资产折旧	42.43	50.72	65.99	76.29	80.13	87.23	101.12	116.93
营业盈余	70.39	80.98	101.77	119.63	116.38	159.76	160.46	152.98

1-19 续表

单位:亿元

指　　标	2013 年	2014 年	2015 年	2016 年	2016 年比 2015 年增长(%)
地区生产总值	**933.53**	**1015.26**	**1092.85**	**1241.20**	**11.3**
按行业分					
农、林、牧、渔业	95.65	101.38	111.45	127.19	8.0
工业	316.17	336.20	356.17	419.85	13.6
建筑业	92.44	110.10	114.50	116.83	5.4
批发和零售业	80.39	86.06	97.46	114.05	15.8
交通运输、仓储和邮政业	89.91	102.22	113.29	122.94	10.9
住宿和餐饮业	20.65	24.14	28.66	33.23	11.4
信息传输、软件和信息技术服务业	7.81	6.76	9.87	11.43	15.8
金融业	65.93	62.82	56.41	53.81	1.1
房地产业	44.83	44.48	45.65	55.18	12.2
租赁和商务服务业	12.19	18.41	19.22	24.56	21.7
科学研究和技术服务业	8.30	9.83	10.37	11.42	4.4
水利、环境和公共设施管理业	10.15	10.94	11.83	12.76	5.6
居民服务、修理和其他服务业	11.08	11.68	14.31	16.16	10.8
教育	21.35	23.74	28.37	30.93	5.0
卫生和社会工作	11.60	15.03	20.96	24.99	15.7
文化、体育和娱乐业	8.53	9.66	13.77	19.40	37.4
公共管理、社会保障和社会组织	36.55	41.80	40.56	46.50	12.4
第一产业	95.42	100.90	111.01	126.71	8.0
第二产业	389.37	425.27	449.63	510.04	11.0
第三产业	448.74	489.09	532.21	604.45	12.4
按构成分					
劳动者报酬	578.68	646.20	692.09	772.40	
生产税净额	86.48	94.37	101.11	105.39	
固定资产折旧	166.83	192.19	219.46	210.95	
营业盈余	101.54	82.50	80.19	152.46	

注:2016 年比 2015 年增长速度按可比价计算。

1-20 县(区)地区生产总值

单位:万元

年份	定海区	普陀区	岱山县	嵊泗县
1978	12225	16672	7114	2835
1979	13933	17038	8179	3530
1980	16064	20366	8454	4136
1981	16974	21542	10119	4396
1982	19590	25110	12192	5120
1983	22338	25918	12632	5126
1984	28522	35567	19927	8017
1985	40932	50371	27465	12182
1986	46730	55957	31164	15121
1987	58553	70249	37915	20488
1988	75345	91014	41963	27776
1989	82826	87570	42739	24272
1990	84010	89415	43972	29191
1991	103156	101664	53180	33027
1992	125665	115537	61292	38931
1993	172819	140984	79616	47941
1994	245268	185062	115470	69786
1995	293724	231145	142036	85900
1996	319328	261710	154981	99283
1997	363358	288612	168688	113025
1998	394789	305782	179908	120292
1999	428428	340533	193011	131937
2000	482320	383640	217255	150369
2001	535042	433305	239435	154654
2002	622004	490209	269662	190346
2003	759618	569074	308618	234083
2004	939938	713894	370621	288344
2005	1156895	880717	448490	322182
2006	1394594	1077941	537010	371749
2007	1716338	1340989	662396	441251
2008	2075371	1632292	846334	536469
2009	2105161	1693459	1025985	531985
2010	2560802	2018265	1289182	581193
2011	3182353	2469074	1544768	544905
2012	3517253	2734633	1667708	627401
2013	3826964	2985690	1807911	695761
2014	4166654	3268737	1923332	781392
2015	4491879	3520385	2064481	860030
2016	5047613	4034066	2344389	986239

1-21 历年总户数和总人口数

年份	总户数（户）	总人口（人）合计	按性别分 男性	按性别分 女性	按地域分 城镇	按地域分 农村	按户籍分 农业	按户籍分 非农业
1950	102336	460677	234707	225970		460677	379900	80777
1951	115694	484051	247979	236072		484051	385600	98451
1952	116655	492041	250252	241789	61542	430499	383200	108841
1953	118898	502592	255141	247451	77590	425002	383600	118992
1954	120911	516772	263001	253771	69815	446957	389000	127772
1955	122587	529830	268781	261049	71518	458312	401400	128430
1956	127086	563499	289745	273754	85229	478270	416300	147199
1957	130415	584546	299880	284666	99450	485096	435600	148946
1958	131846	600836	304864	295972	100382	500454	449400	151436
1959	129641	618803	318841	299962	114455	504348	443200	175603
1960	135137	638165	324461	313704	118883	519282	446800	191365
1961	144280	651233	332420	318813	117231	534002	445991	205242
1962	148017	666021	338416	327605	114777	551244	503606	162415
1963	150443	686628	350131	336497	108265	578363	534699	151929
1964	146688	701003	355715	345288	111899	589104	564032	136971
1965	148968	721357	366354	355003	114545	606812	577539	143818
1966	149297	738021	374761	363260	115639	622382	586547	151474
1967	155560	758251	381363	376888	128790	629461	608883	149368
1968	160200	768776	390307	378468	130988	637788	616554	152222
1969	164444	782593	397536	385057	133146	649447	626780	155813
1970	165039	787406	400324	387082	131928	655478	626790	160616
1971	170474	809495	411525	397970	131818	677677	656001	153494
1972	177733	821895	417585	404310	131689	690206	688086	133809
1973	184411	833888	423630	410258	131214	702674	701553	132335
1974	190274	841641	426897	414744	131811	709830	710679	130962
1975	195382	851207	431375	419832	132738	718469	719249	131958
1976	206747	858233	435123	423110	149277	708956	723462	134771
1977	214063	866286	438994	427292	150310	715976	732855	133431
1978	222711	871602	441849	429753	152721	718881	737100	134502
1979	228109	880559	446292	434267	160258	720301	738459	142100
1980	233216	888818	450001	438817	166320	722498	736534	152284
1981	250563	900379	456213	444166	173560	726819	735613	164766
1982	253347	911481	461711	449770	174931	736550	741449	170032
1983	260950	920453	466096	454357	190493	729960	745889	174564
1984	272043	927097	469543	457554	205090	722007	748099	178998
1985	283047	934608	473516	461092	313606	621002	749122	185486
1986	293369	941887	478075	463812	338713	603174	750154	191743
1987	305796	951628	483331	468297	384461	567167	754667	196961
1988	322254	959963	487670	472293	389720	570243	759304	200659
1989	330132	966570	491135	475435	398838	567732	760377	206193
1990	336456	969904	492200	477704	402733	567171	762982	206917
1991	339181	973515	493703	479812	406354	567161	763280	210235
1992	339016	976278	494920	481358	540343	435935	763240	213038
1993	340244	978800	496055	482745	699386	279414	760669	218131
1994	341055	979890	496250	483640	701887	278003	754564	225326
1995	342085	982763	496615	486148	724050	258713	750365	232398
1996	338961	984684	498055	486629	751042	233642	747405	237279
1997	340201	985827	497909	487918	754933	230894	741608	244219
1998	344381	985447	497153	488294	757809	227638	728302	257145
1999	345215	984216	496476	487740	761032	223184	712693	271523
2000	349371	984104	495715	488389	766771	217333	700608	283496
2001	351224	981014	493582	487432	906444	74570	682783	298231
2002	353246	977557	491596	485961	906441	71116	652048	325509
2003	356414	971219	488193	483026	901985	69234	635277	335942
2004	357245	969145	487028	482117	900404	68741	622698	346447
2005	359233	967250	485397	481853	898462	68788	618203	349047
2006	364463	965756	484393	481363	897115	68641	614002	351754
2007	365560	966923	484492	482431	898258	68665	612169	354754
2008	366729	967659	483922	483737	901826	65833	609748	357911
2009	366895	967721	483692	484029	902056	65665	606729	360992
2010	367176	967710	483137	484573	902189	65521	603066	364644
2011	367593	969870	483046	486824	904562	65308	600799	369071
2012	367244	971760	483030	488730	906744	65016	597695	374065
2013	367815	973054	482945	490109	940754	32300	597764	375290
2014	367281	974892	482758	492134	942703	32189	605847	369045
2015	366720	973632	481217	492415	538056	435576		
2016	367051	973262	480492	492770	487285	485977		

注：1.2015年起，按照《国务院关于进一步推进户籍制度改革的意见》（国发［2014］25号）要求统一城乡户口登记，公安人口数不再区分户籍。

2.2015年和2016年，按地域划分标准口径调整，均与往年不可比，下同。

1-22 历年人口变动情况

单位:人

年份	年平均人口	出生		死亡		自然增长	
		人数	出生率(‰)	人数	死亡率(‰)	人数	自然增长率(‰)
1950	454965	23549	51.8	12122	26.6	11427	25.11
1951	472364	24303	51.4	12021	25.4	12282	26.00
1952	488046	23028	47.2	14023	28.7	9005	18.45
1953	479317	28246	56.8	12866	25.9	15380	30.93
1954	509682	24609	48.3	10646	20.9	13963	27.40
1955	523301	19449	37.2	5689	10.9	13760	26.29
1956	546665	17593	32.2	4024	7.40	13569	24.82
1957	574023	22847	40.0	3610	3.60	19237	33.60
1958	592691	16063	27.1	3600	6.10	12463	21.05
1959	609820	18659	30.9	7646	12.60	11013	18.22
1960	628484	20388	32.7	5201	8.30	15187	24.37
1961	644699	11252	17.5	4410	6.80	6842	10.61
1962	658627	20839	31.6	4726	7.20	16113	24.46
1963	676325	29364	43.4	4916	7.30	24448	36.15
1964	693816	27229	39.2	6171	8.90	21058	30.35
1965	716680	26917	37.8	5979	8.40	20938	29.44
1966	735189	23870	32.7	5491	7.50	18379	25.19
1967	748136	22440	30.0	5373	7.20	17067	22.81
1968	763514	21494	28.2	4626	6.10	16868	22.09
1969	775685	20432	26.1	4283	5.50	16149	20.65
1970	785000	20285	25.8	4645	5.90	15640	19.92
1971	798451	20651	25.9	4881	6.10	15770	19.75
1972	815695	18955	23.2	4970	6.10	13985	17.14
1973	827892	16690	20.2	4835	5.80	11855	14.32
1974	837765	13011	15.5	5135	6.10	7876	9.40
1975	846424	13182	15.6	5241	6.20	7941	9.38
1976	854720	12208	14.3	4931	5.80	7277	8.51
1977	862260	12064	14.0	5374	6.20	6690	7.76
1978	868944	12465	14.3	5243	6.00	7222	8.31
1979	876081	13832	15.8	5306	6.10	8526	9.73
1980	884689	10302	11.7	5592	6.30	4710	5.33
1981	894599	15678	17.5	5651	6.30	10027	11.21
1982	905930	18100	20.0	5777	6.40	12323	13.60
1983	915967	14262	15.5	6233	6.80	8029	8.77
1984	923775	13306	14.4	5590	6.10	7716	8.35
1985	930853	12669	13.6	5830	6.30	6839	7.35
1986	938248	14485	15.4	5754	6.10	8731	9.31
1987	946758	15958	16.9	5840	6.20	10118	9.92
1988	955796	13306	13.9	5950	6.20	7356	7.70
1989	963267	13313	13.8	5888	6.10	7425	7.71
1990	968237	11516	11.9	5967	6.20	5549	5.73
1991	971710	9648	9.90	5628	5.80	4020	4.14
1992	974897	10335	10.60	5869	6.00	4466	4.58
1993	977539	9055	9.30	6146	6.30	2909	2.98
1994	979345	8117	8.30	6310	6.40	1807	1.85
1995	981327	8456	8.60	6089	6.20	2367	2.41
1996	983724	8601	8.70	6113	6.20	2488	2.53
1997	985256	7908	8.00	6180	6.30	1728	1.75
1998	985637	6960	7.10	6437	6.50	523	0.53
1999	984832	6931	7.04	6252	6.35	679	0.69
2000	984160	7605	7.73	6605	6.71	1000	1.02
2001	982559	6226	6.34	6259	6.37	-33	-0.03
2002	979285	6085	6.22	6390	6.53	-305	-0.31
2003	974388	6000	6.16	6899	7.08	-899	-0.92
2004	970182	6465	6.66	6201	6.39	264	0.27
2005	968198	6592	6.81	6783	7.01	-191	-0.20
2006	966503	6037	6.25	6608	6.84	-571	-0.59
2007	966340	6783	7.02	6579	6.81	204	0.21
2008	967291	6739	6.96	7559	7.81	-820	-0.85
2009	967690	6283	6.49	7281	7.52	-998	-1.03
2010	967716	6538	6.76	7707	7.96	-1169	-1.21
2011	968790	6244	6.45	6918	7.14	-674	-0.70
2012	970815	7630	7.86	7750	7.98	-120	-0.12
2013	972407	6622	6.81	6850	7.04	-228	-0.23
2014	973973	7506	7.70	7116	7.31	390	0.4
2015	974262	5990	6.14	7309	7.50	-1319	-1.35
2016	973447	6515	6.69	6631	6.96	-116	-0.12

1-23 2016年人口增长及分县(区)人口情况

	单位	2016年	2016年分县(区)				
			市区			岱山	嵊泗
				定海	普陀		
一、总　户　数	户	**367051**	**258627**	**147678**	**110949**	**78066**	**30358**
二、总　人　口	人	**973262**	**711090**	**389872**	**321218**	**185147**	**77025**
男	人	480492	351594	192321	159273	91420	37478
女	人	492770	359496	197551	161945	93727	39547
性别比(女=100)	%	97.51	97.80	97.35	98.35	97.54	94.77
三、城镇及街道人口	人	**487285**	**387915**	**230309**	**157606**	**67032**	**32338**
占总人口比重	%	50.07	54.55	59.07	49.07	36.20	41.98
四、人口自然变动							
出生人数	人	6515	5125	3052	2073	1001	389
死亡人数	人	6631	4718	2504	2214	1326	587
自然增长人数	人	-116	407	548	-141	-325	-198
人口自然增长率	‰	-0.11	0.57	1.41	-0.44	-1.75	-2.56
五、人口机械变动							
本年迁入	人	4412	3732	2738	994	464	216
#省外	人	2607	2170	1484	686	300	137
本年迁出	人	4638	2676	1695	981	1475	487
#省外	人	1619	1300	911	389	209	110
净迁出	人	226	-1056	-1043	-13	1011	271

1-24 乡镇和街道人口

（2016年）

县(区)	所辖街道、镇(乡)	所辖居委会、村委会	年末人数(人)
定海区	城东街道	社区居委会14个:檀香、檀东、畚金、颐景园、桔北、桔南、东园、昌东、紫竹、檀树、港北、港南、鸿毛湾、阳光园;村委会5个:洞桥、洋岙社区、小碶、胜利、长岗山	51972
	环南街道	社区居委会10个:卫海、利民、蓬莱、海滨、东山、南珍、西园、晓峰、竹山、海山;社区村委会4个:庆丰、盘峙、五联、大猫	38292
	昌国街道	社区居委会13个:虎山、西山、西安、东管庙、留方、北园、合源、香园、开源、文昌、翁山、西管庙、金寿;村委会4个:义桥、茅岭、城北、东湾	54928
	临城街道	社区居委会19个:合兴、吴榭、桃湾、长峙、舟中、锦湾、泽普、红茅山、富都、南海、星岛、甬金、桂花城、海宇、绿岛、丹枫、金鸡山、怡岛、田螺峙;居委会1个:翁洲;村委会30个:惠民桥、永华、老碶、长升、横塘、西荡、胜山、合兴、中湾、高峰、同胜、城隍头、荷花、东荡、万三、万二、万塘、双阳、海防、新后岸、岙山、长峙、马鞍、王家墩、东蟹峙、三官堂、黄土岭、甬东、甬庆、毛竹山	66356
	盐仓街道	社区居委会2个:塔山、惠舟;村委会5个:叉河、虹桥、兴舟、昌洲、新螺头	19486
	小沙街道	社区村委会10个:东风、毛峙、青岙、光华、庙桥、大沙、增辉、后岸、前湾、三龙	20802
	岑港街道	村委会9个:桥头、涨次、司前、烟墩、坞丘、马目、南岙、桃夭门、册北	18984
	马岙街道	村委会6个:三江、五一、马岙、团结、北海、三星	10110
	双桥街道	村委会6个:临港、石礁、桥头施、南山、里溪、紫微	18766
	金塘镇	村委会12个:山潭、东堠、西堠、沥平、大观、新丰、大浦、河平、柳行、仙居、穆岙、和建	41555
	白泉镇	村委会13个:繁强、白泉、金山、柯梅、河东、平湖、米林、皋泄、洪家、星塔、星马、小展、新港	38211
	干𥗽镇	社区居委会1个:滨港;村委会6个:青龙、新建、龙潭、东升、西码头、双庙	10410

1-24　续表 1

县(区)	所辖街道、镇(乡)	所辖居委会、村委会	年末人数(人)
普陀区	沈家门街道	社区居委会 18 个:新街、教场、小蒲湾、西河、大蒲湾、海星、中洲、茶湾、墩头、中兴、大干、鲁家峙、荷东、荷外、西大、东大、中大、泗湾;村委会 14 个:马峙、大干、鲁家峙农业、平阳浦、中弄、东岙、大山、教场、蒲湾、泗湾、蚂蚁岛、大岙、竹东、沙头	93663
	东港街道	社区居委会 7 个:安康、莲安、中昌、灵秀、兴普、浦西、和津;社区村委会 10 个:葫芦、永兴、陈家后、塘头、南岙、芦花、蒲岙、曙光、浦东、红旗	61335
	朱家尖街道	居委会 1 个:福兴;社区村委会 9 个:顺母、西岙、中欣、莲兴、福兴、莲花、南沙、三和、白沙港	29134
	展茅街道	居委会 1 个:沙井;社区村委会 6 个:横街、螺门、茅洋、大展、沙井、黄杨尖	22123
	六横镇	居委会 2 个:蛟头、台门;村委会 36 个:峧头社区、石柱头、龙山中心、蟑螂山、大脉坑、棕榈湾、山西、嵩山、积峙、五星、滚龙岙、双塘中心、礁潭中心、高峰、台门中心、田岙中心、梅峙、小湖、凉潭、小郭巨、平峧中心、苍洞中心、悬山中心、川江、大沙岙、捕南、石门、永胜、鸡爪、佛东、双屿港、和润、岑夏、杜庄中心、青联、青山	64775
	桃花镇	居委会 1 个:公前;村委会 12 个:鹁鸪门、后沙头、公前、盐厂、茅山、稻蓬、客浦、连治山、沙岙、大石头、塔湾、对峙	16786
	虾峙镇	居委会 1 个:灵和;社区村委会 6 个:黄石、湖泥、晨港、兴港、灵和、东晓	22432
	东极镇	村委会 1 个:东极	5893
	普陀山镇	社区居委会 1 个:龙沙;社区村委会 4 个:前山、中山、合兴、龙湾	5077

1-24　续表 2

县(区)	所辖街道、镇(乡)	所辖居委会、村委会	年末人数(人)
岱山县	高亭镇	社区居委会 8 个:沙涂、安澜、蓬莱、兰亭、闸口、育才、嘉和、竹屿;村委会 25 个:高亭一村、高亭二村、大岙二村、闸口二村、大峧山、东海、大岙一村、闸口一村、山外、小蒲门、大蒲门、江南、南峰、黄官泥岙、板井潭、枫树、大峧、南浦、石马岙、塘墩、浪激咀一村、浪激咀二村、浪激咀三村、渔山、官山	63870
	东沙镇	社区居委会 2 个:东沙、桥头;社区村委会 3 个:泥峙、司基、桥头	17290
	衢山镇	社区居委会 1 个:赢州;村委会 31 个:岛斗、幸福、岛扎、小衢、黄泽、皇坟、枕头山、三弄、太平、塘岙、打水、黄沙、里高涂、桂花园、樟木山、沙塘、沼潭、四平、渔耕碗、石子门、涨网套、凉峙、马足、龙潭、乍浦门、万南、万北、鼠浪、田涂、东岙、高涂	54463
	长涂镇	社区村委会 4 个:东剑、倭井潭、港南、长西	12748
	岱西镇	村委会 10 个:青黑、后岸、前岸、摇星浦、林家、外湾、张家塘墩、茶前山、双合、海丰	14994
	岱东镇	社区村委会 5 个:涂口、北峰、沙洋、龙头、虎斗	14096
	秀山乡	社区村委会 3 个:秀东、秀南、秀北	7686
嵊泗县	菜园镇	社区居委会 4 个:东海、沙河、菜圃、海滨;村委会 12 个:基湖、高场湾、青沙、关岙、石柱、小关岙、马迹、金鸡岙、黄泥坎、小平头、大鱼岙、绿华	32406
	嵊山镇	村委会 7 个:光明、解放、团结、民主、民富、前卫、壁下	8647
	洋山镇	社区居委会 4 个:城东、圣港、滨海、雄洋;社区村委会 1 个:滩浒	12054
	五龙乡	社区村委会 4 个:边礁岙、黄沙、田岙、会城	4759
	黄龙乡	村委会 5 个:南港、北岙、大岙、峙岙、东咀头	8893
	枸杞乡	村委会 7 个:龙泉、干斜、里西、石浦、大王、庙干、乌沙	8237
	花鸟乡	村委会 2 个:花鸟、灯塔	2029

1-25 计划生育情况

年 份	一孩率（%）	二孩及多孩		计划外出生人数（人）	计划内出生人数（人）	计生率（%）	晚婚率（%）	独生子女领证率（%）
		出生人数（人）	二孩及多孩率（%）					
1980	64.83	3624	35.17			78.81	87.15	6.59
1985	69.20	3806	30.80	2757	9602	77.69	46.66	18.63
1990	84.09	1821	15.91	227	11218	98.02	56.31	24.23
1991	82.76	1695	17.24	161	9673	98.36	55.70	25.85
1992	81.84	1761	18.16	49	9650	99.47	55.87	26.71
1993	82.75	1575	17.25	21	9110	99.77	68.59	27.30
1994	84.64	1230	15.36	18	8228	99.76	72.71	25.04
1995	87.63	1029	12.36	9	8312	99.89	78.72	25.21
1996	87.88	1004	12.13	25	8256	99.70	81.49	25.00
1997	90.70	692	9.30	24	7418	99.68	80.83	24.04
1998	92.41	490	7.59	31	6427	99.52	73.42	22.54
1999	93.23	461	6.77	73	6272	98.93	70.52	18.35
2000	93.67	453	6.33	33	7122	99.54	66.53	15.39
2001	93.82	379	6.18	34	6100	99.45	69.06	13.74
2002	93.85	379	6.14	48	6118	99.22	65.94	11.18
2003	94.03	333	5.97	41	5541	99.27		14.12
2004	94.66	345	5.34	56	6408	99.13		22.91
2005	93.88	363	6.12	47	5887	99.21		30.99
2006	94.41	331	5.59	77	5843	98.70		34.22
2007	94.40	368	5.60	128	6444	98.05		36.02
2008	93.89	393	6.10	78	6358	98.79		37.80
2009	92.42	465	7.58	94	6040	98.47		38.62
2010	91.45	510	8.55	86	5876	98.56		39.24
2011	90.08	625	9.92	63	6235	99.00		39.19
2012	88.43	862	11.57	119	7330	98.40		39.12
2013	85.78	863	14.22	90	5979	98.52		38.90
2014	83.92	1165	16.08	106	7138	98.54		38.23
2015	77.09	1397	22.91	111	5988	98.18		35.58
2016	72.00	2075	28.00	60	7350	99.19		34.58

1-26 节育情况

单位:人

年 份	育龄妇女人数	已婚育龄妇女人数	采取节育措施人数	#输卵管结扎	#输精管结扎	#宫内节育器
1980		138497	116329			
1985	262830	179713	164170	74850	9090	50395
1990	280180	213049	198424	80836	7598	82400
1991	282303	218489	203666	80954	7276	88632
1992	284599	222928	207823	80567	7028	94001
1993	284743	223863	209176	79588	6633	98323
1994	290808	225988	209909	78188	6417	103211
1995	277735	226501	210489	75900	6081	107416
1996	285807	226625	210883	72782	5598	109713
1997	284935	226986	210428	69247	5154	112781
1998	286059	229249	210077	65380	4706	115549
1999	285373	231506	210740	62361	4377	117412
2000	289329	233374	212145	58685	4032	119808
2001	285746	231727	210685	55078	3657	119570
2002	287059	230926	208846	50960	3308	118995
2003	295431	230819	206679	46664	3020	119232
2004	291096	231998	208271	43695	2637	120994
2005	286842	226131	202735	38458	2158	118668
2006	282672	221872	197971	33375	1740	117140
2007	276572	218192	194324	28905	1314	115520
2008	265520	213371	189214	24382	950	112873
2009	261893	209000	184337	20635	706	109773
2010	258681	205133	179828	17351	500	106697
2011	255169	201949	175460	14103	310	103044
2012	254645	201687	174766	12369	219	100295
2013	250244	198176	170010	9935	139	95411
2014	240675	190281	162280	7046	70	88025
2015	234042	173939	147061	3705	30	76321
2016	226661	168344	140375	2696	20	69123

1–27 主要年份社会劳动者行业分布

单位:万人

	1995年	2000年	2005年	2006年	2007年	2008年	2009年	2010年	2011年	2012年	2013年	2014年	2015年	2016年
从业人员合计	**67.18**	**64.21**	**55.72**	**55.84**	**60.05**	**63.23**	**65.95**	**66.65**	**68.99**	**72.90**	**72.65**	**74.32**	**74.50**	**74.70**
按行业分组														
1.农、林、牧、渔业	21.50	20.05	13.86	12.81	11.69	11.11	10.91	10.92	10.88	10.48	10.84	10.46	10.50	10.51
2.采矿业	0.01	0.12	1.28	1.25	0.74	0.59	0.66	0.24	0.22	0.42	0.28	0.24	0.23	0.19
3.制造业	13.51	12.61	14.49	14.35	18.71	18.82	19.76	18.30	17.48	16.18	18.82	18.28	18.24	18.17
4.电力、燃气及水的生产和供应业	0.34	0.34	0.41	0.37	0.38	0.55	0.56	0.56	0.52	0.52	0.64	0.50	0.49	0.48
5.建筑业	3.82	3.44	4.15	5.21	5.32	6.56	7.05	7.36	8.16	8.15	11.09	11.23	11.25	11.28
6.批发和零售业	5.17	5.27	5.85	6.03	6.60	6.53	6.54	7.22	10.58	11.04	10.52	10.61	10.65	10.61
7.交通运输、仓储和邮政业	3.65	3.58	4.07	4.15	4.48	4.82	5.04	5.13	5.74	7.74	3.75	3.75	3.81	3.88
8.住宿和餐饮业	2.55	2.59	2.17	2.4	2.76	3.37	3.77	3.98	4.45	5.89	4.12	6.08	6.05	6.04
9.信息传输、软件和信息技术服务业	0.25	0.25	0.27	0.44	0.48	0.70	0.76	0.79	0.81	1.10	0.31	1.17	1.22	1.23
10.金融业	0.49	0.45	0.55	0.5	0.52	0.52	0.76	0.71	0.66	0.74	0.80	0.92	0.96	0.97
11.房地产业	0.11	0.14	0.59	0.42	0.46	0.74	0.73	0.82	0.73	1.11	1.02	1.11	0.97	1.00
12.租赁和商务服务业	0.93	0.90	1.05	1.03	1.06	1.13	1.69	1.92	1.21	1.66	1.34	1.61	1.65	1.72
13.科学研究和技术服务业	0.07	0.08	0.33	0.34	0.26	0.35	0.36	0.42	0.32	0.50	0.53	0.50	0.51	0.53
14.水利、环境和公共设施管理业	0.17	0.16	0.28	0.19	0.33	0.48	0.49	0.39	0.47	0.59	0.55	0.57	0.58	0.61
15.居民服务、修理和其他服务业	11.41	10.84	1.58	1.57	1.60	1.31	1.32	1.60	1.58	1.36	1.55	1.17	1.20	1.21
16.教育	1.06	1.10	1.48	1.49	1.55	1.41	1.49	1.74	1.38	1.45	1.56	1.54	1.51	1.54
17.卫生和社会工作	0.52	0.63	0.73	0.73	0.71	0.73	0.88	0.96	1.01	1.09	0.97	1.17	1.17	1.19
18.文化、体育与娱乐业	0.3	0.31	0.39	0.41	0.45	0.43	0.45	0.35	0.45	0.47	0.74	0.54	0.55	0.57
19.公共管理、社会保障和社会组织	1.32	1.35	2.19	2.15	1.95	3.08	2.73	3.24	2.34	2.41	3.22	2.86	2.96	2.98
20.国际组织														

1-28 劳动力资源

（2016年末）

单位:万人

行业	城乡合计	城镇	乡村
年末劳动力资源总量	**97.84**	**66.05**	**31.79**
一、经济活动人口	**77.00**	**47.23**	**29.77**
#从业人员	74.70	46.97	27.73
1.按就业身份分组			
城镇单位从业人员	18.67	18.67	
私营企业主	3.40	2.39	1.01
个体户主	6.20	3.28	2.92
私营企业和个体从业人员	30.42	16.41	14.01
其他非私营单位从业人员	14.35	4.56	9.79
其　他	1.66	1.66	
2.按登记注册类型分组			
国有单位	7.18	7.18	
集体单位	14.58	4.03	10.55
股份合作单位	0.09	0.05	0.04
联营单位	0.01	0.01	
有限责任公司	9.45	8.19	1.26
股份有限公司	1.62	1.47	0.15
私营企业	25.22	17.11	8.11
其　他	0.67	0.14	0.53
港、澳、台商投资单位	0.25	0.14	0.11
外商投资单位	0.86	0.65	0.21
个　体	14.77	8.00	6.77
二、非经济活动人口			
#16岁以上在校学生	4.81	4.30	0.51
#家务劳动者	8.64	7.03	1.61

1-29 城镇有证个体劳动者

单位:人

年 份	合 计	工 业	建筑业	交通邮电及仓储业	批发、零售住宿、餐饮业	卫生体育福利事业	文化及娱乐业	其 他
1986	3655	724	2	229	2266	14		420
1987	4094	784	12	259	2449	11		564
1988	5408	922	4	396	3329	24		677
1989	9598	1366	4	838	6155	7		1216
1990	10847	1748	115	1457	5977	36		1516
1991	9828	1620	178	1296	5335	51		1298
1992	10010	1769		1162	5816	55		1154
1993	9954	905		2092	5749		18	1023
1994	11332	1029	46	2318	6633		56	1161
1995	12673	1056		383	7651		12	3518
1996	13785	1088	46	419	8493		18	3722
1997	13793	1092	47	308	8379		50	3953
1998	14519	1135	48	326	8618		54	4383
1999	19451	1121	18	2544	12152		113	3616
2000	22354	966	34	3657	14310		79	3387
2001	18201	999	17	1684	12047			3454
2002	18887	943	15	1714	12235			3898
2003	16178	693	15	2141	10254			3075
2004	16123	693	15	2154	10241			3020
2005	22585	774	22	3323	14578	536		3352
2006	25921	887	55	3473	16722	723		4061
2007	30557	1169	198	3049	20400	802		4939
2008	35833	1242	252	3154	17707	115	851	12512
2009	42437	1352	296	3300	20607	138	1038	15706
2010	45865	1479	315	3373	21736	162	1082	17718
2011	49958	1629	359	3454	23475	196	1441	19404
2012	51088	1567	378	3401	23299	300	1759	20384
2013	54676	1604	404	3264	35892	312	2051	11149
2014	57135	1608	492	2964	37648	390	2032	12001
2015	63949	1785	571	2959	42005	396	2291	13942
2016	72354	1909	707	3130	47859	407	2118	16224

注:1.2008 年起,新增“文化及娱乐业”,其中 1993-2000 年为“教育文化广播电视业”的城镇有证个体劳动者人数。

2.2008 年起,因报表制度调整,部分指标统计口径有所变动。

1-30 劳　　动　　就　　业

单位:人

年　　份	登记失业人员再就业	安　　置　　去　　向			
	合　　计	国有单位	集体单位	个体经济单位	其　　他
1977	3450	727	2723		
1978	4987	1205	3682		100
1980	5077	1500	1973	153	1451
1981	4210	845	2610	100	655
1982	2775	819	991	96	869
1983	1660	349	821	140	350
1984	2293	599	727	158	809
1985	2453	863	870	94	626
1986	2464	648	911	51	854
1987	2940	933	1264	176	567
1988	2617	1204	752	217	444
1989	2014	784	1000	170	60
1990	2295	1381	893	15	6
1991	2053	1111	864	60	18
1992	1809	1122	523	95	69
1993	2275	1225	905	89	56
1994	2037	1337	501	179	20
1995	2242	1434	496	256	56
1996	1856	959	258	247	392
1997	2094	1093	352	255	349
1998	3664	1009	323	966	1366
1999	4164	1216	673	1770	505
2000	4341	1091	759	2088	403
2001	3956	586	513	2607	250
2002	5890	408	1266	3082	1134
2003	5489	593	848	2831	1217
2004	5667	492	893	3259	1023
2005	5770	542	561	1031	3636
2006	5334	431	519	1408	2976
2007	5654				
2008	3982				
2009	3924				
2010	6019				
2011	4450				
2012	4630				
2013	4695				
2014	4005				
2015	3598				
2016	4635				

1-31 城　镇　失　业　情　况

单位:人

指　　标	1995 年	1999 年	2000 年	2002 年	2005 年	2007 年	2008 年	2009 年	2010 年	2011 年	2012 年	2013 年	2014 年	2015 年	2016 年
城镇从业人员数	178327	159833	155812	140515	172845	195164	194248	189097	200994	204152	208421	221754	220436	248513	285498
城镇失业人员数	5137	5540	5443	5934	6948	7467	7729	7298	5985	6023	5843	6160	6147	7457	8762
按文化程度分															
高中及以上	2323	2759	3230	3073	3040	2943	3808	3397	2834	3032	3279	3459	3092	4552	6009
初中及以下	3014	2781	2213	2861	3908	4524	3921	3801	3151	2991	2564	2701	3055	2905	2753
按性别分:															
男	2157	2508	2587	2784	3160	2799	2959	2336	1689	2101	1837	2233	2145	2393	3250
女	2980	3032	2856	3150	3788	4668	4770	4962	4296	3922	4006	3927	4002	5064	5512
失业人员中失业青年	4114	2604	2199	1960	2308	1598	1626	1479	879	933	1004	775	885	2797	2795
城镇登记失业率(%)	2.80	3.40	3.40	4.05	3.90	3.69	3.84	3.72	2.90	2.87	2.73	2.70	2.71	2.91	2.98

注:2007 年起,登记失业人员再就业完全市场化,不再细分“安置去向”。

1-32 主要年份城镇职工离休、退休、退职人数

单位:人

年份	合计	离休	退休	退职
1988	14844	837	13296	711
1990	16092	1031	14446	615
1991	17297	1102	15605	590
1992	17942	1174	16251	517
1993	19333	1280	17348	705
1994	21111	1848	18496	767
1995	21305	1151	19412	742
1996	19563	1084	17924	555
1997	21715	1038	20020	657
1998	30682	1027	29034	621
1999	23608	1122	21676	810
2000	23040	931	21482	627
2001	30582	924	27897	1761
2002	33063	890	30177	1996
2003	35548	874	32720	1954
2004	37972	859	36237	876
2005	42044	807	41237	
2006	37515	354	37161	
2007	41421	338	41083	
2008	44376	321	44055	
2009	47505	306	47199	
2010	49653	287	49366	
2011	56684	270	56414	
2012	60956	299	60657	
2013	78938	243	78695	
2014	83769	200	82712	
2015	176860	172	176688	
2016	197206	140	197066	

注:2005 年起,不再单独统计退职人员,退休人员中含退职人员数。

1-33 企业景气指数

指标名称	一季度	二季度	三季度	四季度
2007年企业景气指数	**138.0**	**140.9**	**146.5**	**137.3**
工业	147.7	151.8	152.8	139.0
建筑业	140.0	143.1	143.1	147.7
批发和零售业	117.7	112.9	121.2	124.7
交通运输仓储和邮政业	133.8	137.5	157.5	141.3
住宿和餐饮业	130.0	145.0	161.7	153.3
信息传输、软件和信息技术服务业	166.7	166.7	150.0	143.3
房地产业	100.0	109.1	130.9	123.6
社会服务业	158.7	152.0	145.3	125.3
2008年企业景气指数	**135.6**	**129.7**	**124.3**	**98.5**
工业	140.0	128.1	130.3	82.7
建筑业	135.4	169.2	163.1	133.9
批发和零售业	120.0	115.3	109.4	125.9
交通运输仓储和邮政业	134.4	123.3	91.1	83.3
住宿和餐饮业	136.7	146.7	133.3	130.0
信息传输、软件和信息技术服务业	126.7	143.3	133.3	116.7
房地产业	112.3	95.4	100.0	81.5
社会服务业	169.3	128.6	128.6	98.6
2009年企业景气指数	**107.8**	**113.4**	**118.9**	**128.0**
工业	110.0	121.5	126.3	131.5
建筑业	124.6	121.5	104.6	130.8
批发和零售业	100.0	99.1	119.1	122.7
交通运输仓储和邮政业	101.1	96.8	97.9	124.2
住宿和餐饮业	120.0	132.0	148.0	146.7
信息传输、软件和信息技术服务业	140.0	120.0	140.0	120.0
房地产业	75.0	100.0	108.3	125.0
社会服务业	107.1	107.1	121.4	112.9
2010年企业景气指数	**131.4**	**134.7**	**138.9**	**139.5**
工业	140.0	140.9	151.4	142.7
建筑业	120.0	132.3	127.7	141.5
批发和零售业	130.4	125.2	130.4	135.7
交通运输仓储和邮政业	98.0	114.0	108.0	122.0
住宿和餐饮业	163.8	171.3	178.8	176.3
信息传输、软件和信息技术服务业	133.3	140.0	133.3	133.3
房地产业	123.1	115.4	127.7	135.4
社会服务业	150.7	152.0	145.7	137.1
2011年企业景气指数	**139.4**	**134.2**	**132.5**	**125.9**
工业	146.7	137.3	135.6	126.2
建筑业	136.9	135.4	115.4	123.1
批发和零售业	120.0	112.5	124.2	118.3
交通运输仓储和邮政业	124.6	120.0	116.4	109.1
住宿和餐饮业	165.0	175.0	177.5	180.0
信息传输、软件和信息技术服务业	140.0	140.0	140.0	140.0
房地产业	138.5	138.5	136.9	110.8
社会服务业	145.0	141.3	147.5	146.3
2012年企业景气指数	**117.6**	**111.0**	**111.3**	**111.4**
工业	114.0	116.8	118.0	112.0
建筑业	133.3	130.0	141.7	141.7
批发和零售业	105.8	85.8	82.5	103.3
交通运输仓储和邮政业	97.0	75.0	74.0	77.0
住宿和餐饮业	150.7	137.3	126.7	126.7
信息传输、软件和信息技术服务业	133.3	133.3	150.0	156.7
房地产业	114.3	85.7	92.9	104.3
社会服务业	143.3	155.6	133.3	112.2
2013年企业景气指数	**115.5**	**104.8**	**110.0**	**105.9**
工业	118.4	105.2	119.2	118.8
建筑业	146.7	138.3	150.0	133.3
批发和零售业	96.8	90.9	100.0	96.8
交通运输仓储和邮政业	77.4	61.8	83.5	83.5
住宿和餐饮业	82.5	56.3	66.3	60.0
信息传输、软件和信息技术服务业	132.5	120.0	115.0	122.5
房地产业	122.9	121.4	107.1	95.7
社会服务业	135.0	109.0	88.0	80.0
2014年规模以上工业企业景气指数	**119.7**	**120.2**	**124.5**	**120.4**
2015年规模以上工业企业景气指数	**113.7**	**114.5**	**113.5**	**119.2**
2016年规模以上工业企业景气指数	**109.0**	**109.7**	**108.7**	**110.7**

注:因指数汇总程序更新,启用新汇总程序及方法计算数据,历年均更换为新程序汇总的数据。

1-34 企业家信心指数

指 标 名 称	一季度	二季度	三季度	四季度
2007 年企业家信心指数	**138.2**	**140.0**	**143.7**	**138.8**
工业	146.7	150.3	148.7	141.1
建筑业	127.7	115.4	135.4	130.8
批发和零售业	107.1	123.5	127.1	130.6
交通运输仓储和邮政业	150.0	137.5	136.3	142.5
住宿和餐饮业	140.0	146.7	176.7	170.0
信息传输、软件和信息技术服务业	166.7	140.0	150.0	166.7
房地产业	114.6	130.9	140.0	118.2
社会服务业	153.3	161.3	149.3	136.0
2008 年企业家信心指数	**130.7**	**124.2**	**110.9**	**83.8**
工业	126.8	114.6	101.1	58.4
建筑业	144.6	146.2	146.2	118.5
批发和零售业	112.9	127.1	108.2	111.8
交通运输仓储和邮政业	138.9	117.8	85.6	67.8
住宿和餐饮业	145.0	153.3	158.3	120.0
信息传输、软件和信息技术服务业	123.3	143.3	150.0	143.3
房地产业	115.4	103.1	92.3	84.6
社会服务业	154.7	142.9	128.6	98.6
2009 年企业家信心指数	**93.1**	**105.8**	**115.5**	**123.8**
工业	91.0	111.2	118.1	132.0
建筑业	103.1	95.4	96.9	120.0
批发和零售业	79.1	95.5	119.1	113.6
交通运输仓储和邮政业	73.7	76.8	91.6	93.7
住宿和餐饮业	126.7	134.7	153.3	149.3
信息传输、软件和信息技术服务业	160.0	160.0	160.0	160.0
房地产业	78.3	115.0	116.7	125.0
社会服务业	112.9	110.0	122.9	121.4
2010 年企业家信心指数	**131.0**	**129.7**	**130.6**	**137.1**
工业	134.6	136.8	138.6	144.6
建筑业	127.7	126.2	127.7	138.5
批发和零售业	133.0	118.3	120.0	128.7
交通运输仓储和邮政业	98.0	112.0	92.0	117.0
住宿和餐饮业	148.8	165.0	168.8	168.8
信息传输、软件和信息技术服务业	133.3	140.0	150.0	150.0
房地产业	127.7	96.9	110.8	100.0
社会服务业	164.0	156.0	167.1	158.6
2011 年企业家信心指数	**133.2**	**129.5**	**128.7**	**115.9**
工业	136.4	130.7	129.3	116.0
建筑业	130.8	123.1	118.5	115.4
批发和零售业	114.2	111.7	110.0	103.3
交通运输仓储和邮政业	110.9	115.5	114.6	88.2
住宿和餐饮业	157.5	165.0	172.5	166.7
信息传输、软件和信息技术服务业	160.0	160.0	160.0	148.0
房地产业	146.2	126.2	129.2	103.1
社会服务业	148.8	156.3	156.3	153.8
2012 年企业家信心指数	**107.8**	**99.1**	**98.8**	**98.9**
工业	107.7	98.8	90.8	95.6
建筑业	121.7	103.3	116.7	123.3
批发和零售业	95.8	79.2	100.8	101.0
交通运输仓储和邮政业	81.0	65.0	70.0	65.0
住宿和餐饮业	134.7	141.3	128.0	116.0
信息传输、软件和信息技术服务业	150.0	166.7	133.3	133.3
房地产业	80.0	80.0	81.4	95.7
社会服务业	150.0	153.3	147.8	115.6
2013 年企业家信心指数	**108.6**	**97.2**	**102.3**	**106.5**
工业	110.0	101.6	102.8	109.6
建筑业	135.0	136.7	136.7	136.7
批发和零售业	85.6	83.6	108.0	101.6
交通运输仓储和邮政业	84.4	67.8	80.0	95.7
住宿和餐饮业	82.5	43.8	66.3	58.8
信息传输、软件和信息技术服务业	125.0	125.0	112.5	122.5
房地产业	112.9	102.9	102.9	98.6
社会服务业	150.0	102.0	93.0	101.0
2014 年规模以上工业企业家信心指数	**116.8**	**120.4**	**122.1**	**116.4**
2015 年规模以上工业企业家信心指数	**96.6**	**114.5**	**96.2**	**93.9**
2016 年规模以上工业企业家信心指数	**98.5**	**103.4**	**92.9**	**100.3**

注:因指数汇总程序更新,启用新汇总程序及方法计算数据,历年均更换为新程序汇总的数据。

主要统计指标解释

国内生产总值 是按市场价格计算的国内生产总值的简称。它是一个国家(地区)所有常住单位在一定时期内生产活动的最终成果。国内生产总值有三种表现形态,即价值形态、收入形态和产品形态。从价值形态看,它是所有常住单位在一定时期内所生产的全部货物和服务价值超过同期投入的全部非固定资产货物和服务价值的差额,即所有常住单位的增加值之和;从收入形态看,它是所有常住单位在一定时期内所创造并分配给常住单位和非常住单位的初次分配收入之和;从产品形态看,它是最终使用的货物和服务减去进口货物和服务。在实际核算中,国内生产总值的三种表现形态表现为三种计算方法,即生产法、收入法和支出法。三种方法分别从不同的方面反映国内生产总值及其构成。

从 2004 年 1 月 1 日起,该指标在地市一级统一称"地区生产总值"。

三次产业 是根据社会生产活动历史发展的顺序对国民经济部门的划分。我国将农业划为第一产业,工业和建筑业划为第二产业,其他各业均为第三产业。

当年价格 指报告期的实际价格,如工厂的出厂价格,农产品的收购价格,商业的零售价格等。按当年价格计算,是指一些以货币表现的物量指标,如工农业总产值、国内生产总值等,按照当年的实际价格来计算总量。使用当年价格计算的数字,是为了使国民经济各项指标互相衔接,便于考察当年社会经济效益,便于对生产和流通,生产和分配,生产和消费进行经济核算和综合平衡。

按当年价格计算的价值指标,在不同年份之间进行对比时,因为包含有各年间价格变动的因素,不能确切地反映实物量的增减变动。必须消除价格变动因素后,才能真实反映经济发展动态。因此,在计算增长速度时都使用按可比价格计算的数字。

可比价格 指在不同时期的价格指标对比时,扣除了价格变动的因素,以确切表示物量的变化。按可比价格计算有两种方法:一种是直接按产品产量乘其不变价格计算;一种是用物价指数换算。

不变价格 用某一时期的同类产品的平均价格作为固定价格,来计算各个时期的产品价格。新中国成立后,随着工农业产品价格水平的变化,国家统计局制定了全国统一的工业产品不变价格和农业产品不变价格,从 1949 年到 1957 年使用 1952 年不变价格,从 1957 年到 1971 年 使用 1957 年不变价格,从 1971 年到 1981 年使用 1970 年不变价格,从 1981 年到 1990 年使用 1980 年不变价格,从 1990 年到 1999 年使用 1990 年不变价格,2000 年及以后采用的是物价指数换算。

本《年鉴》所列"国内生产总值指数"是按可比价格计算的。如计算有关年份产值增长情况,可用指数直接进行对比。

平均每年增长速度 在我国计算平均速度有两种方法,一种是习惯上经常使用的"水平法",又称几何平均法,是以间隔期最后一年的水平同基期水平对比来计算平均每年增长(或下降)速度的。另一种是"累计法",又称代数平均法或方程法,是以间隔期内各年水平的总和同基期水平对比来计算平均每年增长(或下降)速度的。

在一般正常情况下,两种方法计算的平均每年增长速度比较接近,但在经济发展不平衡,出现大起大落时,两种方法的结果差别较大。

本《年鉴》内所列的平均每年增长速度,除固定资产投资用"累计法"计算外,其余都是用"水平法"计算的。

人口数 指一定时点全市行政管辖范围内的有生命的个人的总和。年度统计的年末人口数是指 12 月 31 日 24 时常住户口和未落户口的人口数。

农业人口 指凡在农村从事农、林、牧、副、渔的劳动者,以及乡(不包括乡)以下,不直接从事农业生产的各种人员及其抚养的家属。

非农业人口 指从事除农、林、牧、副、渔业以外各种行业的人员。包括国营的农、林、牧、渔、园艺场、拖拉机站、抽水机站等,在编的行政管理人员、文教卫生、财贸、邮电等人员,以及附属的独立核算的工业企业中常年不从事农业生产的国家职工。包括抚养的家属。

性别比 指在总人口中或各组年龄人口中男性人数和女性人数之比。计算公式:

$$性别比=\frac{男性人口人数}{女性人口人数}\times 100$$

人口自然增长率 指一年内人口自然增长数(出生人数减死亡人数)与平均人数之比例,一般以千分率表示。计算公式:

$$人口自然增长率=\frac{年内出生人数-年内死亡人数}{年平均人数}\times 1000‰$$

或

人口自然增长率=人口出生率-人口死亡率

人口密度 指在一定时点一定地区的人口数与该地区

的面积数之比，即一定时点的单位土地面积上的人口数，通常以每平方公里的居民人数来表示。计算公式：

$$人口密度=\frac{该地区的人口数}{该地区的土地面积数}$$

已婚育龄妇女独生子女领证率 指15–49岁已婚育龄妇女已领独生子女证的人数，同15–49岁已婚育龄妇女人数之比，一般以百分率表示。计算公式：

已婚育龄妇女独生子女领证率=

$$\frac{15\text{–}49岁已婚育龄妇女已领独生子女证的人数}{15\text{–}49岁已婚育龄妇女人数}\times100\%$$

劳动力资源总数 指在16周岁以上的人口总数中有劳动能力的人实际经常参加社会劳动并取得劳动报酬或经营收入的人口数。包括从业人员、城镇失业人员和其他在劳动年龄内有劳动能力的人数。不包括在劳动年龄内的在押犯人、因病残而丧失劳动能力的人口数和16岁以下实际参加社会劳动的人员。

职工 指在国有经济、城镇集体经济、联营经济、股份制经济、外商和港、澳、台投资经济、其他经济单位及其附属机构中工作，并由其支付工资的各种人员。不包括城镇私营企业和乡镇企业从业人员等。

城镇失业人员 是指在一定年龄内，有劳动能力，无业而要求就业并进行失业登记的人员，包括城镇年满16岁至25岁的初、高中毕业生中未能升学、参军的失业青年和年龄在25岁至男50岁、女45岁以内的其他失业人员。

城镇登记失业率 是从另一个侧面反映城镇劳动者就业程度的指标。它的计算公式：

$$城镇登记失业率=\frac{城镇登记失业人员}{城镇登记从业人员+城镇失业人员}\times100\%$$

企业家信心指数 亦称宏观经济景气指数，是根据企业决策者对企业外部市场经济环境与宏观政策的认识、看法、判断与预期（对“乐观”、“一般”、“不乐观”的选择）而编制的指数，反映企业决策者对国家宏观经济发展的信心和预期，是企业决策者对当前宏观经济状况及未来走势的一种感受、体验与期望。

企业景气指数 亦称企业综合生产经营景气指数，是根据企业决策者对本企业当前生产经营情况的判断及未来企业生产经营状况的预期（对“良好”、“一般”、“不佳”的选择）而编制的指数，是企业决策者对企业生产经营现状及未来景气动向的一种综合评价和判断。

二、渔　业

2–1 渔 业 基 本 情 况

指　　标	单位	2015 年	2016 年	2016 年分县（区）			
				定 海	普 陀	岱 山	嵊 泗
渔业乡镇（街道）	个	20	24	5	8	4	7
渔 业 村	个	181	195	16	85	56	38
渔 业 户	户	70943	70880	5870	24401	23453	17156
渔 业 人 口	人	198365	199241	15247	74742	63541	45711
渔业劳动力	人	98601	101046	7829	48563	25634	19020
1.专业劳动力	人	69422	71845	6264	33877	17569	14135
捕　　捞	人	45781	47048	3823	19150	14235	9840
养　　殖	人	3498	3482	291	1314	865	1012
加　　工	人	4706	6669	732	4119	929	889
其　　他	人	15437	14646	1418	9294	1540	2394
2.兼业劳动力	人	5161	5915	531	4083	186	1115
海水苗种							
1.海水鱼苗数	万尾	3852	4720		4600	120	
2.虾类育苗数	万尾	97000	85000		65000	20000	
3.贝类育苗数	万粒	22715	50005			5	50000
4.蟹类育苗数	万只	5253	7158		7155	3	

2-2 历年渔船拥有量

年份	机动渔船			木帆船	
	艘数（艘）	总吨位（吨）	总动力（万千瓦）	艘数（艘）	吨位（吨）
1951				6517	25590
1953				10018	42017
1954	4	128	0.01	10057	49300
1955	6	208	0.02	10356	54497
1956	50	1780	0.15	10906	58368
1957	157	5009	0.47	11077	61003
1958	253	6984	0.69	10514	58403
1959	648	19674	2.41	9488	54276
1960	695	21202	2.62	9263	50919
1961	776	23791	3.10	8466	46383
1962	914	26412	3.97	7806	40670
1963	1211	38779	5.74	8088	41715
1964	1417	45578	6.84	7522	34877
1965	1762	57279	8.55	6626	28815
1966	1986	66250	9.71	6880	28507
1967	2211	78251	10.88	5957	25338
1968	2390	87314	11.88	5406	28819
1969	2597	93111	12.52	5188	25140
1970	2730	99121	13.71	5010	25175
1971	2818	109210	14.04	5354	26660
1972	2872	116572	14.93	5919	21079
1973	3030	127155	16.16	6139	22995
1974	3213	135596	17.83	5609	22193
1975	3378	143682	19.40	5255	20612
1976	3512	157867	21.36	5196	19972
1977	3685	168832	23.07	4706	18307
1978	3969	171311	24.75	4440	18487
1979	4243	175255	26.01	4225	18414
1980	4906	198255	31.33	3903	16807
1981	5322	207777	33.54	3510	15444
1982	6022	225637	36.98	2977	12851
1983	6840	230061	38.08	3258	12130
1984	7961	236740	39.27	1959	5640
1985	9170	251001	41.77	1247	2378
1986	10001	275687	44.68	759	1429
1987	10232	288056	47.75	651	849
1988	10252	303089	52.40	545	787
1989	10296	308657	58.08	344	400
1990	10538	306291	58.85	554	850
1991	12088	369467	69.70	401	409
1992	12114	417365	80.88	427	485
1993	11928	456196	88.91	508	435
1994	11552	490473	91.82	291	225
1995	12353	635013	115.20		
1996	12148	657177	119.48		
1997	11991	662076	121.21		
1998	11650	719632	131.26		
1999	11252	739985	135.74		
2000	10910	843338	146.79		
2001	10777	892984	152.98		
2002	10333	886026	150.99		
2003	9841	859367	146.85		
2004	9231	826869	141.81		
2005	9103	804165	136.99		
2006	9107	838470	141.50		
2007	8966	849604	141.92		
2008	8851	828808	141.71		
2009	9091	858778	142.22		
2010	8995	871623	141.40		
2011	9086	949028	145.22		
2012	9132	1059945	156.07		
2013	8973	1101121	159.04		
2014	8617	1119442	162.48		
2015	7758	1147772	162.89		
2016	7629	1185040	166.73		

2-3 历年水产品总产量

单位:吨

年份	总产量	海洋捕捞产量	#远洋渔业	#地方渔业	海水养殖	淡水养殖
1951	56540					
1953	113574	113501			73	
1954	90370	90287			83	
1955	134117	134021			96	
1956	181977	181652			325	
1957	173178	173003			175	
1958	204099	203856			243	
1959	202508	201404			1023	81
1960	228071	226978			945	148
1961	139924	138367			1526	31
1962	185003	183683			1307	13
1963	191377	189645			1707	25
1964	256932	256151			781	
1965	303734	302666			1055	13
1966	328516	326711			1801	4
1967	366417	363645			2772	
1968	213071	210295			2776	
1969	203655	201016			2622	16
1970	226408	222734			3633	41
1971	263160	258689			4455	16
1972	343635	338773			4836	26
1973	403025	398955			4032	38
1974	478257	472851			5307	99
1975	401618	397230		375113	4301	87
1976	402632	399238		378521	3265	129
1977	375207	370294		346523	4855	58
1978	487793	483433		447770	4291	69
1979	427894	423308		391873	4516	70
1980	396967	393669		350821	3219	79
1981	394705	392770		340579	1865	70
1982	398273	395143		331225	2982	148
1983	343562	340465		295820	2866	231
1984	400202	396056		335544	3918	228
1985	425917	421172		369071	4379	366
1986	478504	471805		394727	6375	324
1987	504562	495707		406781	8485	370
1988	476960	468109		413821	8564	287
1989	484865	476420		396829	8215	230
1990	532103	521681		440113	10210	212
1991	564647	553379	4200	488361	11045	223
1992	599212	581701	21188	507914	17207	304
1993	607421	587020	26562	532064	19779	622
1994	829952	804066	55163	732973	24910	976
1995	979998	954837	90009	887921	23769	1392
1996	1051796	1023640	102421	960630	26322	1834
1997	1174921	1149830	122576	1059009	22572	2519
1998	1325356	1294077	130621	1233492	28893	2386
1999	1328813	1288244	148752	1271291	37749	2820
2000	1349213	1292967	133644	1261576	51891	4355
2001	1293851	1224524	121484	1202614	63427	5900
2002	1246147	1155486	133024	1128381	83774	6887
2003	1244864	1127861	167936	1075498	109484	7519
2004	1304229	1169981	199907	1092772	126264	7984
2005	1240833	1116988	155224	1072969	115399	8446
2006	1252606	1124255	150584	1085952	119461	8890
2007	1238272	1113420	162628	1085446	115861	8991
2008	1255179	1132727	168601	1085085	113797	8655
2009	1237819	1101987	104249	1074030	127402	8430
2010	1311218	1168065	121791	1133562	134210	8943
2011	1419491	1312186	210599	1280769	98627	8678
2012	1483039	1356921	250539	1336030	115931	10187
2013	1553822	1422453	296598	1400682	122453	8916
2014	1669397	1531380	393499	1495272	130218	7799
2015	1764581	1615022	465211	1562372	141701	7858
2016	1902544	1711420	538823	1686964	181305	9819

2-4 水 产 品 分

指　　标	1980年	1985年	1990年	1995年	2000年	2005年	2007年	2008年	2009年
合　　计	**396967**	**425916**	**532103**	**979998**	**1349213**	**1240833**	**1238272**	**1255179**	**1237819**
一、海水产品产量	**396888**	**425550**	**531891**	**978606**	**1344858**	**1232387**	**1229281**	**1246524**	**1229389**
1.鱼　　类	360989	346893	418597	596365	818038	660490	633127	691748	700821
#大 黄 鱼	35139	5984	65	5637	327	1936	187	122	168
小 黄 鱼	2786	646	354	13094	56801	26326	45311	45119	45085
带　　鱼	162572	149611	142364	192651	210323	152366	127315	132264	141458
鲳　　鱼	4855	9636	8267	21273	20786	22269	20470	24280	27891
鳓　　鱼	1240	1373	1040	829	335	853	910	1234	498
马 鲛 鱼	925	3054	8049	1312	2673	3754	2945	4346	4204
马 面 鲀	16863	39670	74107	10652	141	2551	3200	2760	3094
鲐 鲹 鱼	17539	17488	41120	24554	16021	88610	86609	132944	121219
2.蟹　　类	10882	27485	26638	82435	77834	93799	90188	71779	78548
3.虾　　类	21825	48415	71759	225285	292894	238737	221560	197997	215097
#对　虾	191	1505	3267	1843	5612	7430	5886	7550	8318
4.藻　　类	2568	277	648	3382	3054	2726	2023	660	1226
#海　带	2430	160	595	3350	3020	1820	1200	171	920
5.贝类、头足类	30184	9826	14249	65540	151767	231383	280129	282585	229371
#乌　贼	29560	7346	7582	1102	671	470	345	337	891
二、淡水产品产量	**79**	**366**	**212**	**1392**	**4355**	**8446**	**8991**	**8655**	**8430**
合计中主要作业产量									
灯光围网	16370	16546	15441	18641	15523	77183	74807	133976	121550
机拖虾	1830	11058	51729	316388	368227	235481	208102	170059	185076
底拖网		43034		183572	167958	185133	136934	140332	144618
定置作业	40928	67679		161376	152234	99876	90430	68843	104090

品　种　产　量

单位:吨

2010年	2011年	2012年	2013年	2014年	2015年	2016年	2016年分县(区)			
							定海	普陀	岱山	嵊泗
1311218	**1419491**	**1483039**	**1553822**	**1669397**	**1764581**	**1902544**	**177184**	**901335**	**439852**	**384173**
1302275	**1410813**	**1472852**	**1544906**	**1661598**	**1756723**	**1892725**	**174385**	**897200**	**436967**	**384173**
723254	772974	743084	736911	704455	725293	780179	35363	285310	240169	219337
252	258	396	400	515	623	740	15	553	72	100
46794	58107	53021	46205	52423	55935	53646	29	11033	23266	19318
143797	116567	117116	120806	108104	117173	120928	12221	40810	39895	28002
24033	27291	23779	16577	13369	15408	21178	179	7649	5281	8069
959	238	390	326	334	1665	2925	21	1922	7	975
5085	3662	4373	4914	5189	6427	7693	168	4067	608	2850
2375	2036	1185	900	1654	782	756	45	579	39	93
118837	148374	117555	95297	79285	61962	73697	30	30479	20796	22392
85600	96743	107658	142645	211409	183904	173585	1642	38734	118337	14872
228662	224000	251199	247691	227761	249789	246206	21154	163039	43879	18134
11251	10211	13014	7452	7055	7671	10021	1379	1912	5573	1157
1391	1257	1477	2236	2208	2412	2239		1912	87	240
870	850	983	1321	1150	1850	1376		1376		
252977	309757	360647	381964	491838	566814	645078	110115	388092	18078	128793
868	1079	527	647	595	700	739	111	551	68	9
8943	**8678**	**10187**	**8916**	**7799**	**7858**	**9819**	**2799**	**4135**	**2885**	
127315	165074	124929	107842	82575	70660	88544		34639	29708	24197
200295	223315	239675	246143	257953	265254	288474	24191	134060	81018	49205
155638	146910	150660	163261	164077	172451	161143	13368	109571	29712	8492
77007	64262	100616	98806	86278	87284	77096	4289	43059	7928	21820

2-5 海　水　养　殖

指　标	1990年	1995年	2000年	2005年	2006年	2007年	2008年	2009年
养殖面积合计(公顷)	**2471**	**3813**	**6753**	**9397**	**8840**	**8411**	**7809**	**7978**
#蛏子	39	298	672	1155	955	627	792	773
贻贝	117	145	332	1124	1329	1446	1619	1644
蛤		380	468	880	905	689	722	804
螺		623	1033	701	672	458	453	323
对虾	2130	1655	1976	2109	1844	2050	1851	1959
海带	58	52	42	30	35	30	23	74
紫菜	24	13	12	36	35	41	26	29
养殖产量合计(吨)	**10210**	**23769**	**51891**	**115399**	**119461**	**115861**	**113797**	**127402**
#蛏子	250	2151	8448	16740	14795	12745	12636	11948
贻贝	4940	11244	17369	50528	57045	61064	63894	76330
蛤		3616	5407	9492	10519	9106	8745	10234
螺		271	665	1572	1745	1237	1005	768
对虾	2937	394	930	4741	4011	3567	4933	3887
海带	595	3350	3020	1820	1521	1200	171	920
紫菜	53	32	34	102	185	185	185	86

面　积　和　产　量

2010年	2011年	2012年	2013年	2014年	2015年	2016年	2016年分县(区)			
							定海	普陀	岱山	嵊泗
7813	**6980**	**6262**	**6002**	**5864**	**5779**	**5623**	**673**	**2294**	**1148**	**1508**
788	499	432	417	419	391	377	30	223	124	
1645	1013	1119	1251	1251	1404	1382		24		1358
677	504	434	347	390	398	280	120	48	112	
390	298	231	225	210	148	146	60	47	29	10
1909	1840	1025	910	989	1165	1042	269	479	294	
87	82	69	110	89	137	108		108		
26	36	38	36	36	48	47		42	5	
134210	**98627**	**115931**	**122453**	**130218**	**141701**	**181305**	**3857**	**33355**	**23007**	**121086**
12710	12144	10605	11418	11539	10754	11458	186	9419	1853	
81201	50201	72324	78193	84214	97629	123738		3500		120238
10504	8949	8366	7375	7079	6273	8706	696	4626	3384	
799	643	484	386	468	393	650	110	100	390	50
4279	3632	4552	4437	4569	4907	6730	1253	1912	3565	
870	850	983	1321	1150	1850	1376		1376		
71	87	88	85	48	43	118		31	87	

注:2003年起,螺指标代替原泥螺指标。

2–6 年 末 渔 业

指 标	单位	2004年	2005年	2006年	2007年	2008年	2009年	2010年
一、机动渔船合计	艘	**9231**	**9103**	**9107**	**8966**	**8851**	**9091**	**8995**
	吨	826869	804165	838470	849604	828808	858778	871623
	千瓦	1418058	1369940	1415044	1419162	1417138	1422171	1414035
1.生产渔船	艘	8100	7949	7873	7705	7538	7919	7866
	吨	714168	693750	707684	701664	703191	716906	721038
	千瓦	1249954	1202427	1218744	1198288	1194028	1195641	1184751
2.辅助渔船	艘	1131	1154	1234	1261	1313	1172	1129
	吨	112701	110415	130786	147940	125617	141872	150585
	千瓦	168104	167513	196300	220874	223110	226530	229284
二、捕捞渔船按功率分								
441千瓦以上	艘	226	223	212	134	141	153	185
	吨	84647	75221	72655	49186	56725	59541	77611
	千瓦	126667	115346	115057	77795	80432	89374	109454
184–440千瓦	艘	3943	3927	4052	4195	4213	4195	4162
	吨	510018	515830	546504	577985	576891	591156	590414
	千瓦	880702	882392	926263	964857	966440	962139	959875
44–183千瓦	艘	1746	1459	1157	1020	885	773	589
	吨	108019	87493	72715	59750	54884	51321	38529
	千瓦	208753	164268	133865	111510	102444	97430	70455
43千瓦以下	艘	2044	2128	2126	2026	1951	2416	2532
	吨	10908	14682	14837	13775	13632	13748	13310
	千瓦	31916	38536	40817	41311	41747	43650	41868
捕捞渔船合计	艘	7959	7737	7547	7375	7190	7537	7468
	吨	713592	693226	706711	700696	702132	715766	719864
	千瓦	1248038	1200542	1216002	1195473	1191063	1192593	1181652

生　产　船　只

2011 年	2012 年	2013 年	2014 年	2015 年	2016 年	2016年分县(区)			
						定海	普陀	岱山	嵊泗
9086	**9132**	**8973**	**8617**	**7758**	**7629**	**419**	**2825**	**2039**	**2346**
949028	1059945	1101121	1119442	1147772	1185040	81401	601947	371092	130600
1452248	1560693	1590375	1624760	1628940	1667303	115371	800939	544310	206683
7947	8011	7875	7540	6698	6554	375	2285	1737	2157
770870	858661	884277	889549	921806	935650	74693	425081	322858	113018
1212351	1295725	1306919	1297461	1292314	1297736	97684	614827	415056	170169
1139	1121	1098	1077	1060	1075	44	540	302	189
178158	201284	216844	229893	225966	249390	6708	176866	48234	17582
239897	264968	283456	327299	336626	369567	17687	186112	129254	36514
223	352	349	364	380	437	73	350	11	3
101941	177523	194481	203254	222985	246563	51054	189623	4546	1340
134919	220555	246490	260869	286781	323839	57452	258075	6304	2008
4022	4018	3857	3887	3822	3597	159	1305	1574	559
617638	632676	633044	643703	661566	638535	22077	211325	312492	92641
963918	966678	943889	946021	935153	885381	37228	317287	399119	131747
555	571	569	393	357	448	19	221	61	147
36143	33522	41410	29007	27478	39487	1014	20545	5132	12796
65782	60957	69268	48033	42043	61650	1805	33089	7748	19008
2749	2632	2647	2192	1449	1353	124	404	91	734
13982	13594	13869	11861	8004	9251	548	3414	688	4601
44637	43949	43377	37572	23285	21614	1199	5909	1885	12621
7549	7573	7422	6836	6008	5835	375	2280	1737	1443
769704	857315	882804	887825	920033	933836	74693	424907	322858	111378
1209256	1292139	1303024	1292495	1287262	1292483	97684	614359	415056	165384

2-7 渔区收益分配

指　标	单位	2008 年	2009 年	2010 年	2011 年	2012 年	2013 年	2014 年	2015 年	2016 年	2016年分县(区)			
											定海	普陀	岱山	嵊泗
一、总收入	**万元**	**950061**	**932797**	**1039584**	**1216640**	**1320906**	**1421463**	**1457232**	**1516164**	**1594527**	**58706**	**682274**	**522463**	**331084**
捕捞收入	万元	582710	593939	678771	809392	825344	858708	888815	915445	937610	23592	387631	342896	183491
养殖收入	万元	25192	25722	29786	23896	26832	32409	36518	40512	56010	392	11923	11881	31814
农林牧收入	万元	1167	1352	1377	1312	1388	1590	1835	1957	2273	398	1305	386	184
第二产业收入	万元	122857	116988	122608	124128	133115	146195	159986	173562	190771	7581	92203	42256	48731
第三产业收入	万元	94026	114144	119876	121218	130836	141832	155463	170094	198718	9620	85068	62269	41761
劳务及其他收入	万元	124109	80651	87166	136694	203391	240729	214615	36504	209145	17123	104144	62775	25103
二、总费用	**万元**	**666231**	**616453**	**699319**	**825446**	**867353**	**930190**	**949510**	**970875**	**1005825**	**26236**	**439528**	**325473**	**214588**
捕捞支出	万元	459837	412547	475800	593203	612352	640478	665313	663428	668026	16499	298424	229910	123193
养殖支出	万元	17007	17147	19936	14956	17092	24410	23789	27639	36932	88	8147	7676	21021
农林牧支出	万元	486	607	630	499	547	681	661	646	616	71	498	27	20
第二产业支出	万元	98243	86029	93373	92781	97641	104598	114808	123429	135238	4191	64372	27660	39015
第三产业支出	万元	64680	72894	72888	77385	80301	87682	85830	99167	113856	4406	44343	38281	26826
其他支出	万元	25978	27229	36692	46622	59420	72341	59109	56566	51157	981	23744	21919	4513
三、净收入	**万元**	**283830**	**316343**	**340265**	**391194**	**453553**	**491273**	**507722**	**545289**	**588703**	**32470**	**242747**	**196990**	**116496**
税费	万元	2589	2803	3787	4812	4898	5966	7174	7769	7410	111	3532	568	3199
集体提留	万元	38996	47913	48879	65739	94634	93902	66010	60280	56910	140	32631	23997	142
#村社提留	万元	1372	1373	1228	1237	1086	1035	1401	1083	1157	72	317	715	53
个人分配	万元	242245	265627	287599	32063	354021	391405	434538	477240	524383	32219	206584	172425	113155
四、人均收入	**元**	**11738**	**12716**	**13838**	**15443**	**17202**	**19182**	**21226**	**23412**	**25893**	**23221**	**27372**	**26068**	**24063**
五、固定资产原值	**万元**	**476360**	**494700**	**519611**	**550011**	**599513**	**617688**	**616618**	**626358**	**639077**	**18591**	**205432**	**290615**	**124439**
#村社集体资产值	万元	54370	42362	46112	53243	57639	62006	68652	64564	71692	1614	25618	34623	9837
六、劳均收入	**元**	**30504**	**33023**	**35564**	**39121**	**42803**	**47316**	**51434**	**56864**	**63048**	**53663**	**62845**	**68055**	**59678**

三、农　业

3-1 历　年　农　村　户　数

（年末数）

年　份	总户数（万户）	渔　业　户	农　业　户	盐　业　户	其　他　户
1950	10.23	2.17	6.36	0.49	1.21
1951	10.92	2.66	5.88	0.54	1.84
1953	11.89	2.88	6.13	0.20	2.68
1954	12.05	2.92	6.17	0.25	2.71
1955	12.16	3.03	6.29	0.25	2.59
1956	12.55	3.13	6.67	0.33	2.42
1957	13.25	3.16	6.71	0.34	3.04
1958	13.18	3.15	6.70	0.34	2.99
1959	13.16	3.31	6.31	0.43	3.11
1960	12.68	3.34	7.08	0.46	1.80
1961	11.59	2.66	7.19	0.62	1.12
1962	12.15	3.15	8.18	0.73	0.09
1963	12.55	3.46	8.37	0.72	
1964	12.44	3.42	8.33	0.68	0.01
1965	12.62	3.55	8.25	0.70	0.12
1966	12.86	3.50	8.22	0.66	0.48
1967	13.20	3.59	8.40	0.66	0.55
1968	13.61	3.72	8.80	0.71	0.38
1969	14.03	3.85	9.22	0.77	0.19
1970	14.49	3.99	9.66	0.83	0.01
1971	15.91	4.33	9.67	0.79	1.12
1972	15.48	4.46	9.73	0.87	0.42
1973	15.48	4.46	9.72	0.87	0.43
1974	16.61	4.80	10.39	0.86	0.56
1975	17.13	4.83	10.83	0.89	0.58
1976	18.11	5.06	11.36	0.96	0.73
1977	18.79	5.25	11.77	0.95	0.82
1978	19.50	5.37	11.97	0.99	1.17
1979	19.92	5.45	12.17	1.01	1.29
1980	20.31	5.54	12.26	1.03	1.48
1981	21.00	5.80	12.11	1.04	2.05
1982	21.44	6.01	12.26	1.05	2.12
1983	22.03	6.28	12.97	1.08	1.70
1984	22.64	6.55	12.96	0.93	2.20
1985	23.13	6.70	13.39	0.95	2.09
1986	23.76	6.91	13.94	0.63	2.28
1987	24.61	7.11	14.24	0.76	2.50
1988	25.60	7.41	14.33	0.77	3.09
1989	26.14	7.45	15.19	0.83	2.67
1990	26.48	7.51	15.40	0.95	2.62
1991	26.59	7.74	15.93	1.16	1.76
1992	26.63	7.83	15.58	1.30	1.92
1993	26.46	7.73	15.59	1.18	1.96
1994	26.31	7.71	15.41	1.20	1.99
1995	26.20	7.66	15.30	1.16	2.08
1996	25.94	7.62	15.01	1.11	2.20
1997	25.72	7.54	14.83	1.07	2.28
1998	25.45	7.54	14.78	1.10	2.03
1999	25.13	7.58	14.55	1.10	1.90
2000	24.63	8.23	14.46	1.15	0.79
2001	24.07	7.55	13.75	0.93	1.84
2002	23.55	7.14	13.99	0.78	1.64
2003	23.26	7.01	13.89	0.72	1.64
2004	23.42	7.17	14.20	0.63	1.42
2005	23.54	7.66	14.40	0.65	0.83
2006	22.71	6.88	14.31	0.75	0.77
2007	23.18	6.76	14.73	0.76	0.93
2008	23.53	6.68	15.09	0.76	1.00
2009	23.55	6.40	15.14	0.88	1.13
2010	23.74	6.27	15.33	0.80	1.34
2011	24.04	6.36	15.52	0.85	1.31
2012	23.90	6.31	15.59	0.81	1.19
2013	23.72	6.19	15.65	0.84	1.04
2014	23.79				
2015	23.87				
2016	24.13				

注：2014 年起，渔业户、农业户、盐业户、其他户指标取消。

3-2 历 年 农 村 人 口

（年末数）

年 份	总人口（万人）	渔业人口	农业人口	盐业人口	其他人口
1950	46.07	9.99	28.00	2.76	5.32
1951	47.24	12.68	25.88	2.83	5.85
1953	50.38	13.31	25.05	1.06	10.86
1954	51.78	13.28	25.62	1.22	11.66
1955	53.10	13.86	26.28	1.23	11.73
1956	56.18	13.51	28.12	1.56	12.99
1957	58.34	14.59	29.97	1.72	13.06
1958	59.74	15.28	29.66	1.77	13.03
1959	61.71	15.23	29.09	2.04	15.35
1960	58.67	15.41	29.27	2.19	11.80
1961	59.30	15.87	31.49	2.57	9.37
1962	53.70	14.00	35.74	3.01	0.95
1963	56.18	15.32	37.03	3.05	0.78
1964	57.76	16.39	38.01	2.71	0.65
1965	59.81	16.77	39.73	2.77	0.54
1966	61.84	16.58	40.36	2.96	1.94
1967	62.92	16.87	40.63	3.10	2.32
1968	64.36	17.40	42.20	3.17	1.59
1969	65.83	17.94	43.83	3.24	0.82
1970	67.34	18.40	44.95	3.31	0.68
1971	67.73	19.60	45.06	3.53	0.54
1972	69.99	18.91	45.97	3.77	1.34
1973	69.99	18.91	45.97	3.78	1.33
1974	72.70	20.64	46.29	3.93	1.84
1975	72.98	20.28	46.91	3.74	2.05
1976	73.54	19.96	47.25	3.87	2.46
1977	74.39	20.25	47.61	3.86	2.67
1978	75.06	20.72	47.23	3.61	3.50
1979	74.78	20.47	46.69	3.77	3.85
1980	74.78	20.48	46.07	3.87	4.39
1981	74.94	20.90	43.90	3.86	6.28
1982	75.55	20.73	44.12	3.76	6.94
1983	76.42	21.22	45.59	3.69	5.92
1984	76.88	21.21	45.21	3.13	7.33
1985	76.58	22.40	44.45	3.12	6.81
1986	76.49	22.22	45.05	2.27	6.95
1987	77.00	22.29	44.79	2.30	7.62
1988	77.20	22.33	44.80	2.32	7.75
1989	77.39	22.00	45.61	2.40	7.38
1990	77.27	21.86	45.49	2.73	7.19
1991	77.07	23.21	46.08	3.12	4.66
1992	77.08	22.74	45.49	2.98	5.87
1993	76.62	22.87	44.94	3.21	5.60
1994	76.10	23.02	44.27	3.35	5.46
1995	75.75	22.88	44.05	3.06	5.76
1996	75.54	22.88	43.34	2.94	6.38
1997	74.92	22.69	42.94	2.82	6.47
1998	73.68	22.56	42.75	2.82	5.55
1999	72.00	22.24	41.58	2.94	5.24
2000	70.20	24.49	41.08	3.06	1.57
2001	67.55	22.70	39.77	2.42	2.66
2002	65.38	20.56	39.10	2.13	3.59
2003	63.74	19.47	38.66	1.90	3.71
2004	63.55	20.16	38.72	1.62	3.05
2005	63.49	20.85	39.49	1.59	1.56
2006	62.47	19.01	40.45	2.02	0.99
2007	61.94	18.35	39.48	1.99	2.12
2008	62.74	18.22	40.25	2.05	2.22
2009	62.79	17.56	40.99	2.02	2.22
2010	63.78	17.22	41.26	2.08	3.22
2011	64.79	17.01	42.48	2.08	3.22
2012	64.06	16.59	42.54	2.00	2.93
2013	65.50	16.34	43.80	2.00	3.36
2014	66.12				
2015	66.02				
2016	66.67				

注:2014 年起,渔业户、农业户、盐业户、其他户指标取消。

3-3 历年农村劳动力

（年末数）

单位：万人

年 份	农 村 劳动力	#渔 业	#农 业	#盐 业	#工 业	#建筑业	#运输业	#贸 易 餐饮业
1952	19.08	3.12	10.95	1.11				
1954	20.43	3.34	11.73	1.20				
1955	20.95	3.66	12.03	1.23				
1956	20.76	3.97	11.92	1.07				
1957	22.14	4.30	12.71	1.07				
1958	23.95	4.32	11.05	0.91				
1959	20.68	4.43	10.69	0.82				
1960	22.28	4.03	13.36	0.61				
1961	19.14	4.07	13.06	1.28	0.27			
1962	19.15	4.46	13.66	0.98				
1963	19.22	4.03	13.91	1.17				
1964	19.90	4.03	14.61	1.26				
1965	20.84	4.14	15.35	1.35				
1966	22.30	4.74	16.13	1.43				
1967	23.68	4.99	16.94	1.75				
1968	23.99	4.46	17.79	1.74				
1969	25.34	4.75	18.85	1.74				
1970	27.19	5.50	19.64	1.71				
1971	30.18	5.62	21.53	1.85				
1972	31.19	6.00	21.89	1.92	0.42			
1973	31.20	5.99	21.89	1.91	0.42			
1974	32.73	6.37	23.08	2.11	0.59			
1975	33.57	6.57	23.51	2.02	0.81			
1976	34.24	6.88	23.42	2.04	1.03			
1977	35.10	6.84	23.52	2.07	1.59			
1978	36.16	7.05	23.43	2.09	1.72			
1979	36.49	7.11	23.33	2.26	2.29			
1980	36.68	6.98	21.60	2.30	2.77			
1981	37.12	7.05	19.19	2.20	3.50			
1982	37.80	7.25	18.71	1.82	3.72			
1983	41.77	8.87	20.29	1.68	3.94			
1984	43.15	8.98	18.04	0.71	3.36	0.61	0.81	0.58
1985	44.20	9.16	16.92	0.88	4.79	1.58	1.25	1.07
1986	45.44	8.83	12.29	0.86	5.33	1.84	1.38	1.70
1987	46.00	8.03	14.70	0.68	6.32	2.13	1.40	2.27
1988	45.17	8.28	14.39	0.74	6.02	2.18	1.40	2.59
1989	45.89	7.66	14.05	0.64	6.05	1.95	1.39	2.87
1990	46.26	7.67	14.38	0.70	5.70	1.82	1.40	3.07
1991	46.25	7.55	14.55	0.70	5.71	1.96	1.35	2.95
1992	46.21	7.60	13.50	0.64	6.08	1.97	1.41	3.48
1993	46.02	7.59	13.62	0.60	6.32	2.19	1.69	2.97
1994	45.04	7.54	13.53	0.56	6.22	2.37	1.94	3.14
1995	45.10	7.88	12.85	0.51	5.96	2.54	1.99	2.05
1996	44.45	8.09	12.54	0.45	5.59	2.56	2.01	2.10
1997	44.07	8.23	12.54	0.39	5.14	2.58	2.03	2.36
1998	43.67	8.11	12.37	0.40	4.89	2.45	2.09	2.43
1999	42.63	7.95	11.86	0.39	4.35	2.40	2.11	2.41
2000	41.96	8.11	11.30	0.38	4.22	2.50	2.19	2.52
2001	40.75	7.92	10.72	0.36	4.33	2.39	2.04	2.50
2002	39.41	7.79	9.35	0.39	4.86	2.87	2.09	2.62
2003	39.04	7.61	8.86	0.36	5.26	2.90	2.08	3.19
2004	37.82	7.27	7.77	0.34	5.66	3.23	2.32	3.47
2005	37.24	6.66	6.76	0.29	7.06	3.36	2.63	3.74
2006	36.91	6.22	6.01	0.26	7.20	3.80	2.45	3.94
2007	38.20	5.98	5.23	0.24	8.08	4.20	2.75	4.38
2008	39.38	5.82	4.84		8.53	4.48	2.87	4.81
2009	39.30	5.73	4.72		8.88	4.70	2.94	5.11
2010	40.41	5.73	4.72		9.71	4.93	3.01	5.38
2011	41.65	5.70	4.71		11.04	5.24		
2012	40.61	5.75	4.28		10.39	5.33		
2013	42.49	5.86	4.63		11.08	5.79		
2014	49.00							
2015	47.39							
2016	47.30							

注：2014 年起，农村劳动力分行业指标取消。

3-4 历年农村非农行业总产值

单位:万元

年份	非农行业总产值	工业	建筑业	运输业	贸易饮食业
1951	589	94	91	70	334
1953	1075	349	282	85	359
1954	961	175	303	105	378
1955	1473	614	375	86	398
1956	1333	406	392	108	427
1957	1418	282	485	206	445
1958	1749	469	481	316	483
1959	3801	1976	528	777	520
1960	5652	3590	321	1194	547
1961	2129	515	251	781	582
1962	2039	586	392	423	638
1963	2842	1032	599	630	581
1964	3016	997	823	553	643
1965	3232	959	933	642	698
1966	3089	736	1077	533	743
1967	3582	1386	946	463	787
1968	3655	1316	1022	472	845
1969	3627	1305	964	459	899
1970	3935	1098	1172	718	847
1971	6209	2454	1602	1094	1059
1972	5476	1554	1520	1225	1177
1973	6208	1683	1930	1302	1293
1974	7796	3418	2070	918	1390
1975	8613	4046	2037	1051	1479
1976	9567	4309	2643	990	1625
1977	10708	4554	3303	1103	1748
1978	14116	6657	4165	1352	1942
1979	17313	8096	5017	2036	2164
1980	20315	9082	6699	2048	2486
1981	27057	14177	8086	2133	2661
1982	29659	15477	8684	2559	2939
1983	30688	15833	8395	3203	3257
1984	39304	21282	9543	4681	3798
1985	64434	32580	20771	5663	5420
1986	74403	42877	17989	7672	5865
1987	104598	57439	32395	8478	6286
1988	138267	79189	37790	10544	10744
1989	137687	88654	28779	10040	10214
1990	130583	88544	21600	8010	12429
1991	170846	114876	31977	9081	14912
1992	215731	155454	30127	12997	17153
1993	283341	211963	36097	16668	18613
1994	410812	322224	38905	25079	24604
1995	520082	409934	48307	38261	23580
1996	560007	425891	52320	50286	31510
1997	602670	456181	54971	56521	34997
1998	669990	491063	59180	68854	50893
1999	801250	595104	78076	72160	55910
2000	1026641	794147	87084	75584	69826
2001	1231508	983904	93488	83693	70423
2002	1563102	1264966	104556	104352	89228
2003	1913643	1537745	153944	122571	99383
2004	2366988	1904812	203486	140079	118611
2005	3488440	2781051	289811	188304	229274

3-5 历年农林牧渔业总产值

单位:万元

年份	农业总产值	农业	#种植业	林业	牧业	渔业
1951	4001	1749	1661	6	221	2025
1953	5727	1588	1506	8	359	3772
1954	6966	2643	2541	23	555	3745
1955	6935	2066	1984	49	383	4437
1956	9159	2364	2278	155	401	6329
1957	10087	3779	3648	135	738	5435
1958	9554	2437	2350	116	480	3521
1959	9984	2800	2708	72	413	6699
1960	9443	2177	2094	70	302	6894
1961	8016	2165	2057	20	264	5567
1962	12304	3476	3353	50	315	8463
1963	11197	3027	2917	47	414	7709
1964	15544	4073	3960	60	680	10731
1965	17390	4021	3920	108	834	12427
1966	19568	4644	4541	197	938	13789
1967	18660	3313	3216	203	700	14444
1968	14044	3995	3889	223	628	9198
1969	14364	4516	4408	91	734	9023
1970	15479	4670	4561	43	749	10017
1971	16167	4326	4046	109	1185	10547
1972	19707	5071	5122	166	1060	13410
1973	22407	5662	5544	230	1122	15393
1974	25185	5902	5765	96	1184	18003
1975	17888	4211	4102	64	904	12709
1976	18035	4296	4138	85	862	12792
1977	16770	4141	3965	51	837	11741
1978	21147	4784	4670	116	944	15303
1979	26651	6447	6028	147	1727	18330
1980	30182	8672	7778	151	1747	19612
1981	30903	8532	7329	209	1588	20574
1982	34676	8157	7275	195	1605	24719
1983	31988	6838	5959	207	1771	23172
1984	55488	13300	10030	379	2882	38927
1985	81149	16735	10114	544	4202	59666
1986	92393	19012	10668	863	5537	66981
1987	119404	22442	13543	855	5142	90965
1988	145338	26714	15500	877	7911	109836
1989	149743	25881	15421	1062	9690	113110
1990	178831	29995	19944	1332	10217	137287
1991	212163	32273	22041	1631	11300	166959
1992	239154	33858	20771	1142	12244	191910
1993	323371	46390	27789	1762	13269	261950
1994	462626	57012	43717	2779	18975	383860
1995	576233	69443	54802	3617	22047	481126
1996	608372	77591	61027	2684	20357	507740
1997	631836	71702	54897	2556	19985	537593
1998	647096	73431	55001	2438	19652	551575
1999	674421	73062	54103	2110	17859	581390
2000	745242	70861	52604	2394	18444	653543
2001	738139	74583	55681	2125	20299	641132
2002	728506	63371	57495	1887	21997	641251
2003	745276	63444	59487	1743	24817	655272
2004	834867	57801	54929	1858	25154	750054
2005	871891	59161	56599	1759	26950	784021
2006	822340	62557	60685	1661	28516	729606
2007	885037	65352	62930	1721	38529	779435
2008	978627	72258	69521	1911	42245	862213
2009	1023923	78977	77326	4449	41052	899445
2010	1212670	91147	89206	2251	46899	1072373
2011	1499355	99291	96963	2823	51964	1345277
2012	1636653	103944	101231	3514	51868	1477327
2013	1877557	110244	105843	3227	49650	1714436
2014	1994830	113940	104667	2591	49433	1828866
2015	2192735	112995	104642	2280	47696	2029764
2016	2523449	119153	110164	2120	39321	2362855

注:本表按当年价格计算,2006年以后根据第二次全国农业普查数据作相应调整,2006年以前还未调整。

3-6 历年农林牧渔业总产值构成

单位:%

年　份	农林牧渔业总产值	农业产值	林业产值	牧业产值	渔业产值
1951	100	43.7	0.2	5.5	50.6
1953	100	27.7	0.1	6.3	65.9
1954	100	37.9	0.3	8.0	53.8
1955	100	29.8	0.7	5.5	64.0
1956	100	25.8	1.7	4.4	68.1
1957	100	37.5	1.3	7.3	53.9
1958	100	25.5	1.2	5.0	68.3
1959	100	28.0	0.7	4.1	67.1
1960	100	23.1	0.7	3.2	73.0
1961	100	27.0	0.2	3.3	69.5
1962	100	28.3	0.4	2.6	68.7
1963	100	27.0	0.4	3.7	68.9
1964	100	26.2	0.4	4.4	69.0
1965	100	23.1	0.6	4.8	71.5
1966	100	23.7	1.0	4.8	70.5
1967	100	17.8	1.1	3.8	77.3
1968	100	28.4	1.6	4.5	65.5
1969	100	31.4	0.6	5.1	62.9
1970	100	30.2	0.3	4.8	64.7
1971	100	26.8	0.7	7.3	65.2
1972	100	25.7	0.8	5.4	68.1
1973	100	25.3	1.0	5.0	68.7
1974	100	23.4	0.4	4.7	71.5
1975	100	23.5	0.4	5.1	71.0
1976	100	23.8	0.5	4.8	70.9
1977	100	24.6	0.3	5.1	70.0
1978	100	22.6	0.5	4.5	72.4
1979	100	24.1	0.6	6.5	68.8
1980	100	28.8	0.4	5.8	65.0
1981	100	27.6	0.7	5.1	66.6
1982	100	23.5	0.6	4.6	71.3
1983	100	21.3	0.6	5.5	72.4
1984	100	23.9	0.7	5.2	70.2
1985	100	20.7	0.7	5.2	73.5
1986	100	20.5	0.9	6.0	72.5
1987	100	18.8	0.7	4.3	76.2
1988	100	18.4	0.6	5.4	75.6
1989	100	17.3	0.7	6.5	75.5
1990	100	16.8	0.7	5.7	76.8
1991	100	15.2	0.8	5.3	78.7
1992	100	14.2	0.5	5.1	80.2
1993	100	14.4	0.5	4.1	81.0
1994	100	12.3	0.6	4.1	83.0
1995	100	12.1	0.6	3.8	83.5
1996	100	12.8	0.4	3.3	83.5
1997	100	11.3	0.4	3.2	85.1
1998	100	11.3	0.4	3.0	85.3
1999	100	10.8	0.3	2.7	86.2
2000	100	9.5	0.3	2.5	87.7
2001	100	10.1	0.3	2.8	86.8
2002	100	8.7	0.3	3.0	88.0
2003	100	8.5	0.2	3.3	88.0
2004	100	6.9	0.2	3.0	89.9
2005	100	6.8	0.2	3.1	89.9
2006	100	7.6	0.2	3.5	88.7
2007	100	7.4	0.2	4.3	88.1
2008	100	7.4	0.2	4.3	88.1
2009	100	7.7	0.5	4.0	87.8
2010	100	7.5	0.2	3.9	88.4
2011	100	6.6	0.2	3.5	89.7
2012	100	6.3	0.2	3.2	90.3
2013	100	5.9	0.2	2.6	91.3
2014	100	5.7	0.1	2.5	91.7
2015	100	5.1	0.1	2.2	92.6
2016	100	4.7	0.1	1.6	93.6

注:本表按当年价格计算。

3-7 历年农作物播种面积

单位:千公顷

年 份	农作播种面 积	#粮食作物	#油 料	#蔬 菜	#瓜 类	耕地复种指 数 %
1950	47.56	37.25	0.45	0.67	0.15	167
1951	49.45	39.06	0.42	0.67	0.14	167
1953	53.74	40.99	0.22	0.67	0.11	186
1954	61.67	46.67	0.37	1.00	0.18	211
1955	59.35	45.29	0.47	0.01	0.19	204
1956	59.07	45.21	0.33	1.20	0.10	203
1957	61.59	43.86	0.39	1.67	0.09	212
1958	53.97	37.01	0.25	1.53	0.09	197
1959	54.47	36.19	1.53	2.53	0.11	205
1960	52.50	35.21	1.67	2.20	0.07	203
1961	47.95	34.49	0.93	0.93	0.07	186
1962	57.18	41.07	0.44	2.67	0.07	223
1963	56.96	40.50	0.64	1.80	0.07	218
1964	55.71	38.49	0.88	1.67	0.07	216
1965	57.25	37.11	0.73	2.07	0.07	228
1966	56.72	37.28	0.58	2.00	0.05	236
1967	52.03	35.15	0.37	1.27	0.13	219
1968	48.79	36.02	0.24	0.53	0.09	204
1969	52.15	37.19	0.41	0.67	0.07	219
1970	52.49	35.93	0.41	0.80	0.07	223
1971	54.17	36.33	0.64	1.20	0.08	226
1972	55.67	37.59	0.79	1.87	0.10	231
1973	58.17	40.78	0.86	2.00	0.09	241
1974	57.85	41.75	1.16	2.07	0.10	240
1975	58.29	41.78	1.30	1.93	0.09	242
1976	59.07	42.46	1.32	2.00	0.09	246
1977	60.37	43.39	1.60	2.07	0.09	250
1978	62.98	44.08	1.99	2.80	0.13	261
1979	61.03	41.03	1.99	4.00	0.20	257
1980	59.83	39.38	2.43	3.80	0.33	259
1981	59.44	37.59	3.10	3.80	0.40	259
1982	57.57	38.10	2.49	3.47	0.27	251
1983	57.95	38.67	2.54	3.35	0.20	254
1984	56.44	38.49	2.19	4.59	0.33	249
1985	54.43	37.29	2.14	5.19	0.95	246
1986	50.64	34.25	2.29	6.03	1.82	238
1987	49.94	34.69	2.63	6.19	2.31	238
1988	47.85	33.43	2.99	6.81	1.78	230
1989	44.94	32.71	2.38	7.14	1.35	217
1990	49.52	34.57	4.21	7.92	0.75	240
1991	50.35	34.51	4.57	7.89	0.99	245
1992	47.73	32.48	4.35	7.79	1.40	235
1993	42.80	28.49	3.68	6.60	1.29	215
1994	42.94	28.96	3.55	8.31	1.04	221
1995	43.70	30.50	4.16	6.82	1.09	228
1996	43.00	29.75	4.04	6.98	1.06	227
1997	41.73	28.30	3.83	7.12	1.19	222
1998	39.17	25.47	3.63	7.35	1.32	208
1999	39.53	25.24	3.83	7.72	1.59	211
2000	35.20	20.27	3.82	8.55	1.66	191
2001	32.53	15.38	3.40	10.85	2.02	180
2002	30.45	13.42	3.13	11.03	2.01	170
2003	28.38	11.97	2.96	10.60	2.01	160
2004	27.54	12.04	2.72	9.98	1.94	156
2005	27.23	11.78	2.73	9.95	1.88	158
2006	26.01	10.88	2.52	9.92	1.92	157
2007	24.95	10.25	2.31	9.68	1.96	150
2008	25.10	11.66	2.14	8.32	2.16	
2009	26.32	12.52	2.14	8.84	2.11	
2010	24.11	11.07	2.11	8.21	1.95	
2011	23.52	10.57	2.07	8.21	1.98	
2012	23.32	10.61	2.05	7.97	1.90	
2013	23.13	10.66	2.00	7.76	1.86	
2014	21.04	9.27	1.89	7.33	1.70	
2015	17.65	6.12	1.83	7.14	1.72	
2016	18.10	6.64	1.76	7.20	1.68	

注:2008 年起,原蔬菜中的马铃薯作为粮食作物处理,下同。

3-8　历年粮食总产量

年　份	粮　食　作　物		大　麦 （吨）	早　稻 （吨）	晚　稻 （吨）	蕃　薯 （吨）
	总产量 （万吨）	公顷产量 （公斤）				
1950	6.50	1740	1945	24950	21135	11040
1951	6.99	1785	1515	20780	19670	22615
1953	7.85	1920	3030	24715	10645	34385
1954	9.64	2070	4155	25870	22520	36685
1955	9.30	2055	3995	29510	23870	28610
1956	10.39	2295	5450	34235	19325	38850
1957	10.50	2400	4955	34975	22885	36090
1958	10.51	2835	6710	42020	18710	33925
1959	11.69	3225	5700	33395	34200	38740
1960	9.81	2790	5375	36210	22225	30170
1961	7.59	2250	4940	33745	12765	20305
1962	11.06	2700	5575	32145	26925	42615
1963	9.66	2385	4175	35445	14900	38820
1964	12.06	3135	5445	46580	24920	38700
1965	11.97	3225	6175	50870	22260	35840
1966	14.79	3960	6490	60795	31875	44565
1967	10.52	3000	7560	62080	11900	20315
1968	12.67	3510	9000	45285	25970	40025
1969	13.50	3630	6725	47185	34275	42955
1970	14.20	3945	5365	56800	33970	42030
1971	13.39	3690	8660	56940	22615	39235
1972	16.89	4500	9300	65760	35005	52375
1973	18.17	4455	9210	69285	45135	51790
1974	17.47	4185	13675	69755	34405	47220
1975	15.48	3705	7805	62745	37655	38895
1976	16.40	3855	9735	65605	37490	41770
1977	15.88	3660	7030	59565	37345	46750
1978	18.38	4170	11960	67660	48640	44300
1979	15.91	3870	12350	74265	33155	29325
1980	16.57	4215	9100	68420	43630	35765
1981	13.81	3675	6130	71310	27535	24730
1982	17.30	4545	8180	71440	52890	28880
1983	13.05	3375	7985	58910	29165	24440
1984	18.01	4680	8170	73775	56930	28100
1985	17.35	4650	11134	69954	53349	25055
1986	15.07	4395	8662	65177	45081	18959
1987	15.34	4425	8758	59482	49126	23667
1988	15.10	4515	6138	63001	52358	18163
1989	15.19	4650	1640	60245	56106	21761
1990	16.37	4740	2995	64336	58665	22957
1991	16.94	4905	2255	65074	64519	22676
1992	15.21	4681	1682	63166	55119	18503
1993	13.94	4849	586	47988	60542	16738
1994	14.57	5031	657	54914	63862	13937
1995	14.52	4761	421	49781	63902	14984
1996	14.45	4858	535	57676	53399	13679
1997	13.22	4673	381	50376	48639	14318
1998	12.41	4873	183	31042	61862	13519
1999	12.31	4876	293	26417	62492	14378
2000	8.84	4363	239	8134	47596	12843
2001	7.55	4907	150	3506	49140	11142
2002	6.60	4923	63	1985	43709	9716
2003	5.38	4497	2	907	33842	8795
2004	5.93	4927		1234	38714	8904
2005	5.20	4415	17	343	32174	8644
2006	5.22	4795	18	372	32833	8525
2007	4.81	4693	16	385	28099	8942
2008	5.42	4644	395	47	25740	10006
2009	5.93	4738	74	78	23992	10107
2010	5.24	4730	131	48	18799	10198
2011	5.06	4789	104	65	17825	10333
2012	5.22	4919	39	33	18676	9747
2013	5.14	4822	472	54	18052	8938
2014	4.42	4768	106	30	14796	7653
2015	3.20	5235	55		15423	5735
2016	3.60	5421	47	12	17283	5502

3-9 农业机械年末拥有量

指　　标	单位	2015 年	2016 年	2016年分县(区)			
				定海	普陀	岱山	嵊泗
农业机械总动力	**千瓦**	**1626142**	**1556050**	**185279**	**541429**	**595710**	**233632**
一、耕作机械动力	千瓦	15808	16294	7994	4075	3297	928
大中型拖拉机	台	142	142	100	17	25	
	千瓦	5153	5274	3723	691	860	
农用小型拖拉机	台	253	252	141	42	46	23
	千瓦	2265	2296	1279	279	434	304
二、收获机械动力	千瓦	7176	7289	5741	657	891	
联合收割机	台	143	143	93	19	31	
	千瓦	4828	5006	3693	475	838	
机动脱粒机(打稻机)	台	1510	1252	670	345	237	
	千瓦	2389	2098	1018	670	410	
三、植保机械动力	千瓦	1746	1736	744	832	160	
机动喷雾机	架	1097	1091	396	328	361	6
四、排灌机械动力	千瓦	26490	26087	9287	6687	9816	297
五、农副产品加工机械	千瓦	9637	9524	3746	3015	2522	241
粮食加工机械	台	756	745	368	138	221	18
六、运输机械动力	千瓦	114549	104994	51642	25522	27715	115
柴油机	台	3290	2860	1334	731	791	4
	千瓦	111019	101480	50457	23582	27326	115
七、其他农业机械动力	千瓦	1450736	1390126	106125	500641	551309	232051

3-10 农业机械化、电气化情况

指　标	单位	2015年	2016年	2016年分县（区）			
				定海	普陀	岱山	嵊泗
当年实际机耕地面积	千公顷	9.81	9.77	5.23	2.80	1.64	0.11
机械加工农副产品	万吨	2.4	2.2	1.4	0.3	0.5	0.0
农机运输作业	万吨公里	17481	16419	7805	3090	4704	820
当年机械收获面积	千公顷	3.9	3.9	2.7	0.8	0.4	
农业机械原值	万元	244383	248285	34557	141144	71887	697
农业机械净值	万元	144600	147626	18425	63555	65107	539
农村用电量	万千瓦小时	141379	142566	75123	50043	13780	3620
农用柴油使用量	吨	505686	608936	22363	277951	245622	63000
农药使用量	吨	501	448	227	95	125	1
农用薄膜使用量	吨	341	382	158	92	130	2
化肥使用量（按实物量计算）	吨	11848	11818	5100	3713	2949	56
每公顷播种面积施用量	公斤	671	653	538	714	930	224
化肥使用量（按折纯量计算）	吨	4338	4380	1922	1231	1203	24
每公顷播种面积施用量	公斤	246	242	203	237	379	96

3-11 分县(区)主要农作物播种面积和产量

指　　标	单位	2015 年	2016 年	2016年分县(区)			
				定海	普陀	岱山	嵊泗
农作物播种面积	**公顷**	**17650**	**18102**	**9485**	**5201**	**3167**	**249**
1.大麦面积	公顷	14	11	3	1	7	
总　产	吨	55	47	8	5	34	
2.早稻面积	公顷		2		2		
总　产	吨		12		12		
3.晚稻面积	公顷	2168	2377	1974	181	222	
总　产	吨	15423	17283	14594	1130	1559	
4.玉米面积	公顷	952	1256	461	531	264	
总　产	吨	4165	5893	1767	3026	1100	
5.番薯面积	公顷	885	835	371	240	190	34
总　产	吨	5735	5502	2384	1793	1171	154
6.油菜籽面积	公顷	1177	1120	383	567	170	
总　产	吨	2583	2356	750	1166	440	
7.棉花面积	公顷	119	115	1	114		
总　产	吨	93	105	2	103		
8.蔬菜面积	公顷	7142	7197	3600	1918	1474	205
总　产	吨	129290	131041	79614	26398	21957	3072
9.果用瓜的面积	公顷	1721	1683	685	704	289	5
总　产	吨	28943	29725	14752	10849	4044	80

3-12 分县(区)农村劳动力分布

单位:万人

指　标	2015年	2016年	2016年分县(区)			
			定海	普陀	岱山	嵊泗
合　计	**47.39**	**47.30**	**19.79**	**13.66**	**10.83**	**3.02**
男劳动力	25.37	25.45	10.48	7.33	6.00	1.64
女劳动力	22.02	21.85	9.31	6.33	4.83	1.38

3-13 分行业农业总产值、中间消耗及增加值

指　标	绝对数(万元)					构　成(%)				
	2012年	2013年	2014年	2015年	2016年	2012年	2013年	2014年	2015年	2016年
一、农业总产值	**1636653**	**1877557**	**1994830**	**2192735**	**2523449**	**100**	**100**	**100**	**100**	**100**
农　业	103944	110244	113940	112995	119153	6.35	5.87	5.71	5.15	4.72
林　业	3514	3227	2591	2280	2120	0.21	0.17	0.13	0.10	0.08
牧　业	51868	49650	49433	47696	39321	3.17	2.65	2.48	2.18	1.56
渔　业	1477327	1714436	1828866	2029764	2362855	90.27	91.31	91.68	92.57	93.64
二、农业中间消耗	**806075**	**921070**	**980998**	**1078222**	**1251560**	**100**	**100**	**100**	**100**	**100**
农　业	33039	35391	38206	35926	36981	4.10	3.84	3.89	3.33	2.95
林　业	1610	1434	1152	1015	920	0.20	0.16	0.12	0.09	0.07
牧　业	28346	27096	27207	26174	21345	3.52	2.94	2.77	2.43	1.71
渔　业	743080	857149	914433	1015107	1192314	92.18	93.06	93.21	94.15	95.27
三、农业增加值	**830578**	**956487**	**1013832**	**1114513**	**1271889**	**100**	**100**	**100**	**100**	**100**
农　业	70905	74853	75734	77069	82172	8.54	7.82	7.47	6.92	6.46
林　业	1904	1793	1439	1265	1200	0.23	0.19	0.14	0.11	0.09
牧　业	23522	22554	22226	21522	17976	2.83	2.36	2.19	1.93	1.41
渔　业	734247	857287	914433	1014657	1170541	88.40	89.63	90.20	91.04	92.03

3-14 分县(区)农业总产值、中间消耗及增加值

指标	绝对数(万元)					构成(%)				
	2012年	2013年	2014年	2015年	2016年	2012年	2013年	2014年	2015年	2016年
一、农业总产值	**1636653**	**1877557**	**1994830**	**2192735**	**2523449**	**100**	**100**	**100**	**100**	**100**
定海区	183536	196011	210299	217818	236113	11.21	10.44	10.54	9.93	9.36
普陀区	681797	773387	824119	912193	1056397	41.66	41.19	41.31	41.60	41.86
岱山县	504717	592414	628100	682670	781271	30.84	31.55	31.49	31.13	30.96
嵊泗县	266603	315745	332312	380054	449668	16.29	16.82	16.66	17.33	17.82
二、农业中间消耗	**806075**	**921070**	**980998**	**1078222**	**1251560**	**100**	**100**	**100**	**100**	**100**
定海区	80937	85946	92156	95829	102614	10.04	9.33	9.39	8.89	8.20
普陀区	349830	393137	421490	467728	549121	43.40	42.68	42.97	43.38	43.87
岱山县	269479	317035	336274	365139	420286	33.43	34.42	34.28	33.86	33.58
嵊泗县	105829	124952	131078	149526	179539	13.13	13.57	13.36	13.87	14.35
三、农业增加值	**830578**	**956487**	**1013832**	**1114513**	**1271889**	**100**	**100**	**100**	**100**	**100**
定海区	102599	110065	118143	121989	133499	12.35	11.51	11.65	10.95	10.67
普陀区	331967	380250	402629	444465	507276	39.97	39.75	39.71	39.88	40.53
岱山县	235238	275379	291826	317531	360985	28.32	28.79	28.78	28.49	28.84
嵊泗县	160774	190793	201234	230528	270129	19.36	19.95	19.85	20.68	21.58

3-15 农作物分品种播种面积和产量

指 标	单位	1980年	1985年	1990年	1995年	2000年	2005年	2010年	2011年	2012年	2013年	2014年	2015年	2016年
农作物播种面积合计	**千公顷**	**59.83**	**54.43**	**49.52**	**43.70**	**35.20**	**27.23**	**24.11**	**23.52**	**23.32**	**23.13**	**21.04**	**17.65**	**18.1**
一、粮食作物面积	**千公顷**	**39.38**	**37.29**	**34.57**	**30.50**	**20.27**	**11.78**	**11.07**	**10.57**	**10.61**	**10.66**	**9.27**	**6.12**	**6.64**
公顷产量	公斤	4215	4650	4740	4761	4363	4415	4730	4789	4919	4822	4768	5235	5421
总 产	吨	165660	173490	163666	145212	88435	52024	52369	50635	52194	51423	44206	32018	36010
1.春粮面积	千公顷	7.01	7.43	3.65	3.48	3.78	1.28	1.40	1.27	1.26	1.29	1.33	0.77	0.6
公顷产量	公斤	1965	2205	1800	2066	2927	2284	2510	2619	2688	2963	2805	2608	2738
总 产	吨	13765	16349	6581	7190	11030	2929	3514	3326	3387	3822	3736	1995	1643
# 小麦面积	千公顷	0.70	0.41	0.08		0.02	0.02	0.20	0.1	0.1	0.15	0.23	0.10	0.06
公顷产量	公斤	2310	2370	1950		3278	4773	3771	4084	3789	4480	4697	4178	4500
总 产	吨	1620	977	13	3	59	105	758	633	701	681	1099	422	270
# 大麦面积	千公顷	4.26	4.62	1.34	0.14	0.07	0.01	0.03	0.02	0.01	0.01	0.02	0.01	0.01
公顷产量	公斤	2130	2415	2235	3007	3230	2429	3970	4727	5571	4866	4609	3929	4273
总 产	吨	9100	11134	2995	421	239	17	131	104	39	472	106	55	47
# 蚕(豌)豆面积	千公顷	2.05	2.40	2.31	1.88	1.75	1.25	1.17	1.15	1.15	1.13	1.08	0.65	0.53
公顷产量	公斤	1485	1770	1545	1569	1709	2240	2236	2249	2312	2366	2354	2335	2507
总 产	吨	3045	4236	3573	2950	2985	2807	2625	2589	2647	2669	2531	1518	1326
2.早稻面积	千公顷	12.08	11.39	11.11	9.29	1.44	0.06	0.07	0.09	0.06	0.01	0.01		0.01
公顷产量	公斤	5670	6150	5790	5359	5633	5444	6857	7222	5500	5400	7500		6000
总 产	吨	68420	69954	64336	49781	8134	343	48	65	33	54	30		12
3.晚稻面积	千公顷	13.20	12.27	12.23	11.38	9.15	5.87	2.75	2.53	2.57	2.52	2.13	2.17	2.38
公顷产量	公斤	3300	4350	4800	5615	5203	5477	6843	7059	7275	7181	6953	7114	7271
总 产	吨	43630	53349	58665	63902	47596	32174	18799	17825	18676	18052	14796	15423	17283
4.蕃薯面积	千公顷	5.44	3.82	3.62	2.70	2.34	1.50	1.56	1.62	1.49	1.48	1.26	0.89	0.84
公顷产量	公斤	6570	6555	6345	5550	5481	5747	6520	6363	6550	6031	6074	6480	6589
总 产	吨	35765	25055	22957	14984	12843	8644	10198	10333	9747	8938	7653	5735	5502

3-15 续表

指　　标	单位	1980年	1985年	1990年	1995年	2000年	2005年	2010年	2011年	2012年	2013年	2014年	2015年	2016年
5.玉米面积	千公顷	1.21	1.69	2.27	1.41	1.07	0.86	1.39	1.38	1.43	1.39	1.24	0.95	1.26
总　产	吨	3410	7874	9209	5607	4413	3707	6567	6610	6847	6855	6090	4165	5893
6.大豆面积	千公顷	0.39	0.63	1.61	1.89	2.11	1.75	1.74	1.77	1.69	1.75	1.46	0.72	0.82
总　产	吨	505	729	1737	3201	3687	3217	4789	4804	4614	4805	2531	2132	2505
7.其他杂粮面积	千公顷	0.05	0.06	0.08	1.81	0.39	0.46	2.16	1.91	2.11	2.22	1.84	0.63	0.73
总　产	吨	205	180	181	4363	732	1010	8454	7672	8890	8897	9370	2568	3172
二、棉花面积	**千公顷**	**3.13**	**2.43**	**0.84**	**0.88**	**0.42**	**0.12**	**0.05**	**0.07**	**0.20**	**0.18**	**0.14**	**0.12**	**0.12**
公顷产量	公斤	810	570	570	777	658	629	1111	1068	905	797	869	782	913
总　产	吨	2515	1390	473	684	279	78	60	79	181	145	119	93	105
三、油菜籽面积	**千公顷**	**2.31**	**1.89**	**3.66**	**3.43**	**3.01**	**1.95**	**1.38**	**1.35**	**1.33**	**1.27**	**1.22**	**1.18**	**1.12**
公顷产量	公斤	1050	1455	1560	1673	1811	1944	2059	2130	2157	2187	2171	2195	2104
总　产	吨	2437	2759	5707	5738	5445	3795	2839	2867	2858	2767	2640	2583	2356
四、花生面积	**千公顷**	**0.11**	**0.21**	**0.51**	**0.66**	**0.76**	**0.73**	**0.68**	**0.68**	**0.68**	**0.69**	**0.63**	**0.61**	**0.60**
总　产	吨	139	379	930	1297	1723	1812	1818	1842	1842	1775	1702	1676	1657
五、芝麻面积	**千公顷**	**0.02**	**0.04**	**0.04**	**0.07**	**0.06**	**0.05**	**0.04**	**0.04**	**0.04**	**0.04**	**0.04**	**0.05**	**0.04**
总　产	吨	11	33	47	75	79	74	88	68	80	80	67	66	60
六、蔬菜面积	**千公顷**	**3.80**	**5.19**	**7.92**	**6.82**	**8.55**	**9.95**	**8.21**	**8.21**	**7.97**	**7.76**	**7.33**	**7.14**	**7.20**
总　产	吨	102100	95415	134812	116080	151945	185479	161209	159850	149103	143481	137090	129290	131041
七、瓜类面积	**千公顷**	**0.33**	**0.95**	**0.75**	**1.09**	**1.66**	**1.88**	**1.95**	**1.98**	**1.90**	**1.86**	**1.70**	**1.72**	**1.68**
总　产	吨	5709	23799	11189	18898	36388	41075	36941	37062	33111	35848	32326	28943	29725
#西瓜面积	千公顷	0.12	0.72	0.49	0.81	1.35	1.46	1.52	1.54	1.44	1.41	1.27	1.23	1.21
总　产	吨		19414	7218	14337	31254	34099	29852	30587	26418	29385	26125	22835	23739
#草莓面积	千公顷				0.09	0.10	0.08	0.04	0.04	0.07	0.07	0.07	0.09	0.1
总　产	吨				1116	1288	1146	898	583	775	659	839	968	1027

3-16 畜　牧　业　生　产

指　　标	单位	1985年	1990年	1995年	2000年	2005年	2009年	2010年	2011年	2012年	2013年	2014年	2015年	2016年
一、生猪年末存栏	万头	10.43	11.52	9.11	8.68	12.45	16.65	17.06	16.18	15.37	14.80	12.42	8.45	4.89
能繁殖的母猪	万头	0.61	0.67	0.65	0.67	1.19	1.71	1.74	1.68	1.65	1.80	1.22	0.88	0.37
其他生猪	万头	9.82	10.85	8.46	8.01	11.26	14.94	15.32	14.5	13.72	13.00	11.20	7.57	4.52
肥猪出栏头数	万头	8.08	13.68	13.47	14.66	20.72	22.07	24.63	23.07	23.06	20.94	22.32	20.92	13.89
全年饲养量	万头	18.51	26.66	22.58	23.34	33.17	38.72	41.69	39.25	38.43	35.74	34.74	29.36	18.78
户均养猪	头	0.80	0.88	0.86	0.95	1.41	1.64	1.76	1.63	1.62	1.51	1.46	1.23	0.78
二、牛年末存栏	头	5544	3235	1942	1438	1137	840	801	720	710	583	423	679	535
#乳牛	头	448	303	179	217	446	234	228	177	180	153	6	6	2
年内出栏数	头	339	200	298	355	291	176	225	169	160	384	271	230	270
三、羊年末存栏	万只	1.15	1.34	1.39	1.72	1.88	1.80	1.55	1.53	1.63	1.47	1.69	1.51	1.53
年内出栏数	万只	0.89	1.13	1.18	1.52	1.95	1.69	1.72	1.56	1.52	1.57	1.60	1.75	1.75
四、家禽年末存栏	万只	103.96	91.73	127.11	126.93	122.60	101.20	102.27	102.22	95.49	90.22	90.82	66.28	49.28
#肉禽	万只					53.52	46.21	44.33	47.71	44.58	43.03	42.59	28.06	23.30
蛋禽	万只					69.08	54.99	57.94	54.51	50.91	47.19	48.23	38.21	25.98
年内出栏	万只	78.65	119.06	151.61	163.16	139.84	125.78	122.37	119.03	127.68	119.69	101.38	110.51	100.22
#鸡	万只					83.06	76.64	72.09	68.19	71.3	76.76	62.03	65.09	62.62
鸭	万只					31.41	24.43	21.03	25.2	33.88	23.82	23.10	28.43	25.22
鹅	万只					25.37	24.71	29.25	25.6	22.5	19.11	16.25	16.99	12.38
五、兔年末存栏	万只	7.49	0.46	0.15	6.53	1.87	3.21	2.83	3.59	3.37	3.39	3.88	4.80	0.25
1.肉用兔	万只	0.26	0.01	0.01	6.06	1.40	2.85	2.56	3.26	3.07	3.14	3.64	4.58	0.03
2.长毛兔	万只	7.23	0.45	0.14	0.50	0.47	0.36	0.27	0.33	0.3	0.25	0.24	0.22	0.22
年内出栏	万只	0.84	0.16	0.05	3.07	3.00	4.53	6.55	6.40	6.36	7.25	6.10	11.77	6.67
六、养蜂年末箱数	箱	2792	1867	529	648	793	855	662	659	534	610	596	559	600
七、畜禽产品产量														
1.肉产量	吨	6207	10294	10699	12158	18646	20244	22508	21212	21517	19692	20709	20002	13583
#猪　肉	吨	4935	7953	7912	9019	15379	17042	19118	18132	18201	16576	17953	16994	10958
牛　肉	吨	30	42	42	61	47	35	50	36	40	84	74	43	51
羊　肉	吨	79	135	164	217	286	269	287	244	248	258	259	296	298
禽　肉	吨	1156	2163	2581	2814	2855	2829	2952	2714	2942	2663	2340	2511	2175
2.禽蛋产量	吨	4484	5503	8321	7208	8324	7624	6599	6362	6127	4896	5107	4887	4049
3.蜂蜜产量	吨	38	13	3	14	25	15	20	15	12	26	10	11	8
4.牛奶产量	吨	881	806	711	766	1572	456	571	390	350	312	312	2	13
5.兔毛产量	吨	10	1		4	5	4	3	3	3	3	3	3	3

3-17 桑、茶、果面积和产量

指　　标	单位	1980年	1985年	1990年	1995年	2000年	2005年	2009年	2010年	2011年	2012年	2013年	2014年	2015年	2016年
一、桑园面积	**公顷**				**188**	**36**	**2**	**1**	**1**	**1**	**1**	**1**	**1**	**1**	**1**
蚕种张数	张				1860	546									
蚕茧产量	吨				58	22									
二、茶园面积	**公顷**	**804.7**	**651.1**	**488**	**355**	**354**	**431**	**445**	**464**	**456**	**444**	**449**	**449**	**425**	**424**
茶叶产量	吨	178	187	171	176	155	132	98	95	91	87	85	97	80	85
三、果园面积	**公顷**	**941.1**	**1303.7**	**2256.6**	**3141**	**5513**	**6636**	**6354**	**6128**	**5934**	**5891**	**5729**	**5513**	**5387**	**5189**
水果产量	吨	3117	5351	8017	20260	20638	77200	92680	85858	87377	84033	81317	78578	73351	72187
1.柑桔面积	公顷	252.7	462.0	1061.8	1225	1488	1889	1937	1874	1859	1807	1768	1748	1669	1626
产　量	吨	104	636	2861	11912	9234	18775	28620	27385	26441	23806	23421	26802	26315	25776
2.桃子面积	公顷	135.0	198.7	368.0	366	418	296	292	282	268	273	257	250	246	243
产　量	吨	245	648	1057	1104	2396	2002	2299	2522	2427	3187	2794	2846	2767	2556
3.枇杷面积	公顷			18.9	42	73	83	56	49	47	53	60	63	51	50
产　量	吨			39	105	160	225	316	233	187	193	243	249	250	235
4.杨梅面积	公顷		345.2	409.6	888	1905	3084	2878	2805	2654	2676	2605	2435	2389	2261
产　量	吨		892	906	3166	2025	4752	5967	5782	5116	6437	4241	3950	3228	3054
5.葡萄面积	公顷		14.7	53.9	103	123	215	294	255	272	295	287	267	275	245
产　量	吨		7	213	736	2003	3194	5997	5970	6703	7363	6727	5860	5467	5030
6.李子面积	公顷		220.9	249.5	273	263							246	268	258
产　量	吨		2814	2652	2537	3551							1834	1783	1759
7.其他果园	公顷	553.4	62.2	94.9	244	1243	1069	590	586	559	524	505	504	489	506
产　量	吨	2768	354	289	700	1269	7177	2380	3412	3460	4309	2494	4711	4598	4052
8.果用瓜产量	吨						41075	43403	36941	37062	33111	35848	32326	28943	29725

3-18 林业生产情况

指　　标	单位	1980年	1985年	1990年	1995年	2000年	2005年	2009年	2010年	2011年	2012年	2013年	2014年	2015年	2016年
一、造林面积	公顷	1497.5	513.4	165.5	496	807	579	1389	162	415	947	536	695	139	119
用 材 林	公顷	1365.9	43.3	14.9	4										
经 济 林	公顷	77.2	263.1		292	652	24	30	7	112	258	40	75		
防 护 林	公顷	4.7	51.5	45.6	125	151	555	1359	155	303	687	489	620	139	86
薪 炭 林	公顷	49.7		103.5	74										
其 它 林	公顷	116.4	155.5	1.5	1	4					2	7			33
二、迹地更新面积	公顷	569.3	7.0	62.7	198	604									
三、年末封山育林面积	公顷	393.3	4994.7	8924.2	6233	3660	8756	6971	12498	10876	6135	6045	2531	2539	2271
四、四旁植树	万株	61.5	34.2	33.9	41.2	32.7	27.5	22.0	36.2	34.0	25.2	33.0	45.38	29.81	28.19
五、育苗面积	公顷	40.4	37.2	13.2	20	80	384	432	455	477	532	418	440	410	385
六、幼林抚育作业面积	公顷次	4249.2	1426.8	2125.3	2017	3235	1406	2371	2259	1402	119	129	160		
七、有林地造林面积	公顷						2261		333	867	53		93	86	
八、低产林改造	公顷	2.2	4.0	3.9	23	449	193	5356	358	34	26	14	102	38	
九、年末实有母树林面积	公顷	3.7	10.4	10.5		20	18	18	18	18					
十、年末实有种子园面积	公顷	1.0	6.3	2.7					18	18					
十一、木材采伐量	立方米	3577	2789	7175	9880	7679	45			10				400	887
十二、毛竹采伐量	万根	11.9	6.5	18.5	24.9	14.4	0.9	0.1							
十三、林木种子采集	吨	28.4	2.4				2			1					
十四、主要产品产量															
油 茶 籽	吨	17.4	19.4	7.7	2		6	3	3	3	3	3	3	3	2
棕　　片	吨	2.7	25.2	24.6	17	5									
竹 笋 干	吨	1207	82.1	69	62	38	92	59	46	40	38	43	40	40	18
板　　栗	吨						43	16	27	27	30	41	37	12	10
中 药 材	吨													1509	1940

3-19 农田水利基本情况

指　　标	单位	1980年	1985年	1990年	1995年	2000年	2005年	2009年	2010年	2011年	2012年	2013年	2014年	2015年	2016年
一、水库年末实有数	座	163	169	161	181	197	199	210	210	211	210	214	209	209	209
正常库容	万立方米	7209	8129	8698	10796	12392	12612	14252	14252	14252	14634			14137	14110
二、总灌溉面积	千公顷	11.39	12.49	12.47	13.74	13.86	13.02	13.33	13.3	13.98	14.20	12.36	15.37	15.41	15.49
三、水闸	座	69	78	99	110	298	356	512	523	529	529	816	815	815	815
四、机电井	眼	130	62	62	62	93	102	102	102	105	105	18	18	18	18
#已配套的	眼	14	16	16	23	47	54	70	70	73	73				
五、当年投入兴修水利人工	万工日	408	105	406	612	871	704								
农田基本建设完成土石方	万立方米	398	123	476	730	818	680								
六、堤防长度	公里	312	317	323	329	391	453	480	492	494	506	779	699	695	949
七、水田抗旱能力在70天以上	千公顷	9.67	9.80	9.61	9.10	8.95	6.43	6.70	6.67	6.68	6.69	6.58	6.58	6.58	
八、有效灌溉面积	千公顷	14.55	14.96	14.41	13.48	13.56	12.57	12.88	12.85	13.71	13.93	10.62	15.07	15.12	15.22
九、机电灌溉面积	千公顷	9.48	9.74	10.55	8.88	8.92	9.40	9.46	9.46	11.84	11.86				
十、农田旱涝保收面积	千公顷	10.27	10.29	10.31	9.97	11.1	10.43	10.58	10.61	10.87	11.21			9.63	
十一、易涝面积	千公顷	4.63	4.84	4.84	4.85	4.84	4.85	4.85	5.35	5.35	5.45				
除涝面积	千公顷	4.13	4.37	4.39	4.54	4.78	4.85	5.33	5.35	5.35	5.45	5.97	6.17	6.2	6.2
十二、水土流失面积	千公顷	14.07	14.78	14.81	14.90	28.66	28.66	28.66	30.51	30.74	31.57				
治理水土流失面积	千公顷	8.47	9.01	9.10	9.45	15.7	23.46	29.99	31.06	32.12	32.30	54.48	54.23	55.24	56.24
十三、建国至本年末累计															
围垦海涂面积	公顷		10951	11673	12185	12489	13792	17048	17234	17481	18639	18649	19308	19910	20852
已利用的面积	公顷			9735	11076	12090	12542	14717	15193	15590	15742	15984	16405	16469	17118
#耕地面积	公顷		2566	2687	2839	2865	2659	2444	2384	2374	2366	2364	2364	2364	2364
盐田面积	公顷		4556	4182	4411	4154	3724	4210	4286	4309					
水产养殖面积	公顷		1860	2108	2044	3148	4564	4664	4969	5128	5196	5196	5196	5246	5296

3-20 分县(区)农田水利基本情况

（2016 年）

指　　标	单位	定海区	普陀区	岱山县	嵊泗县
一、有效灌溉面积	**千公顷**	**6.92**	**5.84**	**2.43**	**0.03**
二、除涝面积	**千公顷**	**3.4**	**2.1**	**0.7**	
三、治理水土流失面积	**千公顷**	**23.09**	**16.58**	**12.80**	**3.77**
四、堤防长度	**公里**	**347**	**452**	**124**	**26**
五、已建成水库	**座**	**91**	**54**	**57**	**7**
六、水闸	**座**	**308**	**294**	**203**	**10**
七、机电井	**眼**	**2**		**7**	**9**
八、水利工程年供水量	**万立方米**	**6758**	**4357**	**3010**	**383**
1.农业供水	万立方米	1028	463	400	5
2.工业供水	万立方米	2508	1708	1482	42
3.城乡生活供水	万立方米	1976	1906	814	298
九、本年水利总投入	**万元**	**37180**	**74417**	**27246**	**67961**
1.中央	万元	3848	370	1215	15
2.省级	万元	10633	5139	7210	1680
3.市、县区	万元	12295	16172	2307	2045
4.乡镇及村	万元				
5.其它	万元	10404	52736	16514	64221

3-21 乡镇企业主要财务分析指标

指　标　名　称	1995年	2000年	2005年	2007年	2008年	2009年	2010年	2011年	2012年	2013年	2014年
一、乡镇企业主要财务指标(万元)											
总(销售)收入	290258	866783	3035472	4823466	7197615	8227868	10979228	14713134	15396648	16963971	21589845
成本及费用支出	279036	809589	2762001	4353809	6444665	7245900	8610390	12355623	13313473	14835715	19473649
#营业成本	238141	718715	2583353	3980230	5934300	6610944	7836460	11345524	12165894	13628586	18055354
税　金	15633	37757	91572	161452	162390	212125	300150	539918	484027	480576	423004
利润总额	7021	31146	97777	216730	305196	302668	542388	449956	249210	285596	69945
#所得税	2348	4942	18568	24764	41411	66797	80943	182099	69073	72185	76262
年末固定资产原值	131226	360790	893040	1956748	2504789	4163978	4650135	6504596	7254384	8793939	9755963
#工业生产用	93968	295884	705621	1711290	2130063	3395071	4106556	4717512	5332227	6214419	7221028
固定资产净值平均余额	89516	263264	511432	1629987	2114047	3490227	3641784	4943746	4962467	5930253	7090605
流动资金年末占用总额	207208	421676	1553654	3460418	4879337	5436567	6614314	12467936	12679368	16580001	12405270
资产总额	335626	740156	2580769	6187416	9526980	11234287	13140166	20179033	22949809	27937579	30390307
所有者权益	114097	316089	808740	1713959	2123884	3027243	3372697	5784181	6284331	7646508	8597632
年末银行贷款余额	74473	123929	496427	1184333	1863091	2640614	3102655	4213933	4701891	6485662	6202638
全年工资总额	36704	76112	178648	283625	300969	421998	614768	777714	814537	865485	1035673
出口产品交货总值	50870	185204	722566	1602093	2785322	3341569	3830657	4798361	4635606	4188179	5045689
二、乡镇企业主要分析指标											
每百元固定资产原值实现利润(元)	5.35	8.63	10.95	11.08	12.18	7.26	11.66	6.92	3.43	3.25	0.72
每百元资金实现利润(元)	2.09	4.21	3.79	3.50	3.20	2.69	4.13	2.23	1.09	1.02	0.23
每百元资金实现利税(元)	6.05	8.64	6.62	6.11	4.91	4.58	6.41	4.00	3.19	2.74	1.62
每百元总收入实现利润(元)	2.42	3.59	3.22	4.49	4.24	3.67	4.94	3.06	1.62	1.68	0.32
每百元固定资产原值实现总收入(元)	221.19	240.25	339.90	246.50	287.35	197.59	236.11	226.20	212.24	192.91	221.30
每百元总收入占用流动资金(元)	66.18	48.65	51.18	71.74	67.79	66.07	60.24	84.74	82.35	97.74	57.46
每百元成本费用实现利税(元)	7.28	7.9	6.18	8.69	7.20	7.10	9.79	6.54	6.03	5.62	2.53
流动资金周转次数(次)	1.51	2.06	1.95	1.39	1.48	1.51	1.66	1.18	1.21	1.02	1.74

注:1.1998年以后的总产值为现价总产值。

2.2015年起,市经信委取消对乡镇企业财务状况的统计。

3-22 乡镇企业

指标名称	1985年	#村以上	1990年	#村以上	1995年	#村以上	2000年	#村以上
一、企业个数(个)	**3503**	**1383**	**3599**	**1118**	**3993**	**967**	**5522**	**482**
工业	3143	1055	3314	837	3627	728	5126	347
交通运输业	50	48	38	36	150	31	162	24
建筑业	70	68	73	72	78	75	105	49
商、饮、服务业等	240	212	174	173	138	133	123	56
二、企业人数(人)	**91058**	**82682**	**69035**	**59042**	**88959**	**62288**	**97767**	**32458**
工业	75370	67189	56740	46802	69354	43511	75935	19532
交通运输业	1694	1680	798	751	1720	1009	4485	642
建筑业	11994	11900	9465	9465	15922	15849	15385	10875
商、饮、服务业等	2000	1913	2032	2024	1963	1919	1686	1133
三、总产值(万元)	**53614**	**51179**	**94694**	**84192**	**412000**	**261302**	**973205**	**292082**
工业	46830	44425	81360	70949	335254	194063	811906	217366
交通运输业	480	478	371	346	12286	3685	41805	1147
建筑业	5754	5740	11332	11275	56275	55872	99941	64040
商、饮、服务业等	550	536	1631	1622	8185	7682	17391	7367
四、总收入(万元)	**55792**	**56245**	**98123**	**87716**	**417665**	**290258**	**866783**	**252313**
工业	48002	45521	80239	69923	346426	230103	727711	191156
交通运输业	755	749	1245	1220	13994	4877	41442	2972
建筑业	5282	8268	11332	11913	38840	38478	69187	41130
商、饮、服务业等	1753	1707	5307	4660	18405	16800	26347	14959

注:1.税金中包括所得税。

2.2015年起,市经信委取消对乡镇企业相关情况的统计。

基　本　情　况

2005年	2006年	2007年	2008年	2009年	2010年	2011年	2012年	2013年	2014年
7510	**7487**	**8359**	**7491**	**7351**	**7304**	**7626**	**7398**	**7510**	**7476**
7067	7114	7985	7034	6844	6798	7032	6852	6972	6745
162	163	173	298	345	180	172	179	165	161
218	139	126	101	91	129	133	82	83	82
63	71	75	58	71	197	289	285	290	488
140306	**151357**	**161479**	**182718**	**252798**	**221946**	**217121**	**216824**	**210436**	**243988**
119762	129845	134857	151627	225675	188375	173778	171950	162234	188048
5459	4902	5587	7024	7811	4922	6332	6608	5541	7735
13716	14817	19401	22107	17978	26160	28892	32427	33053	36504
1369	1793	1893	1960	1334	2489	8119	5839	9608	11701
3680345	**4621104**	**5941099**	**8300259**	**10087324**	**12439822**	**16393738**	**18231859**	**20289999**	**26373889**
3126257	3957419	5093261	7242159	8776853	11041554	13515253	14702325	15862932	18062218
147992	179625	249744	361190	651216	611155	633993	758649	590709	683768
282256	330968	391597	551321	468263	633352	798073	1006900	1042265	1152496
123840	153092	206497	145589	190992	153761	1446419	1763985	2794093	6475407
3035472	**3696120**	**4823466**	**7197615**	**8227868**	**10979228**	**14713134**	**15396648**	**16963971**	**21589845**
2490414	3080433	3955846	6243535	7076966	9696081	11932484	11996213	12590605	13493272
	168882	218618	324117	593545	603458	652838	762224	554622	648209
	258540	379755	459310	368628	510966	685508	866563	901007	853998
	188265	211036	170653	188729	168723	1442304	1771648	2917737	6594366

主要统计指标解释

农林牧渔业增加值 指在报告期间农林牧渔业生产单位和农户从事农、林、牧、渔业生产经营活动所提供的最终成果的货币表现。统计范围包括国营、集体统一经营、农民家庭经营及其他经济形式的农林牧渔业企业，但不包括农业科研机构进行的农林牧渔业生产活动，也不包括国营农、林牧渔业企业附属的工业、建筑业、餐饮业、服务生产业。

农林牧渔业增加值采用生产法和分配法两种方法计算。

生产方法计算公式：

农林牧渔业增加值=农林牧渔业总产值-农林牧渔业中间消耗

分配法计算公式：

农林牧渔业增加值=固定资产折旧+劳动报酬+生产税净额(生产税-生产补贴)+营业盈余

农林牧渔业总产值 指以货币表现的农林牧渔业全部产品产量。它用价值量形式综合反映一定时期(通常一年)农林牧渔业生产的总成果和总规模。

农、林、牧、渔业的统计范围是：

①农业：包括种植业和其他农业。

种植业包括粮食、油料、棉花、麻类、糖料、烟叶、药材、蔬菜、瓜类、饲料作物和茶、桑、果等的生产。

其他农业包括野生植物的果实、纤维、油料以及野生药材、菌类、柴草等采集，以及农民家庭兼营手工业商品部分。

②林业：包括人工植树造林，森林抚育、迹地更新，村及村以下竹、木材采伐，油桐籽、油茶籽、核桃等林品的采集。

③牧业：包括猪、牛、羊等饲养和放牧业，鸡、鸭、鹅等家禽养殖业以及兔、蚕、蜂等小动物饲养，野生动物的狩猎、诱捕、猎物饲养、野生动物产品的采集。

④渔业：包括利用海水进行鱼、虾、贝、藻类等水生动、植物的养殖和对海洋水生动、植物的捕捞，内陆水域进行鱼、虾、蟹、贝类、珍珠等水生动物的养殖和捕捞。

农业总产值的计算方法，一般采用“产品法”进行计算，即凡是有产品产量的，都按产品产量乘以其产品单价求得一种农产品的产值，然后将四业产品的产值相加求得。

1957年以前的农业总产值中包括了厩肥和农民自给性手工业(如农民自制衣服、鞋、袜，自己从事粮食初步加工等)。1958年及以后的农业总产值，林业增加了村及村以下竹林采伐产值；牧业中取消了厩肥产值；副业中取消了农民自制性手工业产值，增加了村及村以下办的工业产值；渔业中增加了机械化补鱼产值。1980年以后的农业总产值，在副业中增加了农民商品性家庭手工业的产值。从1958年起村及村以下办工业产值划归工业。1993年取消副业产值，将副业产值中的采集野生植物和农民家庭兼营工业产值划入农业产值中的其他农业，捕猎野兽、野禽产值划入牧业产值统计，并对1993年以前的农业总产值数字均按此口径作调整。2010年开始将农业中采集野生植物调整到林业中，将林业中坚果生产调整到种植业中。

农村非农行业产值 指在一定时期内农村生产的货币形式表现的农村工业、建筑业、交通运输业、批发零售贸易业四个物质部门的全部产品的总量。

农村非农行业总产值的计算范围包括：乡村及村以下各级合作经济组织和农户从事工业、建筑业、交通运输业、批发零售贸易业及餐饮业活动所生产的产值。凡在农村国营工业、建筑业、交通运输业、批发零售贸易业及餐饮业的产值均不包括在内。集体和国有有联营的企业，凡厂址在农村，利用农村劳动力、土地或生产用房进行生产的联营企业，其产值应计算在内。

农村经济总收入 指农村集体经济和农民在一年之中经营生产性和服务性活动所得的可以用于抵押本年开支，并在国家、集体和农民个人之间进行分配的全部收入。包括农林牧渔业、农村工业、建筑业、运输业、贸易业、餐饮业、服务业劳务等各项经营收入和利息、租金等收入，不包括那些不能用来分配，属于借贷性质或暂时性质的收入，如贷款收入、预购定金、国家投资、农民投资等。

粮食产量 指全社会的产量。包括国营农场等全民所有制经营的产量、集体统一经营的和农民家庭经营的产量，还包括工矿企业家属办的农场和其他生产单位的产量。粮食除包括稻谷、小麦、大麦、玉米、高粱、谷子及其他杂粮外，还包括薯类和大豆。其产量计量方法，豆类按去豆荚后的豆干计算，薯类按5公斤鲜薯折1公斤粮食计算。其他粮食一律按脱粒后的原粮计算。

谷物产量 包括稻谷、小麦、大麦、玉米、谷子、高粱和其他谷物，不包括薯类和大豆。

造林面积 指本年度内在荒山、荒地、沙地沙丘等一切可以造林的土地上，采用人工播种、植苗、飞机播种等方法，新植的成片乔木林和灌木林，经过检查验收，符合“造林技术规程”要求的株数，成活率达85%以上(1986年以前成活率按40%以上计算)的面积。四旁植树在四行以上，连续面积在一亩以上，应统计在造林面积内，但不包括补植面积，重造面积、迹地更新面积、低产林改造面积和零星植树折算面积。

迹地更新面积　指在采伐或火灾毁损后的林地上进行人工更新或人工促进天然更新的面积，不包括天然更新面积。

当年出栏肥猪头数　指年内农村合作经济组织、农民、国营农场、机关、团体、工矿企业、部队等单位以及城镇居民饲养的，供屠宰并已出栏的全部肉猪头数，包括交售给国家、集市上出售和农民自食的部分。

猪、牛、羊肉产量　指当年出栏中已屠宰的猪、牛、羊的肉产量。即屠宰后除去头蹄下水后带骨的(即胴体中)重量。

有效灌溉面积　指具有一定的水源、地块比较平整、灌溉工程或设备已经配套，在一般年景下当年能够进行正常灌溉的耕地面积。

农业机械总动力　指主要用于农、林、牧、渔业的耕作机械、排灌机械、收获机械、农产品加工机械、运输机械、植保机械、林业机械、渔业机械和其他农业机械等各种动力机械的动力总和。电动机械功率按千瓦计算，内燃机功率按引擎马力折成千瓦计算。

农用化肥施用量　指在本年度内实际用于农业生产的化肥数量。包括氮肥、磷肥、钾肥及复合肥。施用量按标准量和折纯量两种方法计算。按折纯量计算化肥数量，即把氮肥、磷肥、钾肥分别按含氮、含五氧化二磷、含氧化钾百分之百计算。

农村用电量　指本年度内扣除在农村中的全民所有制工业、交通、基建单位的用电量以后的农村生产和生活的全年用电总度数(全年累计数)，包括国家电网的供电量，也包括农村自办电站的供电量。

四、盐 业

4-1 历年盐业生产主要指标

年 份	盐田生产面积（公顷）	制盐人数（人）	盐总产量（吨）	平均单产（吨/公顷）	全员实物劳动生产率（吨/人）	整劳力人均年收入（元）	盐的出场分配销售量（吨）	年末场区存盐（吨）
1950	1687.4	14569	6302	3.75	0.43		10185	916
1951	1662.4	14267	32035	19.35	2.25		19505	13970
1953	1849.1	12231	41904	22.80	3.43		31051	20226
1954	1797.5	12093	19218	10.65	1.59		26129	13293
1955	1676.5	12051	44616	26.55	3.70		34376	25666
1956	1640.9	12345	44582	27.15	3.61		38839	28444
1957	1640.8	10719	37841	23.10	3.53		58660	7575
1958	1722.2	10856	49163	28.50	4.53		46102	10543
1959	1666.7	10659	52233	31.35	4.90		43148	18782
1960	1444.0	6019	40102	27.75	6.66		51083	2524
1961	1428.4	10995	38004	26.55	3.46		29238	11157
1962	1422.7	16565	26876	18.90	1.62		29771	6440
1963	1535.9	12591	70176	45.75	5.57		38491	37027
1964	1618.4	12641	64729	40.05	5.12	252–468	56018	44309
1965	1785.4	13535	61658	34.50	4.56	293–536	69664	35151
1966	1940.1	14277	84915	43.80	5.95	617–682	78363	41050
1967	2161.7	17499	162581	75.15	9.29	624	109861	93185
1968	2470.5	17409	142725	57.75	8.20	795	109227	126617
1969	2628.5	17407	134821	51.30	7.75	726	117817	139241
1970	2794.7	17517	97850	34.95	5.59	504	128225	91290
1971	3163.1	18345	219167	69.30	11.95	1161	155361	142201
1972	3132.2	13107	110088	35.10	8.40	300–474	166607	77627
1973	3107.1	12800	98788	31.80	7.72	240–447	148232	41105
1974	3013.0	14758	155577	51.60	10.54	376–513	111973	79778
1975	3049.3	15147	92379	30.30	6.10	497	124474	43123
1976	3125.5	16429	121396	38.85	7.39	221–612	86490	72625
1977	3192.0	15586	76465	24.00	4.91	245–420	105280	38835
1978	3369.0	16614	184069	54.60	11.08	450–673	127471	93894
1979	4510.3	22004	227804	50.55	10.35	450–680	129024	187900
1980	4999.3	22453	84625	16.95	3.77	310–560	144880	121178
1981	4979.2	21572	201994	40.50	9.36	538	162541	137866
1982	4915.6	17587	156983	31.95	8.93	584	170311	100779
1983	4777.0	13375	127185	26.55	9.51	490	152976	50420
1984	4346.3	9273	184944	42.60	19.94	990	139587	88138
1985	4251.0	8763	195720	46.05	22.33	1680	140928	121925
1986	4173.1	8577	242673	58.20	28.29	2130	198050	157847
1987	4168.4	6847	183785	44.10	26.84	1195	205985	121517
1988	4195.5	6345	231031	55.05	36.41	2944	216715	123859
1989	4192.9	6355	134951	32.25	21.24	1252	206138	39574
1990	4236.5	6309	253325	59.85	40.15	3393	163443	120675
1991	4334.3	6426	235051	54.30	36.58	2971	203340	141013
1992	4387.7	6370	276607	63.00	43.42	3691	227396	182541
1993	4469.6	6267	208458	46.65	33.26	2395	236511	148285
1994	4448.2	5937	369440	83.05	62.23	8245	192868	317977
1995	4435.6	5382	274516	61.89	51.01	6604	233231	350021
1996	4351.2	4466	257273	59.12	57.61	6382	242886	344738
1997	4150.7	3870	190241	45.83	49.27	5654	266477	194085
1998	4125.3	3959	186191	45.13	47.03	6276	245045	120518
1999	4127.6	3877	142477	34.52	36.75	3471	191186	49740
2000	4098.9	4029	261961	63.91	68.85	7905	153481	136758
2001	4020.8	3631	249593	62.08	77.00	9309	219490	154032
2002	3860.2	3882	154036	39.90	39.68	3860	189711	113006
2003	3600.1	3640	261813	72.72	71.93	10980	170805	196272
2004	3436.8	3203	271489	78.99	84.76	13252	229528	241874
2005	2972.8	2848	231523	77.88	81.29	13922	241147	232775
2006	2671.4	2593	187977	70.37	72.49	13170	268660	139140
2007	2414.3	2435	180341	74.70	74.06	14175	183068	118059
2008	2216.4	2021	132585	59.82	65.60	14789	191042	56494
2009	2149.3	1896	125884	58.57	66.39	15864	114345	62319
2010	1946.7	1741	78699	40.43	45.20	9982	103586	56489
2011	1840.8	1620	108030	58.69	66.69	15882	88756	69248
2012	1698.7	1247	66177	38.96	53.07	15718	94642	44768
2013	1628.3	1139	105943	65.07	93.01	33733	73523	82961
2014	1552.5	1074	55765	35.92	51.92	18707	92559	52551
2015	1506.6	964	40969	27.19	42.50	15278	57553	39035
2016	1417.8	842	34690	24.46	41.20	12781	39307	33172

注：整劳力人均年收入不包括国营盐场制盐劳动力。

4–2 盐 业 基

指 标	单位	1985 年	1990 年	1995 年	2000 年	2005 年	2007 年	2008 年	2009 年
全部盐场个数	个	**103**	**71**	**70**	**58**	**33**	**30**	**26**	**28**
盐总产量	吨	**195720**	**253325**	**274516**	**261961**	**231523**	**180341**	**132585**	**125884**
单位面积产量	吨/公顷	46.04	59.80	61.89	63.91	77.88	74.70	59.82	58.57
盐田总面积	公顷	4644.40	4505.20	4630.28	4261.42	3085.76	2500.98	2291.06	2223.43
生产面积	公顷	4251.00	4236.50	4435.63	4098.94	2972.82	2414.31	2216.40	2149.26
1.蒸发面积	公顷	3540.00	3531.20	3611.16	3340.91	2439.52	1974.48	1813.10	1764.20
平滩副数	副	1321	1310	1306	1233	992	926	764	752
平滩面积	公顷	3416.40	3391.30	3365.48	3104.20	2276.31	1839.44	1691.87	1644.06
调节池面积	公顷	38.20	58.70	182.08	177.58	140.63	122.73	109.92	108.83
水库面积	公顷	85.40	81.20	63.60	59.13	22.58	12.31	12.31	11.31
水库容量	万立方米	59.70	62.23	62.27	53.40	24.08	11.11	11.12	9.91
2.结晶面积	公顷	449.90	450.00	462.34	426.61	306.04	251.99	231.16	220.22
#缸 滩	公顷	107.80	67.10	25.17	22.57	20.39	17.68	15.79	15.03
塑 底	公顷	198.80	317.00	430.40	389.86	282.59	234.31	213.26	205.19
沥 青	公顷	75.10	24.50	5.39	4.97				
泥 滩	公顷	62.20	33.10	1.27	5.95	0.48			
3.保卤面积	公顷	93.10	97.60	126.51	107.96	73.87	60.20	55.16	53.21
保卤容量	万立方米	81.19	97.32	127.08	93.75	92.42	81.35	76.54	46.45
#地下池容量	万立方米	18.38	26.65	26.50	23.77	21.77	18.09	16.59	16.23
4.其他面积	公顷	168.00	157.70	235.62	162.48	112.94	86.67	75.38	74.17
制盐劳动力人数	人	8763	6309	5382	4029	2848	2435	2021	1896
年平均收入	元	1324	3113	5892	6796	13922	14175	14789	15857

本　情　况

2010年	2011年	2012年	2013年	2014年	2015年	2016年	定海区	普陀区	岱山县	嵊泗县
22	**18**	**18**	**18**	**17**	**17**	**17**		**6**	**11**	
78699	**108030**	**66177**	**105943**	**55765**	**40969**	**34690**		**1908**	**32782**	
40.43	58.69	38.96	65.07	35.92	27.19	24.47		8.3	27.6	
1998.52	1840.80	1766.46	1695.63	1619.91	1594.82	1504.40		244.86	1259.54	
1946.67	1840.80	1698.71	1628.26	1552.54	1506.56	1417.81		229.99	1187.82	
1555.91	1452.07	1394.25	1337.77	1269.65	1229.74	1155.00		177.79	977.21	
713	666	618	594	565	543	507		55	452	
1447.73	1353.95	1296.22	1243.22	1178.56	1141.26	1070.05		177.79	892.26	
103.74	94.71	96.64	93.21	89.75	87.22	83.69			83.69	
4.41	1.41	1.39	1.34	1.34	1.26	1.26			1.26	
3.78	1.17	1.16	1.11	1.11	1.06	1.06			1.06	
197.61	180.73	169.71	161.83	156.23	152.40	142.61		27.76	114.85	
15.03	12.90	10.79	10.51	10.51						
182.58	167.83	158.92	151.32	1415.72	152.40	142.61		27.76	114.85	
49.53	44.92	42.45	41.33	40.10	39.20	37.67		6.57	31.1	
43.22	44.61	44.72	43.68	42.65	41.52	39.87		4.77	35.1	
14.78	13.63	13.36	9.67	9.52	9.35					
69.62	68.29	67.75	67.37	67.37	67.37	65.70		14.87	50.83	
1741	1620	1247	1139	1074	964	842		62	780	
9982	15882	15718	33733	18707	15278	12787		11300	12905	

注：地下保卤池只计算保卤容积，不重复计算保卤面积。

4-3 出　场　原　盐

指　标	单位	1995年	1998年	2000年	2005年	2006年	2007年	2008年	2009年
经化验数量	**吨**	**233106**	**276034**	**133699**	**229764.85**	**259217.54**	**187172.68**	**196760.18**	**110440.88**
等品率									
一级盐	%	81.50	75.77	60.27	37.39	31.94	39.70	32.20	43.72
二级盐	%	18.15	23.93	33.79	44.31	68.06	60.30	40.85	11.92
腌制盐	%	0.35	0.27					26.85	44.36
工业盐	%		0.03					0.10	
化学成份									
氯化钠	%	93.37	93.03	92.65	92.66	92.65	93.50	92.11	92.08
水　分	%	4.80	5.02	5.42	5.58	5.43	5.00	5.73	5.85
水不溶物	%	0.08	0.09	0.08	0.06	0.07	0.04	0.07	0.07
硫酸钙	%	0.55	0.58	0.52	0.55	0.06	0.33	0.55	0.51
硫酸镁	%	0.36	0.45	0.47	0.31	0.58	0.54	0.43	0.38
氯化镁	%	0.72	0.70	0.69	0.72	0.40	0.59	0.88	0.84
物理指标									
白　度	度	63.50	64.12	63.27	63.02	63.28	64.40	62.00	62.86
粒度(通过2毫米筛孔)	%	92.80	91.73	91.69	88.20	88.22	89.35	87.55	85.25

质量情况

2010年	2011年	2012年	2013年	2014年	2015年	2016年	定海区	普陀区	岱山县	嵊泗县
103150.32	**89701.74**	**21964.29**	**67844.49**	**93582.56**	**55810.34**	**34838.62**		**1908.00**	**32930.62**	
40.94	47.21	51.04	76.57	74.50	86.50	91.51		69.97	92.76	
11.72	8.26	18.52	5.61	5	3.15	3.60		30.03	2.07	
47.34	44.51	30.39	17.80	21.90	10.35	4.89			5.18	
	0.02	0.05								
91.91	92.02	92.58	93.99	92.80	92.57	93.38		92.92	93.41	
6.08	5.96	5.55	5.13	5.30	4.92	4.88		4.37	4.91	
0.07	0.07	0.01	0.06	0.67	0.08	0.08			0.08	
0.55	0.53	0.52	0.49	0.51	0.54	0.54		0.49	0.54	
0.40	0.40	0.35	0.34	0.33	0.32	0.32		0.6	0.31	
0.90	0.90	0.75	0.72	0.72	0.58	0.61		0.43	0.62	
61.63	61.97	62.92	63.64	63.20	63.47	63.23		62.80	63.25	
87.45	88.12	87.16	88.38	88.95	88.37	89.20		82.30	89.60	

4-4 仓坨面积

指标	单位	1985年	1990年	1995年	2000年	2005年	2007年	2008年	2009年
总贮盐容量	**吨**	**208515**	**211264**	**260180**	**242910**	**173459**	**153551**	**136179**	**121969**
一、盐仓合计	**座**	**78**	**84**	**77**	**75**	**50**	**49**	**38**	**30**
间数	间	328	377	330	329	208	204	128	127
面积	平方米	14759	15250	14362	14827	10486	10143	6706	6698
容量	吨	27327	28267	24858	25698	16418	16088	10308	9600
#产区盐仓	座	47	58	58	56	33	32	21	19
间数	间	186	240	231	230	116	112	78	77
面积	平方米	8549	9450	9692	10157	6496	6153	4658	4362
容量	吨	17177	18260	17760	18600	10170	9840	7490	6290
#销区盐仓	座	31	26	19	19	17	17	17	11
间数	间	142	137	99	99	92	92	50	50
面积	平方米	6210	5800	4670	4670	3990	3990	2049	2340
容量	吨	10150	10007	7098	7098	6248	6248	2818	3310
二、盐坨合计	**坨**	**437**	**487**	**862**	**785**	**542**	**405**	**351**	**322**
面积	平方米	122315	120014	165206	154360	106263	93659	85517	77478
容量	吨	181188	182997	235322	217212	157041	137463	93749	111849
#国有盐坨	坨	252	266	239	236	202	195	193	188
面积	平方米	90728	94420	89665	87735	67375	65933	63133	57061
容量	吨	144714	154153	146983	143545	109663	106543	106543	88799
#集体盐坨	坨	185	221	623	521	332	202	142	134
面积	平方米	31587	25594	75541	64002	38504	27342	21992	20417
容量	吨	36474	28844	88339	70315	46858	30400	24080	22330

和　容　量

2010 年	2011 年	2012 年	2013 年	2014 年	2015 年	2016 年	定海区	普陀区	岱山县	嵊泗县
117709	**99209**	**97809**	**97809**	**96129**	**96129**	**94309**		**17340**	**75639**	**1330**
30	**25**	**25**	**25**	**22**	**22**	**22**		**10**	**6**	**6**
127	103	103	103	82	82	82		41	20	21
6698	6338	6338	6338	5628	5628	5628		1766	2532	1330
9600	7800	7800	7800	6320	6320	6320		2350	2640	1330
19	13	13	13	13	13	13		7	6	
77	50	50	50	50	50	50		30	20	
4658	3468	3468	3468	3468	3468	3468		936	2532	
6290	3840	3840	3840	3840	3840	3840		1200	2640	
11	12	12	12	9	9	9		3		6
50	53	53	53	32	32	32		11		21
2340	2870	2870	2870	2160	2160	2160		830		1330
3310	3960	3960	3960	2480	2480	2480		1150		1330
281	**202**	**199**	**199**	**196**	**196**	**187**		**80**	**107**	
73525	58655	57591	57591	57380	57381	55741		13280	42461	
107589	91409	90009	90009	89809	89809	87989		14990	72999	
186	110	110	110	107	107	107			107	
56791	42671	42671	42671	42461	42461	42461			42461	
88449	73199	73199	73199	72999	72999	72999			72999	
95	92	89	89	89	89	80		80		
16734	15984	14920	14920	14920	14920	13280		13280		
19140	18210	16810	16810	16810	16810	14990		14990		

4-5 盐的生产、销

	1985年	1990年	1995年	2000年	2005年	2006年	2007年	2008年	2009年
一、年初库存	**88138**	**39574.00**	**317977.34**	**49739.96**	**241873.80**	**232775.34**	**139624.92**	**118059.23**	**71265.77**
公仓坨	28756	877.00	14530.42	3686.64	12996.63	5607.34	3456.54	11242.24	305.35
量方预付	26851	28773.00	293724.71	38374.55	151191.16	169233.24	111406.15	92281.92	63934.52
民仓坨	32531	9924.00	9722.21	7678.77	77686.01	57934.76	24477.48	5132.71	7025.90
二、本年产量	**195720**	**253325**	**274516**	**261961**	**231523**	**187977**	**180341**	**135961**	**125884**
三、本年分配销量	**140928**	**163443.01**	**233231.08**	**153481.24**	**241147.42**	**285018.23**	**183068.30**	**191042.26**	**114767.74**
食盐	127840	155482.65	107535.73	111867.77	195756.57	268660.88	182547.30	190834.48	114767.74
工业盐	995	4808.35	123659.40	39414.27	45282.85	16357.35	521.00	207.78	
渔业盐	12033	3152.01	2035.95	2091.20					
出口盐				108.00	108.00	108.00			
四、自用自食盐	**3751**	**3152.25**	**1873.06**	**2041.00**	**660.65**	**717.00**	**378.00**	**280.00**	
五、本年溢余	**922**	**61.08**	**2459.22**	**1603.09**	**4481.60**	**5771.66**	**5564.38**	**8557.83**	
六、本年损耗	**18176**	**5690.28**	**9827.25**	**21025.01**	**3294.99**	**1164.30**	**24024.77**		**4909.02**
七、年末库存	**121925**	**120674.54**	**350021.17**	**136757.80**	**232775.34**	**139624.47**	**118059.23**	**71255.82**	**77638.81**
公仓坨	46000	4297.84	7843.18	1541.91	5607.34	3740.84	525.74	305.40	224.75
量方预付	47149	103743.50	311700.78	113783.00	169233.24	111406.15	103212.42	53988.51	71448.26
民仓坨	28776	12633.20	30477.21	21432.89	57934.76	24477.48	14321.07	7025.90	5965.80

售、库存情况

单位:吨

	2010年	2011年	2012年	2013年	2014年	2015年	2016年	定海区	普陀区	岱山县	嵊泗县
	77638.81	**56489.12**	**75382.19**	**44768.20**	**82961.04**	**52550.55**	**39035.33**		**220.26**	**38815.07**	
	224.75	321.11		1.25	762.46	1110.02	509.48			509.48	
	71448.25	52839.56	73660.99	41730.10	78700.89	46439.02	35589.65			35589.65	
	5965.80	3328.45	1721.20	3036.85	3497.69	5001.48	2936.20		220.26	2715.94	
	78699	**108030**	**66177**	**105943**	**55765**	**40969**	**34690**		**1908**	**32782**	
	103875.86	**91535.80**	**94641.76**	**73523.10**	**92559.21**	**57552.72**	**39306.68**		**1614.70**	**37691.98**	
	103875.86	91535.80	94428.94	73411.10	92322.21	57436.72	39172.68		1614.70	37557.98	
			212.82	112.00	237.00	116	134			134	
	25.70										
	4101.50	**2221.67**	**-3.50**	**5772.95**	**6383.76**	**3068.50**					
	147.53	**0.80**	**2145.73**				**1246.13**			**1246.13**	
	56688.87	**75382.19**	**44768.20**	**82961.04**	**52678.84**	**39035.33**	**33172.52**		**513.56**	**32658.96**	
	520.86		1.25	762.46	1110.02	509.48					
	52839.56	73660.99	41730.10	78700.89	48076.61	35589.65	30517.50			30517.50	
	3328.45	1721.20	3036.85	3497.69	3362.92	2936.20	2655.02		513.56	2141.46	

主要统计指标解释

盐田生产面积　本指标反映盐业生产的规模。根据海盐生产的工艺需要，目前制盐设备的设计建造以“单元滩”为基本单位，每副单元滩都包括蒸发、结晶、保卤等设备和沟、壕、池埝以及临时堆盐的滩地盐坨(仓)基面积，一般盐场都由若干副单元滩组成。

盐田生产面积就是指海盐制盐企业(盐场)所占用的土地面积中已经利用建造单元滩以及与盐业生产有关的供水、储水的公用渠道、咸水库等面积，不包括尚未利用建滩的土地和滩边地角等杂地、场内车路、种植地、屋基地等面积。

制盐人数　指报告期末盐业生产的实有从业人员总数。包括国有盐场的职工以及外包工人数；乡办、联办盐场的全部职工和盐民；专业村办盐场的盐民；以及盐农兼业盐场安排晒盐为主的人数。集体盐场的从业人员，应是责任制落实的盐民，不扣除因盐业生产淡季外出搞副业的人员数，而且女劳力、半劳力也按实际人数计算。

盐总产量　指盐业生产企业(盐场)在一定时期内生产的盐的总量，包括原盐、日晒细盐、大粒子工业盐及其他多品种盐的产量。

整劳力人均年收入　指集体盐场的从业人员，以整劳力为标准按人均计算的报告期(一年)内通过从事盐业生产经营活动所获得的货币收入。

盐的出场分配销售量　本指标反映产区盐的出场销售实绩情况，一般由盐业部门根据销售计划的盐种要求和流向安排具体盐场出场分配。本指标要求填报数是报告期内的出场销售实绩，而不论出场的盐是否是当期生产的，也不论是否已收到货款，原则上以盐发运离埠为准。

年末(年初)库存　指盐业产区在年末(年初)时实有库存盐总量。盐的贮存设施一般为盐仓和盐坨。按盐仓坨的产权所有制性质可分为：①公仓坨：是由国家投资建造的；②民仓坨：是由集体盐场自建成或民办公助形式建造的。这样，在某一时点（年末或年初），按产品所有权又可分为公仓坨存盐、民仓坨存盐和介于两者之间的第三种形式“量方予付，以放作收”。

①公仓坨存盐：是指经过国家盐业运销机构收购，所有权已完全属于国家的那部分盐，存放于公坨中；②民仓坨存盐：指未经国家收购，所有权属于盐场的存盐；③量方予付，以放作收：国家通过测量堆存的盐的体积计算出存盐数量，向盐场预付部分盐资。此时，盐未出场，国家和盐场均拥有部分产权。等正式出场销售时按质按量正确计价，国家同时作收购业务处理。

经化验数量　指报告期内抽取的化验样品所代表的盐数量。

等品率　根据国家规定的标准对抽取的盐样进行化验定等得到各个质量等级相应的代表数量占总数的百分比。

化学成份　是采用国家标准食用盐试验方法测得的。盐的化学成份有氯化钠、水份、水不溶物和水溶性杂质，氯化钠是主要成份。

物理指标　①白度是说明盐的色泽洁白程度的指标，用白度仪测得。②粒度是说明盐的颗粒大小、粗细程度的指标。用各种规格的工业筛检验，一般以通过 2 毫米筛孔的盐的百分比率表示。

五、工业、能源

5-1　按经济类型分的历年工业总产值

单位:万元

年　份	工　业 总产值	国有经济	集体经济	#乡　办	城乡个体及 私营经济	其　他 经济类型
1950	270	9	261			
1951	503	10	493			
1952	1719	215	661		843	
1954	2485	516	1969			
1955	3611	766	2845			
1956	3173	1332	1841			
1957	4180	1696	2412		72	
1958	5522	4131	1391			
1959	8915	5758	3157	1540		
1960	12037	8160	3877	3208		
1961	6275	3864	2411	130		
1962	5546	3230	2316	286		
1963	6119	3437	2682	242		
1964	7156	4352	2804	262		
1965	7880	5099	2781	311		
1966	8344	5404	2940	8		
1967	8251	4667	3584	12		
1968	6821	3513	3308	85		
1969	4818	1986	2832	130		
1970	6223	3378	2845	200		
1971	8887	4100	4787	497		
1972	9099	5128	3971	612		
1973	11163	6595	4568	833		
1974	12900	6275	6625	1164		
1975	14820	7177	7643	1488		
1976	15640	7429	8211	1864		
1977	17765	8326	9439	2019		
1978	24171	12023	12148	2894		
1979	27976	13501	14475	3663		
1980	34435	16391	18044	4910		207
1981	41542	18315	23020	7188		299
1982	49191	21822	27070	8541		886
1983	54525	23374	30265	8533	59	1113
1984	76120	30643	44280	12744	84	231
1985	105631	38167	64744	22992	2489	231
1986	125650	45358	76789	30932	3307	196
1987	167601	55867	99075	42597	5089	7570
1988	204040	71432	116089	51046	8059	8460
1989	225098	89733	109502	53476	10343	15520
1990	225411	88038	111468	53338	10987	14918
1991	287879	106477	145192	70031	14466	21744
1992	358110	139187	170812	90396	20453	27659
1993	465962	165289	214162	117093	36978	49533
1994	650507	238526	240681	191416	72948	98352
1995	729253	244672	231613	108903	146679	106289
1996	755702	212409	242080	118343	196159	105054
1997	813871	241314	168647	55580	253109	150811
1998	841539	182526	165811		298725	194477
1999	1004511	196547	157252		402309	248403
2000	1278878	161598	156656		594602	366022
2001	1549398	160945	130346		849554	408553
2002	1901348	189247	108254		1160344	443503
2003	2400951	229709	95728		1401247	674267
2004	3039670	473570	69682		1715715	780703
2005	4036365	231448	52053		2418992	1333872
2006	5053703	300142	55615		2903633	1794313
2007	6425349	320793	60311		3315644	2728601
2008	8326438	343748	58510		6115933	1808247
2009	10062872	1081358	55902		5505584	3420028
2010	11970306	1249630	83777		6199112	4437787
2011	14406487	275204	94059		6000008	8037216
2012	15853533	303884	115412		6599052	8835185
2013	17504326	293460	125489		7759208	9326169
2014	19676151					
2015	21540225					
2016	24654411					

注:1.本表工业总产值按当年价计算。

2.2015 年起,分经济类型指标取消,下同。

5-2　主要年份各种经济类型工业单位数和工业总产值

分　　类	1985 年	1990 年	1995 年	2000 年	2005 年	2010 年	2011 年	2012 年	2013 年	2014 年	2015 年	2016 年
工业单位数(个)	**3351**	**3655**	**5130**	**5825**	**9856**	**6969**	**7043**	**6970**	**8489**	**7542**		
# 大中型工业企业	5	18	25	18	36	53	77	71	69	67		
按经济类型分												
国有经济	125	141	136	24	15	10	7	8	20			
集体经济	1340	1188	1016	576	184	118	93	81	98			
城乡个体及私营经济	1883	2300	3890	5003	9467	6576	6523	6591	8136			
其他经济类型工业	3	26	88	222	190	265	420	290	235			
按轻重工业分												
轻　工　业	2119	2152	3292	4140	4509	3222	3207	3146	4481			
重　工　业	1232	1503	1838	1685	5347	3747	3836	3824	4008			
工业总产值(万元)	**105631**	**225411**	**729253**	**1278878**	**4036365**	**11970306**	**14406487**	**15853533**	**17504326**	**19676151**	**21540225**	**24654411**
# 大中型工业企业	14319	55975	233836	340395	1306438	6418941	7687655	8059167	8616011	9564739	10233240	11876822
按经济类型分												
国有经济	38167	88038	244672	161598	231448	1249630	275204	303884	293460			
集体经济	64744	111468	231612	156656	52053	83777	94059	115412	125489			
城乡个体及私营经济	2489	10987	146679	594602	2418992	6199112	6000008	6599052	7759208			
其他经济类型工业	231	14918	106289	366022	1333872	4437787	8037216	8835185	9326169			
按轻重工业分												
轻工业	69567	157026	487014	828524	2332761	3057798	3561417	4449989	4797227			
重工业	36064	68385	242239	450354	1703604	8912508	10845070	11403544	12707099			

注:1.1997 年前,个私经济包括城乡合作工业。

2.2015 年起,工业单位数和工业总产值分项指标取消。

5-3 规模以上工业企业单位数、总产值和增加值

行　　业	企业单位(个)		工业总产值(万元)		工业增加值(万元)	
	2015 年	2016 年	2015 年	2016 年	2015 年	2016 年
总　　计	**390**	**375**	**16333676**	**18721066**	**3210351**	**3710775**
按登记注册类型分组						
国有企业	3	3	291682	327373	62760	76167
集体企业	2	1	5536	2628	359	198
股份合作企业	1	1	4974	5998	747	885
有限责任公司	79	76	7772947	9124079	1636050	1834863
股份有限公司	6	6	1572123	1810519	196588	294550
私营企业	276	268	5327104	5904887	931981	1059387
外商及港、澳、台商投资公司	23	20	1359310	1545582	381867	444724
按轻重工业分						
轻工业	166	161	3184063	3359425	350673	346480
重工业	224	214	13149613	15361641	2859678	3364295
按规模分						
大型企业	10	9	4011315	3862129	693688	794235
中型企业	62	58	6221924	8014694	1311054	1538129
小型企业	298	282	5266088	6240686	963986	1178350
微型企业	20	26	834348	603557	241623	200060
按工业行业分						
采掘业	**8**	**10**	**115123**	**201344**	**29458**	**51776**
非金属矿采选业	8	10	115123	201344	29458	51776
制造业	**370**	**352**	**15630132**	**17956206**	**2913405**	**3420238**
农副食品加工业	123	120	2328222	2509117	194062	204871
# 水产品加工	121	117	1857765	2023450	165520	173979
食品制造业	3	2	27625	28317	9633	10085
酒、饮料和精制茶制造业	4	2	20871	11606	8575	3516
纺织业	5	5	197265	165618	26873	25818
纺织服装、服饰业	3	4	7216	12333	775	1894

5-3 续表

行业	企业单位(个)		工业总产值(万元)		工业增加值(万元)	
	2015年	2016年	2015年	2016年	2015年	2016年
家具制造业	2	2	37636	38588	4772	5225
造纸和纸制品业	2	2	4293	6720	931	1068
印刷和记录媒介复制业	2	2	6156	6148	2666	2207
文教、工美、体育和娱乐用品制造业	4	4	15011	16502	2491	2969
石油加工、炼焦和核燃料加工业	6	6	816716	1005140	166246	207103
化学原料和化学制品制造业	11	10	1888804	2369285	232880	293177
医药制造业	4	3	49815	48012	17552	12844
化学纤维制造业	4	4	312656	314444	45813	38953
橡胶和塑料制品业	7	7	57597	60452	13135	13737
非金属矿物制品业	26	23	242593	277297	41510	45780
黑色金属冶炼和压延加工业	4	4	31391	76428	5962	13981
有色金属冶炼和压延加工业	1	1	5339	5129	524	498
金属制品业	5	7	70291	83930	18414	20206
通用设备制造业	13	11	169600	175670	23265	34733
专用设备制造业	32	29	490051	429714	144480	120222
汽车制造业	14	14	150195	189261	67777	85964
铁路、船舶、航空航天和其他运输设备制造业	39	36	7399043	8943201	1432115	1838598
#船舶及相关装置制造	39	36	7399043	8943201	1432115	1838598
电气机械和器材制造业	7	10	86985	119086	21061	29153
计算机、通信和其他电子设备制造业	5	5	45739	27140	3900	3355
仪器仪表制造业	3	3	59671	83491	15302	21054
其他制造业	1	1	101081	122197	8867	7532
废弃资源综合利用业	1	1	270059		63578	
金属制品、机械和设备修理业	39	34	738212	831381	340248	375696
电力、燃气及水的生产和供应业	**12**	**13**	**588421**	**563516**	**267489**	**238761**
电力、热力生产和供应业	6	7	544597	500662	243596	208500
燃气生产和供应业	2	2	12804	30715	6714	13424
水的生产和供应业	4	4	31020	32140	17179	16837

5-4 分县(区)规模以上工业企业单位数和总产值

(2016年)

分　类	市　区	开发区	定海区	普陀区	岱山县	嵊泗县
工业企业单位数(个)	**300**	**23**	**141**	**136**	**62**	**13**
#大中型工业企业	57	4	19	34	10	
按登记注册类型分组						
国有企业	3		2	1		
有限责任公司	65	10	32	23	7	4
股份合作企业	5		4	1	1	
私营企业	215	13	98	104	44	9
外商及港、澳、台商投资企业	12		5	7	8	
其它					2	
按轻重工业分						
轻工业	136	4	45	87	15	10
重工业	164	19	96	49	47	3
工业总产值(万元)	**14591562**	**884277**	**7657569**	**6049716**	**4046753**	**82752**
#大中型工业企业	8553952	124571	4234060	4195321	3322871	
按登记注册类型分组						
国有企业	327373		198788	128585		
有限责任公司	8858909	372595	5876033	2610281	218341	46829
股份合作企业	114453		100438	14015	1696066	
私营企业	4844279	511682	1382919	2949678	1024685	35922
外商及港、澳、台商投资企业	446548		99391	347157	1099034	
其它					8627	
按轻重工业分						
轻工业	3194567	243957	1150008	1800602	121203	43656
重工业	11396995	640320	6507561	4249114	3925550	39096

5-5 大、中、小、微型规模以上工业企

类　　别	企　业亏损面（%）	每百元固定资产原值实现产值	每百元固定资产原值实现利税	每百元工业总产值实现利税
1995 年				
全部工业企业	33.29	147.58	10.85	6.61
大型企业		168.26	16.98	8.85
中型企业	26.30	108.36	11.78	10.74
小型企业	34.00	176.53	8.36	4.08
2000 年				
全部工业企业	15.46	121.26	11.66	9.62
大型企业	16.67	144.26	14.87	13.31
中型企业	16.67	72.83	7.34	10.08
小型企业	15.34	157.71	14.50	9.14
2001 年				
全部工业企业	17.54	141.2	9.78	6.92
大型企业		165.5	18.40	11.12
中型企业	10.00	64.7	4.25	6.57
小型企业	18.31	202.7	11.98	5.91
2004 年				
全部工业企业	18.89	265.2	14.46	5.45
大型企业		268.2	37.85	14.11
中型企业	17.65	185.4	11.92	6.43
小型企业	19.08	364.7	13.97	3.83
2005 年				
全部工业企业	17.19	276.7	13.85	5.00
大型企业		243.8	15.39	6.31
中型企业	6.45	173.0	12.41	7.17
小型企业	18.23	446.1	15.15	3.40
2010 年				
全部工业企业	18.36	260.84	17.49	6.70
大型企业		305.48	16.79	5.50
中型企业	14.58	215.08	18.15	8.44
小型企业	18.81	337.04	16.42	4.87
2011 年				
全部工业企业	18.99	234.28	12.44	5.31
大型企业	25.00	206.07	9.87	4.79
中型企业	15.94	206.41	15.09	7.31
小型企业	19.19	344.03	10.35	3.01
微型企业	30.00	213.01	–4.95	–2.32
2012 年				
全部工业企业	24.80	217.62	5.66	2.60
大型企业	14.29	194.02	6.62	3.41
中型企业	26.56	204.00	5.24	2.57
小型企业	24.40	306.60	6.40	2.09
微型企业	28.57	102.20	1.92	1.88
2013 年				
全部工业企业	29.47	215.48	5.15	2.39
大型企业	22.22	204.88	2.35	1.15
中型企业	23.33	199.7	7.61	3.81
小型企业	28.3	252.3	4.69	1.86
微型企业	52.94	222.77	–1.21	–0.54
2014 年				
全部工业企业	27.99	211.10	3.55	1.68
大型企业	25.00	217.76	–6.87	–3.16
中型企业	22.03	224.58	8.27	3.68
小型企业	28.86	294.89	4.82	1.63
微型企业	32.14	39.10	2.91	7.44
2015 年				
全部工业企业	26.67	231.87	4.86	2.10
大型企业	30.00	265.06	–2.99	–1.13
中型企业	20.97	241.85	9.44	3.91
小型企业	27.18	285.93	4.25	1.49
微型企业	35.00	74.71	5.94	7.95
2016 年				
全部工业企业	23.47	244.08	6.75	2.76
大型企业	22.22	248.29	–0.96	–0.39
中型企业	25.86	267.27	11.18	4.18
小型企业	22.34	329.47	7.03	2.13
微型企业	30.77	49.39	5.23	10.59

业主要经济效益指标比较

单位:元

每百元主营业务收入实现利税	每百元主营业务成本实现利税	平均每一个职工实现利税	平均每一个职工占有固定资产原值
6.58	8.03	4124	38000
6.97	8.46	6303	37146
9.15	11.24	7438	63103
4.77	5.80	2372	28381
7.80	8.99	13711	117556
8.13	9.57	14419	96964
5.12	5.83	11825	161041
10.13	11.87	15543	100295
7.07	8.16	11850	121205
11.36	1.38	15966	86762
4.54	5.31	7508	176772
6.99	7.90	12564	104899
5.95	6.67	17048	117877
13.61	16.44	24216	63975
6.39	7.18	21134	177334
4.53	5.03	12788	91517
5.55	6.35	18816	135875
6.21	7.17	14263	225976
7.21	8.37	31393	437561
4.16	4.69	14337	94621
7.48	8.47	63974	365799
6.18	7.10	65044	387448
9.02	10.22	146366	806535
5.77	6.46	26892	163739
5.67	6.44	63913	513828
4.67	5.32	74274	752587
7.85	9.00	77019	510433
3.49	3.92	36024	348142
-1.94	-2.03	-143026	2889219
3.05	3.29	35630	629874
3.71	4.08	60000	905840
3.17	3.36	34546	659342
2.47	2.70	23866	372962
1.85	1.98	76661	3999389
2.99	3.25	36993	717678
1.41	1.53	18285	779240
4.84	5.27	64737	851165
2.38	2.61	22482	479872
-0.57	-0.60	-22501	1857001
2.26	2.43	29875	841696
-3.75	-3.85	-53910	784459
5.32	5.80	69531	840530
2.19	2.38	26359	547380
9.24	11.07	313367	10774001
2.86	3.08	38766	797707
-1.72	-1.78	-23212	776231
5.12	5.53	65689	695539
2.00	2.16	25446	598473
9.83	12.13	631005	10625428
3.75	4.09	64617	957733
-0.62	-0.67	-8810	915901
5.36	5.82	102813	919390
2.89	3.15	45734	650346
12.21	15.25	469007	8964822

注:2011 年起,企业规模划分调整为大、中、小、微型,下同。

5-6 按登记注册类型分的规模

指　　标	单位	合　计			国有企业			集体企业		
		2014 年	2015 年	2016 年	2014 年	2015 年	2016 年	2014年	2015 年	2016 年
企业单位数	个	393	390	375	4	3	3	4	2	1
#亏损企业单位数	个	110	104	88		1		1	1	
工业总产值(当年价)	万元	14977609	16333676	18721066	242506	291682	327373	20552	5536	2628
全部从业人员年平均人数	人	84296	88309	80087	5064	4901	4561	2110	47	20
实收资本	万元	2576141	2752747	3266615	39023	55523	56000	350	232	30
流动资产合计	万元	8021112	7976061	8246342	242763	287997	336698	10953	3049	1763
固定资产合计	万元	5589044	5523840	5427874	58583	94792	99782	761	101	31
固定资产原价	万元	7095162	7044471	7670197	122173	161534	172655	1638	419	195
资产总计	万元	17168230	17162234	17580539	308582	393394	445979	11775	3149	1794
流动负债合计	万元	9084824	9461528	8862766	223530	291562	329393	9316	2447	1410
所有者权益合计	万元	4468847	4379118	5439910	83530	101841	116586	2407	654	335
主营业务收入	万元	11146824	11965120	13798229	252339	292647	359837	20753	5569	2080
主营业务成本	万元	10357474	11106933	12664280	235759	271369	318990	18652	5256	1913
主营业务税金及附加	万元	38289	40119	42594	528	418	589	357	49	6
利润总额	万元	34289	137591	276696	5140	3417	6536	816	24	43
亏损企业亏损总额	万元	267286	223094	169591		311		24	19	
本年应交增值税	万元	178289	161878	197846	3811	2733	4573	2390	80	43
利税总额	万元	251834	342342	517499	9513	6599	11714	3563	153	92

以上工业企业主要财务指标

股份合作企业			外商及港、澳、台商投资企业			私营企业			其他企业		
2014年	2015年	2016年	2014年	2015年	2016年	2014年	2015年	2016年	2014年	2015年	2016年
1	1	1	25	23	20	277	276	268	82	85	82
			10	8	4	71	64	55	28	30	29
4548	4974	5998	1328708	1359310	1545582	4712692	5327104	5904887	8668604	9345070	10934598
78	85	65	6720	6512	5861	43808	49726	45535	26516	27038	24045
522	522	522	369107	335923	325641	754485	794098	967280	1412654	1566449	1917142
3278	3541	3718	621630	648021	676650	2623022	2568839	2453086	4519465	4464615	4774426
3409	3263	3256	627154	522746	565669	1426504	1331166	1437267	3472634	3571773	3321869
3956	3816	3256	810345	745431	837355	1863036	1856830	2029718	4294016	4276440	4627018
6687	6892	7037	1497942	1613074	1501607	5217075	5197945	5158199	10126168	9947780	10465923
3015	3075	3128	628778	618842	612490	3035321	2888024	2501546	5184864	5657578	5414798
3673	3817	3908	672099	656043	659846	1564811	1535327	1940788	2142328	2081436	2718447
3802	4328	5088	869950	782077	963971	3666654	4107753	4468773	6333326	6772838	7998481
3232	3602	4325	765541	689631	864582	3323808	3754944	4065226	6010483	6382131	7409245
7	4	5	3813	3071	3679	16457	20046	19948	17128	16530	18366
11	44	80	14461	5690	33522	70857	73855	103754	–56996	54561	132761
			19140	17884	15676	38508	35792	39543	209614	169087	114372
26			18582	12420	9283	58093	61185	64348	95388	85460	119599
43	48	85	36856	21181	46528	145962	155398	188220	55897	158962	270860

注：本表范围从 2011 年开始为主营业务收入 2000 万元及以上工业企业。

5-7 规模以上工业企业主要财务指标

（2016年）

单位：万元

行业	企业单位数（个）	工业总产值（当年价）	实收资本	资产总计	流动资产合计	应收账款
总计	**375**	**18721066**	**3266615**	**17580539**	**8246342**	**1648219**
轻工业	161	3359425	588251	3358579	2114108	298207
重工业	214	15361641	2678364	14221960	6132234	1350012
采矿业	**10**	**201344**	**48350**	**466491**	**126006**	**13816**
非金属矿采选业	10	201344	48350	466491	126006	13816
制造业	**352**	**17956206**	**2755904**	**15407981**	**7974499**	**1588142**
农副食品加工业	120	2509117	380252	2396101	1656663	220822
#水产品加工业	117	2023450	227202	1409658	897107	176619
食品制造业	2	28317	6000	29688	13214	826
酒、饮料和精制茶制造业	2	11606	868	11080	6121	155
纺织业	5	165618	21834	279732	184445	28068
纺织服装、服饰业	4	12333	1851	9981	7448	904
家具制造业	2	38588	3018	93772	69937	6710
造纸及纸制品业	2	6720	1060	6092	4512	2466
印刷和记录媒介复制业	2	6148	2550	7652	2196	369
文教、工美、体育和娱乐用品制造业	4	16502	1704	13228	6785	1829
石油加工、炼焦及核燃料加工业	6	1005140	103034	533461	275902	81345
化学原料和化学制品制造业	10	2369285	64476	392877	224686	44837
医药制造业	3	48012	10037	112173	59372	14276
化学纤维制造业	4	314444	52216	128983	47234	1501
橡胶和塑料制品业	7	60452	8833	51334	32082	21921
非金属矿物制品业	23	277297	57854	318422	214841	57577
黑色金属冶炼及压延加工业	4	76428	14500	37922	11957	3867
有色金属冶炼及压延加工业	1	5129	2000	7619	4036	651
金属制品业	7	83930	18160	42364	22028	5154
通用设备制造业	11	175670	24557	135434	81580	23938
专用设备制造业	29	429714	222308	804315	284018	64706
汽车制造业	14	189261	14465	310490	167211	78996
铁路、船舶、航空航天和其他运输设备制造业	36	8943201	1466215	8338826	4070996	733530
#船舶及相关装置制造	36	8943201	1466215	8338826	4070996	733530
电气机械及器材制造业	10	119086	14833	98347	64421	38035
计算机、通信和其他电子设备业	5	27140	8300	18938	12893	3627
仪器仪表制造业	3	83491	17050	88375	70764	29026
其他制造业	1	122197	10000	17584	17069	5803
废弃资源综合利用业	1					
金属制品、机械和设备修理业	34	831381	227930	1123194	362089	117204
电力、燃气及水的生产和供应业	**13**	**563516**	**462361**	**1706068**	**145836**	**46261**
电力、热力生产和供应业	7	500662	372861	1386239	104532	43428
燃气生产和供应业	2	30715	11300	70271	23649	1824
水的生产和供应业	4	32140	78200	249559	17655	1009

5-7 续表 1

行　　业	固定资产合计	固定资产原价	累计折旧	负债合计	流动负债合计	所有者权益合计
总　　计	**5427874**	**7670197**	**2595595**	**12112474**	**8862766**	**5439910**
轻工业	627552	951125	373825	2428206	2134521	902219
重工业	4800322	6719072	2221770	9684268	6728245	4537691
采矿业	**109138**	**115838**	**29914**	**345970**	**218998**	**120521**
非金属矿采选业	109138	115838	29914	345970	218998	120521
制造业	**3914549**	**5746466**	**2145690**	**10676008**	**8299989**	**4703817**
农副食品加工业	349848	505012	193341	1815411	1618809	552535
#水产品加工业	320438	450386	167448	959315	820617	422188
食品制造业	9413	11491	2965	11506	11506	18182
酒、饮料和精制茶制造业	3139	6594	3455	6122	5337	4957
纺织业	45863	108415	62594	196467	191345	83265
纺织服装、服饰业	1860	3451	1592	8557	8557	1425
家具制造业	3923	4466	3471	60958	60958	32814
造纸及纸制品业	1580	1627	607	4596	4596	1496
印刷和记录媒介复制业	4659	7608	2948	3716	3716	3936
文教、工美、体育和娱乐用品制造业	6098	8095	2557	7685	7619	5543
石油加工、炼焦及核燃料加工业	158033	221381	63509	529285	368055	4176
化学原料和化学制品制造业	125870	253851	128313	164205	104493	228672
医药制造业	32666	48503	20910	74416	71806	37756
化学纤维制造业	27680	57921	31827	107074	105341	21909
橡胶和塑料制品业	16310	29048	13099	17078	14198	34257
非金属矿物制品业	75044	126634	61370	227514	208764	90908
黑色金属冶炼及压延加工业	16197	17905	2556	28648	19906	9274
有色金属冶炼及压延加工业	2688	2688	83	4468	4468	3151
金属制品业	7456	6110	2230	13919	13391	28444
通用设备制造业	30788	53566	22778	81818	80719	53617
专用设备制造业	247645	350753	133993	480462	391402	323853
汽车制造业	57790	83858	25794	104166	84563	206324
铁路、船舶、航空航天和其他运输设备制造业	2156360	3081346	1100376	5892329	4274914	2446497
#船舶及相关装置制造	2156360	3081346	1100376	5892329	4274914	2446497
电气机械及器材制造业	19819	28926	11496	45761	45754	52586
计算机、通信和其他电子设备业	2792	5146	2412	6870	6870	12068
仪器仪表制造业	14294	20927	6633	37561	37561	50814
其他制造业	415	415	97	2522	2522	15062
废弃资源综合利用业						
金属制品、机械和设备修理业	496321	700732	244686	742896	552819	380298
电力、燃气及水的生产和供应业	**1404188**	**1807893**	**419991**	**1090496**	**343779**	**615572**
电力、热力生产和供应业	1219610	1560852	357529	928394	297883	457845
燃气生产和供应业	34848	51201	16353	37168	13831	33103
水的生产和供应业	149731	195840	46109	124934	32065	124625

行业	主营业务收入	主营业务成本	主营业务税金及附加	销售费用	管理费用	利润总额	利税总额	本年应交增值税
总计	**13798229**	**12664280**	**42594**	**128115**	**439108**	**276696**	**517499**	**197846**
轻工业	3092617	2862172	6810	55653	85506	54326	81932	20689
重工业	10705613	9802108	35784	72462	353602	222370	435568	177157
采矿业	**202114**	**168812**	**4749**	**5028**	**9758**	**1985**	**11517**	**4782**
非金属矿采选业	202114	168812	4749	5028	9758	1985	11517	4782
制造业	**13031641**	**12084725**	**34977**	**109869**	**401309**	**194938**	**390123**	**159978**
农副食品加工业	2331392	2178382	4346	35041	50966	38876	49608	6327
#水产品加工业	1895477	1772157	3817	28121	47562	32592	42743	6275
食品制造业	28409	19418	168	2375	1660	5128	6810	1515
酒、饮料和精制茶制造业	9052	6066	658	430	1447	257	1406	491
纺织业	138209	123209	552	3649	7710	553	4258	3152
纺织服装、服饰业	12085	11247	59	34	438	171	541	310
家具制造业	29386	25557	18	778	1542	361	436	57
造纸及纸制品业	6720	5985	46	112	258	159	428	223
印刷和记录媒介的复制业	5950	4532	66	99	879	221	569	282
文教、工美、体育和娱乐用品制造业	14295	12370	79	497	656	179	627	369
石油加工、炼焦及核燃料加工业	646275	600859	462	3241	5290	-2967	-1730	776
化学原料和化学制品制造业	2364106	2233791	8092	7671	8908	104692	176055	63272
医药制造业	94685	83186	215	3563	5181	3166	7182	3802
化学纤维制造业	281402	277804	125	1158	4421	-3740	-3351	264
橡胶和塑料制品业	59537	51193	314	1348	3832	3999	6299	1981
非金属矿物制品业	227964	194842	1150	6498	12558	8895	16529	6484
黑色金属冶炼及压延加工业	69818	68214	199	306	1212	-586	-15	372
有色金属冶炼及压延加工业	4254	3586	5	71	139	222	226	
金属制品业	63031	57242	853	903	2029	1941	4322	1528
通用设备制造业	161292	140221	1107	3963	9725	4971	11914	5836
专用设备制造业	346444	302847	1454	7237	34414	1346	11471	8536
汽车制造业	188245	136060	1261	2433	13093	50776	62745	10708
铁路、船舶、航空航天和其他运输设备制造业	5066836	4791060	6851	13308	167541	-45683	-33505	5298
#船舶及相关装置制造	5066836	4791060	6851	13308	167541	-45683	-33505	5298
电气机械及器材制造业	102997	79687	734	3477	9422	8500	14203	4968
计算机、通信和其他电子设备业	22592	19229	115	300	2609	645	1142	381
仪器仪表制造业	79353	60984	519	4747	9154	3649	8487	4320
其他制造业	71200	66098			1010	4359	4640	280
废弃资源综合利用业								
金属制品、机械和设备修理业	606115	531058	5531	6631	45218	4849	38829	28447
电力、燃气及水的生产和供应业	**564474**	**410743**	**2867**	**13218**	**28040**	**79773**	**115859**	**33086**
电力、热力的生产和供应业	489452	361505	2493		21188	70187	103452	30687
燃气生产和供应业	43653	28820	287	6275	1630	9079	10448	1082
水的生产和供应业	31369	20418	88	6943	5222	507	1959	1317

5-8 规模以上工业企业经济效益指标

（2016年）

行　业	成本费用利润率(%)	每百元固定资产原值实现利税(元)	每百元销售收入实现利税(元)	存货周转次数(次)	新产品产值率(%)
总　计	**2.05**	**6.75**	**3.75**	**6.01**	**17.24**
轻工业	1.78	8.61	2.65	5.35	3.88
重工业	2.12	6.48	4.07	6.23	20.16
采矿业	**1.02**	**9.94**	**5.70**	36.81	
非金属矿采选业	1.02	9.94	5.70	36.81	
制造业	**1.52**	**6.79**	**2.99**	**5.82**	**17.97**
农副食品加工业	1.69	9.82	2.13	5.76	2.80
#水产品加工业	1.74	9.49	2.26	5.00	3.47
食品制造业	21.71	59.27	23.97	1.93	52.88
酒、饮料和精制茶制造业	3.13	21.32	15.53	1.23	0.18
纺织业	0.40	3.93	3.08	2.24	22.67
纺织服装、服饰业	1.43	15.67	4.47	2.37	
家具制造业	1.25	9.76	1.48	1.40	
造纸及纸制品业	2.42	26.28	6.36	5.98	
印刷和记录媒介的复制业	3.91	7.48	9.57	7.65	
文教、工美、体育和娱乐用品制造业	1.27	7.74	4.38	4.64	
石油加工、炼焦及核燃料加工业	-0.48	-0.78	-0.27	46.48	
化学原料和化学制品制造业	4.63	69.35	7.45	33.39	0.01
医药制造业	3.35	14.81	7.59	2.80	0.88
化学纤维制造业	-1.31	-5.78	-1.19	15.12	
橡胶和塑料制品业	7.02	21.68	10.58	11.52	0.96
非金属矿物制品业	4.05	13.05	7.25	6.41	3.60
黑色金属冶炼及压延加工业	-0.83	-0.09	-0.02	17.36	0.25
有色金属冶炼及压延加工业	5.49	8.42	5.32	2.95	
金属制品业	3.21	70.73	6.86	9.68	6.28
通用设备制造业	3.18	22.24	7.39	5.03	17.48
专用设备制造业	0.38	3.27	3.31	4.58	42.96
汽车制造业	33.07	74.82	33.33	6.32	29.69
铁路、船舶、航空航天和其他运输设备制造业	-0.89	-1.09	-0.66	3.85	30.77
#船舶及相关装置制造	-0.89	-1.09	-0.66	3.85	30.77
电气机械及器材制造业	9.04	49.10	13.79	5.99	36.16
计算机、通信和其他电子设备业	2.91	22.18	5.05	5.75	1.98
仪器仪表制造业	4.86	40.55	10.7	2.59	25.03
其他制造业	6.50	1118.05	6.52	30.25	
废弃资源综合利用业					
金属制品、机械和设备修理业	0.81	5.54	6.41	21.14	
电力、燃气及水的生产和供应业	**16.30**	**6.41**	**20.53**	**14.57**	
电力、热力生产和供应业	16.75	6.63	21.14	14.48	
燃气生产和供应业	24.73	20.41	23.93	12.80	
水的生产和供应业	1.49	1.00	6.25	20.91	

5-9 规模以上国有控股工业企业主要财务指标

（2016年）

单位:万元

行业	企业单位数（个）	工业总产值（当年价）	实收资本	资产总计	流动资产合计	应收账款
总计	**26**	**4727016**	**682417**	**3339326**	**1245593**	**471790**
轻工业	12	462241	104106	391244	215047	34592
重工业	14	4264776	578311	2948083	1030546	437199
制造业	**17**	**4203065**	**304456**	**1857287**	**1120309**	**428655**
农副食品加工业	7	315018	64606	290816	183119	28305
#水产品加工业	6	312237	61606	285268	182845	28176
食品制造业	1	17037	5000	19689	9167	3
印刷业和记录媒介复制业	1	2288	2000	2883	602	169
石油加工、炼焦和核燃料加工业	2	282830	30000	113554	5906	2241
化学原料和化学制品制造业	1	2313394	55850	342831	198042	31475
专用设备制造业	1	89690	8500	21633	2933	1111
铁路、船舶、航空航天和其他运输设备制造业	2	982519	113500	965403	637053	333746
#船舶及相关装置制造业	2	982519	113500	965403	637053	333746
仪器仪表制造业	1	78092	15000	82894	66419	25802
其他制造业	1	122197	10000	17584	17069	5803
电力、燃气及水的生产和供应业	**9**	**523951**	**377961**	**1482040**	**125284**	**43135**
电力、热力生产和供应业	4	482769	343661	1294379	91506	40927
燃气生产和供应业	2	30715	11300	70271	23649	1824
水的生产和供应业	3	104680	23000	117390	10129	385

5-9 续表 1

行　　业	固定资产合计	固定资产原价	累计折旧	流动负债合计	负债合计	所有者权益合计
总　计	**1832375**	**2601560**	**806800**	**1197936**	**2240323**	**1099004**
轻工业	130640	181827	72418	168589	227327	163917
重工业	1701735	2419733	734383	1029347	2012996	935087
制造业	**582015**	**1003386**	**442745**	**878734**	**1261348**	**595939**
农副食品加工业	93365	131745	59513	153996	191799	99017
#水产品加工业	88302	126681	58836	153178	189077	96190
食品制造业	7518	9595	2077	2816	2816	16873
印刷业和记录媒介复制业	2023	3417	1393	1637	1637	1246
石油加工、炼焦和核燃料加工业	77906	126987	49081	81693	100433	13121
化学原料和化学制品制造业	109199	224957	115758	75430	133133	209698
专用设备制造业	10541	14202	3804	1897	19846	1787
铁路、船舶、航空航天和其他运输设备制造业	267663	472746	205083	523563	773982	191422
#船舶及相关装置制造业	267663	472746	205083	523563	773982	191422
仪器仪表制造业	13384	19322	5938	35180	35180	47713
其他制造业	415	415	97	2522	2522	15062
电力、燃气及水的生产和供应业	**1250361**	**1598174**	**364055**	**319202**	**978975**	**503065**
电力、热力生产和供应业	1157160	1466250	325332	280833	888035	406344
燃气生产和供应业	34848	51201	16353	13831	37168	33103
水的生产和供应业	58353	80723	22370	24538	53772	63618

5-9 续表 2

行业	主营业务收入	主营业务成本	主营业务税金及附加	销售费用	管理费用	利润总额	利税总额	本年应交增值税
总计	**4474557**	**4036194**	**13251**	**32907**	**93402**	**191906**	**304686**	**99414**
轻工业	414751	370317	481	9697	19565	16833	19897	2553
重工业	4059806	3665878	12770	23210	73837	175073	284790	96861
制造业	**3949343**	**3643499**	**10640**	**26043**	**70057**	**122803**	**202971**	**69511**
农副食品加工业	315879	285156	311	7997	15493	7398	8200	474
# 水产品加工业	313153	282723	295	7976	15036	7513	8246	422
食品制造业	20486	13016	140	1198	1468	5093	6586	1353
印刷业和记录媒介复制业	2179	1742	16		384	−20	132	136
石油加工、炼焦和核燃料加工业	282830	255569	351	13	3053	−5176	−4278	547
化学原料和化学制品制造业	2313384	2194258	7708	5395	4613	101257	170195	61231
专用设备制造业	75001	70099			1124	3186	3186	
铁路、船舶、航空航天和其他运输设备制造业	794515	701581	1622	6756	34029	3095	6033	1316
# 船舶及相关装置制造业	794515	701581	1622	6756	34029	3095	6033	1316
仪器仪表制造业	73871	55981	492	4685	8884	3610	8278	4175
其他制造业	71200	66098			1010	4359	4640	280
电力、燃气及水的生产和供应业	**525214**	**392695**	**2612**	**6864**	**23345**	**69103**	**101715**	**29903**
电力、热力生产和供应业	471908	353305	2308		19819	62052	92953	28508
燃气生产和供应业	43653	28820	287	6275	1630	9079	10448	1082
水的生产和供应业	9652	10571	16	589	1897	−2027	−1686	313

5-10 规模以上国有控股工业企业主要经济效益指标

（2016年）

行　　业	成本费用利润率(%)	每百元固定资产原值实现利税(元)	每百元销售收入实现利税(元)	存货周转次数(次)	新产品产值率(%)
总　　计	**4.54**	**11.71**	**6.81**	**13.61**	**15.61**
轻工业	4.20	10.94	4.80	4.31	5.29
重工业	4.58	11.77	7.01	17.42	16.73
制造业	**3.26**	**20.23**	**5.14**	**13.57**	**17.55**
农副食品加工业	2.39	6.22	2.60	3.79	4.72
#水产品加工业	2.45	7.00	2.63	3.75	4.77
食品制造业	32.44	68.64	32.15	1.71	56.23
印刷业和记录媒介复制业	-0.90	3.87	6.06	12.17	
石油加工、炼焦和核燃料加工业	-1.97	-3.37	-1.51	866.34	
化学原料和化学制品制造业	4.57	75.66	7.36	35.04	
专用设备制造业	4.44	22.43	4.25	1788.24	
铁路、船舶、航空航天和其他运输设备制造业	0.41	1.28	0.76	7.19	70.51
#船舶及相关装置制造业	0.41	1.28	0.76	7.19	70.51
仪器仪表制造业	5.18	42.84	11.21	2.45	26.32
其他制造业	6.50	1118.05	6.52	30.25	
电力、燃气及水的生产和供应业	**15.08**	**6.36**	**19.37**	**14.09**	
电力、热力生产和供应业	15.20	6.34	19.70	14.26	
燃气生产和供应业	24.73	20.41	23.93	12.80	
水的生产和供应业	-15.26	-2.09	-17.47	12.43	

5-11 规模以上私营工业企业主要财务指标

（2016年） 单位:万元

行业	企业单位数（个）	工业总产值（当年价）	实收资本	资产总计	流动资产合计	应收账款
总　计	**268**	**5904887**	**967280**	**5158199**	**2453086**	**528335**
轻工业	119	1887370	209287	1220937	738528	158461
重工业	149	4017517	757993	3937261	1714558	369875
采矿业	**7**	**106965**	**23250**	**161799**	**32013**	**5890**
非金属矿采选业	7	106965	23250	161799	32013	5890
制造业	**259**	**5786256**	**927530**	**4939719**	**2412513**	**520343**
农副食品加工业	93	1509217	146177	963897	596927	130959
#水产品加工	93	1509217	146177	963897	596927	130959
食品制造业	1	11280	1000	10000	4047	823
纺织业	3	42510	1034	14119	8219	4515
纺织服装、服饰业	3	8508	190	6512	5762	498
家具制造业	2	38588	3018	93772	69937	6710
造纸和纸制品业	2	6720	1060	6092	4512	2466
印刷和记录媒介复制业	1	3860	550	4769	1594	200
文教、工美、体育和娱乐用品制造业	3	10505	1182	6191	3067	1032
石油加工、炼焦和核燃料加工业	2	61458	9000	25322	5387	248
化学原料和化学制品制造业	7	50858	8396	46816	23932	11889
医药制造业	2	22942	5037	12231	4837	1518
化学纤维制造业	3	192215	37216	54575	20027	1501
橡胶和塑料制品业	6	49029	2495	40041	25186	16616
非金属矿物制品业	17	208006	43649	266229	177955	41728
黑色金属冶炼和压延加工业	4	76428	14500	37922	11957	3867
有色金属冶炼和压延加工业	1	5129	2000	7619	4036	651
金属制品业	6	71318	16890	32591	21494	5058
通用设备制造业	8	106599	12874	69515	45210	16544
专用设备制造业	25	229537	38108	324047	165985	47947
汽车制造业	10	117113	10558	211208	124330	55188
铁路、船舶、航空航天和其他运输设备制	19	2275249	506880	2050017	799206	63501
#船舶及相关装置制造	19	2275249	506880	2050017	799206	63501
电气机械和器材制造业	8	73247	10333	75997	44569	26408
计算机、通信和其他电子设备制造业	3	13395	2800	11728	7852	2581
仪器仪表制造业	2	5399	2050	5481	4345	3224
金属制品、机械和设备修理业	27	597149	50534	563031	232140	74669
电力、燃气及水的生产和供应业	**2**	**11666**	**16500**	**56681**	**8560**	**2103**
电力、热力生产和供应业	2	11666	16500	56681	8560	2103

5-11 续表 1

行　　业	固定资产合计	固定资产原价	累计折旧	流动负债合计	负债合计	所有者权益合计
总　　计	**1437267**	**2029718**	**725206**	**2501546**	**3194622**	**1940788**
轻工业	265278	388196	143260	737595	811694	386455
重工业	1171989	1641522	581946	1763952	2382928	1554333
采矿业	**64408**	**68104**	**15546**	**100619**	**148910**	**12889**
非金属矿采选业	64408	68104	15546	100619	148910	12889
制造业	**1329122**	**1906863**	**698646**	**2393738**	**3018294**	**1898636**
农副食品加工业	215776	296282	96315	585325	649950	291159
#水产品加工	215776	296282	96315	585325	649950	291159
食品制造业	1896	1896	888	8691	8691	1309
纺织业	2494	5891	3439	9039	11996	2122
纺织服装、服饰业	750	1749	999	5867	5867	645
家具制造业	3923	4466	3471	60958	60958	32814
造纸和纸制品业	1580	1627	607	4596	4596	1496
印刷和记录媒介复制业	2636	4191	1555	2079	2079	2690
文教、工美、体育和娱乐用品制造业	2841	4838	1997	4491	4556	1635
石油加工、炼焦和核燃料加工业	13991	17929	4098	17228	17228	8094
化学原料和化学制品制造业	16250	27772	11854	26548	28508	18308
医药制造业	4171	7385	3213	8222	10832	1399
化学纤维制造业	11896	33674	21893	23681	25326	29249
橡胶和塑料制品业	11913	19489	7596	11582	14461	25581
非金属矿物制品业	61661	102125	45308	175888	192241	73988
黑色金属冶炼和压延加工业	16197	17905	2556	19906	28648	9274
有色金属冶炼和压延加工业	2688	2688	83	4468	4468	3151
金属制品业	7011	6092	2230	13317	13523	19067
通用设备制造业	16100	31273	15173	40752	41851	27665
专用设备制造业	68119	129583	65719	115835	134972	189075
汽车制造业	40832	55180	14415	53926	61863	149345
铁路、船舶、航空航天和其他运输设备制	571449	744092	248942	853287	1299716	750301
#船舶及相关装置制造	571449	744092	248942	853287	1299716	750301
电气机械和器材制造业	18276	27207	10770	34869	34876	41121
计算机、通信和其他电子设备制造业	2327	4138	1869	5615	5615	6113
仪器仪表制造业	909	1605	695	2381	2381	3100
金属制品、机械和设备修理业	233438	357789	132962	305188	353093	209938
电力、燃气及水的生产和供应业	**43737**	**54751**	**11014**	**7189**	**27418**	**29263**
电力、热力生产和供应业	43737	54751	11014	7189	27418	29263

行　　业	主营业务收入	主营业务成本	主营业务税金及附加	销售费用	管理费用	利润总额	利税总额	本年应交增值税
总　计	**4468773**	**4065226**	**19948**	**55874**	**169143**	**103754**	**188220**	**64348**
轻工业	1677037	1574343	4037	22827	39024	23560	37662	10038
重工业	2791736	2490882	15912	33047	130119	80195	150558	54311
采矿业	**109990**	**95869**	**3357**	**4822**	**4933**	**–4096**	**1018**	**1756**
非金属矿采选业	109990	95869	3357	4822	4933	–4096	1018	1756
制造业	**4347466**	**3964475**	**16508**	**51052**	**163203**	**102293**	**180391**	**61421**
农副食品加工业	1364201	1283233	3132	17598	27606	21530	30812	6123
# 水产品加工	1364201	1283233	3132	17598	27606	21530	30812	6123
食品制造业	7923	6402	27	1177	192	34	224	162
纺织业	29113	27532	69	532	817	146	650	435
纺织服装、服饰业	8479	7770	48	34	382	202	450	200
家具制造业	29386	25557	18	778	1542	361	436	57
造纸和纸制品业	6720	5985	46	112	258	159	428	223
印刷和记录媒介复制业	3771	2790	50	99	495	241	437	146
文教、工美、体育和娱乐用品制造业	9208	8045	74	273	453	100	542	369
石油加工、炼焦和核燃料加工业	49538	47494	107	761	463	540	773	126
化学原料和化学制品制造业	46571	35992	370	1692	4159	3383	5686	1934
医药制造业	18392	18346	71	63	802	–1051	–771	208
化学纤维制造业	168108	164424	110	1102	2561	196	618	313
橡胶和塑料制品业	48166	41286	314	1348	2946	3543	5342	1480
非金属矿物制品业	169670	144776	804	3895	9946	6663	12299	4832
黑色金属冶炼和压延加工业	69818	68214	199	306	1212	–586	–15	372
有色金属冶炼和压延加工业	4254	3586	5	71	139	222	226	
金属制品业	60192	54529	853	874	1945	1928	4310	1528
通用设备制造业	97775	84851	734	2178	5528	3483	7102	2885
专用设备制造业	182078	144205	1387	6600	23714	11880	21314	7912
汽车制造业	116037	85864	759	790	7118	35015	41874	6099
铁路、船舶、航空航天和其他运输设备制	1332572	1241219	2643	2080	35716	7906	12247	1698
# 船舶及相关装置制造	1332572	1241219	2643	2080	35716	7906	12247	1698
电气机械和器材制造业	66670	53562	513	2541	6221	2519	6004	2972
计算机、通信和其他电子设备制造业	8214	5575	115	135	2104	603	1099	381
仪器仪表制造业	5482	5003	26	62	270	38	209	145
金属制品、机械和设备修理业	445129	398234	4034	5952	26615	3242	28098	20821
电力、燃气及水的生产和供应业	**11317**	**4882**	**84**		**1007**	**5557**	**6812**	**1171**
电力、热力生产和供应业	11317	4882	84		1007	5557	6812	1171

5-12　规模以上私营工业企业主要经济效益指标

（2016年）

行　　业	成本费用利润率(%)	每百元固定资产原值实现利税(元)	每百元销售收入实现利税(元)	存货周转次数(次)	新产品产值率(%)
总　　计	**2.36**	**9.27**	**4.21**	**5.76**	**13.34**
轻工业	1.42	9.70	2.25	5.69	2.36
重工业	2.94	9.17	5.39	5.81	18.50
采矿业	**-3.70**	**1.49**	**0.93**	**30.35**	
非金属矿采选业	-3.70	1.49	0.93	30.35	
制造业	**2.39**	**9.46**	**4.15**	**5.65**	**13.61**
农副食品加工业	1.59	10.40	2.26	5.50	2.14
#水产品加工	1.59	10.40	2.26	5.50	2.14
食品制造业	0.43	11.81	2.82	2.59	47.82
纺织业	0.50	11.03	2.23	33.63	
纺织服装、服饰业	2.43	25.69	5.30	1.77	
家具制造业	1.25	9.76	1.48	1.40	
造纸和纸制品业	2.42	26.28	6.36	5.98	
印刷和记录媒介复制业	6.92	10.43	11.59	6.21	
文教、工美、体育和娱乐用品制造业	1.10	11.20	5.89	5.39	
石油加工、炼焦和核燃料加工业	1.10	4.31	1.56	14.90	
化学原料和化学制品制造业	7.83	20.48	12.21	8.97	0.27
医药制造业	-5.44	-10.45	-4.19	7.16	
化学纤维制造业	0.12	1.83	0.37	31.01	
橡胶和塑料制品业	7.67	27.41	11.09	12.22	1.18
非金属矿物制品业	4.07	12.04	7.25	5.97	4.80
黑色金属冶炼和压延加工业	-0.83	-0.09	-0.02	17.36	0.25
有色金属冶炼和压延加工业	5.49	8.42	5.32	2.95	
金属制品业	3.35	70.74	7.16	9.22	7.39
通用设备制造业	3.71	22.71	7.26	6.64	9.64
专用设备制造业	6.70	16.45	11.71	3.75	52.20
汽车制造业	36.86	75.89	36.09	5.59	26.57
铁路、船舶、航空航天和其他运输设备制	0.60	1.65	0.92	4.26	24.23
#船舶及相关装置制造	0.60	1.65	0.92	4.26	24.23
电气机械和器材制造业	3.96	22.07	9.01	7.03	27.94
计算机、通信和其他电子设备制造业	7.65	26.55	13.38	2.47	3.56
仪器仪表制造业	0.71	13.03	3.81	6.86	6.48
金属制品、机械和设备修理业	0.74	7.85	6.31	22.88	0.01
电力、燃气及水的生产和供应业	**82.44**	**12.44**	**60.19**	**187.77**	
电力、热力生产和供应业	82.44	12.44	60.19	187.77	

5-13 规模以上外商和港澳台商投资工业企业主要财务指标

（2016年）

单位：万元

行业	企业单位数（个）	工业总产值（当年价）	实收资本	资产总计	流动资产合计	应收账款
总计	**20**	**1545582**	**325641**	**1501607**	**676650**	**74396**
轻工业	8	229924	27085	175614	110348	18987
重工业	12	1315658	298556	1325994	566302	55409
制造业	**19**	**1539354**	**312941**	**1466429**	**672185**	**73997**
农副食品加工业	6	214675	19086	160852	101767	13275
#水产品加工	6	214675	19086	160852	101767	13275
纺织服装、服饰业	1	3826	1661	3470	1686	407
橡胶和塑料制品业	1	11423	6338	11293	6896	5305
专用设备制造业	2	85086	69700	239941	108540	13365
汽车制造业	1	12801	507	4243	3658	3306
铁路、船舶、航空航天和其他运输设备制	4	1005294	48888	518858	332348	4090
#船舶及相关装置制造	4	1005294	48888	518858	332348	4090
金属制品、机械和设备修理业	4	206250	166761	527774	117290	34249
电力、燃气及水的生产和供应业	**1**	**6228**	**12700**	**35179**	**4465**	**399**
电力、热力生产和供应业	1	6228	12700	35179	4465	399

5-13 续表 1

行　　业	固定资产合计	固定资产原价	累计折旧	流动负债合计	负债合计	所有者权益合计
总　计	**565669**	**837355**	**331955**	**612490**	**841761**	**659846**
轻工业	39975	50184	27657	60571	92610	83004
重工业	525694	787171	304298	551919	749151	576842
制造业	**546957**	**797504**	**310772**	**602629**	**828820**	**637608**
农副食品加工业	34468	38924	21562	55265	87304	73548
# 水产品加工	34468	38924	21562	55265	87304	73548
纺织服装、服饰业	1110	1702	592	2690	2690	780
橡胶和塑料制品业	4397	9559	5503	2617	2617	8676
专用设备制造业	110994	135618	36081	130225	182199	57741
汽车制造业	584	964	38	703	703	3540
铁路、船舶、航空航天和其他运输设备制	148946	292992	144047	183386	183392	335465
# 船舶及相关装置制造	148946	292992	144047	183386	183392	335465
金属制品、机械和设备修理业	246458	317745	102950	227744	369916	157858
电力、燃气及水的生产和供应业	**18712**	**39851**	**21183**	**9861**	**12941**	**22238**
电力、热力生产和供应业	18712	39851	21183	9861	12941	22238

行　　业	主营业务收入	主营业务成本	主营业务税金及附加	销售费用	管理费用	利润总额	利税总额	本年应交增值税
总　计	**963971**	**864582**	**3679**	**9947**	**44345**	**33522**	**46528**	**9283**
轻工业	211598	188230	352	5598	12787	7629	9035	1039
重工业	752374	676352	3326	4350	31557	25893	37493	8244
制造业	**957744**	**861263**	**3578**	**9947**	**43983**	**30944**	**42841**	**8275**
农副食品加工业	196621	174846	341	5598	11845	7202	7986	428
# 水产品加工	196621	174846	341	5598	11845	7202	7986	428
纺织服装、服饰业	3606	3477	11		56	-30	91	110
橡胶和塑料制品业	11371	9906			886	456	957	501
专用设备制造业	74120	75487	67	636	4217	-10235	-9544	624
汽车制造业	12573	11519	23	298	245	599	773	150
铁路、船舶、航空航天和其他运输设备制	521362	472758	1959	2736	9975	32564	35227	675
# 船舶及相关装置制造	521362	472758	1959	2736	9975	32564	35227	675
金属制品、机械和设备修理业	138091	113270	1177	679	16758	387	7350	5786
电力、燃气及水的生产和供应业	**6228**	**3319**	**101**		**362**	**2578**	**3687**	**1008**
电力、热力生产和供应业	6228	3319	101		362	2578	3687	1008

5-14 规模以上外商和港澳台商投资工业企业主要经济效益指标

（2016年）

行　　业	成本费用利润率(%)	每百元固定资产原值实现利税(元)	每百元销售收入实现利税(元)	存货周转次数(次)	新产品产值率(%)
总　　计	**3.57**	**5.56**	**4.83**	**3.10**	**5.41**
轻工业	3.69	18.00	4.27	3.73	2.78
重工业	3.54	4.76	4.98	2.96	5.87
制造业	**3.31**	**5.37**	**4.47**	**3.09**	**5.43**
农副食品加工业	3.74	20.52	4.06	3.56	2.98
#水产品加工	3.74	20.52	4.06	3.56	2.98
纺织服装、服饰业	-0.83	5.36	2.53	9.88	
橡胶和塑料制品业	4.23	10.01	8.42	9.30	
专用设备制造业	-11.97	-7.04	-12.88	2.74	76.13
汽车制造业	4.97	80.15	6.14	1140.49	97.37
铁路、船舶、航空航天和其他运输设备制	6.65	12.02	6.76	2.44	
#船舶及相关装置制造	6.65	12.02	6.76	2.44	
金属制品、机械和设备修理业	0.28	2.31	5.32	16.75	
电力、燃气及水的生产和供应业	**63.91**	**9.25**	**59.21**	**20.56**	
电力、热力生产和供应业	63.91	9.25	59.21	20.56	

5-15 大中型工业企业主要财务指标

（2016年）　　单位：万元

行　业	企业单位数（个）	工业总产值（当年价）	实收资本	资产总计	流动资产合计	应收账款
总　计	**67**	**11876822**	**2008699**	**11337834**	**5898877**	**1094250**
轻工业	13	1235902	292299	1899432	1281386	154254
重工业	54	10640920	1716401	9438402	4617491	939996
制造业	**64**	**11700573**	**1874157**	**10863885**	**5845333**	**1080467**
农副食品加工业	9	946158	206299	1413717	1037584	112851
#水产品加工	8	465907	56299	435769	281222	68824
纺织业	1	120805	15800	236022	164671	22218
化学原料和化学制品制造业	1	2313394	55850	342831	198042	31475
医药制造业	1	25070	5000	99941	54535	12758
非金属矿物制品业	1	13817	800	21772	9870	3616
金属制品业	1	57865	8350	16189	14889	5376
通用设备制造业	2	102412	11673	67496	36840	7799
专用设备制造业	6	178006	91987	445932	198436	21829
汽车制造业	4	128422	11922	262062	134459	62397
铁路、船舶、航空航天和其他运输设备制造	11	6828233	1253141	7001953	3617652	650145
#船舶及相关装置制造	11	6828233	1253141	7001953	3617652	650145
电气机械和器材制造业	2	35443	3600	36092	23117	17449
仪器仪表制造业	1	78092	15000	82894	66419	25802
其他制造业	1	122197	10000	17584	17069	5803
金属制品、机械和设备修理业	23	750658	184735	819402	271750	100949
电力、燃气及水的生产和供应业	**3**	**176249**	**134542**	**473949**	**53544**	**13782**
电力、热力生产和供应业	1	144272	75542	281634	27680	11865
燃气生产和供应业	1	10306	3800	60147	18337	1293
水的生产和供应业	1	21672	55200	132169	7527	624

5-15 续表 1

行　　业	固定资产合计	固定资产原价	累计折旧	流动负债合计	负债合计	所有者权益合计
总　计	**2944445**	**4554159**	**1699487**	**5939562**	**7699877**	**3637957**
轻工业	290956	457900	192849	1283473	1440033	459399
重工业	2653489	4096259	1506638	4656089	6259843	3178559
制造业	**2570420**	**4019101**	**1522212**	**5783489**	**7406202**	**3457683**
农副食品加工业	137252	213229	96711	1057271	1150032	263685
# 水产品加工	112932	163752	71554	262882	299643	136126
纺织业	33417	88022	54605	152569	152733	83288
化学原料和化学制品制造业	109199	224957	115758	75430	133133	209698
医药制造业	28495	41118	17697	63584	63584	36357
非金属矿物制品业	8435	12377	3943	4185	4185	17587
金属制品业	1114	1790	676	5206	5206	10983
通用设备制造业	17227	25024	7798	42972	43522	23974
专用设备制造业	149299	211812	75089	183160	252841	193091
汽车制造业	43921	65292	21438	65229	84739	177323
铁路、船舶、航空航天和其他运输设备制造	1673802	2600608	926806	3783424	4997372	2004580
# 船舶及相关装置制造	1673802	2600608	926806	3783424	4997372	2004580
电气机械和器材制造业	6263	9202	4778	12970	12970	23122
仪器仪表制造业	13384	19322	5938	35180	35180	47713
其他制造业	415	415	97	2522	2522	15062
金属制品、机械和设备修理业	348197	505934	190880	299785	468181	351221
电力、燃气及水的生产和供应业	**374025**	**535058**	**177275**	**156073**	**293675**	**180274**
电力、热力生产和供应业	252300	373740	137683	135548	186877	94756
燃气生产和供应业	30348	46201	15853	12999	35636	24511
水的生产和供应业	91378	115117	23739	7527	71162	61007

5-15 续表 2

行 业	主营业务收入	主营业务成本	主营业务税金及附加	销售费用	管理费用	利润总额	利税总额	本年应交增值税
总 计	**8667406**	**8010506**	**24499**	**72316**	**282357**	**166211**	**320374**	**129446**
轻工业	1176451	1063674	1845	29657	35666	33981	43284	7404
重工业	7490955	6946833	22654	42660	246691	132230	277090	122042
制造业	**8480996**	**7877278**	**22011**	**60372**	**266560**	**145914**	**287137**	**119032**
农副食品加工业	900863	830311	1151	16831	20519	21305	22384	–89
# 水产品加工	470308	429409	647	9931	17628	14884	15459	–89
纺织业	106379	92577	478	2971	6432	1566	4661	2616
化学原料和化学制品制造业	2313384	2194258	7708	5395	4613	101257	170195	61231
医药制造业	76293	64841	144	3500	4379	4216	7954	3593
非金属矿物制品业	11994	7482	90	619	2093	2917	3827	820
金属制品业	48442	44632	765	417	737	1724	3554	1065
通用设备制造业	97632	88433	532	2481	5093	366	3800	2902
专用设备制造业	156875	140391	636	3814	18081	–4800	–38	3991
汽车制造业	129683	89183	957	1379	9709	43921	53684	8806
铁路、船舶、航空航天和其他运输设备制造	3913597	3696237	4261	10561	145046	–50837	–45047	1501
# 船舶及相关装置制造	3913597	3696237	4261	10561	145046	–50837	–45047	1501
电气机械和器材制造业	35035	27905	226	1088	3681	1776	3814	1812
仪器仪表制造业	73871	55981	492	4685	8884	3610	8278	4175
其他制造业	71200	66098			1010	4359	4640	280
金属制品、机械和设备修理业	545749	478950	4569	6631	36283	14534	45433	26329
电力、燃气及水的生产和供应业	**186410**	**133228**	**2488**	**11944**	**15798**	**20298**	**33237**	**10415**
电力、热力生产和供应业	141449	108378	2160		11429	14155	24645	8329
燃气生产和供应业	23245	15004	257	5590	1044	3608	4947	1082
水的生产和供应业	21716	9846	71	6354	3326	2535	3645	1003

5-16 大中型工业企业主要经济效益指标

（2016年）

行　　业	成本费用利润率(%)	每百元固定资产原值实现利税(元)	每百元销售收入实现利税(元)	存货周转次数(次)	新产品产值率(%)
总　　计	**1.95**	**7.03**	**3.70**	**5.34**	**21.85**
轻工业	2.95	9.45	3.68	5.21	4.22
重工业	1.79	6.76	3.70	5.36	23.89
制造业	**1.74**	**7.14**	**3.39**	**5.28**	**22.18**
农副食品加工业	2.41	10.50	2.48	6.77	1.57
#水产品加工	3.21	9.44	3.29	4.37	3.20
纺织业	1.47	5.29	4.38	1.78	30.45
化学原料和化学制品制造业	4.57	75.66	7.36	35.04	
医药制造业	5.61	19.34	10.43	2.39	1.68
非金属矿物制品业	28.41	30.92	31.90	2.00	72.28
金属制品业	3.75	198.58	7.34	10.08	
通用设备制造业	0.38	15.19	3.89	9.97	11.51
专用设备制造业	-2.84	-0.02	-0.02	2.91	76.88
汽车制造业	43.28	82.22	41.40	7.00	31.16
铁路、船舶、航空航天和其他运输设备制造	-1.28	-1.73	-1.15	3.35	33.83
#船舶及相关装置制造	-1.28	-1.73	-1.15	3.35	33.83
电气机械和器材制造业	5.40	41.44	10.89	15.46	38.70
仪器仪表制造业	5.18	42.84	11.21	2.45	26.32
其他制造业	6.50	1118.05	6.52	30.25	
金属制品、机械和设备修理业	2.74	8.98	8.32	25.06	
电力、燃气及水的生产和供应业	**12.01**	**6.21**	**17.83**	**13.76**	
电力、热力生产和供应业	11.17	6.59	17.42	14.82	
燃气生产和供应业	16.68	10.71	21.28	6.68	
水的生产和供应业	12.27	3.17	16.79	77.96	

5-17 分县(区)规模以上工业企业主要经济指标

(2016年)

指　　标	单位	舟山市	开发区	定海区	普陀区	岱山县	嵊泗县
企业个数	家	375	23	141	136	62	13
亏损企业	家	88	8	35	29	11	5
工业总产值(当年价格)	万元	18721066	884277	7657569	6049716	4046753	82752
#新产品产值	万元	3227501	81628	1390152	1568602	186634	486
工业销售产值(当年价格)	万元	18338985	825709	7503425	5902135	4028175	79542
#出口交货值	万元	6830940	108	625999	3378678	2824004	2151
资产总计	万元	17580539	771086	6031759	5458116	5240776	78804
流动资产合计	万元	8246342	327118	2863166	2389941	2626920	39198
#应收账款	万元	1648219	103830	500141	626752	406888	10607
固定资产合计	万元	5427874	244784	1723283	2059464	1366125	34219
固定资产原价	万元	7670197	264344	2428275	2925334	2006434	45810
负债合计	万元	12112474	387008	4541319	4095187	3039019	49941
流动负债合计	万元	8862766	232617	3359274	2672355	2560042	38478
所有者权益合计	万元	5439910	384078	1466730	1358483	2201756	28863
主营业务收入	万元	13798229	487885	6368808	4616455	2246426	78655
主营业务成本	万元	12664280	443417	5916832	4181378	2058385	64267
主营业务税金及附加	万元	42594	1751	20932	10936	7649	1326
利润总额	万元	276696	12876	132027	90697	32521	8575
利税总额	万元	517499	23363	264232	160913	58522	10469
应交增值税	万元	197846	8736	111016	59213	18311	569
本年应付职工薪酬	万元	521029	26632	170274	234664	87888	1570
从业人员年平均人数	人	80087	4183	26043	34876	14607	378

5-18 大中型和产值超亿元工业企业主要财务指标

指 标 名 称	单位	1995 年	2000 年	2005 年	2010 年	2011 年	2012 年	2013 年	2014 年	2015 年	2016 年
大中型工业企业											
企业单位数	个	25	18	36	53	77	71	69	67	72	67
盈利企业	个	20	15	34	46	64	53	53	52	56	50
亏损企业	个	5	3	2	7	13	18	16	15	16	17
职工年平均人数	人	35986	26826	39207	41516	64192	55098	49473	52411	56484	49599
年末固定资产原值	万元	190853	358923	681863	2753139	3726759	4020188	4277312	4302634	4085999	4554159
#生产经营用	万元	148037	311075	653090							
固定资产合计	万元	142880	244429	454697	2037597	2898094	3069253	3336279	3124838	3057025	2944445
固定资产净值平均余额	万元	117365	231929	447363							
流动资金平均余额	万元	154369	326761	928925							
工业总产值(当年价)	万元	233836	340395	1306438	6418941	7687655	8059167	8616011	9564739	10233240	11876822
工业增加值	万元	56792	86681	370867		1668634	1685713	1753860	1890184	2004743	2332364
主营业务收入	万元	297629	552266	1308608	5928082	7275769	6831298	6844117	7085504	7383453	8667406
主营业务税金及附加	万元	2937	2467	4889	23863	77972	46620	28317	23333	25109	24499
主营业务成本	万元	243279	484785	1129826	5210891	6498922	6363593	6297690	6656184	6931362	8010506
利税总额	万元	24836	34680	89964	492144	489296	2303741	250071	138398	197715	320374
利润总额	万元	15208	14950	50075	388205	284367	63652	108839	-14413	49379	166211
产值超亿元工业企业											
企业单位数	个		5	63	122	136	147	158	170	173	179
盈利企业	个		5	59	108	113	118	119	135	134	148
亏损企业	个			4	14	23	29	39	35	36	31
工业总产值(当年价)	万元		201394	1969303	8364784	10091914	10985532	12276416	13981913	15338096	17791828
工业增加值	万元		47006	455176		1824781	1968226	2323914	2868533	2955129	3462824
主营业务收入	万元		220054	1834241	7497673	9249963	9291801	9694796	10267338	11074996	12924328
利税总额	万元		19157	100777	573230	519399	255854	266050	202426	299920	474569
职工年平均人数	人		12698	41808	51462	57050	57797	55106	60242	59556	56030

注:2009 年以前,主营业务收入、主营业务税金及附加、主营业务成本名称为产品销售收入、产品销售税金及附加、产品销售成本。

5-19　历年全市电网用电情况

单位:万千瓦时

类　　别	1990 年	2000 年	2005 年	2006 年	2007 年	2008 年	2009 年	2010 年	2011 年	2012 年	2013 年	2014 年	2015 年	2016 年
全社会用电量	**36158**	**87411**	**184522**	**210715**	**241255**	**301170**	**348568**	**410770**	**428992**	**417728**	**425662**	**454339**	**460291**	**489112**
按产业分:														
第一产业	1289	1138	1346	1273	1268	1437	1945	2373	2484	2651	2902	2968	3142	3608
第二产业	27878	55822	117619	132943	153409	188689	225274	261761	261394	234603	224236	246021	242763	244127
第三产业	2814	14843	34106	39558	46977	61983	70413	88207	100971	108715	121562	128774	134777	149663
按主要行业分:														
一、全行业用电	31981	71803	153071	173774	201654	252108	297632	352341	364850	345969	348700	377762	380681	397398
1.农林牧渔业	1289	1138	1346	1273	1268	1437	1945	2373	2484	2651	2902	2968	3142	3608
#农业	933	566	156	171	209	233	246	320	494	634	723	734	810	1021
2.工业	27686	55136	114500	128864	147623	181669	218372	253129	250508	222910	211834	234986	234522	234674
#交通运输设备制造业				16076	24457	47364	72295	99613	104464	89162	66194	77182	85687	78122
食品、饮料和烟草制造业(轻)	10531	14523	24893	27495	29763	27066	26969	29535	29694	29917	33351	34737	34915	35445
电力、热力生产和供应业	5984	20118	34708	35877	34995	37494	43408	40705	24318	22157	24883	26274	24993	28052
3.建筑业	192	685	3119	4079	5786	7020	6901	8631	10887	11693	12401	11035	8241	9453
4.交通运输仓储邮政业	626	2283	5136	6788	8732	19043	20986	30210	34885	35249	39304	42301	41222	44335
5.商业、住宿和餐饮业	713	5728	9598	10450	13356	15319	18247	21860	24513	27942	31933	33360	34784	37907
6.其他	1475	6833	19372	22320	24889	27620	31181	36138	41573	45524	50325	53112	58770	67421
二、城乡居民生活用电	4177	15608	31451	36941	39600	49061	50936	58430	64143	71760	76962	76576	79610	91714

5-20　规模以上工业单位增加值能耗降低率

单位:%

	2006年	2007年	2008年	2009年	2010年	2011年	2012年	2013年	2014年	2015年	2016年
全市	14.6	8.5	−6.4	−8.0	3.8	11.3	17.8	8.7	0.3	8.9	8.2
定海区			−21.7	−12.0	3.6	15.9	20.6	10.5	7.5	17.7	4.0
普陀区			4.1	−4.1	−2.9	9.1	13.5	3.3	−12.9	−0.6	18.0
岱山县			7.7	10.7	1.0	7.0	19.6	15.3	2.6	−1.2	2.8
嵊泗县			10.9	6.3	29.5	3.8	−3.4	4.2	6.9	3.6	14.2

注:负数为上升。

5-21　全社会单位GDP能耗降低率

单位:%

	2006年	2007年	2008年	2009年	2010年	2011年	2012年	2013年	2014年	2015年	2016年
全市	5.7	4.6	4.7	4.6	2.4	4.3	6.1	3.4	1.5	4.7	4.5
定海区	6.6	4.3	3.5	4.1	3.3	7.2	6.3	2.5	1.2	4.4	4.4
普陀区	4.2	4.9	5.1	5.3	2.8	4.3	6.1	4.0	3.4	3.5	4.5
岱山县	6.2	5.3	6.3	6.3	1.3	3.9	5.4	3.5	2.2	3.6	4.4
嵊泗县	2.4	3.6	4.7	8.5	3.0	−5.1	9.0	6.6	2.9	3.8	3.7

5-22 规模以上工业企业

行　　业	综合能源消费量(等价值)					
	2012年	2013年	2014年	2015年	2016年	比上年±%
总计	**1188198**	**1193353**	**1343111**	**1331500**	**1396427**	**4.9**
非金属矿采选业	6218	15193	22751	26873	33593	25.0
农副食品加工业	160011	180644	199365	193268	197052	2.0
食品制造业	1564	2152	1887	968	1083	11.9
酒、饮料和精制茶制造业	4698	5122	4097	3004	1917	-36.2
纺织业	39498	39057	35339	31835	28715	-9.8
纺织服装、服饰业	412	293	231	253	267	5.4
家具制造业	36	252	147	185	258	39.3
造纸和纸制品业	1675	2256	100	1113	1738	56.2
印刷和记录媒介复制业	2455	665	589	617	612	-0.9
文教、工美、体育和娱乐用品制造业	656	1386	1001	973	968	-0.6
石油加工、炼焦和核燃料加工业	783	2684	2277	3288	4151	26.3
化学原料和化学制品制造业	583	337790	352386	302611	312445	3.3
医药制造业	356648	9851	11212	11167	10008	-10.4
化学纤维制造业	10477	20317	21416	21217	21595	1.8
橡胶和塑料制品业	15982	6167	5770	5593	5956	6.5
非金属矿物制品业	6222	29138	38515	27178	28128	3.5
黑色金属冶炼和压延加工业	22026	1094	2410	2316	2516	8.6
有色金属冶炼和压延加工业	148	211	182	165	218	32.4
金属制品业	2683	916	585	1315	1336	1.7
通用设备制造业	9199	10869	12212	11535	11891	3.1
专用设备制造业	15795	21776	26000	23817	26919	13.0
汽车制造业	16756	21710	23947	24479	28959	18.3
铁路、船舶、航空航天和其他运输设备制造业	316715	267581	266079	255002	256275	0.5
电气机械和器材制造业	2787	4072	4127	3046	3235	6.2
计算机、通信和其他电子设备制造业	2052	1651	2137	1468	1106	-24.7
仪器仪表制造业	2638	2636	2629	3637	4715	29.6
其他制造业	9293	11152	7722	11428	8895	-22.2
废弃资源综合利用业	177	167	262	569	1089	91.2
金属制品、机械和设备修理业	44218	44462	55290	59885	53163	-11.2
电力、热力生产和供应业	129884	145396	234315	292156	334858	14.6
燃气生产和供应业	1230	1231	1399	1201	1526	27.1
水的生产和供应业	4680	5397	6733	9339	11241	20.4

注:2015年数据已调整。

能源消费量

单位:吨标准煤

综合能源消费量(当量值)						万元产值能耗(当量)					
2012 年	2013 年	2014 年	2015 年	2016 年	比上年±%	2012 年	2013 年	2014 年	2015 年	2016 年	节能率±%
1453471	**1534277**	**2541514**	**3159146**	**3257854**	**3.1**	**0.1190**	**0.1138**	**0.1662**	**0.1899**	**0.1697**	**-10.6**
4033	10612	13067	16025	19353	20.8	0.2951	0.2038	0.1470	0.1400	0.0982	-29.9
119943	135218	154409	152798	155911	2.0	0.0636	0.0668	0.0705	0.0659	0.0624	-5.3
1048	1223	1164	488	536	9.9	0.0287	0.0263	0.0264	0.0179	0.0189	5.6
3892	4196	3365	2523	1763	-30.1	0.2019	0.1860	0.1506	0.1295	0.1519	17.3
25287	24307	21451	20392	17493	-14.2	0.1094	0.1069	0.1068	0.1022	0.1056	3.3
161	111	80	98	98		0.0141	0.0130	0.0161	0.0136	0.0104	-23.5
14	65	52	69	73	5.6	0.0055	0.0014	0.0021	0.0019	0.0019	0.0
499	1723	29	955	1509	58.0	0.0039	0.2417	0.0150	0.2228	0.2246	0.8
1858	288	263	281	287	2.1	0.2339	0.0457	0.0474	0.0457	0.0475	3.9
279	1015	598	554	552	-0.5	0.0460	0.0833	0.0462	0.0371	0.0334	-10.0
634	1955	1453	1973	2155	9.2	0.0593	0.0040	0.0022	0.0024	0.0021	-12.5
462	309710	328462	283736	295329	4.1	0.0049	0.1968	0.1920	0.1503	0.1246	-17.1
319852	8328	9466	8768	7850	-10.5	0.1949	0.4288	0.3414	0.1824	0.1635	-10.4
7618	7897	8563	8923	9208	3.2	0.1008	0.0317	0.0269	0.0285	0.0293	2.8
6212	3887	3637	3564	3777	6.0	0.0356	0.0752	0.0684	0.0619	0.0626	1.1
3496	17846	23016	18599	19966	7.4	0.0694	0.0745	0.0797	0.0773	0.0710	-8.2
14880	425	923	995	1082	8.7	0.0698	0.0873	0.0306	0.0309	0.0142	-54.0
58	83	71	71	93	31.7	0.0180	0.0193	0.0134	0.0132	0.0181	37.1
1652	361	227	601	654	8.9	0.0199	0.0051	0.0042	0.0088	0.0077	-12.5
3654	4275	4694	4900	5099	4.1	0.0244	0.0280	0.0270	0.0293	0.0290	-1.0
6060	8868	11277	10639	12720	19.6	0.0330	0.0201	0.0232	0.0220	0.0296	34.5
12112	15427	16530	17432	21173	21.5	0.1506	0.1406	0.1224	0.1184	0.1138	-3.9
148494	132586	134298	137037	138987	1.4	0.0266	0.0224	0.0199	0.0185	0.0155	-16.2
1032	1555	1624	1298	1380	6.3	0.0112	0.0138	0.0112	0.0149	0.0121	-18.8
830	622	813	600	459	-23.4	0.0275	0.0027	0.0059	0.0131	0.0169	29.0
1014	1037	1045	1596	2101	31.7	0.0192	0.0207	0.0192	0.0276	0.0259	-6.2
2236	2310	1967	4577	4030	-12.0	0.0113	0.0106	0.0284	0.0453	0.0330	-27.2
69	70	102	240	465	93.8	0.0008	0.0006	0.0005	0.0009	0.0037	311.1
18723	19208	25351	28923	26046	-10.0	0.0312	0.0386	0.0410	0.0392	0.0311	-20.7
744526	815927	1769674	2425517	2501770	3.1	1.7067	1.8753	2.3720	2.7373	2.9695	8.5
1090	1134	1289	1102	1237	12.3	0.0739	0.0917	0.1063	0.0861	0.0403	-53.2
1752	1982	2550	3872	4699	21.4	0.0716	0.0772	0.0937	0.1248	0.1462	17.1

5-23 规模以上工业主要

（2016年）

行　　业	原　煤（吨）	煤制品（吨）	焦　炭（吨）	天然气（气态）（万立方米）	液化天然气（液态）（吨）	原油（吨）	汽油（吨）
总计	**5802507**	**3859**	**671**	**122**	**22952**	**820620**	**4348**
非金属矿采选业							100
农副食品加工业	106289	2417		30	69		526
食品制造业				6			19
酒、饮料和精制茶制造业	2317						16
纺织业	20064		659				215
纺织服装、服饰业							13
家具制造业							58
造纸和纸制品业	980						5
印刷和记录媒介复制业							9
文教、工美、体育和娱乐用品制造业	343						3
石油加工、炼焦和核燃料加工业							16
化学原料和化学制品制造业	143392					820620	479
医药制造业	7944	1442					56
化学纤维制造业	12						2
橡胶和塑料制品业	2714						54
非金属矿物制品业	4986						112
黑色金属冶炼和压延加工业							24
有色金属冶炼和压延加工业							
金属制品业							20
通用设备制造业	17			19			124
专用设备制造业					483		330
汽车制造业	20800		12		16		84
铁路、船舶、航空航天和其他运输设备制造业				66	21228		804
电气机械和器材制造业				1			54
计算机、通信和其他电子设备制造业							12
仪器仪表制造业							125
其他制造业							
废弃资源综合利用业							
金属制品、机械和设备修理业	735				573		457
电力、热力生产和供应业	5491913						329
燃气生产和供应业					583		194
水的生产和供应业							107

能源消费量(实物量)

煤油(吨)	柴油(吨)	燃料油(吨)	液化石油气(吨)	润滑油吨)	溶剂油(吨)	其它石油制品(吨)	热力(百万千焦)	电力(万千瓦时)	城市垃圾用于燃料(吨)	生物质废料用于燃料(吨)
19	**73689**	**1535236**	**359**	**33**	**49**	**273226**		**273985**	**315270**	**972**
	6057							8549		
	33605	700	9					23723		78
	62							308		
	8							79		
12	103							4559		131
	12							80		
								60		
	3							122		676
	42							186		
								249		
	3	482						1193		
	242	1532880				272917		10220		
	15							1204		
	4							7492		
	134		24			237		1170		
	7084	505						4608		87
	54							834		
								76		
	152							377		
	74							3936		
6	1222	42	5	10				8234		
	306				49	57		4632		
	16595		317	22				66720		
	69		0.2			16		1050		
	7		1					374		
	16							1565		
	280							2947		
								378		
	6027	627	4	1				14330		
	1453							100835	315270	
	4							73		
	57							3821		

5-24 历年工业单位数

单位:个

年份	合计	国有经济	集体经济	#乡办	城乡个体及私营经济	其他经济类型
1952	9262	8	55		9199	
1954	7653	13	76		7564	
1955	4309	19	120		4170	
1956	1267	19	361		887	
1957	1142	17	304		821	
1958	785	40	235		510	
1959	311	58	231		22	
1960	265	58	190		17	
1961	364	58	306	42		
1962	321	49	272	12		
1963	287	49	238	4		
1964	300	53	247	1		
1965	291	51	240	1		
1966	258	53	205			
1967	246	55	191			
1968	270	55	215			
1969	310	55	255			
1970	324	55	269	76		
1971	353	67	286	93		
1972	379	65	314	86		
1973	393	73	320	91		
1974	415	74	341	109		
1975	444	75	369	140		
1976	500	76	424	195		
1977	554	85	469	217		
1978	599	89	510	265		
1979	644	91	553	313		
1980	782	96	686	403		
1981	845	98	745	460		2
1982	859	108	746	465		5
1983	893	111	773	468		9
1984	944	114	820	505		10
1985	3351	125	1340	572	1883	3
1986	3505	132	1388	568	1982	3
1987	4051	133	1401	584	2501	16
1988	3972	134	1435	553	2383	20
1989	3976	138	1324	507	2480	34
1990	3655	141	1188	471	2300	26
1991	3470	138	1149	476	2155	28
1992	3772	127	1098	457	2512	35
1993	4399	130	1124	486	3047	98
1994	5109	120	1043	461	3862	84
1995	5130	136	1016	382	3890	88
1996	4407	122	920	312	3288	77
1997	4542	85	735	211	3652	70
1998	5046	40	682		4224	100
1999	5600	32	579		4848	141
2000	5825	24	876		5003	222
2001	5777	16	387		5150	224
2002	5770	17	289		5168	296
2003	6379	14	209		5764	392
2004	8214	54	280		7627	253
2005	9856	15	184		9467	190
2006	7118	15	157		6693	253
2007	7033	12	150		6187	684
2008	8389	31	165		8111	82
2009	7088	11	120		6723	234
2010	6969	10	118		6576	265
2011	7043	7	93		6523	420
2012	6970	8	81		6591	290
2013	8489	20	98		8136	235
2014	7542					

注:1.本表1985年前未包括村办工业,1985年后集体包括村办工业,1997年前城乡个体及私营经济包括城乡合作工业。

2.2004年、2008年数据根据经济普查结果整理,下同。

3.2015年起,全部工业单位数指标取消。

5-25 历年工业单位职工平均人数

单位:人

年份	合计	国有经济	集体经济	#乡办	城乡个体及私营经济	其他经济类型
1952	3889	533	3356			
1954	5181	1041	4140			
1955	6735	1722	5013			
1956	12569	2895	9674			
1957	11986	2118	9868			
1958	22418	10097	12321			
1959	19267	7674	11593			
1960	17800	7359	10441			
1961	15307	5314	9993	1820		
1962	13510	3781	9729	519		
1963	13117	4117	9000	294		
1964	13845	4714	9131	280		
1965	14635	5106	9529	109		
1966	15822	5402	10420			
1967	16706	5698	11008			
1968	17945	6020	11925			
1969	19107	6250	12857			
1970	19684	6287	13397	3263		
1971	21350	6705	14645	4740		
1972	25060	8800	16260	6113		
1973	27934	8932	19002	7145		
1974	29510	8834	20676	8538		
1975	33324	10142	23182	9982		
1976	38810	10543	28267	12986		
1977	42062	10723	31339	14709		
1978	51596	15350	36006	19350		
1979	58032	18415	39617	21422		
1980	68894	20393	48501	27203		
1981	82156	21775	60230	37853		151
1982	83054	22661	59991	36470		402
1983	85678	24683	59692	34450		1303
1984	91302	26113	64120	36458		1069
1985	126922	29778	90184	38529	6700	260
1986	134735	30421	95196	41505	8850	268
1987	139963	30306	95894	42296	10932	2831
1988	134418	30154	93015	40551	7783	3466
1989	126746	32702	77657	36227	10504	5883
1990	123956	33266	76091	37168	10454	4145
1991	132228	37557	77488	37056	11136	6047
1992	138776	39171	77632	37514	11422	10551
1993	134699	43352	63977	38498	17530	9840
1994	145094	41795	59481	37067	28732	15086
1995	143445	39429	55023	21599	33032	15961
1996	138711	34113	57814	29742	32581	14203
1997	117605	31334	34013	10827	34117	18141
1998	106246	18991	31324		36342	19589
1999	116643	19839	26932		44393	25479
2000	121877	16622	26200		45509	33546
2001	121709	14241	17873		54377	35218
2002	121705	11477	11684		59362	39182
2003	147209	11396	10019		80255	45539
2004	153357	15043	8110		102365	27839
2005	160258	8680	7153		112678	31747
2006	155396	7666	5502		106344	35884
2007	162327	7760	6458		112920	35189
2008	182896	9113	5346		156882	11555
2009	172190	7455	4705		128936	31094
2010	186048	6902	4364		143984	30798
2011	178998	6106	2795		137349	32748
2012	173842	5885	5284		125242	37431
2013	175964	6475	5318		129587	34584
2014	171699					

注:1.合计中1985年前未包括村办,1985年后集体包括村办,1997年前城乡个体私营经济包括城乡合作工业。

2.2015年起,工业单位职工平均人数指标取消。

5-26 2016年规上工业主要产品产量

产品名称	单位	2016年	产品名称	单位	2016年
建筑用天然石料	万立方米	109.2	铸铁件	吨	6433.0
冷冻水产品	万吨	83.5	铜材	吨	1201.1
方便面	吨	1868.0	不锈钢日用制品	吨	175.0
罐头	吨	2829.5	泵	万台	931.1
酱油	吨	320.6	气体压缩机	台	545.0
饮料酒	千升	13765.0	非制冷设备用压缩机	台	545.0
#黄酒	千升	13765.0	齿轮	吨	681.0
纱	吨	1032.9	钢铁绞接链(工业链条)	吨	13829.0
#棉混纺纱	吨	1032.9	包装专用设备	台	259.0
印染布	万米	2774.0	金属紧固件	吨	39012.0
亚麻布(含亚麻≥55%)	万米	331.1	减速机	台	2201.0
蚕丝	吨	450.0	塑料加工专用设备	台	26054.0
#绢纺丝	吨	450.0	模具	套	176.0
服装	万件	384.1	饲料生产专用设备	台	74.0
#针织服装	万件	384.1	民用钢质船舶	万载重吨	365.6
实木木地板	万平方米	1.7	#钢质机动货船	万载重吨	362.4
家具	万件	16.3	其中:散货船	万载重吨	62.1
#木质家具	万件	16.3	钢质机动非货船	万载重吨	3.2
纸制品	吨	8608.0	船舶修理	万载重吨	10297.7
#瓦楞纸箱	吨	8608.0	高压开关板	面	1243.0
多色印刷品	对开色令	34079.0	低压开关板	面	1994.0
涂料	吨	5360.0	卫星导航定位接收机	部	8116.0
化学药品原药	吨	1927.0	自来水生产量	万立方米	9026.0
化学纤维	万吨	24.5	原油加工量	万吨	82.1
#合成纤维	吨	24.5	石油焦	万吨	51.1
涤纶纤维	吨	24.5	柴油	万吨	62.9
塑料制品	吨	7240.5	液化石油气	万吨	14.8
#泡沫塑料	吨	4066.0	其他石油制品	万吨	163.5
塑料人造革、合成革	吨	99.0	发电量	亿千瓦小时	145.4
日用塑料制品	吨	2302.0	#火力发电量	亿千瓦小时	143.0
水泥	万吨	58.1	燃煤发电量	亿千瓦小时	142.0
商品混凝土	立方米	478.2	垃圾焚烧发电量	亿千瓦小时	1.1
预应力混凝土桩	万米	44.6	风力发电量	亿千瓦小时	2.4

5-27 主要工业产品产量（一）

产品名称	单位	1995年	2000年	2005年	2006年	2007年	2008年	2009年	2010年	2011年	2012年	2013年	2014年	2015年
1.原　盐	万吨	27.45	26.20	33.2	18.0	17.02	12.34	11.67	7.71	10.77	6.6	10.58	5.58	4.10
2.发电量	万千瓦时	51616	117822	221395	229339	224665	228184	256526	283611	382385	350510	400883	969995	1419397
3.罐　头	吨	2248	1647	8279	13292	13934	17621	13297	14623	27167	21091	19797	18674	10156
4.饮料酒	万吨	8.91	6.57	8.78	9.00	8.10	7.11	5.95	5.05	5.43	6.22	7.17	5.46	3.96
#白　酒	万吨	0.10	0.03											
黄　酒	万吨	2.71	2.33	2.08	2.00	1.60	1.91	2.00	1.54	1.61	1.69	1.69	1.97	1.45
啤　酒	万吨	6.09	4.21	6.68	7.00	6.45	5.20	3.95	3.50	3.82	4.52	5.48	3.89	2.50
5.无酒精饮料	万吨	0.53	1.88	3.76	2.59		3.74		0.73	1.18	1.08	1.32		1.1
6.配混合饲料	万吨	3.25	1.98	1.57	1.41	1.34	1.25	2.43	3.50	0.41	0.41	0.39	1.3	
7.棉　纱	吨	2084	7990	15725	18596	15245	6879	7626	8878	1361	1919	2006	1556	1417
8.布（混合量）	万米	1261	696	1555	1927	1275	1076	875	900	1014	827	521	454	607
9.呢　绒	万米	197	94	337	411	274	149	89	56	67				
10.丝织品	万米	392	343	65	58	50	52	50	63	70	91		75	51
11.服　装	万件	390	1493	1840	1872	1754	1574	1349	1233	1104	398	369	397	450
12.皮　鞋	万双	41	18	112	61	56	53	50	48	46	22	19	19	
13.锯　材	万立方米	5.27	0.15	0.10	0.08	0.33	0.45	0.78	0.16	0.17	0.15		0.03	0.03
14.家　具	万件	18.92	15.64	13.45	14.07	18.41	15.16	11.43	8.63	8.60	5.0	0.6	4.9	15.32
15.机制纸及纸板	吨	8681	14960	25452	18050	19749	16816	16178	17304	20510	14959	13362	13641	
16.油　漆	吨	4105	3379	5519	7320	8817	9024	8038	7661	9868	9374	7214	7628	6406
17.塑料制品	吨	20479	17657	24021	26768	30279	29566	27215	26782	20232	11796	16477	14352	16057
18.水泥预制构件	立方米			63079	296716	618215	636843	584832	681462	611812	649369	685298	855747	720413
19.砖（折标准砖）	亿块	4.46	2.27	3.03	4.10	3.47	4.56	3.25	2.26	1.12	0.09	0.06	0.37	0.7
20.液压元件	件			162772	214194	215082	24580	124342	140473	174728	216912	119193	326321	138364

注：2016年起，全社会主要工业产品产量不再统计。

5-27 主要工业产品产量（二）

产品名称	单位	1995年	2000年	2005年	2006年	2007年	2008年	2009年	2010年	2011年	2012年	2013年	2014年	2015年
21.纺织机械	吨	2080	3113	6215	6398		2229	4976	3283	2500	3600	2800	2500	2200
22.包装机械	台	216	75	661	565	371	393	335	542	285	273	306	466	397
23.民用钢质船舶	载重吨	48002	9512	114585	283295	1060633	1336737	3710068	9221402	8631549	7963278	4687147	3938608	2318081
24.机制冰	万吨	69.33	74.38	70.34	84.20	134.47	144.69	86.22	121.97	132.95	116.44	125.81	119.55	110.3
25.水产加工品	万吨	13.10	26.92	63.9	77.7	81.42	84.5	82.88	88.15	94.27	100.37	107.76	140.88	146.6
鱼　粉	万吨	1.05	4.08	4.12	4.48	3.96	4.68	5.05	6.31	6.85	7.57	10.34	10.36	9.6
冷冻品	万吨	10.89	14.62	29.36	31.23	41.28	57.82	58.65	54.86	58.03	77.85	84.09	114.83	124.0
小包装水产品	万吨	2.49	9.95	21.88	26.45	30.82	29.19	27.33	18.43	13.65	14.43	16.17	16.77	18.2
冻　虾	吨	6228	34107	45572	56798	46410	38851	51386	46042	39121	33144	32591	32770	41052
#出口	吨	3478	25902	35522	44404	26779	24620	29006	27869	25519	18528	18343	19354	21369
冻　蟹	吨	2689	5544	15822	20566	28756	20431	25501	265530	23944	25102	24633	45076	25071
#出口	吨	1971	3471	10504	12080	11717	11117	9801	7269	10612	7553	8383	14393	12963
26.化学原料药	吨	80	1563	1029	850	858	457	548	697	719	1086	1286	1538	1808
27.玩　具	万元	4944	10041	77534	58399	59728	55328	39455	69474	83924	63509	69926	72154	134071
28.花岗石板材	平方米	7885	33687	30158	69406	4552	4705	68089	19549	20000	20536	20000	219756	95460
29.电焊机	台	4081	1086	1673	2454	1685	2814	3595	1255	370	382	108	92	
30.标准紧固件	吨	1166	1695	6075	7455	4559	5074	5222	16100	16994	21914	23772	27932	33333
31.化学纤维	吨		47461	50252	49018	119789	96150	124189	87128	84901	110687	87798	84934	86563

注：民用钢质船舶2008年及以前单位为综合吨，标准紧固件2009年及以前单位为万件。

主要统计指标解释

工业 我国的工业,包括①自然资源的开采,如采矿、晒盐、森林采伐等(但不包括禽兽捕猎和水产捕捞);②对农副产品的加工、再加工,如:粮油加工、食品加工、轧花、缫丝、纺织、制革等。③对采掘品的加工、再加工,如冶金加工、石油加工、化学加工、机械加工、木材加工等,以及电力、煤气及水的生产和供应等。④对工业品的修翻新,如:机器设备的修理、交通运输工具(包括小汽车)的修理等。

本年鉴中涉及的企业登记注册类型:

(1)国有企业:指企业全部资产归国家所有,并按《中华人民共和国企业法人登记管理条例》规定登记注册的非公司制的经济组织。不包括有限责任公司中的国有独资公司。

(2)集体企业:指企业资产归集体所有,并按《中华人民共和国企业法人登记管理条例》规定登记注册的经济组织。

(3)股份合作企业:指以合作制为基础,由企业职工共同出资入股,吸收一定比例的社会资产投资组建,实行自主经营,自负盈亏,共同劳动,民主管理,按劳分配与按股分红相结合的一种集体经济组织。

(4)私营企业:指由自然人投资设立或由自然人控股,以雇佣劳动为基础的营利性经济组织。包括按照《公司法》、《合伙企业法》、《私营企业暂行条例》以及《个人独资企业法》规定登记注册的私营独资企业、私营有限责任公司、私营股份有限公司、私营合伙企业和个人独资企业。

(5)港、澳、台商投资企业:指企业注册登记类型中的港、澳、台资合资、合作、独资经营企业和股份有限公司之和。

(6)外商投资企业:指企业注册登记类型中的中外合资、合作、外商企业和外商投资股份有限公司之和。

(7)其他企业:指除国有企业、集体企业、私营企业、外商及港、澳、台商投资企业以外的其他类型工业企业(单位)。包括联营企业、股份有限公司、有限责任公司及其他企业。

工业总产值(当年价格) 指工业企业在本年内生产的以货币形式表现的工业最终产品和提供工业劳务活动的总价值量。

1.工业总产值计算应遵循的原则

(1)工业生产的原则。即凡是企业在本年内生产的最终产品和提供的劳务,均应包括在内。其中的最终产品,不管是否在本年内销售,只要是本年内生产的,就应包括在内。凡不是工业生产的产品,均不得计入工业总产值。

(2)最终产品的原则。即企业生产的成品价值必须是本企业生产的,经检验合格不需再进行任何加工的最终产品。企业对外销售的半成品也应视为最终产品计入工业总产值。而在本企业内各车间转移的半成品和在制品只能计算其期末期初差额价值。

(3)"工厂法"原则。即以法人工业企业作为一个整体计算工业总产值,是其本年内生产的最终产品和提供劳务的总价值量。

2.工业总产值的内容包括三部分:生产的成品价值、对外加工费收入、自制半成品在制品期末期初差额价值。

(1)成品价值:指企业在本年内生产,并在本年内不再进行加工,经检验合格、包装入库的已经销售和准备销售的全部工业成品(包括半成品)价值合计。成品价值中包括企业生产的自制设备及提供给本企业在建工程、其他非工业部门和生活福利部门等单位使用的成品价值,但不包括用订货者来料加工的成品(半成品)价值。

●工业总产值是按现行价格计算的。成品价值按成品实物量乘以本年不含应交增值税(销项税额)的产品实际销售平均单价计算。会计核算中按成本价格转帐的自制设备和自产自用的成品,按成本价格计算生产成品价值。

(2)对外加工费收入:指企业在报告期内完成的对外承做的工业品加工(包括用订货者来料加工生产)的加工费收入和对外工业品修理作业所收取的加工费收入和对内非工业部门提供的加工修理、设备安装等收入。对外加工费收入按不含应交增值税(销项税额)的价格计算。

●对于以对外加工生产为主,对外加工费收入所占比重较大的企业,如果对外加工费收入出现跨年度支付的情况,为保证总产值生产口径计算的准确性,则应将对外加工费收入按实际情况调整,记录本年应实际收取的对外加工费收入。

(3)自制半成品在制品期末期初差额价值。为了使工业总产值与工业中间投入中的物耗价值一致,以便同口径地计算工业增加值,规定本指标的计算原则是:凡是企业会计产品成本核算中计算半成品、在制品成本,则工业总产值中必须包括自制半成品在制品期末期初差额价值。反之则不包括。

●自制半成品在制品期末期初差额价值等于自制半成品在制品期末价值减去期初价值后的余额,如果期末价值小于期初价值,该指标为负值,企业在计算产值时,应按负值计算，不能作为零处理。

轻工业 指提供生活的消费品和制作手工业工具的工业。按其使用的原料不同，可分为两大类：

①以农产品为原料的轻工业，是指直接或间接以产品为基本的轻工业。主要包括食品制造、饮料制造、烟草加工、纺织、缝纫、皮毛制作、造纸以及印刷等工业。

②以非农产品为原料的轻工业，是指以工业品为原料的轻工业。主要包括文教用品、工艺美术用品制造、化学药品制造、合成纤维制造、日用金属制品、手工工具制造、医疗器械制造、文化和办公机械制造等工业。

重工业 指提供生产资料的工业，是为国民经济各部门提供物质技术基础的工业。按其生产的产品用途，可分为以下三类：

①采掘（伐）工业，是指对自然资源的开采、非金属矿开采和木材采伐等工业。

②原料工业，是指提供国民经济各部门使用的原料、动力和燃料的工业。包括金属冶炼及加工、炼焦及焦碳、化学、化工原料、水泥、人造板、电力、石油加工等。

③制造工业，是指对原材料进行加工制造的工业。包括装备国民经济各部门和机械设备制造工业、金属结构、水泥制品等工业，以及为农业提供的生产资料和化肥、农药等工业。

根据上述划分原则，修理业中修理作业对象是重工业的划分为重工业，否则划分为轻工业。

轻重工业总产值的划分按"工厂法"计算，即一个工业企业在正常情况下生产的主要产品的性质属于轻工业，则该企业的全部总产值作为轻工业总产值；一个工业企业生产的主要产品的性质属于重工业，则该企业的全部总产值作为重工业总产值。

大、中、小微型企业 大、中、小微型企业划分标准根据从业人员数、营业收入指标是否同时满足一定条件划分。具体为：大型企业从业人员数在1000人以上（包括1000人），营业收入在40000万元以上（包括40000万元），中型企业从业人员数在300–1000人以下，销售额在2000–40000万元以下，小型企业从业人员数在20–300人以下，营业收入300–2000万元，微型企业从业人员在20人以下，营业收入在300万元以下。

工业企业主要财务指标 ①指固定资产的成本，包括企业在购置、自行建造、安装、改建、扩建、技术改造某项固定资产时所发生的全部支出总额。

②流动资产合计，资产满足以下条件之一应归为流动资产：（1）预计在一个正常营业周期中变现、出售或耗用，主要包括存货、应收帐款等；（2）主要为交易目的而持有；（3）预计在资产负债表日起一年内（含一年）变更；（4）自资产负债日起一年内，交换其他资产或清偿负债的能力不受限制的现金或现金等价物。包括货币资金、应收票据、应收帐款、存货等项目。

③利润总额，指企业在一定会计期间的经营成果，是生产经营过程中各种收入扣除各种耗费后的盈余，反映企业在报告期内实现的盈亏总额。

④利税总额，指工业企业的主营业务税金及附加、应交增值税和利润总额三项之和。不包括计入企业生产成本的各项税金。

⑤主营业务收入，指企业确认的销售商品、提供劳务等主营业务的收入。根据会计"主营业务收入"科目的期末贷方余额（结转前）填报。

⑥管理费用，指企业为组织和管理企业生产经营所发生的费用，包括企业在筹建期间内发生的开办费、董事会和行政管理部门在企业经营管理中发生的，或者应当由企业统一负担的公司经费等。

⑦财务费用，指企业为筹集生产经营所需资金等而发生的筹资费用，包括企业生产经营期间发生的利息支出（减利息收入）、汇兑损失（减汇兑收益）以及相关的手续费等。

单位GDP能耗降低率=[1–(1+本年全社会用能增长率)/(1+本年GDP增长率)]×100%。

单位工业增加值能降低率=[1–(1+本年规上工业用能增长率)/(1+本年规上工业增加值增长率)]×100%。

六、交通、邮电

6-1 历年全社会客货运输量

年份	旅客运输量（万人）	水运	陆运	货物运输量（万吨）	水运	陆运
1951	9	7	2	11	8	3
1953	16	10	6	30	12	18
1954	35	13	22	41	15	26
1955	58	18	40	50	16	34
1956	110	31	79	56	17	39
1957	150	49	101	60	21	39
1958	194	53	141	96	35	61
1959	255	50	205	165	82	83
1960	296	52	244	186	113	73
1961	264	60	204	95	75	20
1962	281	59	222	59	43	16
1963	276	64	212	89	53	36
1964	271	59	212	83	54	29
1965	293	57	236	95	59	36
1966	353	71	282	85	53	32
1967	403	75	328	93	58	35
1968	332	75	257	78	50	28
1969	80	35	45	53	41	12
1970	315	62	253	100	72	28
1971	358	61	297	128	91	37
1972	474	66	408	182	126	56
1973	565	83	482	165	119	46
1974	651	99	552	140	101	39
1975	669	91	578	140	92	48
1976	710	101	609	134	89	45
1977	764	99	665	162	109	53
1978	966	109	857	214	152	62
1979	1154	128	1026	229	170	59
1980	1368	162	1206	243	181	62
1981	1488	195	1293	240	177	63
1982	1691	231	1460	292	215	77
1983	1880	252	1628	286	210	76
1984	2060	329	1731	301	227	74
1985	2502	399	2103	339	279	60
1986	2893	849	2044	1072	474	598
1987	2860	970	1890	1152	471	681
1988	3032	1030	2002	1568	671	897
1989	2747	933	1814	1240	554	686
1990	2769	985	1784	964	498	466
1991	3093	1151	1942	1115	586	529
1992	3320	1221	2099	1274	701	573
1993	4415	1217	3198	1649	820	829
1994	5628	1190	4438	1789	955	834
1995	6034	1361	4673	2221	1379	842
1996	6516	1247	5269	1999	1029	970
1997	6670	1354	5316	2457	1371	1086
1998	6789	1304	5485	2357	1275	1082
1999	7132	1480	5652	2597	1443	1154
2000	7518	1560	5958	2947	1679	1268
2001	7579	1479	6100	3101	1795	1306
2002	7781	1583	6198	3265	1942	1323
2003	7479	1533	5946	3777	2438	1339
2004	7990	1730	6260	5430	3991	1439
2005	8832	1880	6914	6717	4911	1806
2006	10374	2140	8202	8202	6112	2090
2007	10274	2433	7807	9299	6986	2313
2008	10603	2698	7905	10205	7799	2406
2009	15474	2759	12715	12184	8069	4115
2010	15073	2128	12945	13829	9570	4259
2011	15555	2256	13299	17887	13470	4417
2012	16108	2224	13884	19941	15244	4697
2013	4923	1839	3084	21814	16364	5450
2014	6550	3655	2895	22284	16663	5621
2015	5372	2515	2857	25068	18551	6517
2016	5233	2589	2644	28176	20932	7244

注：1.2009 年，陆上客货运输量根据省公路局返回数据进行调整。

2.经过 2013 年交通经济统计专项调查，自 2013 年起，陆运旅客运输量不包括城市客运量。

6-2 历年全社会客货运输周转量

年　　份	旅客周转量（万人公里）	水　运	陆　运	货物周转量（万吨公里）	水　运	陆　运
1951	166	132	34	794	789	5
1953	315	198	117	1134	1105	29
1954	603	225	378	1261	1218	43
1955	1147	551	596	1155	1076	79
1956	1920	846	1074	1419	1360	59
1957	2903	1595	1308	2994	2933	61
1958	3653	1927	1726	4211	4087	124
1959	4188	1785	2403	12449	12288	161
1960	4713	1858	2855	17047	16879	168
1961	4405	1822	2583	10753	10674	79
1962	4409	1716	2693	5941	5876	65
1963	4287	1806	2481	9338	8245	93
1964	4040	1660	2380	9247	9148	99
1965	4192	1674	2518	10042	9868	174
1966	5039	2119	2920	9227	9026	201
1967	6064	2681	3383	8531	8312	219
1968	5476	2766	2710	7622	7473	149
1969	1998	1505	493	7699	7653	46
1970	4982	2303	2679	12513	12357	156
1971	5540	2396	3144	19038	18832	206
1972	6824	2758	4066	23037	22783	254
1973	8062	3242	4820	22512	22241	271
1974	9953	4604	5349	18667	18414	253
1975	10243	4514	5729	19854	19593	261
1976	12501	6504	5997	18709	18439	270
1977	12514	6186	6328	21712	21373	339
1978	14527	6910	7617	29485	29103	382
1979	17389	8232	9157	38351	37966	385
1980	21047	9887	11160	42430	42033	397
1981	23251	10995	12256	43993	43594	399
1982	29391	14720	14671	51995	51561	434
1983	32780	16525	16255	63499	63083	416
1984	40417	22793	17624	65777	65365	412
1985	52131	30356	21775	91678	91282	396
1986	61144	33936	27208	140964	133024	7940
1987	72349	40860	31489	169600	160006	9594
1988	74692	43544	31148	235769	224404	11365
1989	77120	42597	34523	234883	222335	12548
1990	77371	42684	34687	232209	223543	8666
1991	87049	47581	39468	300443	291022	9421
1992	94171	49545	44626	369090	358692	10398
1993	106200	51209	54991	515475	492335	23140
1994	113381	50876	62511	707716	684551	23165
1995	128033	58626	69407	1114437	1094443	19994
1996	142622	59372	83520	846866	828722	18144
1997	141952	56719	85233	1029263	1009689	19574
1998	137381	51663	85718	875917	857405	18512
1999	143955	54595	89360	1005555	983735	21820
2000	148569	55786	92783	1164924	1141675	23249
2001	147442	52649	94793	1222137	1196238	25899
2002	155691	49687	106004	1365575	1333806	31769
2003	148085	44069	104016	1964420	1932174	32246
2004	172600	59270	113330	3473373	3440069	33304
2005	181400	62483	118917	5051782	5015122	36660
2006	185427	54478	130949	6675073	6631946	43127
2007	197314	56788	140526	7822059	7772619	49440
2008	203609	61070	142539	8999529	8947408	52121
2009	245294	61740	183554	10057786	9209845	847941
2010	241117	47446	193671	12916966	12038499	878467
2011	250211	50072	200139	17219446	16251268	968178
2012	249938	46927	203011	19761010	18705209	1055801
2013	123573	37418	86155	19687409	18595708	1091701
2014	127682	38695	88987	22691335	21571021	1120314
2015	155108	43944	111164	24890580	23696847	1193733
2016	153307	108393	44914	28082825	26777436	1305389

注:1950-1985 年为交通部门系统数据。

6-3 全社会公路水路分货类运输量

（2016年）

货类	公路		水路	
	货运量（万吨）	货物周转量（万吨公里）	货运量（万吨）	货物周转量（万吨公里）
合计	**7244**	**1305389**	**20932**	**26777436**
煤炭及制品			4347	8927371
石油、天然气及制品			3500	4904855
金属矿石			994	2477956
钢铁			2558	5232485
矿物性建筑材料			4469	1518643
水泥			675	704004
木材			43	26320
非金属矿石			678	578892
化学肥料及农药			42	218808
盐			130	116711
粮食			1000	494660
机械、设备、电器			382	461938
化工原料及制品			230	270845
有色金属				
轻工、医药产品			97	159946
农林牧渔业产品			614	274241
其它			1174	409763

6-4 全社会海上运输船舶年末拥有量

指　　标	单位	1985年	1990年	1995年	2000年	2005年	2008年	2009年	2010年	2011年	2012年	2013年	2014年	2015年	2016年
一、机动船合计															
艘　数	艘	238	835	972	1025	1582	1637	1644	1711	1710	1689	1973	1608	1470	1472
净载重量	吨位	57282	115422	421381	696356	1878351	2919985	3364742	4504053	4522619	5057205	5388334	5428124	5416083	5547692
载客量	客位	8219	17320	28726	28172	31528	34073	34381	31323	32422	33372	34386			
功　率	千瓦	56463	121604	257874	417426	828185	1194240	1206489	1371805	1502808	1634457	1760045	1587609	1574264	1631005
1.客　船															
艘　数	艘	28	81	133	123	125	153	105	136	135	137	140	129		
载客量	客位	8219	13863	22818	20333	21480	34073	21201	31323	32422	33372	34386	32319		
功　率	千瓦	14232	19238	37377	58361	106842	151688	97360	146979	152962	155386	162021	161266		
2.客货船															
艘　数	艘		13	19	27	46		40							
净载重量	吨位		1966	4746	4307	7418		8279							
载客量	客位		3457	5908	7839	10048		13180							
功　率	千瓦		8279	12006	22368	43370		61316							
3.货　船															
艘　数	艘	210	712	783	759	1228	1469	1485	1560	1558	1533	1806	1581	1442	1439
净载重量	吨位	56245	96695	381702	542197	1509441	2911954	3356339	4014435	4515810	5050397	5381230	5428124	5416083	5547692
功　率	千瓦	42231	78753	185066	254427	522865	982755	989687	1163024	1281426	1403326	1498235	1487082	1473683	1512480
#油　船															
艘　数	艘		16	34	110	172	247	336	318	355	413	444	454	428	415
净载重量	吨位		16761	34933	149852	348374	563327	701477	675437	828445	1093341	1202757	1242834	1176055	1196919
功　率	千瓦		10332	22726	76171	132690	179617	230719	205452	244652	312019	342080	352501	330260	336873
4.拖　船															
艘　数	艘		13	3	6	11	15	14	15	17	19	27	27	28	33
功　率	千瓦		5002	663	6099	22778	59797	58126	61802	68420	75745	99789	100527	100581	118525
二、驳　船															
艘　数	艘		12	7	4	10	8		8						
净载重量	吨位		7941	3212	6600	6911	3389		7492						

注：1.1985 年仅指交通部门船只。

2.2008 年及 2010 年以后年份客货船相关数据已包含在客船中。

6–5 港口设施、装备实有数

设备名称	单位	2007年	2008年	2009年	2010年	2011年	2012年	2013年	2014年	2015年	2016年
一、码头泊位											
1.生产用码头总延长	米	22755	25183	26864	30389	30859	30031	30390	31314	34178	36907
泊位个数	个	410	331	336	343	316	289	291	291	301	287
#万吨级	个	19	27	34	40	44	45	47	48	52	57
2.非生产用码头总延长	米	52	405	555	555	537	537	537	827	827	1337
泊位个数	个	1	18	20	20	19	19	19	21	21	23
二、仓库堆场											
1.生产用仓库面积	平方米	8114	8114	8606	41392	39022	66678	15599	16003	15253	
生产用堆场面积	平方米	307625	1121790	1131290	1131290	1889434	1076794	1079944	1291194	1289594	1292242
2.生产用仓库容积	立方米					4965615	6301675	8256097	8463500	13840720	15145940
生产用堆场容量	吨	892327	3992327	4192327	4192327	6525500	6266410	6266410		7600000	9290000
三、装卸机械											
生产用装卸机械台数	台	176	195	212	239	329	498	553	559	534	458
#起重机械	台	46	46	52	74	91	101	149	111	119	117
输送机械	台	22	28	31	31	26	97	101	124	124	56
装卸机械	台	93	93	93	92	49	61	50	46	18	17
专用机械	台	15	28	36	42	163	239	253	278	273	268

注:2016年起,市港航局不再统计生产用仓库面积数据。

6–6 舟山港主要货物吞吐量

（2016年）

分　类	单位	合计	外贸	出港	外贸	进港	外贸
港口货物吞吐量合计	**万吨**	42590	13168	20935	460	21655	12708
1.液体散货	万吨	6396	3904	2044	142	4352	3761
#原油	万吨	3701	3004	687	106	3014	2897
成品油	万吨	2681	900	1343	36	1339	864
液化气、天然气及制品	万吨	11		11			
2.干散货	万吨	31443	8496	16981	20	14462	8476
#煤炭及制品	万吨	2601	913	1049		1552	913
金属矿石	万吨	14357	7145	7208	8	7149	7137
散水泥	万吨	112	3	25	3	87	
散粮	万吨	781	436	325	10	456	426
3.件杂货	万吨	2905	214	972	9	1934	205
#木材	万吨	76				76	
粮食	万吨	86	5	35		51	5
化肥	吨	1					
水泥	万吨	84	8	28	8	56	
4.集装箱	万TEU	87	86	44	44	43	42
重量	吨	560	554	293	288	267	266
#货重	吨	386	381	204	200	182	181
5.滚装船汽车吞吐量	标辆	64		32		32	
重量	吨	1286		645		641	

6-7 舟山港主要指标完成情况

指　　标	单位	1995 年	2000 年	2005 年	2006 年	2007 年	2008 年	2009 年	2010 年	2011 年	2012 年	2013 年	2014 年	2015 年	2016 年
一、分航线进出港															
旅客吞吐量	万人	547	617	940	1081	1181	1267	1299	368	407	241	192	171	166	153
#舟——申	万人	122	131	113	105	92	93	74	40	28	19	11	9	9	6
舟——甬	万人						195	109	28	27	20	20	162	157	147
二、全港分货类吞吐量	**万吨**	**883**	**3189**	**9052**	**11418**	**12818**	**15862**	**19300**	**22084**	**26054**	**29099**	**31387**	**34700**	**37925**	**42590**
#煤　炭	万吨	69	328	752	715	837	841	1439	2115	2416	3115	3213	3184	2699	2601
石　油	万吨	471	1786	2574	3125	3231	4081	4216	4503	5216	5038	4878	5062	4951	6396
钢　铁	万吨	27	15	62	67	120	174	156	216	174	115	153	211	275	422
水　泥	万吨	16	21	191	336	634	477	274	224	176	142	133	271	231	196
木　材	万吨	9	14	15	5	8	1	1	2			0.1	0.1	24	76
金属矿石	万吨					4252	6180	6462	7541	8954	9651	11114	13928	13846	14362
粮　食	万吨	9	9	175	254	290	462	407	539	670	706	629	782	849	868
三、公用码头吞吐量	**万吨**	**214**	**441**	**960**	**1042**	**1370**	**1453**	**1018**	**1238**	**2059**	**2918**	**3738**	**4346**	**4059**	**2979**

6-8 公 路 基 本 情 况

指　标	单位	1995 年	2000 年	2005 年	2006 年	2007 年	2008 年	2009 年	2010 年	2011 年	2012 年	2013 年	2014 年	2015 年	2016 年
公路通车里程	**公里**	**864.8**	**960.9**	**952.0**	**1004.4**	**1603.8**	**1615.1**	**1679.9**	**1706.3**	**1751.4**	**1801.7**	**1869.1**	**1897.3**	**1924.9**	**1948.4**
按区域分:															
普陀山	公里	25.2	25.2	25.1	25.5	25.5	25.5	25.5	25.5	25.5	25.5	25.5	25.5	25.5	133.2
定海	公里	333.7	373.5	348.5	365.7	587.5	594.8	652.3	671.8	676.7	718.3	739.8	745.5	763.0	777.8
普陀	公里	197.9	266.1	273.5	282.3	482.2	484.0	489.4	496.3	500.0	516.7	548.2	554.5	553.4	444.4
岱山	公里	172.8	187.5	203.8	229.5	365.1	367.3	363.3	363.3	366.2	376.8	389.2	401.3	406.0	413.4
嵊泗	公里	135.2	89.9	101.1	101.4	143.5	143.5	149.4	149.4	153.1	164.4	166.4	170.5	177.0	176.7
按行政等级分:															
国道	公里	27.3	27.3	43.2	46.5	46.5	46.5	88.5	88.5	88.5	88.5	88.5	88.5	88.5	188.5
省道	公里	34.3	34.4	30.3	25.0	24.8	24.8	24.8	24.4	24.4	24.4	24.4	24.4	24.6	29.3
县道	公里	437.1	501.3	559.5	574.2	583.9	676.9	680.3	697.9	701.5	701.4	733.8	750.4	749.0	653.0
乡道	公里	207.1	251.4	266.8	322.6	343.5	245.1	228.9	227.3	232.6	261.7	269.1	262.2	278.0	283.0
专用道	公里	158.9	146.5	52.1	36.1	37.5	45.9	46.5	46.4	46.4	46.4	46.6	46.6	46.6	46.6
村道	公里					587.6	575.8	610.9	621.9	628.1	679.3	706.7	725.3	738.2	748.0
按技术等级分:															
高速公路	公里									32.1	32.1	32.1	41.9	41.9	41.9
一级公路	公里		15.6	45.0	84.6	97.5	102.2	149.7	197.5	165.4	183.2	220.6	210.7	214.0	238.0
二级公路	公里	40.7	65.5	137.8	158.5	196.2	212.0	208.5	191.4	209.4	222.9	219.6	219.6	248.3	251.9
三级公路	公里	96.6	180.1	177.6	201.0	220.7	218.7	214.2	207.6	211.7	207.4	213.2	218.4	227.9	212.1
四级公路	公里	320.6	291.4	328.0	377.1	870.1	883.4	980.7	1000.9	997.0	1055.9	1100.1	976.8	1126.3	1147.8
等外公路	公里	406.9	408.3	263.6	183.1	217.3	198.8	126.8	108.9	105.9	100.2	83.5	146.7	66.4	57.1
按路面等级分:															
高级路面	公里	83.6	205.4	498.6	696.6	1297.6	1381.1	1493.8	1541.4	1567.6	1653.6	1724.7	1794.3	1835.1	1871.1
简易路面	公里	217.5	413.4	420.9	299.9	285.2	212.9	165.9	147.4	145.4	139.6	135.9	94.5	81.7	69.2
未铺装路面	公里	563.7	342.1	32.5	7.9	21.0	21.0	20.2	17.5	8.5	8.5	8.5	8.5	8.2	8.2
按构造物分:															
桥梁	座	67	93	165	199	237	246	253	270	275	289	295	295	303	303
	延米	1065.80	1679.46	6198.9	6953.4	11298.3	11438.0	34255.0	35273.0	40318.8	42266.1	42810.6	43501.6	44099.0	45796.0
隧道	座	7	13	21	23	28	31	35	40	45	51	61	61	66	75
	延米	1930	4361	8059.4	8596.4	11721.4	12211.6	15106.1	17394.1	20411.1	26142.1	37441.1	37474.2	40494.0	47431.0

注:随着康庄工程的建设,2007 年起,村道纳入管养里程。

6-9 全社会民用车辆年末拥有量

单位:辆

指　　标	1985年	1990年	1995年	2000年	2005年	2008年	2009年	2010年	2011年	2012年	2013年	2014年	2015年	2016年
一、大中型汽车	**969**	**1239**	**1716**	**1750**	**2981**	**5001**	**8342**	**9605**	**10259**	**10686**	**11219**	**9599**	**8098**	**8128**
#客　车	162	274	290	245	600	2477	2661	2837	3059	3157	3329	3010	2913	2976
货　车	797	870	1293	1333	2110	2524	5681	6768	7200	7529	7890	6589	5185	5152
其　他	10	23	27	25	271									
二、小型汽车	**662**	**2081**	**4907**	**6434**	**15442**	**28795**	**37366**	**49654**	**62243**	**73592**	**86290**	**98621**	**112741**	**130858**
#客　车	357	922	2890	4388	10992	22418	29996	41313	53001	63630	75809	89514	104722	122570
货　车	289	896	1780	1773	3787	6377	7370	8341	9242	9962	10481	9107	8019	8288
其　他	16	88	93	80	663									
三、其他车辆	**174**	**538**	**1002**	**1252**	**186**	**5682**	**3957**	**4698**	**4863**	**4993**	**3924**	**1832**	**985**	**963**
四、摩托车	**317**	**1715**	**3229**	**19732**	**56548**	**66939**	**69380**	**67398**	**65313**	**58445**	**56814**	**57243**	**51280**	**30107**
#轻便摩托车	303	357	1130	5009	13934	9352	8909	6092	5164	3644	3452	3421	3037	1537
五、拖拉机	**2790**	**4975**	**4924**	**3534**	**3972**	**3253**	**3130**	**2946**	**2948**	**2531**				

6-10 分县(区)全社会民用车辆年末拥有量

(2016年末)

单位:辆

项　　目	全　市	定海区	普陀区	普陀山	岱山县	嵊泗县
一、大中型汽车	8128	4516	1791	207	1317	297
二、小型汽车	130858	73643	40029	114	13616	3456
三、其他汽车	963	548	170	10	133	102
四、摩托车	30107	17277	7578	1	3078	2173
五、挂车	3070	1765	244		1024	37

6-11 海岛交通及轮渡通航情况

指　标	单位	1995年	2000年	2005年	2007年	2008年	2009年	2010年	2011年	2012年	2013年	2014年	2015年	2016年
一、沿海交通设施														
交通港航拥有码头	座	50	128	146	153	159	169	182	187	188	192	219	225	333
栈桥码头	座	21	66	82	89	95	105	118	127	128	128	132	135	143
浮码头	座	29	62	64	64	64	64	64	64	65	69	75	78	82
客运埠头	座	138	138	138	138	138	138	138	138	138	138	138	138	138
二、"鸭白线"轮渡通航情况														
航　次	次	18409	30161	44025	60876	65857	71079	46654	27165	17803	15554	15229	14928	14074
车运量	辆次	317745	583929	1138890	1539648	1733528	1890735	1018630	566846	354372	307045	271216	253489	198923
客　车	辆次	44431	331591	752407	1055793	1231394	1376438	374370	324171	227580	177976	157043	150797	130585
旅客运量	万人	311	395	678	864	927	982	206	162	122	95	99	100	81
货　车	辆次	151801	236520	386483	483855	502134	514297	644260	208277	126792	110672	95096	86813	53955
货物运量	万吨	179	295	637	806	689	699	436	189	123	107	103	91	51
三、"沙岙–郭巨"线通航情况														
航　次	次	2545	4837	7029	11593	10079	9418	10621	10393	10328	10811	10723	11322	12986
车运量	辆次	12192	18429	48133	155570	186980	176075	206310	241420	248673	280186	296132	302542	276729
客　车	辆次	2458	6675	21131	59936	81719	91209	114268	137198	151900	167371	187207	201316	200912
旅客运量	万人	14.3	17.2	26.3	66.0	79.2	74.3	71.8	68.4	66.4	65.3	69.6	70.2	50.6
货　车	辆次	6719	11754	27002	95634	105261	84866	92042	94537	96773	101836	96704	101226	75812
货物运量	万吨	6.0	8.8	37.4	99.0	117.2	112.5	122.4	139.4	156.1	168.1	177.7	179.2	

6-12　分县(区)海上货物运输企业(本部)主要经济指标

(2016年)

指　　标	单　位	全　市	定海区	普陀区	岱山县	嵊泗县
年末企业单位数	家	663	357	215	61	30
#亏损企业	家	329	163	112	41	13
资产总计	万元	15803464	10875465	3724221	733424	470354
固定资产原价	万元	6889981	4444180	1644635	510905	290261
本年折旧	万元	312156	195623	86678	14547	15308
营业收入	万元	2514859	1564863	671599	137380	141017
营业成本	万元	1984528	1250134	515239	114511	104644
营业税金及附加	万元	20927	12414	6623	780	1110
费用合计	万元	606810	378418	184965	26033	17393
销售费用	万元	112415	61148	43870	6674	723
管理费用	万元	262415	156643	82068	14128	9575
#税金	万元	11823	9298	2292	177	56
财务费用	万元	231980	160627	59027	5231	7095
#利息净支出	万元	241395	159473	69490	5159	7273
营业利润	万元	-58814	-46039	-30030	-3834	21089
利润总额	万元	64522	38219	4296	-2521	24528
应交所得税	万元	40671	25061	10718	1089	3802
应付职工薪酬	万元	398223	230965	112787	32168	22303
应交增值税	万元	53406	32603	12173	4273	4357
从业人员平均人数	人	50712	27565	15893	4749	2505

注:本表范围为海上货物运输企业本部,不包括挂靠船舶和个体船舶。

6-13 邮电业务

	单位	2008年	2009年	2010年	2011年	2012年	2013年	2014年	2015年	2016年	2016年为2015年%	2016年分县(区)局			
												市 局	普陀局	岱山局	嵊泗局
一、邮电业务收入	**万元**	**131183**	**131161**	**145111**	**153438**	**164061**	**172728**	**168470**	**148499**	**157672**	**106.2**				
邮政行业业务收入	万元							25187	27534	33638	122.2				
快递业务收入	万元							11681	13977	18691	133.7				
邮政行业业务总量	万件							24374	28017	36055	128.7				
快递业务量	万件							675	882	1132	128.3				
函 件	万件	1202	1320	1433	1433	966	865	674	517	436.1	84.4	306.37	69.68	22.45	37.6
包 件	万件	17.75	15.80	14.94	14.35	15.05	15.03	12.60	15.72	73.76	469.2	61.43	7.6	2.64	2.09
特 快	万件	34.43	40.57	41.93	43.40	42.73	12.37	9.42	8.59	9.92	115.5	3.54	4.6	1.13	0.65
汇 票	万张	43.73	45.38	29.84	28.41	20.84	13.7	9.41	12.09	9.09	75.2	6.09	2.36	0.36	0.28
订销报刊期发份数	万份	26.87	27.87	22.67	23.91	23.57	23.46	24.32	21.81	46.97	215.4	39.54	4.11	2.02	1.30
订销报刊累计份数	万份	2693	2677	2888	2900.39	2889.29	2884	2851	2835	2264	79.9	1219.67	561.29	307.98	175.08
长途电话	万分钟	6380	4570	28152	43647	24736	26790	6102							
二、年末邮路长度	**公里**	**1375**	**1332**	**1316**	**1282**	**1282**	**1278**	**1209**	**1144**	**1146**	**100.2**	**380**	**317**	**144**	**305**
三、固定电话用户数	**户**	**586750**	**568181**	**551779**	**535916**	**534311**	**487394**	**412490**	**363012**	**328218**	**90.4**	**159981**	**104500**	**44635**	**19102**
固定电话普及率	户/百人	60.64	58.71	57.02	55.26	54.98	42.68	35.99	31.51	28.34	89.9	32.68	26.71	21.92	25.95
四、移动电话用户数	**户**	**958873**	**1079649**	**1310334**	**1533928**	**1542851**	**1565981**	**1632954**	**1676173**	**1621037**	**96.7**	**797295**	**510182**	**217474**	**96085**
#3G及以上移动电话用户	户			86415	180410	305628	431967	665303	1298172	1297700		606800	419100	187700	83900
移动电话普及率	户/百人	99.09	111.57	135.41	158.16	158.77	137.13	142.49	145.50	139.99	96.2	162.85	130.41	106.81	130.55
五、互联网宽带接入用户数(固定)	**户**	**158807**	**197199**	**230247**	**259898**	**305303**	**355986**	**382232**	**399628**	**458502**	**114.7**	**211823**	**151555**	**67726**	**27398**

注：1.2010年起，长途电话统计指标单位从“万次”改为“万分钟”，以前仍为万次，2015年起取消统计。

2.移动互联网用户数包括移动上网卡和手机上网用户数。

3.2014年及以前年份，“3G及以上移动电话用户”为“3G移动电话用户”。

主要统计指标解释

公路里程 也称“公路通车里程”,是指实际达公路工程技术标准等级的公路长度。它包括大中城市的郊区公路以及通过小城镇街道的公路里程,也包括桥梁、渡口的长度,但不包括城市的街道以及厂矿、林区和农业生产用道的里程。两条或多条公路共同径由同一条路段,只计算一次,不得重复计算里程长度,公路里程是反映公路建设发展规模的重要指标,也是计算运输网密度等指标的基础资料。

货(客)运量 指运输业实际运送的货物(旅客)数量。货运按吨计算,客运按人计算。货物不论运输距离长短,货物类别,均按实际重量统计,旅客不论行程远近或票价多少,均按一人一次作为客运量统计。半价票、小孩票也作一人统计。货(客)运量是反映运输业为国民经济和人民生活服务的数量指标,也是制定和检查运输生产计划,研究运输发展规模和速度的重要指标。

货物(旅客)周转量 指运输业运送的货物(旅客)数量与相应运输距离乘积之总和,通常以吨公里和人公里为计算单位。计算货物周转量通常按发出站与到达站之间的最短距离,也就是计费距离计算。它是反映运输业生产总成果的重要指标,也是编制和检查运输生产计划、计算运输效率、劳动生产率以及核算运输单位成本的主要基础资料。

主要港口货物吞吐量 指由水运进出主要港口港区范围、并经过装卸的货物数量,吞吐量可以分为进口、出口,也可以分为国内贸易和对外贸易。货物吞吐量的货种分类及其主要流向流量,反映了港口在国内外物资交换和对外贸易运输中的地位和作用。

邮电业务总量 指以货币表现的邮电部门为用户传递信息和提供其他邮电服务的总量(包括计费和不计费两部分)。它用各种邮电分类业务量,如函件件数、电报份数、长话张数、市内电话和农村电话年平均户数、订销报刊累计份数等,分别乘以相应的平均单价(不变价格),加总后再加上电路和设备的收入、代用户的维护电话交换机和线路等设备的收入、其他业务收入求得。邮电业务总量综合反映了一定时期邮电工作的总成果,是研究邮电业务量构成和发展趋势的重要指标。

七、固定资产投资、建筑

7-1 历年固定资产投资

单位:万元

年 份	全 市	市 属	定海区	普陀区	岱山县	嵊泗县	开发区
1951	74						
1953	387						
1954	662						
1955	677						
1956	753						
1957	854						
1958	1602						
1959	1806	657	342	447	244	116	
1960	1947	1355	107	259	137	89	
1961	621	211	130	134	60	86	
1962	681	92	169	225	108	87	
1963	2076	1079	225	465	196	111	
1964	2244	1209	290	374	232	139	
1965	1430	138	332	443	409	108	
1966	2011	449	355	466	420	321	
1967	1830	528	345	415	379	163	
1968	2061	614	425	471	361	190	
1969	1576	309	463	308	405	91	
1970	2435	696	495	557	525	162	
1971	3085	590	631	853	713	298	
1972	4410	1555	684	1162	769	240	
1973	3974	929	768	1183	827	267	
1974	3625	779	703	1028	942	173	
1975	4053	1014	859	971	941	268	
1976	5053	922	820	1503	1492	316	
1977	5754	930	1209	1680	1588	347	
1978	9257	2833	1547	2858	1712	307	
1979	10701	3109	2023	3426	1590	553	
1980	13254	2250	2449	5051	2366	1138	
1981	13199	2905	2112	4293	2662	1227	
1982	16524	3944	3050	4406	2855	2269	
1983	18298	2824	2966	7087	3476	1945	
1984	21259	4458	4128	6681	3347	2645	
1985	44695	6516	10501	15380	7237	5061	
1986	43581	7513	9934	13139	8371	4624	
1987	59877	8240	14883	20372	10872	5510	
1988	77958	12061	18423	24794	14918	7762	
1989	73075	14473	17432	20266	14680	6224	
1990	58206	15492	14708	12643	9826	5537	
1991	94753	29942	17521	23220	14545	9525	
1992	128180	36866	22990	34159	21222	12943	
1993	192900	50795	36801	48012	39820	17472	
1994	245259	71547	45259	60322	43698	24433	
1995	365882	142582	32533	76735	67784	46248	
1996	355966	172824	28132	61995	48031	44984	
1997	340853	165742	35987	65130	35289	38705	
1998	309962	130791	33745	70125	39452	35849	
1999	379189	127911	48095	81665	45030	76488	
2000	421801	137663	55239	91168	53405	84326	
2001	557155	244445	69628	104977	59139	78966	
2002	645374	247709	77845	120476	69906	129438	
2003	980091	336558	106145	138844	81839	316705	
2004	1267346	478776	129785	208155	104890	345740	
2005	1611191	581438	160805	282939	157120	428889	
2006	2189878	719473	224788	392887	251379	601351	
2007	2796374		1140310	522544	351414	705267	76839
2008	3394255		1151282	663031	532754	912400	134788
2009	4006632		1325779	812378	660554	1033189	174732
2010	4138437		1600410	905919	579145	802375	250588
2011	4760876		2107660	1301076	765123	236507	350510
2012	5705986		2523459	1482176	765213	332867	602271
2013	7500233		3357995	1933039	954512	415902	838785
2014	9608783		4438751	2470736	1220219	610816	868261
2015	11347553		5317389	2927337	1456600	744924	901303
2016	13111370		6147557	3369165	1690428	864190	1040030

注:2011 年起,固定资产投资项目统计范围由计划投资 50 万元及以上提高到 500 万元及以上,且不包含农户投资,下同。

7-2 固定资产投资

指　　标	2008年	2009年	2010年	2011年	2012年	2013年	2014年	2015年	2016年	2016年比上年增长(%)
一、投资总额(万元)	**3394255**	**4006632**	**4138437**	**4760876**	**5705986**	**7500233**	**9608783**	**11347553**	**13111370**	**15.5**
其中:建筑安装工程投资额	2579386	2835148	3119149	3323405	3863749	5327579	6517800	8278077	9883668	19.4
其中:基础设施	1711026	1982548	1888158	1684892	2052909	3298664	3886180	4976163	6277150	26.1
1.按项目范围分										
房地产开发	389546	489896	589769	1167872	1589428	1437890	2257982	1935938	1718863	-11.2
固定资产投资项目	3004709	3516736	3548668	3593004	4116558	6062343	7350801	9411615	11392507	21.0
2.按投资主体分										
国有及国有控股投资	1699835	1853404	1831753	1681723	2203679	3772017	4667717	5819015	7341190	26.2
民间投资	1471907	1911388	2082187	2824613	3281395	3505220	4669497	5327717	5538748	4.0
港澳台与外商投资	222513	241840	224497	254540	220912	222996	271569	200821	231432	15.2
3.按构成分										
建筑工程	2432868	2476642	2908469	3039188	3489394	4828595	5562361	7413479	8994782	21.3
安装工程	146518	358506	210680	284217	374355	498984	955439	864598	888886	2.8
设备工器具购置	407047	626399	512827	730518	797527	849537	1238926	1026534	826583	-19.5
其他费用	409822	545085	506461	706953	1044710	1323117	1852057	2042942	2401119	17.5
二、新增固定资产(万元)	**1335445**	**1588868**	**3820950**	**4708956**	**4018801**	**3745868**	**8597551**	**8402143**	**7144979**	**-15.0**
固定资产交付使用率(%)	39.3	39.7	92.3	98.9	70.4	49.9	89.5	74.0	54.5	
三、房屋建筑面积(万平方米)										
施工面积	651.09	889.1	1156.4	1405.87	1537.99	1306.25	1525.49	1307.95	1055.04	-19.3
#住宅面积	329.3	356.9	461.1	573.86	700.08	658.54	763.69	662.34	564.65	-14.8
竣工面积	161.6	191.3	322.6	257.07	415.91	293.54	304.03	224.03	258.51	15.4
#住宅面积	103.6	60.8	137.3	57.59	179.04	150.35	146.59	78.87	133.77	69.6
#商品房竣工面积	97.27	70.87	135.04	74.06	217.00	128.10	243.87	97.98	200.51	1.0倍
商品房销售面积	74.10	161.34	138.15	136.12	78.40	107.01	91.70	103.87	152.54	46.9

7-3 分县(区)投资主要指标

(2016年)

指标	全市	开发区	定海区	普陀区	岱山县	嵊泗县
一、投资总额(万元)	**13111370**	**1040030**	**6147557**	**3369165**	**1690428**	**864190**
其中:建筑安装工程	9883668	817066	4408038	2526593	1377688	754283
其中:基础设施	6277150	540971	2385917	1867221	711619	771422
1.按项目范围分						
房地产开发	1718863		1121690	548640	14626	33907
项目投资	11392507	1040030	5025867	2820525	1675802	830283
2.按投资主体分						
国有及国有控股	7341190	654547	3806782	1460204	729099	690558
民间投资	5538748	380555	2231938	1908961	935209	82085
港澳台与外商	231432	4928	108837		26120	91547
3.按构成分						
建筑	8994782	807184	4041431	2186849	1337322	621996
安装	888886	9882	366607	339744	40366	132287
设备工器具购置	826583	66201	296764	273215	104065	86338
其他	2401119	156763	1442755	569357	208675	23569
4.分产业行业						
第一产业	85933		17165	18040	38490	12238
其中:渔业	45353		10465		22650	12238
第二产业	3622257	610942	1396812	811819	767614	35070
其中:工业	3608277	610942	1392312	811819	767614	25590
第三产业	9403182	429088	4733580	2539306	884324	816882
二、新增固定资产(万元)	**7144979**	**488518**	**3180266**	**1999110**	**1075145**	**401940**
固定资产交付使用率(%)	54.5	47.0	51.7	59.3	63.6	46.5

7-4 项目投资主要指标

指　　　　标	2008年	2009年	2010年	2011年	2012年	2013年	2014年	2015年	2016年	2016年比上年增长(%)
一、投资总额(万元)	**2946779**	**3396399**	**3437455**	**3593004**	**4116558**	**6062343**	**7350801**	**9411615**	**11392507**	**21.0**
#基础设施	1705426	1967793	1869599	1684892	2052909	3298664	3886180	4976163	6277150	26.1
1.按投资主体分										
国有及国有控股投资	1658350	1806909	1751514	1495240	1997433	3544064	4228910	5605186	7052954	25.8
民间投资	1070667	1397107	1512699	1885418	1982182	2298827	2850322	3605608	4108121	13.9
港澳台与外商投资	217762	192383	173242	212346	136943	219452	271569	200821	231432	15.2
2.按构成分										
建筑工程	2114290	2053820	2369218	2248391	2501485	4100200	4340624	6290310	7739663	23.0
安装工程	140806	349872	188134	238861	287923	388542	858467	731492	720257	-1.5
设备工器具购置	389189	622318	489880	724062	792287	838763	1231398	1019244	806532	-20.9
其他费用	302494	370389	390223	381690	534863	734838	920312	1370569	2126055	55.1
二、新增固定资产(万元)	**1092795**	**1347533**	**3412171**	**4426095**	**2922348**	**3160727**	**7042457**	**7735479**	**5933210**	**-23.3**
固定资产交付使用率(%)	37.1	39.7	99.3	123.2	71.0	52.1	95.8	82.2	52.1	
三、建设项目(个)										
施工项目个数	367	488	657	825	1000	1189	1312	1455	1540	5.8
全部建成投产项目个数	110	176	230	341	440	473	791	920	888	-13.3
项目投产率(%)	30.0	36.1	35.0	41.3	44.0	39.8	60.3	63.2	57.7	
四、本年资金来源小计(万元)	**3584931**	**3500735**	**3459455**	**3914497**	**4560060**	**5907455**	**7264327**	**9346387**	**10081643**	**7.9**
(1)国家预算内资金	32821	209003	109903	160597	149303	468978	387757	220573	262344	18.9
(2)国内贷款	1030988	988020	785858	778951	938711	800788	962876	1283685	2673050	1.1倍
(3)债券		1800								
(4)利用外资	1838		7600	10492	3100	23086	48964	4311	40526	8.4倍
其中:外商直接投资	1838					5636				
(5)自筹资金	2234892	2209485	2413064	2833031	3289244	4290042	5577945	7662367	6734209	-12.1
其中:企、事业单位自有资金	587904	249989	172696	314880	272437	432073	206964	487195	929727	90.8
(6)其他资金来源	284392	92427	143030	131426	179702	324561	286785	175451	371514	1.1倍

7-4 续表 1

指　　标	2008 年	2009 年	2010 年	2011 年	2012 年	2013 年	2014 年	2015 年	2016 年	2016 年比上年增长(%)
五、按国民经济行业分(万元)										
农、林、牧、渔业	6557	9372	20214	57695	69416	130392	96366	85523	85933	0.5
#渔业	5133	8642	9129	55800	56991	113208	80535	80045	45353	-43.3
采矿业	3859	2838	5316	5505	3922	35170	90898	172731	141795	-17.9
制造业	1130816	1219066	1242581	1437987	1469205	1701541	1804945	2667978	2853733	7.0
电力、燃气及水的生产和供应业	129629	170173	252975	250141	407740	665221	1032678	342292	612749	79.0
电力、热力生产和供应业	93220	133163	225291	195852	367398	622203	976003	178721	204753	14.6
燃气生产和供应业	5216	4860	1800	2054	2945	2660	11833	75097	217538	1.9 倍
水的生产和供应业	31193	32150	25884	52235	37397	40358	44842	88474	190458	1.2 倍
建筑业	13257	1670	574	8315	7111	19363	43303	520	13980	25.9 倍
批发和零售业	6870	8490	83283	82145	49339	88619	104101	118711	93483	-21.3
交通运输、仓储和邮政业	1431533	1532520	1236231	986291	1311098	1722859	1921176	2233929	2236101	0.1
住宿和餐饮业	34668	42710	37787	94008	118850	101016	286654	156785	114698	-26.8
信息传输、软件和信息技术服务业		4683	5035	3334	7504	16932	10150	69523	20915	-69.9
金融业					24027	50233	58117	44138		
房地产业	26891	94378	72770	109792	175722	398995	604974	670752	1184889	76.7
租赁和商务服务业	3563	4311	40297	34722	37777	80314	147169	277395	425391	53.4
科学研究和技术服务业						71954	89829	59048	53864	-8.8
水利、环境和公共设施管理业	108250	168327	243975	281297	206885	598667	718158	1990201	3035599	52.5
居民服务、修理和其他服务业	1103	9390	3050	647	50	2177	13330	7460	26491	2.6 倍
教育	15964	62958	94385	101491	68574	191155	133008	95144	64462	-32.2
卫生和社会工作	6613	25997	26370	25299	26717	68986	27746	58123	91692	57.8
文化、体育和娱乐业	15070	7792	17558	40575	31103	46331	62078	271144	310876	14.7
公共管理和社会组织	12136	31724	53554	69420	84200	72418	106121	90218	25856	-71.3
国际组织										

注:2012 年起采用新行业标准,下同。

7-5 工业项目投资主要指标

指　　标	2008年	2009年	2010年	2011年	2012年	2013年	2014年	2015年	2016年	2016年比上年增长(%)
一、投资总额(万元)	**1264304**	**1392077**	**1500872**	**1693633**	**1880867**	**2401932**	**2928521**	**3183001**	**3608277**	**13.4**
#工业技术改造投资	258255	580205	672705	823633	635407	966895	1371781	1605987	1850523	15.2
1.按投资主体分										
国有及国有控股投资	166798	160548	237044	340895	630130	1155112	1690297	1442137	1390976	-3.5
民间投资	921085	1094702	1145326	1295747	1191357	1174746	1214000	1695210	2177512	28.5
港澳台与外商投资	176421	136827	118502	56991	59380	72074	24224	45654	39789	87.2
2.按构成分										
建筑工程	753093	822070	898346	1000860	1022057	1555799	1346776	1942132	2721663	40.1
安装工程	104750	94122	109939	120407	163649	223486	501365	181561	208431	14.8
设备工器具购置	283120	362145	325391	447496	499667	342601	758039	510599	281410	-44.9
其他费用	123341	113740	167196	124870	195494	280046	322341	548709	396773	-27.7
二、新增固定资产(万元)	**240274**	**356400**	**959204**	**2105662**	**1096049**	**1405243**	**3610130**	**2460362**	**1750434**	**-28.9**
固定资产交付使用率(%)	19.0	25.6	63.9	124.3	58.3	58.5	123.3	77.3	48.5	
三、本年资金来源小计(万元)	**1353230**	**1498353**	**1605420**	**1785599**	**2123173**	**2284493**	**2893529**	**3189506**	**3499993**	**9.7**
(1)国家预算内资金	1305	4046	1644	7208	11045	79326	60886	9524	28529	2.0倍
(2)国内贷款	489867	503854	281089	268531	502985	425486	475086	573103	691330	20.6
(3)债券										
(4)利用外资	1838							4311	4899	13.6
其中:外商直接投资	1838									
(5)自筹资金	815433	958723	1227509	1419640	1540927	1720261	2216894	2537945	2636784	3.9
其中:企、事业单位自有资金	400317	177542	100220	174564	69155	184638	97389	62142	324203	4.2倍
(6)其他资金来源	44787	31730	95178	90220	68216	58769	140663	64623	138451	1.1倍

7–5　续表 1

指　　标	2008 年	2009 年	2010 年	2011 年	2012 年	2013 年	2014 年	2015 年	2016 年	2016 年比上年增长(%)
四、按国民经济行业分(万元)										
采矿业	3859	2838	5316	5505	3922	35170	90898	172731	141795	–17.9
#非金属矿采选业	3859	2838	5316	5505	3382	33892	90898	172731	122922	–28.8
制造业	1130816	1219066	1242581	1437987	1469205	1701541	1804945	2667978	2853733	7.0
农副食品加工业	19772	32858	47808	47727	67976	111941	199215	370336	390816	5.5
食品制造业	809	455	800	4347	7681	5693	7130	8888	36352	309.0
酒、饮料和精制茶制造业	7722		1720	3717	830			2826		
烟草制品业										
纺织业	1850	12700	20990	20436	8795	3879	5019	1078	1701	–39.8
纺织服装和服饰业	868	2667	1800	202			585		2755	155.6
皮革、毛皮、羽毛(绒)及其制品业										
木材加工及木、竹、藤、棕、草制品业	3630						65005	30315	11146	–63.2
家具制造业	4423		5300	9307	11142	2555	2350	3500	1800	–48.6
造纸及纸制品业	551		500	530		200	3110	2335	3981	70.5
印刷业和记录媒介的复制业	466	1034	2600	5076	1559	855	5397	1572	1032	–34.4
文教体育用品制造业	1872	785		2610	3049	3448	1390	1070	611	–42.9
石油加工、炼焦及核燃料加工业	3174			4300	71559	105562	158281	211559	177121	–16.3
化学原料及化学制品制造业	65821	82170	132032	13440	12500	56902	15194	208929	356598	70.7
医药制造业	136	1286	8414	455	4182	23248	33688	24726	7333	–70.3
化学纤维制造业	6590	8355	19180	23243	35129	52015	16158		6798	
橡胶和塑料制品业	5028	4331	5891	12101	23983	9905	6623	39971	10167	–74.6
非金属矿制品业	10045	8340	23874	48390	54782	102099	82344	220538	109478	–50.4
黑色金属冶炼和压延加工业				1050	420	15630	78313	32637	24094	–26.2
有色金属冶炼和压延加工业				3718	26815	65778	40915	4739		
金属制品业	1905	6215	6297	22058	38695	23870	52735	100195	258132	157.6
通用设备制造业	15417	35324	59173	62174	45074	65646	73292	19054	189024	892.0
专用设备制造业	19506	50346	49578	97504	120139	214524	151094	276088	293149	6.2
汽车制造业				16399	23855	29696	43336	52496	9286	–82.3
铁路、船舶、航空航天等制造业	954529	958374	822845	1007542	777022	562141	524655	780153	686230	–12.0
电气机械及器材制造业	6702	9504	25459	19701	30957	38329	27959	22790	69819	206.4
计算机、通信和其他电子设备制造业		3633	5900	6830	14257	21053	21244	4618	11150	141.4
仪器仪表制造业		689	2420	620	5200	2085	488	31780	40141	26.3
其他制造业					4476	18930	75563	167476	73618	–56.0
废弃资源综合利用业				4510	3000	75270	56267	15220	20040	31.7
金属制品、机械和设备修理业					86128	90287	57595	33089	61361	85.4
电力、热力、燃气及水的生产和供应业	129629	170173	252975	250141	407740	665221	1032678	342292	612749	79.0
电力、热力的生产和供应业	93220	133163	225291	195852	367398	622203	976003	178721	204753	14.6
燃气生产和供应业	5216	4860	1800	2054	2945	2660	11833	75097	217538	1.9 倍
水的生产和供应业	31193	32150	25884	52235	37397	40358	44842	88474	190458	1.2 倍

7-6 房地产开发投资主要指标

指 标	1995年	2000年	2005年	2007年	2008年	2009年	2010年	2011年	2012年	2013年	2014年	2015年	2016年
一、投资总额(万元)	**81093**	**102717**	**276720**	**391507**	**389546**	**489896**	**589769**	**1167872**	**1589428**	**1437890**	**2257982**	**1935938**	**1718863**
1.按构成分													
建筑安装工程	59499	70565	202105	255309	288122	336935	464477	836153	1074341	838837	1318709	1256275	1423748
设备工器具购置	732		1141	2527	3765	4081	10095	6456	5240	10774	7528	7290	20051
其他费用	20862	32152	73474	133671	97659	148880	115197	325263	509847	588279	931745	672373	275064
2.按房屋用途分													
住 宅	54289	67229	225398	315718	280579	351155	392262	796242	1037073	948212	1362518	1259046	1222053
办 公 楼	9589	4086	8904	16754	39860	36768	64040	116440	103635	90944	131230	60917	49272
商业营业用房	5726	11785	22002	31659	33162	42934	71536	95475	175895	160972	285159	190360	132019
其他房屋	11489	19617	20416	27376	35945	59039	61931	159715	272825	237762	479075	425615	315519
二、新增固定资产(万元)	**57766**	**60784**	**182501**	**261532**	**214345**	**167992**	**377922**	**282861**	**1096453**	**585141**	**1342266**	**666664**	**1211769**
固定资产交付使用率(%)	71.23	59.18	66.0	66.8	55.0	34.29	64.1	24.2	69.0	40.7	59.4	34.4	70.5
三、房屋建筑面积(万平方米)													
施工面积	119.03	146.06	273.21	380.47	385.15	463.99	603.10	753.65	899.09	838.49	1016.96	866.27	795.04
#住宅面积	93.47	109.92	220.72	294.39	288.06	310.29	397.85	507.60	598.17	534.30	626.47	539.58	510.77
竣工面积	63.45	49.05	109.25	122.46	97.27	70.87	135.04	74.06	217.00	128.10	243.87	97.98	200.51
#住宅面积	50.71	40.46	93.15	97.86	82.75	53.33	101.21	48.09	146.18	92.02	128.97	63.70	133.77
商品房销售面积	34.57	49.70	87.77	136.50	74.10	161.34	138.19	136.12	78.40	107.01	91.70	103.87	152.54
#住宅面积	31.28	43.09	76.95	124.80	67.56	148.23	115.75	113.88	53.17	96.65	78.46	90.46	136.47
待售面积	7.70	11.74	8.59	15.30	14.45	13.77	15.76	11.16	41.04	48.48	93.16	107.29	119.30
#住宅面积	6.80	6.93	3.09	6.20	7.02	6.38	6.70	5.16	24.23	36.80	64.80	75.86	74.34
四、商品房销售额(万元)	**43877**	**87155**	**338405**	**669226**	**456949**	**1077598**	**1252602**	**1410851**	**836252**	**1277412**	**1021884**	**963745**	**1480084**

7-7 分县(区)房地产投资主要指标

(2016 年)

指标	全市	定海区	普陀区	岱山县	嵊泗县
一、投资总额(万元)	**1718863**	**1152073**	**518257**	**14626**	**33907**
1.按构成分					
建筑安装工程	1423748	950769	426994	13715	32270
设备工器具购置	20051	1963	18088		
其他费用	275064	199341	73175	911	1637
2.按房屋用途分					
住宅	1222053	859898	334121	12953	15081
办公楼	49272	35240	14032		
商业营业用房	132019	41202	71710	1635	17472
其他房屋	315519	215733	98394	38	1354
二、新增固定资产(万元)	**1211769**	**888097**	**277220**	**46452**	
固定资产交付使用率(%)	70.5	77.1	53.5	317.6	
三、房屋建筑面积(万平方米)					
施工面积	795.04	491.20	228.20	37.36	38.28
#住宅面积	510.77	321.00	138.16	33.95	17.65
竣工面积	200.51	160.43	34.11	5.97	
#住宅面积	133.77	104.17	24.86	4.73	
销售面积	152.54	8340	52.00	15.22	1.92
#住宅面积	136.47	74.60	48.80	12.01	1.06
待售面积	119.30	53.78	52.30	11.40	1.83
#住宅面积	74.34	28.29	38.28	6.99	0.79
四、商品房销售额(万元)	**1480084**	**883449**	**468975**	**108994**	**18666**

7-8 房地产开发企业主要财务指标

单位:万元

指标	2008年	2009年	2010年	2011年	2012年	2013年	2014年	2015年	2016年	2016年比上年增长(%)
流动资产合计	2081938	2760752	3647947	5563973	5822017	6457977	7643966	7530975	7549486	0.2
其中:存货	1138557	1477065	2034071	3613165	3704062	4266310	5100202	5298134	5046173	-4.8
资产总计	2694312	3347354	4254339	6468299	6743268	7596254	8846269	8856017	9315726	5.2
负债合计	1952772	2547002	3287705	5200309	5422019	6159938	7379196	7370709	7744934	5.1
所有者权益合计	741540	800353	966634	1267990	1321249	1436316	1467074	1485309	1570792	5.8
主营业务收入	445446	588829	690529	653749	1660317	1372044	1135536	1064261	1689216	58.7
其中:商品房屋销售收入	430894	569111	672076	606421	1607022	1359009	1111462	973663	1633968	67.8
主营业务成本	322138	374791	461268	464541	1210235	987160	866204	888090	1509272	69.9
主营业务税金及附加	35802	50891	57778	54952	142530	139308	92641	95621	97491	2.0
其他业务利润	2028	3842	5765	5687	9334	6044	5322	9700	1262	-87.0
销售费用	10249	18639	19285	26371	25754	26997	38631	37711	42610	13.0
管理费用	43066	96437	61175	74488	76890	70520	83154	76503	72137	-5.7
其中:税金	1438	1721	3272	2995	4168	3316	5331	5687	3622	-36.3
财务费用	9863	22379	19340	24599	38341	50703	63042	57029	47958	-15.9
其中:利息支出	7411	18374	16102	25541	36033	31810	52862	49999	28068	-43.9
营业利润	27395	31010	78185	17241	177084	103001	-3727	-55742	-92283	
营业外收入	2183	4336	12404	9784	1329	1806	3491	21041	27586	31.1
营业外支出	4826	2489	10425	11281	9948	15373	8435	7666	7238	-5.6
利润总额	24753	32856	80161	27590	225471	119109	29685	-43050	-71383	
应付职工薪酬				26192	28494	31917	32482	33069	37302	12.8
全部从业人员年均人数(人)	2909	2918	3068	3609	4160	3673	3959	3941	3521	-10.7

7-9 民间投资主要指标

指　　标	2008年	2009年	2010年	2011年	2012年	2013年	2014年	2015年	2016年	2016年比上年增长(%)
一、投资总额(万元)	**1471907**	**1911388**	**2082187**	**2824613**	**3281395**	**3505220**	**4669497**	**5327717**	**5538748**	**4.0**
1.按项目范围分										
固定资产投资项目	1121260	1498592	1608990	1885418	1982182	2298827	2850322	3605608	4108121	13.9
房地产开发	350647	412796	473197	939195	1299213	1206393	1819175	1722109	1430627	-16.9
2.按构成分										
建筑工程	951145	1160975	1354961	1715844	1782958	1834281	2510153	3080331	3918140	27.2
安装工程	75273	73347	111789	137790	239921	239983	335431	414732	421235	1.6
设备工器具购置	240504	460231	371285	550117	630288	689310	751661	803877	484171	-39.8
其他费用	204985	216835	244152	420862	628228	741646	1072252	1028777	715202	-30.5
二、新增固定资产(万元)	**429958**	**842476**	**899709**	**2553226**	**2017528**	**1802589**	**4130393**	**3535468**	**3010822**	**-14.8**
固定资产交付使用率(%)	29.2	44.1	43.2	90.4	61.5	51.4	88.5	66.4	54.4	
三、本年资金来源小计(万元)	**1671669**	**2171994**	**2472833**	**3298376**	**3799597**	**3987399**	**4732537**	**5368769**	**5648742**	**5.2**
(1)国家预算内资金	1435	1482	1412	3838	8611	5612	5950		7150	
(2)国内贷款	539077	686396	536187	675010	586223	540458	602096	1062364	1526911	43.7
(3)债券										
(4)利用外资	1500									
其中:外商直接投资	1438									
(5)自筹资金	868913	1082358	1497596	2133030	2793577	2587784	3491600	3591447	3042580	-15.3
其中:企、事业单位自有资金	385575	285833	148032	357721	445930	337604	416459	360614	689572	91.2
(6)其他资金来源	260744	401758	437638	486473	411186	853545	632891	714958	1072101	50.0

指 标	2008 年	2009 年	2010 年	2011 年	2012 年	2013 年	2014 年	2015 年	2016 年	2016 年比上年增长(%)
四、按国民经济行业分(万元)										
农、林、牧、渔业	4186	9272	10449	55600	57491	111170	88864	77185	45699	-40.8
#渔业	4126	8872	9129	55200	51491	108408	79785	76495	33549	-56.1
采矿业	1159	3007	2481	4484	1302	33908	85112	125131	77412	-38.1
制造业	888522	1045547	1026348	1233386	1163583	1107370	1097433	1457677	1848020	26.8
电力、燃气及水的生产和供应业	42336	72066	128463	57877	26472	33468	31455	112402	252080	1.2 倍
电力、热力生产和供应业	24537	55029	108910	31001	15189	14599	13419	44900	9802	-78.2
燃气生产和供应业				1716	1960	898	5183	55205	212189	2.8 倍
水的生产和供应业	17799	17037	19553	25160	9323	17971	12853	12297	30089	1.4 倍
建筑业	5987	427	574	8315	3999	19363	32000	520	13980	25.9 倍
批发和零售业	3800	6478	76589	70916	37858	40079	81527	100593	58416	-41.9
交通运输、仓储和邮政业	75753	217012	168785	288932	403508	610253	792021	842366	484819	-42.4
住宿和餐饮业	34438	38065	33670	79331	101894	80891	258427	125021	74092	-40.7
信息传输、软件和信息技术服务业			4239		5224	3650		8150		
金融业					23647	50051	42419	42638		
房地产业	354305	417467	487510	959578	1334333	1292008	1878291	1814169	1662070	-8.4
租赁和商务服务业	3563	3755	123	10205	18667	46186	82795	62261	69493	11.6
科学研究和技术服务					1400	1050	2080	23581	910	-96.1
水利、环境和公共设施管理业	15388	9308	38933	34102	64339	46219	173233	428890	710851	65.7
居民服务、修理和其他服务业			240				1995	3745	3200	14.3
教育	5358	7012	4673	395	980	220			5975	5.3 倍
卫生和社会工作		475	138	565	2774	11242	3522	34396	61442	78.6
文化、体育和娱乐业	430	518	3395	1380	12048	12600	11025	28594	161633	4.7 倍
公共管理社会组织	3246	7636	19188	17511	21876	5492	7298	40398	8656	-78.6
国际组织										

7-10 固定资产投资主要新增生产能力(或效益)

（2016年）

指　　标	计量单位	建设规模	本　年 施工规模	累计新增 生产能力	本年新增
火力发电	万千瓦	35	35	35	35
其他发电	万千瓦	5.4	2.0		
输电线路长度(11万伏及以上)	公里	42	42	42	42
新建公路	公里	99	78	18	12
#一级公路	公里	26	26	5	5
二级公路	公里	36	17	14	7
改建公路	公里	56	56		
#一级公路	公里	53	53		
二级公路	公里	3	3		
新建独立公路桥梁	延长米	201	201		
新建独立公路桥梁	座	1	1		
新建独立公路隧道	延长米	702	702		
新建独立公路隧道	处	1	1		
新(扩)建港口码头	万吨	5744	3544	400	400
#新(扩)建沿海港口码头	万吨	5744	3544	400	400
#新(扩)建沿海港口码头	个	23	21	7	7
新(扩)建公路客、货运站	个	1	1		
新(扩)建公路客、货运站	平方米	1000	1000		

7-11 资质等级以上建筑企业主要经济指标

（2016年）

指　　标	计量单位	总计	一、二级企业	三级企业	经济类型		
					国有经济	集体经济	其他经济
企业单位数	个	153	67	86	6	7	140
建筑业总产值	万元	2676447	2136778	539669	44375	235480	2396591
#建筑工程产值	万元	2312377	1988846	323531	25141	46781	2240456
#装饰装修产值	万元	91473	68221	23252	235		91238
#在外省完成的产值	万元	326754	303834	22920		5174	321580
竣工产值	万元	1935349	1483409	451940	49042	190861	1695445
房屋建筑施工面积	万平方米	1392.35	1270.51	121.84	4.92	0.76	1386.67
房屋建筑竣工面积	万平方米	370.19	320.14	50.05	3.99	0.46	365.74
年末自有机械设备总台数	台	14665	9792	4873	702	540	13423
年末自有机械设备总功率	万千瓦	32.02	20.88	11.14	3.12	1.87	27.03
年末自有机械设备净值	万元	57923	32111	25812	6468	6741	44714
流动资产合计	万元	1649072	1285664	363408	54249	97276	1497548
固定资产原值	万元	264989	199145	65843	20870	10079	234040
固定资产净值	万元	159493	123283	36210	9074	6098	144320
累计折旧	万元	105496	75863	29633	11796	3981	89720
资产合计	万元	1987790	1565706	422085	68249	106365	1813176
负债合计	万元	1397376	1134994	262382	35046	84968	1277362
实收资本	万元	445526	320016	125510	12500	6548	426478
主营业务收入	万元	1785058	1362419	422638	36794	180523	1567741
主营业务成本	万元	1642019	1273011	369008	29838	158155	1454026
主营业务税金及附加	万元	31518	23299	8220	589	4055	26874
管理费用	万元	65959	43367	22591	3605	8539	53815
#税金	万元	1366	826	540	126	205	1035
财务费用	万元	14954	12931	2022	-28	493	14489
利润总额	万元	31982	12858	19125	36999	8380	19903
年末从业人员	万人	8.17	6.78	1.39	0.13	0.16	7.88
按总产值计算全员劳动生产率	万元/人	33.18	32.21	37.65	23.18	120.33	31.20

7-12　国有建筑企业主要经济指标

指　　标	计量单位	1985年	1990年	1995年	2000年	2005年	2007年	2008年	2009年	2010年	2011年	2012年	2013年	2014年	2015年	2016年
企业单位数	个	1	1	7	7	12	7	8	7	6	10	8	8	7	7	6
建筑业总产值	万元	1991	2551	28192	11934	109858	78384	87394	63501	53862	64947	51617	52357	100213	67408	44375
竣工产值	万元				7786	92501	63137	95876	68227	44958	74850	53791	52870	67282	50561	49042
房屋建筑施工面积	万平方米	17.08	9.17	30.34	3.50	57.65	3.52	3.52	2.12	8.74	21.22	14.52	7.90	8.72	10.11	4.92
房屋建筑竣工面积	万平方米	6.49	4.43	9.30	1.30	24.69		1.40	2.11	8.74	11.94	11.18	5.11	3.13	10.33	3.99
房屋面积竣工率	%	38.00	48.30	30.29	37.14	42.83		39.77	99.5	100.00	56.27	77.00	64.68	35.89	102.16	81.02
年末自有机械设备总台数	台	432	576	990	494	1961	957	1441	931	1048	1644	1051	1070	889	824	702
年末自有机械设备总功率	万千瓦	0.29	0.31	1.73	0.90	4.05	1.48	1.76	1.26	1.52	2.35	1.75	1.77	2.37	2.20	3.12
固定资产原值	万元	662	1214	8602	3483	32161	13096	16981	12370	15937	24169	19985	21922	18899	23062	20870
固定资产净值	万元	520	909	6706	2337	23424	8693	10309	7338	8750	14032	11565	11672	9755	12861	9074
利润总额	万元	150	63	296	469	1844	1151	1510	5152	1121	1036	214	1013	3929	1207	3699
全部从业人员年平均人数	万人	0.18	0.18	0.43	0.20	0.89	0.24	0.24	0.16	0.15	0.22	0.16	0.17	0.29	0.20	0.19
按总产值计算全员劳动生产率	万元/人	1.08	1.28	6.56	5.97	12.85	33.00	36.41	39.69	35.93	40.59	32.26	30.28	35.03	33.35	23.18

注：2002年起，国有建筑企业指国有、国有控股及国有独资企业。

主要统计指标解释

固定资产投资 指固定资产投资中计划总投资(或实际需要总投资)500万元及500万元以上的固定资产投资项目和房地产开发项目的投资。固定资产投资额是以货币表现的建造和购置固定资产活动的工作量，它是反映固定资本规模、速度、比例关系和使用方向的综合性指标。固定资产投资按经济类型可分为国有、集体、个体、联营、股份制、外商、港澳台商、其他等,也可以简单划分为国有投资、民间投资、港澳台与外商投资;按照管理渠道,可分为基本建设、更新改造、房地产开发投资和其他固定资产投资四个部分。

房地产开发投资 指各种登记注册类型的房地产开发公司、商品房建设公司及其他房地产开发单位统一开发的包括统代建、拆迁还建的住宅、厂房、仓库、饭店、宾馆、度假村、写字楼、办公楼等房屋建筑物和配套的服务设施、土地开发工程,如道路、给水、排水、供电、供热、通讯、平整场地等基础设施工程。包括实际从事房地产开发或经营活动的附营房地产开发单位的开发投资。

固定资产投资项目投资 指固定资产投资中计划总投资(或实际需要总投资)500万元及500万元以上的固定资产投资项目(不含房地产开发项目)的投资。

国有投资 指固定资产投资中国有、国有绝对或相对控股企业(单位)的固定资产投资。

民间投资 指固定资产投资中除国有经济投资和港澳台与外商投资外的企业(单位)的固定资产投资。

港澳台与外商投资 指固定资产投资中非国有控股的港澳台与外商投资企业(单位)的固定资产投资。

八、批发零售、住宿餐饮、外经和旅游

8-1 历年社会消费品零售总额

单位:万元

年份	社会消费品零售总额	市属	定海	普陀	岱山	嵊泗
1952	2733	40	1229	704	553	207
1953	4181	414	1383	1222	830	332
1954	5374	604	1576	1508	1084	602
1955	5697	53	1743	1889	1233	779
1956	7082		2156	2504	1478	944
1957	7473	162	2313	2655	1508	835
1958	7494		2317	2731	1505	941
1959	8533	488	2392	2721	1851	1081
1960	8019		2447	2866	1707	999
1961	7917	72	2526	2596	1614	1109
1962	8182	220	2557	2647	1701	1057
1963	8285	151	2513	2870	1719	1032
1964	8375	114	2570	3006	1774	911
1965	9507	710	2580	3067	2040	1110
1966	10384	1885	2486	2539	2222	1252
1967	11370	2400	2617	2716	2428	1209
1968	11093	2337	2719	2453	2357	1227
1969	9332	1827	2635	1652	1978	1240
1970	9043	480	2503	2710	1904	1446
1971	11241	2225	2228	2993	2651	1144
1972	13606	2714	2553	3892	2753	1694
1973	14532	978	4232	4347	2923	2052
1974	16476	1232	4723	4805	3085	2631
1975	18004	1557	4991	4983	3423	3050
1976	18959	1572	5236	5540	3687	2924
1977	19171	1569	5732	5314	3708	2848
1978	19219	1349	5696	5689	3917	2568
1979	22386	1406	6676	6885	4375	3044
1980	26683	1117	7894	9067	5128	3477
1981	30377	2011	9138	9900	5772	3556
1982	32343	1529	9577	11701	6082	3454
1983	36185	2738	10648	12557	6473	3769
1984	42789	8469	8307	14309	7252	4452
1985	61994	10837	14251	20607	10050	6249
1986	72410	12107	16829	24013	11748	7713
1987	90720	16475	21788	29370	14202	8885
1988	123423	25801	30129	38186	19041	10266
1989	124968	21746	30395	43051	20233	9543
1990	122592	20197	31049	43052	19004	9290
1991	137150	25035	37569	41672	21840	11034
1992	165246	28824	44522	51171	27170	13559
1993	205658	42136	52704	61848	31545	17425
1994	260278	50884	64164	81875	41329	22026
1995	316102	144406		99334	46846	25516
1996	411828	206309		114945	53828	36746
1997	463364	226698		125401	66146	45119
1998	495144	237749		137137	72423	47835
1999	546080	254935		162738	77576	50831
2000	594809	266285		187791	84793	55940
2001	654041	289230		212356	93498	58957
2002	740714	329851		242316	106148	62399
2003	751099	83687	242058	248614	116285	60455
2004	875164	96352	288294	286403	134179	69936
2005	1004469	103627	330711	334969	155350	79812
2006	1146686	124946	366658	384276	179053	91753
2007	1336058		565634	456372	209072	104980
2008	1597760		615567	573711	276359	132123
2009	1816860		772764	632359	282050	129687
2010	2125429		904003	744254	329393	147779
2011	2517051		1076830	883213	384501	172507
2012	2905445		1214115	1044127	447175	200028
2013	3316470		1364712	1211887	509805	235966
2014	3765820		1541443	1380945	576648	266784
2015	4155181		1697831	1532172	631626	293552
2016	4573956		1858453	1693403	697265	324835

注:1995 年至 2002 年定海商业归入市属块统计。1995 年起,零售总额中剔除住房零售。2003 年起,零售总额中不含制造业及农民对非农民零售。2007 年起,按在地统计,不再出现市属口径。2005-2007 年数据按照第二次经济普查结果相应调整。2010 年起,统计口径变化,非同业的限额以下产业活动和其他类不在统计范围内。

8-2 全市各县（区）社

	1985 年	1990 年	1995 年	1998 年	1999 年	2000 年	2005 年	2006 年	2007 年	2008 年
社会消费品零售总额	**61994**	**122592**	**316102**	**495144**	**546080**	**594809**	**1004469**	**1146686**	**1336058**	**1597760**
按区域分										
城镇			166086	231953	289588	314145	770350	878276	1026133	1189277
其中:城区			38778	73350	79531	95281	156979	181039	206312	276933
乡村			111238	189841	176961	185383	77140	87371	103613	131550
按行业分										
批发和零售业	46842	91701	230215	328176	350258	378721	863146	983754	1145328	1358855
限额以上						112209	185687	209278	280216	321306
限额以下						73484	184237	187347	225381	181559
个体户						193028	493222	587129	639731	855990
住宿和餐饮业	1854	3375	16619	40694	50202	61001	138795	160239	187669	236170
制造业	7029	9648	24849	44000	61706	66682				
其他	6269	17868	44419	82274	83914	88405	2528	2693	3061	2735
# 农民对非农民零售	3567	11001	44419	80249	80947	85757				

会消费品零售总额

单位:万元

2009年	2010年	2011年	2012年	2013年	2014年	2015年	2016年	2016年分县(区)				
								市　区	定海区	普陀区	岱山县	嵊泗县
1816860	**2125429**	**2517051**	**2905445**	**3316470**	**3765820**	**4155181**	**4573956**		**1858453**	**1693403**	**697265**	**324835**
1405123	1779499	2042610	2354083	2657425	3016250	3392707	3690041		1608650	1479380	379785	222226
280544	1337925	1540539	1813110	2036518	2323838	2562004	2796493		1489846	1306647		
131193	345930	474441	551362	659045	749569	762474	883915		249803	214023	317480	102609
1561377	1805098	2122486	2441902	2805384	3208061	3539085	3866678		1644767	1315442	626812	279657
386549	471981	643125	694835	808008	955203	980788	1028621		624548	342528	42452	19093
277083	1333118	1479361	1747067	1997376	2252858	2558297	2838057		1020219	972914	584360	260564
897745				11081	17171							
249674	320331	394565	463543	511086	557759	616096	707278		213686	377961	70453	45178
5809												

注:2010年起,按区域划分指标改为“城镇、其中:城区、乡村”,原为“市、县和县以下”。

8-3 限额以上批发零售贸易业商品销售、库存情况(一)

（2016年） 单位:万元

项目	法人企业数（个）	从业人员期末人数（人）	商品销售额			年末商品库存额
				批发额	零售额	
总计	**334**	**9902**	**14826609**	**13936141**	**890468**	**329053**
一、批发业	**239**	**4242**	**14090292**	**13870690**	**219602**	**262802**
其中:国有控股	20	1745	2259351	2115397	143954	95428
1.按登记注册类型分组						
内资企业	238	4240	14028061	13808459	219602	262802
国有企业	3	410	260683	260558	125	11247
有限责任公司	68	1001	5749916	5656488	93428	133755
国有独资公司	2	42	19146	19146		59
其他有限责任公司	66	959	5730770	5637343	93428	133697
股份有限公司	6	1087	352403	244957	107446	1336
私营企业	159	1673	7579739	7571058	8681	116007
私营独资企业	1	23	569	569		602
私营有限责任公司	158	1650	7579170	7570489	8681	115405
其他企业	2	69	85319	75397	9922	457
港、澳、台商投资企业	1	2	62230	62230		
与港澳台商合资经营企业	1	2	62230	62230		
2.按批发行业小类分						
农、林、牧产品批发	2	11	7281	7059	222	397
谷物、豆及薯类批发	1	9	4222	4000	222	397
林业产品批发	1	2	3059	3059		
食品、饮料及烟草制品批发	25	1090	1024945	1011498	13447	32106
米、面制品及食用油批发	5	233	586654	586654		12998
糕点、糖果及糖批发	1	15	5720	5720		898
果品、蔬菜批发	2	45	6578	6505	73	13
肉、禽、蛋、奶及水产品批发	9	162	158877	146188	12689	3849
盐及调味品批发	1	139	3444	3319	125	7
酒、饮料及茶叶批发	5	282	27497	27400	98	3831
烟草制品批发	1	184	234134	234134		10085
其他食品批发	1	30	2042	1580	462	425
纺织、服装及家庭用品批发	7	117	318072	318072		2221
纺织品、针织品及原料批发	2	13	186271	186271		404
服务批发	1	29	3829	3829		482
鞋帽批发	1	14	1829	1829		
厨房、卫生间用具及日用杂货批发	1	41	2471	2471		33
家用电器批发	2	20	123672	123672		1303
文化、体育用品及器材批发	1	2	14871	14871		
文具用品批发	1	2	14871	14871		
医药及医疗器材批发	3	176	69230	22664	46566	4972
西药批发	2	72	45319	18606	26713	2832
中药批发	1	104	23911	4057	19853	2140
矿产品、建材及化工产品批发	190	2728	12350380	12229652	120728	209562
煤炭及制品批发	17	132	1914231	1914231		23954
石油及制品批发	84	1951	3763604	3648399	115206	146280
非金属矿及制品批发	1	1	62447	62447		
金属及金属矿批发	58	356	5078861	5078861		24919
建材批发	12	113	332462	326940	5522	4325
化肥批发	1	17	2071	2071		305
农用薄膜批发	2	2	29574	29574		5635
其他化工产品批发	15	156	1167130	1167130		4144
机械设备、五金交电及电子产品批发	9	93	300864	262224	38641	12170
农业机械批发	1	9	2829	2829		367
五金产品批发	2	39	74541	71533	3008	1180
电气设备批发	1	12	3745	3745		186
计算机、软件及辅助设备批发	1	3	162523	162523		41
其他机械设备及电子产品批发	4	30	57226	21593	35632	10396
其他批发	2	25	4650	4650		1374
再生物资回收与批发	2	25	4650	4650		1374

8-3 限额以上批发零售贸易业商品销售、库存情况(二)

(2016年) 单位:万元

项　　目	法人企业数(个)	从业人员期末人数(人)	商　品销售额	批发额	零售额	年末商品库存额
二、零售业	**95**	**5660**	**736317**	**65451**	**670866**	**66250**
其中:国有控股	7	683	55170	10	55160	5957
1.按登记注册类型分						
内资企业	95	5660	736317	65451	670866	66250
其中:国有企业	1	48	4621		4621	2
有限责任公司	30	2468	391373	43570	347803	29866
国有独资公司	4	172	13863	10	13853	4171
其他有限责任公司	26	2296	377509	43559	333950	25695
股份有限公司	2	113	32219		32219	1159
私营企业	59	2886	303136	21882	281254	35224
私营独资企业	1		682		682	161
私营有限责任公司	57	2881	301693	21882	279812	34936
私营股份有限公司	1	5	760		760	127
其他企业	3	145	4969		4969	
2.按零售行业小类分						
综合零售	14	2096	288283	56224	232058	18520
其中:百货零售	4	893	194523	41869	152654	8500
超级市场零售	7	1095	90781	14355	76425	9179
其他综合零售	3	108	2979		2979	841
食品、饮料及烟草制品专门零售	11	765	31732	162	31569	1905
其中:糕点、面包零售	1	100	1542		1542	50
果品、蔬菜零售	2	434	17767		17767	690
肉、禽、蛋、奶及水产品零售	4	145	5652		5652	161
营养和保健品零售	2	42	1607	162	1445	449
烟草制品零售	1	38	4609		4609	492
其他食品零售	1	6	557		557	62
纺织、服装及日用品专门零售	4	117	14415	1091	13324	2491
其中:服装零售	3	100	13457	1091	12366	2347
化妆品及卫生用品零售	1	17	958		958	144
文化、体育用品及器材专门零售	3	134	9255	10	9244	3679
其中:图书、报刊零售	3	134	9255	10	9244	3679
医药及医疗器材专门零售	9	779	61039	2400	58639	7602
其中:药品零售	9	779	61039	2400	58639	7602
汽车、摩托车、燃料及零配件专门零售	30	1222	278895		278895	24594
其中:汽车零售	28	1199	273510		273510	24431
机动车燃料零售	2	23	5385		5385	164
家用电器及电子产品专门零售	15	360	43286	5323	37963	5755
其中:家用视听设备零售	2	28	5854	3938	1916	684
日用家电设备零售	6	113	26279	190	26089	3509
计算机、软件及辅助设备零售	5	115	8125	148	7977	959
通信设备零售	2	104	3028	1047	1981	605
五金、家具及室内装修材料专门零售	1	11	1680		1680	1318
其中:灯具零售	1	11	1680		1680	1318
货摊、无店铺及其他零售业	8	176	7733	241	7492	386
其中:生活用燃料零售	8	176	7733	241	7492	386

8-4 限额以上批发零售贸易业商品销售类值

（2016年） 单位:万元

项目	销售合计	批发额	零售额
总计	17296818	16288475	1008343
1.粮油类、食品类	1987183	1759705	227477
其中:粮油类	709651	688922	20729
肉禽蛋类	9584	728	8856
水产品类	1130941	1010397	120544
蔬菜类	18063	4817	13247
干鲜果品类	9344	1278	8065
2.饮料类	20060	8185	11875
3.烟酒类	302447	277819	24628
4.服装、鞋帽、针纺织品类	101120	19449	81672
(1)服装类	68047	11141	56905
(2)鞋帽类	14008	3086	10922
(3)针、纺织品类	19066	5221	13845
5.化妆品类	11362	1774	9587
6.金银珠宝类	15077		15077
7.日用品类	44784	12912	31872
其中:儿童玩具类	137	8	128
8.五金、电料类	2754	1	2753
9.体育、娱乐用品类	2817	1240	1577
其中:照相器材类			
10.书报杂志类	8332		8332
11.电子出版物及音像制品类	121		121
12.家用电器和音像器材类	62065	9337	52728
13.中西药品类	128680	28448	100232
其中:西药类	72416	20840	51575
中草药及中成药类	20847	3024	17822
14.文化办公用品类	13491	3367	10124
其中:计算机及其配套产品	4081		4081
15.家具类	3709		3709
16.通讯器材类	40135	37567	2568
17.煤炭及制品类	1210703	1210703	
18.木材及制品类	165923	165923	
19.石油及制品类	4784942	4670572	114371
20.化工材料及制品类	1252342	1252342	
其中:化肥类	1633	1633	
21.金属材料类	5874748	5874748	
22.建筑及装潢材料类	50699	32334	18364
23.机电产品及设备类	123978	123978	
其中:农机类	2720	2720	
24.汽车类	277319	448	276871
25.种子饲料类			
26.棉麻类	2800	2800	
27.其他类	809230	794824	14406

8–5 限额以上连锁零售业总店(公司)经营情况

项　目	单位	总　计						零售业超级市场					
		2011 年	2012 年	2013 年	2014 年	2015 年	2016 年	2011 年	2012 年	2013 年	2014 年	2015 年	2016 年
连锁总店数	个	12	12	12	11	10	7	6	7	7	6	5	3
连锁门店数	个	682	674	639	554	461	103	551	565	523	453	362	54
商品购进额	万元	173135	191463	127118	128761	124113	114667	54414	171729	108736	111860	113140	108677
#统一配送商品购进额	万元	166388	185096	120336	124220	118177	110467	54414	170035	106879	111081	113140	108677
#自有配送中心配送商品购进额	万元	118957	159185	103751	102365	107146	100509	35342	152405	96904	99961	104861	98719
非自有配送中心配送商品购进额	万元	18975	16247	7335	17323	11030	9958		16247	7335	11119	8279	9958
商品销售额	万元	190576	192114	153245	136623	126600	118851	66416	173115	133200	118174	113020	110889
#零售额	万元	135024	138987	137987	122767	113269	104496	51665	119988	117942	104318	99689	96535
年末零售营业面积	平方米	89347	93410	92399	80518	69281	64665	61579	81958	80321	72256	62900	60344
从业人员	人	2952	2886	2803	2480	2272	1343	1765	2260	2229	1946	1801	1060

8-6 限额以上住宿和

项　　目	法人企业数（个）	从业人员期末人数（人）	营业额	客房收入
总　计	**114**	**8509**	**217274**	**86500**
一、住宿业	**79**	**5852**	**134208**	**73938**
其中:国有控股	14	1520	39011	25966
1.按登记注册类型分组				
内资企业	79	5852	134208	73938
其中:国有企业	5	221	4645	3272
集体企业	1	33	909	665
有限责任公司	24	2538	62144	37990
国有独资公司	2	336	7352	5233
其他有限责任公司	22	2202	54792	32757
私营企业	49	3060	66510	32011
私营独资企业	4	131	1336	969
私营合伙企业	1	14	155	155
私营有限责任公司	44	2915	65019	30887
2.按住宿业行业小类分				
旅游饭店	62	5266	123470	66983
一般旅馆	16	497	9636	6454
其他住宿业	1	89	1101	501
二、餐饮业	**35**	**2657**	**83066**	**12561**
其中:国有控股	2	39	27564	246
1.按登记注册类型分组				
内资企业	33	2590	81114	12513
其中:国有企业	1		27106	
有限责任公司	6	654	13900	5264
国有独资公司	1	39	459	246
其他有限责任公司	5	615	13442	5018
私营企业	26	1936	40109	7249
私营独资企业	8	212	4400	108
私营合伙企业	1		3044	
私营有限责任公司	17	1724	32665	7141
港澳台商投资企业	1	67	1231	49
其中:与港澳台商合资经营企业	1	67	1231	49
外商投资企业	1		721	
其中:外资企业	1		721	
2.按国民经济行业分组				
正餐服务	32	2563	81391	12561
快餐服务	2	94	954	
饮料及冷饮服务	1		721	
咖啡馆服务	1		721	

餐饮业经营情况(2016年)

单位:万元

餐费收入	商品销售收入	其他收入	客房数(间)	床位数(个)	餐位数(位)	年末餐饮营业面积(平方米)
120080	**1711**	**8983**	**10832**	**18281**	**38150**	**184379**
54467	**1147**	**4656**	**8914**	**15113**	**20977**	**132089**
12642	68	335	1921	3358	3458	11575
54467	1147	4656	8914	15113	20977	132089
1323	6	45	395	689	668	1685
244			98	198	150	260
23003	91	1059	3005	5166	6755	28557
2100	1	18	374	716	860	2100
20903	91	1042	2631	4450	5895	26457
29897	1049	3552	5416	9060	13404	101587
254	12	101	336	580	276	2600
			90	150		1000
29643	1037	3451	4990	8330	13128	97987
50943	1104	4440	7345	12482	18861	104971
2949	43	191	1474	2425	1866	14931
575		25	95	206	250	12187
65613	**565**	**4327**	**1918**	**3168**	**17173**	**52290**
27280		38	35	58	3759	4944
63858	467	4276	1896	3130	16623	49990
27106					3752	4824
6643	3	1989	740	1227	2237	13888
174		38	35	58	7	120
6469	3	1951	705	1169	2230	13768
30110	464	2287	1156	1903	10634	31278
4292			17	33	1174	5650
3044					300	350
22773	464	2287	1139	1870	9160	25278
1131		51	22	38	500	2000
1131		51	22	38	500	2000
624	98				50	300
624	98				50	300
64036	467	4327	1918	3168	16893	50890
954					230	1100
624	98				50	300
624	98				50	300

8-7 限额以上批发和零售业企

项目	法人企业数（个）	年初存货	流动资产合计	固定资产原价	累计折旧	资产总计	负债合计	所有者权益合计	
									实收资本
总　计	**334**	**387402**	**5530006**	**313434**	**110322**	**7332730**	**6740833**	**591897**	**1046961**
一、批发业	**239**	**301877**	**5253697**	**199988**	**70607**	**6851445**	**6311202**	**540243**	**965362**
其中：国有控股	20	158927	1255651	84859	36184	1350076	1257438	92637	95765
1.按登记注册类型分									
内资企业	238	301877	5247098	198477	69563	6844378	6292866	551513	964369
国有企业	3	8049	84690	24291	12287	104719	22534	82185	8249
有限责任公司	68	194370	2816849	66893	18479	3884085	3779303	104782	359154
国有独资公司	2	35	3204	2021	723	4577	1597	2980	255
其他有限责任公司	66	194334	2813645	64873	17756	3879508	3777705	101803	358899
股份有限公司	6	6748	85710	30938	16667	126253	93150	33103	34934
私营企业	159	92711	2258839	75673	22104	2727535	2397136	330399	561646
私营独资企业	1	534	2729	405	158	2989	2965	24	99
私营有限责任公司	158	92177	2256110	75268	21946	2724546	2394171	330376	561547
其他企业	2		1010	682	26	1786	744	1042	386
港、澳、台商投资企业	1		6599	1512	1044	7066	18336	−11270	994
合资经营企业（港或澳、台资）	1		6599	1512	1044	7066	18336	−11270	994
2.按批发行业小类分									
农、林、牧产品批发	2	360	3383			3383	333	3049	3000
谷物、豆及薯类批发	1	360	2276			2276	259	2016	2000
林业产品批发	1		1107			1107	74	1033	1000
食品、饮料及烟草制品批发	25	51742	675380	29474	14290	1338393	1282525	55869	78670
米、面制品及食用油批发	5	31391	547193	2771	1690	1188863	1221337	−32475	66124
糕点、糖果及糖批发	1	881	8727	803	438	9228	5652	3577	2000
果品、蔬菜批发	2	36	1038	273	227	1321	416	906	600
肉、禽、蛋、奶及水产品批发	9	5972	24203	3744	1199	27235	20007	7228	5166
盐及调味品批发	1	479	975	1813	864	3890	4428	−538	500
酒、饮料及茶叶批发	5	5577	14538	2473	608	17241	14762	2478	2401
烟草制品批发	1	7019	77959	17374	9086	89724	15291	74433	1749
其他食品批发	1	388	747	224	179	892	632	260	131
纺织、服装及家庭用品批发	7	2253	16939	3116	1222	24209	16360	7849	1828
纺织品、针织品及原料批发	2	297	12174	967	250	12952	12958	−7	1100
服装批发	1	551	1299	154	70	1383	1303	80	50
鞋帽批发	1		123	112	106	129	−28	158	81
厨房、卫生间用具及日用杂货批发	1	98	1009	1867	785	7405	326	7079	67
家用电器批发	2	1308	2334	16	11	2341	1802	538	530
文化、体育用品及器材批发	1		3433			3433	3441	−8	15
文具用品批发	1		3433			3433	3441	−8	15
医药及医疗器材批发	3	5909	29639	1098	447	30629	29284	1345	1200
西药批发	2	3008	13705	783	316	14274	13182	1092	900
中药批发	1	2902	15934	315	131	16355	16101	254	300
矿产品、建材及化工产品批发	190	236363	4424577	164298	53422	5345450	4914536	430913	838594
煤炭及制品批发	17	12146	285531	1377	698	288092	256343	31749	50241
石油及制品批发	84	177757	2056757	98530	38232	2715630	2651733	63897	292462
非金属矿及制品批发	1		59103	1	1	59104	48775	10329	10000
金属及金属矿批发	58	25345	1648857	14191	3851	1821002	1515115	305887	376908
建材批发	12	13174	138713	21689	4035	176668	151931	24737	31995
化肥批发	1	294	1905	527	351	2257	1852	404	300
农用薄膜批发	2	3938	14865	84		14949	10467	4482	1000
其他化工产品批发	15	3709	218847	27899	6254	267748	278321	−10572	75689
机械设备、五金产品及电子产品批发	9	3662	97474	289	189	100319	57595	42724	41355
农业机械批发	1	14	1296	57	37	1671	1609	62	5
五金产品批发	2	1807	17514	60	26	19757	857	18899	18800
电气设备批发	1	167	2028	48	46	2031	1718	312	200
计算机、软件及辅助设备批发	1		1198	34		1412	849	563	550
其他机械设备及电子产品批发	4	1675	75439	91	81	75449	52562	22887	21800
其他批发业	2	1588	2872	1714	1037	5629	7127	−1498	700
再生物资回收与批发	2	1588	2872	1714	1037	5629	7127	−1498	700

业主要财务状况(一)(2016年)

单位:万元

主营业务收入	主营业务成本	主营业务税金及附加	其他业务利润	销售费用	管理费用	税金	财务费用	营业利润	利润总额	应交所得税	应付职工薪酬	应交增值税
12804848	**12551111**	**37853**	**21166**	**111262**	**67364**	**2186**	**108796**	**−43267**	**−37105**	**15457**	**74866**	**25485**
12173048	**11974199**	**36123**	**8717**	**72734**	**43309**	**1231**	**94905**	**−39538**	**−29985**	**14841**	**48780**	**20693**
1959847	1846565	30825	749	34475	17648	42	−24615	58453	61653	11916	19218	18704
12148041	11949230	36122	8625	72734	43285	1226	93452	−38098	−28639	14837	48763	20683
225183	157168	29753	94	4261	12758	322	−2344	24679	24941	6938	12725	10916
4868264	4810964	2525	3643	28645	12758	−198	51879	−36528	−31320	6526	11499	2626
16366	12370	215		778	630	19	2	2386	2428	622	376	631
4851899	4798594	2311	3643	27867	12128	−217	51877	−38914	−33747	5905	11123	1995
277211	262264	258	671	10189	2546	117	495	5098	5042		4194	2139
6692063	6635031	3567	3019	29599	14990	985	43418	−32569	−28524	1302	20118	5002
764	620	1		109	16		93	2	2		76	4
6691299	6634410	3566	3019	29490	14975	985	43326	−32571	−28526	1302	20042	4998
85319	83803	19	1197	40	232		4	1221	1221	70	227	
25007	24969	1	91		25	5	1453	−1440	−1345	4	17	10
25007	24969	1	91		25	5	1453	−1440	−1345	4	17	10
7283	6896	7		354	6	2	−1	19	23	2	43	4
4224	3840	5		354	5	2		18	18	2	34	2
3059	3056	2			1		−1	1	5		8	2
853034	774911	30103	3731	7193	18763	378	59463	−34131	−34261	7304	16316	10958
457431	451288	98	801	724	3967	79	61072	−59009	−59822	32	2234	−353
4889	4545	51	1120	184	390		425	414	750	190	361	122
6164	5522	2		231	464			−54	19		251	
155611	152144	188	1197	883	1070	29	−137	1242	1276	119	834	64
3047	2338	27	94	86	1984	18	13	−721	−405		1525	282
24028	21488	91	137	1498	594	1	471	65	62	10	1138	221
200114	136064	29643		3294	10002	236	−2371	23901	23829	6938	9659	10589
1750	1521	4	382	292	293	16	−10	32	31	15	314	35
258083	255262	73	57	1107	897	40	1104	−137	−190	115	811	238
127210	126118	34	15	183	200	9	1034	−345	−387		77	
3829	3496	9		266	40		14	6	6	2	153	44
1829	1559	1		248	37	1	1	−17	−10		88	
2112	1318	22		269	464	29		203	185	85	405	154
123103	122770	7	42	141	156		54	17	17	27	88	41
12710	12400	18		60	16		265	−48	−16		12	46
12710	12400	18		60	16		265	−48	−16		12	46
59685	56551	65	1224	1233	1524		423	134	489	51	1046	382
39137	37384	48	1133	586	599		312	362	347	51	576	204
20548	19167	18	91	646	925		111	−228	142		471	178
10690396	10580066	5606	3186	61675	21028	776	33091	−6380	2976	7112	29742	8603
1458104	1430313	703	97	13377	1221	257	6	13457	17467	4761	661	4664
3399138	3351164	1708	2130	40748	11127	−163	177	1926	2611	408	24760	−675
5273	5250	2			54		−118	85	105	3	51	12
4490629	4469950	2498	876	3067	4407	250	20593	−13883	−10379	303	1956	1623
293347	290310	96	30	1303	1700	149	785	−693	−501	252	948	1507
1856	1829	1		106	245		45	−125			139	21
29503	27790	24			30	25	3	1656	1656	414	5	
1012547	1003459	574	54	3074	2245	258	11600	−8803	−7983	972	1222	1450
287884	284556	250	315	928	825	26	330	995	959	257	714	443
2426	2364	7		5	52			−1	−1		33	34
63711	63029	22		387	158	1	1	115	116	42	399	55
3681	3352	1		177	104		8	39	32	8	68	
162523	162162	124			219			20	20	9	21	55
55544	53650	97	315	359	293	25	321	823	794	198	193	300
3975	3558	1	204	185	250	10	230	10	35		97	19
3975	3558	1	204	185	250	10	230	10	35		97	19

8-7 限额以上批发和零售业企

项　　目	法人企业数（个）	年初存货	流动资产合计	固定资产原价	累计折旧	资产总计	负债合计	所有者权益合计	
									实收资本
二、零售业	**95**	**85525**	**276309**	**113446**	**39715**	**481285**	**429631**	**51654**	**81599**
其中：国有控股	7	6538	17243	4371	2411	22104	12974	9129	3050
1.按登记注册类型分									
内资企业	95	85525	276309	113446	39715	481285	429631	51654	81599
国有企业	1	2	254	181	109	326	44	283	50
有限责任公司	30	29527	142175	68423	25875	289721	250377	39345	32530
国有独资公司	4	2587	11017	2783	1667	13777	6546	7231	1500
其他有限责任公司	26	26940	131158	65640	24208	275945	243831	32114	31030
股份有限公司	2	1219	12852	3866	1518	16038	19668	-3630	6900
私营企业	59	54778	119217	39628	12137	170927	156428	14499	41620
私营独资企业	1	119	219	12	4	232	219	14	152
私营有限责任公司	57	54499	118592	39596	12113	170288	155867	14420	41418
私营股份有限公司	1	161	407	20	20	407	342	65	50
其他企业	3	0	1812	1348	77	4273	3115	1158	500
2.按零售行业小类分									
综合零售	14	17676	113839	65496	23580	253785	235014	18771	24096
百货零售	4	10301	61557	48035	19800	171417	159265	12152	14761
超级市场零售	7	7229	50669	17403	3769	75668	71744	3924	6230
其他综合零售	3	146	1613	57	11	6700	4005	2695	3105
食品、饮料及烟草制品专门零售	11	1800	9511	3197	1083	13779	10142	3637	3482
糕点、面包零售	1	51	585	58	9	659	1550	-891	1200
果品、蔬菜零售	2	650	2217	1098	501	3644	2898	746	1050
肉、禽、蛋、奶及水产品零售	4	119	2030	1360	82	4505	3334	1172	652
营养和保健品零售	2	381	1807	259	217	1950	2071	-121	230
烟草制品零售	1	557	2829	412	265	2976	260	2716	300
其他食品零售	1	43	44	10	9	45	30	15	50
纺织、服装及日用品专门零售	4	1470	27263	2372	279	34785	32536	2250	5425
服装零售	3	1336	26831	2371	278	34353	32172	2181	5375
化妆品及卫生用品零售	1	134	432	1	1	433	363	69	50
文化、体育用品及器材专门零售	3	2030	8188	2372	1402	10801	6286	4515	1200
图书、报刊零售	3	2030	8188	2372	1402	10801	6286	4515	1200
医药及医疗器材专门零售	9	6941	26042	3095	1571	34920	30643	4278	4019
药品零售	9	6941	26042	3095	1571	34920	30643	4278	4019
汽车、摩托车、燃料及零配件专门零售	30	49445	70585	32421	8950	110050	101156	8895	36668
汽车零售	28	49318	69158	31338	8782	106546	100367	6179	33768
机动车燃料零售	2	127	1427	1083	168	3505	789	2716	2900
家用电器及电子产品专门零售	15	4620	16076	859	628	16478	10920	5558	3599
家用视听设备零售	2	729	3444	13	9	3454	3678	-223	150
日用家电设备零售	6	2442	9494	483	336	9752	5474	4278	2129
计算机、软件及辅助设备零售	5	844	2083	226	147	2215	1183	1032	810
通信设备零售	2	606	1054	139	136	1057	585	472	510
五金、家具及室内装饰材料专门零售	1	1221	2434	399	353	2480	1256	1224	1200
灯具零售	1	1221	2434	399	353	2480	1256	1224	1200
货摊、无店铺及其他零售业	8	322	2373	3235	1870	4207	1679	2528	1910
生活用燃料零售	8	322	2373	3235	1870	4207	1679	2528	1910

业主要财务状况(二)(2016年)

单位:万元

主营业务收入	主营业务成本	主营业务税金及附加	其他业务利润	销售费用	管理费用	税金	财务费用	营业利润	利润总额	应交所得税	应付职工薪酬	应交增值税
631800	**576912**	**1730**	**12450**	**38528**	**24055**	**954**	**13891**	**-3729**	**-7121**	**617**	**26086**	**4791**
51479	46347	73	304	4241	1764	27	-21	-169	281	107	4016	315
631800	576912	1730	12450	38528	24055	954	13891	-3729	-7121	617	26086	4791
4617	4369	3	10	475	125			-344	-83		324	-11
333025	302796	1014	9895	21239	11584	728	6851	4475	167	467	12432	3005
11713	9197	25	60	1475	855	24	-129	454	444	65	1785	14
321312	293599	988	9835	19764	10729	704	6980	4022	-277	402	10647	2991
27857	26406	103	71	1904	852	35	953	-927	-974		609	111
261332	238966	611	2474	14542	11381	191	6030	-6987	-6286	149	12338	1686
583	379	4		16	166		6	12	12		69	3
260099	237981	605	2474	14497	11200	191	6015	-6989	-6288	149	12245	1677
650	606	2		29	14		9	-10	-10		24	5
4969	4375			369	114		58	54	56	1	384	
240736	217940	1006	9061	18325	10318	659	7226	2872	-1349	254	8455	2158
158295	145068	789	8686	10678	6778	622	5476	4194	-297	222	3889	698
79810	70622	212	376	7195	3201	37	1723	-879	-632	27	4160	1415
2630	2250	6		452	339		26	-444	-421	5	407	46
29040	24685	66	11	4233	1114	25	64	-693	-252	66	3032	109
1541	845	17		740	47	17	1	-109	-105		289	12
16160	14509	7	10	2294	500	3	35	-801	-364		1590	-11
5553	4754	4		385	280		64	66	68	1	453	3
1438	932	12		503	92		6	-105	-107		337	82
3939	3286	24		312	144	4	-41	257	256	65	338	
410	359		1		51						25	22
4039	3352	21	80	417	421		1913	-2085	-2005	1	362	77
3081	2476	19	0	303	404		1911	-2034	-2007	1	315	65
958	876	2	80	114	17		2	-52	1		47	13
7774	5911	1	60	1163	711	20	-88	196	188		1447	14
7774	5911	1	60	1163	711	20	-88	196	188		1447	14
52637	47890	155	342	3124	1790		818	-864	-701	16	2629	643
52637	47890	155	342	3124	1790		818	-864	-701	16	2629	643
252164	238392	361	1775	7100	7429	236	3754	-3135	-3114	218	7190	1026
247692	234826	346	1771	6846	7238	235	3706	-3538	-3515	115	6977	911
4472	3566	15	5	254	191	1	48	404	401	103	213	115
37204	33173	72	535	2686	1306	8	119	-73	-87	26	1839	489
5004	4834	7		97	223		-16	-141	-140	1	117	10
22623	20190	38	8	1811	403	3	90	100	82	20	650	316
6816	5923	19	59	303	564	2	33	44	42	5	634	133
2761	2226	8	468	475	116	3	12	-76	-71		439	30
1436	1239	2			126	1	66	4	3	1	46	12
1436	1239	2			126	1	66	4	3	1	46	12
6772	4331	47	585	1481	841	7	20	49	197	35	1087	263
6772	4331	47	585	1481	841	7	20	49	197	35	1087	263

8-8 限额以上住宿和餐饮业

项目	法人企业数（个）	年初存货	流动资产合计	固定资产原价	累计折旧	资产总计	负债合计	所有者权益合计	实收资本
总计	**114**	**18731**	**144412**	**318619**	**86414**	**481790**	**414889**	**66901**	**148816**
一、住宿业	**79**	**16587**	**97960**	**283150**	**72097**	**389439**	**318092**	**71347**	**126366**
其中：国有控股	14	1390	25766	134546	24952	159260	119656	39604	42349
1.按登记注册类型分组									
内资企业	79	16587	97960	283150	72097	389439	318092	71347	126366
国有企业	5	163	2712	19854	2714	20419	17970	2449	4934
集体企业	1		15	1039	111	1098	150	948	865
有限责任公司	24	1750	36949	166117	36991	216711	170981	45730	71623
国有独资公司	2	170	3210	9049	5387	12619	1676	10943	4650
其他有限责任公司	22	1581	33738	157068	31604	204092	169305	34787	66973
私营企业	49	14675	58285	96141	32280	151210	128991	22219	48944
私营独资企业	4	144	648	4319	845	4990	2791	2200	1390
私营合伙企业	1		30	17	15	531	595	-64	50
私营有限责任公司	44	14531	57607	91805	31420	145689	125606	20083	47504
2.按住宿业行业小类分									
旅游饭店	62	16416	93881	275246	69798	377418	304522	72896	124184
一般旅馆	16	151	3866	7863	2288	11629	13246	-1618	2082
其他住宿业	1	20	214	41	12	392	323	68	100
二、餐饮业	**35**	**2143**	**46452**	**35468**	**14317**	**92351**	**96797**	**-4446**	**22451**
国有控股	2	130	3065	644	206	3625	2165	1460	1350
1.按登记注册类型分组									
内资企业	33	2125	46242	34646	13717	91919	96719	-4800	22360
国有企业	1	125	2933	636	205	3486	2106	1380	1300
有限责任公司	6	255	21058	16040	7058	43978	36507	7471	9743
国有独资公司	1	5	132	8	1	139	59	80	50
其他有限责任公司	5	249	20926	16032	7057	43839	36448	7391	9693
私营企业	26	1746	22251	17970	6454	44455	58106	-13652	11317
私营独资企业	8	62	287	159	142	423	583	-160	45
私营合伙企业	1								
私营有限责任公司	17	1684	21965	17811	6312	44032	57524	-13492	11272
港、澳、台商投资企业	1	18	210	822	600	432	78	355	90
与港澳台商合资经营企业	1	18	210	822	600	432	78	355	90
外商投资企业	1								
外资企业	1								
2.按餐饮业行业小类分									
正餐服务	32	2138	46408	35409	14276	92263	96781	-4518	22361
快餐服务	2	5	44	59	41	88	16	72	90
饮料及冷饮服务	1								
咖啡馆服务	1								

企业主要财务状况（2016 年）

单位：万元

主营业务收入	主营业务成本	主营业务税金及附加	其他业务利润	销售费用	管理费用	税金	财务费用	营业利润	利润总额	应交所得税	应付职工薪酬
199744	**81718**	**4272**	**2978**	**56222**	**48660**	**1154**	**13999**	**–2408**	**–1855**	**1227**	**42160**
125223	**43439**	**3269**	**2627**	**40135**	**38810**	**744**	**9735**	**–8065**	**–7556**	**1136**	**28666**
37172	10223	834	1420	11753	13683	149	2012	–1208	–1137	833	10406
125223	43439	3269	2627	40135	38810	744	9735	–8065	–7556	1136	28666
4567	1057	178	1374	1664	1325	16	534	–124	–121		1447
909	305	82		310	188		2	–24	–24	1	119
58219	17513	1195	124	18249	21062	361	4271	–3327	–3350	961	14292
7328	943	166	–8	3226	2380	53	17	603	652	165	1715
50891	16570	1029	132	15023	18682	308	4254	–3930	–4002	797	12577
61528	24564	1814	1130	19912	16236	367	4928	–4589	–4061	174	12808
1323	861	31	–99	200	293		88	–123	–114	1	275
153	76	3		64	66		1	–58	–58		85
60052	23627	1779	1228	19648	15876	367	4839	–4408	–3889	174	12447
114448	38311	2968	2726	36852	36683	734	9410	–7700	–7183	1087	26358
9694	4867	279	–99	2815	1825	10	322	–391	–399	49	1809
1081	260	22		468	302		3	26	26		499
74521	**38279**	**1004**	**350**	**16087**	**9850**	**410**	**4265**	**5657**	**5701**	**91**	**13494**
27541	15800	61		968	1473	38	1381	7859	7879		2700
73774	37961	990	308	15822	9725	405	4262	5593	5640	91	13268
27106	15624	56		825	1346	36	1378	7877	7877		2513
12599	4060	235		4349	2899	181	1324	–268	–231	1	3226
436	176	5		143	127	2	3	–18	2		188
12163	3883	231		4206	2773	179	1321	–250	–233		3038
34069	18277	699	308	10648	5479	188	1560	–2016	–2006	91	7529
3226	1760	90		742	441		15	178	178	15	629
30843	16517	609	308	9906	5038	188	1545	–2194	–2184	76	6901
748	319	14	42	266	126	5	3	64	61		226
748	319	14	42	266	126	5	3	64	61		226
73576	37819	956	350	16066	9514	410	4251	5591	5635	89	13191
946	460	48		21	336		14	66	66	3	303

8-9 商品市场交易情况

单位:万元

年 份	消费品市场交易额	#肉食禽蛋类	#水产品类	#蔬菜类	#干鲜果类	#工业品类	生产资料市场交易额
1980	1941	197	629	597	95	164	
1981	2289	270	655	784	150	51	
1982	2482	295	797	694	194	91	
1983	2989	365	899	827	189	268	
1984	3316	399	988	778	289	408	
1985	6110	823	1604	1475	528	1250	
1986	9190	1582	2589	1713	860	1639	
1987	15032	2789	3912	3134	1343	1971	
1988	20072	4047	5473	6879	2025	2241	
1989	24235	5598	7825	4178	2559	2360	
1990	26506	6139	9162	4261	2489	2412	
1991	30352	6728	10429	4324	2987	3769	
1992	37160	8142	12021	5154	3845	5440	
1993	54427	11454	17699	7749	4674	5781	
1994	93895	17834	43477	10953	6378	7610	
1995	157147	23889	84526	13702	7382	11715	
1996	201026	30785	109382	16907	10351	22251	1224
1997	234021	33218	128153	20687	11660	18828	
1998	278316	38896	156184	25786	13456	24846	
1999	312903	40029	187389	28501	15018	26963	14000
2000	381631	41058	244755	36474	14760	31043	42035
2001	440662	42846	292757	41884	16062	32769	47507
2002	460336	44273	317356	41349	14745	33769	64889
2003	482623	45327	337579	41815	14877	32921	112192
2004	567350	53358	410953	48442	12613	29621	235425
2005	594309	57120	423353	53355	14891	33064	330520
2006	661825	60150	479829	55497	16175	37245	398700
2007	741918	71708	531686	64778	16888	41448	500569
2008	825156	89715	581954	72181	16889	47030	608214
2009	857846	95266	603514	76978	17938	44703	494003
2010	962896	100772	675949	89775	16400	55710	636143
2011	1076389	107545	773007	89750	16692	66379	777661
2012	1370505	103938	1018513	85299	13548	131102	578181
2013	1435596	104660	1088514	95156	14803	112591	709406
2014	1578584	108165	1164954	108377	17968	143849	678155
2015	1672909	113060	1200525	114756	18248	149478	666435
2016	1746029						815147

注:2016 年,市场监督管理局不再统计消费品市场交易额分类数据。

8-10 个体工商业及私营企业主要指标

	计量单位	1990年	1995年	2000年	2005年	2009年	2010年	2011年	2012年	2013年	2014年	2015年	2016年
一、个体工商业户数	户	**21030**	**33497**	**40339**	**33150**	**42945**	**44753**	**46828**	**47133**	**49635**	**51400**	**56090**	**61588**
从业人员	人	31528	44233	49824	43129	69898	73631	78596	80677	85447	88759	98482	110396
注册资金	万元	8471	33940	50376	78489	171847	198004	210262	247131	271771	311444	374368	547339
城镇个体工商业户数	户	**7322**	**10924**	**19547**	**18003**	**24880**	**26035**	**27578**	**27354**	**29016**	**30315**	**33425**	**37105**
从业人员	人	10019	12673	22385	22585	42437	45865	49958	51088	54676	57135	63949	72345
注册资金	万元	2645	7814	18157	46214	115045	133649	137432	166043	180042	207855	253969	342307
农村个体工商业户数	户	**13708**	**22573**	**20792**	**15147**	**18065**	**18718**	**19250**	**19779**	**20619**	**21085**	**22665**	**24483**
从业人员	人	21509	31560	27439	20544	27461	27766	28638	29589	30771	31624	34533	38051
注册资金	万元	5826	26126	32219	32275	56802	64355	72830	81088	91729	103589	120399	205032
二、私营企业户数	户	**168**	**1222**	**1736**	**5563**	**10207**	**11160**	**12369**	**12961**	**14597**	**17541**	**20317**	**24075**
雇工人数	人	2592	13331	19220	51019	99926	99235	101913	103390	116241	130050	463578	483508
投资者人数	人	429	2928	5663	15852	21153	22902	25315	26552	28966	33273	38165	44974
注册资金	万元	1306	54372	135163	882318	3428890	3910319	4716046	5229212	6069722	8852347	11615843	18635849
城镇私营企业户数	户	**55**	**571**	**1038**	**2471**	**5103**	**5592**	**6203**	**6487**	**7232**	**8799**	**10439**	**13084**
雇工人数	人	913	4972	8517	18311	50304	50168	51369	52015	58124	64919	75661	89902
投资者人数	人	134	1412	3394	7410	13021	13981	15266	15982	16986	19426	22658	28027
注册资金	万元	584	30969	77537	350705	1892933	2348880	2856937	3174041	3604805	5447404	7227774	13420436
农村私营企业户数	户	**113**	**651**	**902**	**3092**	**5104**	**5568**	**6166**	**6474**	**7365**	**8742**	**9878**	**10991**
雇工人数	人	1679	8359	11443	32708	49622	49067	50544	51375	58117	65131	387917	393606
投资者人数	人	295	1516	2269	8442	8132	8921	10049	10570	11980	13847	15507	16947
注册资金	万元	722	23403	57626	531613	1535957	1561439	1859109	2055171	2464917	3404943	4388069	5215413
三、私营企业中													
独资企业户数	户	78	456	608	1468	1820	1771	1707	1659	2406	3084	3109	3130
合伙企业户数	户	86	301	243	554	401	372	350	331	330	356	465	796
有限公司户数	户	4	465	1089	3541	7986	9013	10306	10961	11847	14080	16706	20101

注：本表数据来源于工商部门。

8-11 私营企业基本情况

（2016年）

	计量单位	合计	#农林畜牧业	#工业	#建筑业	#交通运输业	#批发和零售业	#住宿和餐饮业
城乡私营企业								
户数	户	24075	358	3870	3142	1411	7389	558
雇工人数	人	483508	2019	48955	338983	11127	34893	5853
投资者人数	人	44974	716	7346	5153	2694	12540	859
注册资金	万元	18635849	336552	1979189	1575771	1415052	4500464	167328
1.城镇私营企业								
户　　数	户	13084	175	1401	998	667	4842	384
雇工人数	人	89902	865	14970	10184	6730	23868	4034
投资者人数	人	28027	385	3011	2159	1559	9104	683
注册资金	万元	13420436	204207	964247	890628	958365	3438929	103270
2.农村私营企业								
户　　数	户	10991	183	2469	2144	744	2547	174
雇工人数	人	348606	1154	33985	328799	4397	11025	1819
投资者人数	人	16947	331	4335	2994	1135	3436	176
注册资金	万元	5215413	132345	1014942	685143	456687	1061535	64058

8-12 城乡个体工商业基本情况

（2016年）

	城乡合计			城镇合计		
	户数（户）	从业人员（人）	注册资金（万元）	户数（户）	从业人员（人）	注册资金（万元）
一、总计	**61588**	**110396**	**547339**	**37105**	**72354**	**342307**
1.农林牧渔业	606	1991	23578	195	620	5718
2.工业	2439	5596	19124	799	1909	5589
#制造业	2439	5596	19124	799	1909	5589
3.建筑业	634	1609	10724	229	707	3920
4.交通运输业	3000	3845	23065	2553	3130	16464
5.批发和零售业	33315	46985	183575	18957	28735	87769
6.住宿和餐饮业	9045	25252	194052	6136	19124	154543
7.居民服务业	6753	14084	33167	4193	9898	23497
8.文化体育娱乐业	645	2586	26838	466	2118	22182
二、各县区情况						
定海	21629	40057	131329	12856	25261	73372
普陀	16710	32537	195166	12762	26109	113434
岱山	9185	14775	55304	5130	8958	33545
嵊泗	5076	8824	74382	4346	7836	71724
普陀山	3065	5603	53987	1492	3190	47045
新城	5923	8600	37171	519	1000	3187

8-13　规模以上服务业企业主要经济指标

（2016 年）　　单位:万元

项　　目	企业单位数（个）	亏损企业（个）	资产总计	固定资产原价	本年折旧	营业收入	营业成本
总　　计	**663**	**329**	**15803464**	**6889981**	**312156**	**2514859**	**1984528**
交通运输、仓储和邮政业	362	212	8072345	5374202	253462	1491107	1201063
信息传输、软件和信息技术服务业	22	11	483505	543173	30293	186622	145257
金融业	9	1	318991	2289	151	23327	7016
房地产业	23	7	30598	16224	906	27718	18578
租赁和商务服务业	135	51	6234085	715656	14639	588257	479313
科学研究和技术服务业	34	8	92617	31285	1495	88053	58989
水利、环境和公共设施管理业	21	9	463012	140619	7233	39671	25653
居民服务、修理和其他服务业	28	11	19528	10428	501	15853	10135
教育	3	3	579	1102	88	1167	908
卫生和社会工作	8	4	34844	19868	1382	33737	24859
文化、体育和娱乐业	18	12	53361	35137	2007	19346	12758

注:服务业企业未包括银行、保险、批发零售和住宿餐饮单位。

8-13 续表 1

项目	营业税金及附加	费用合计		营业利润	利润总额	应交所得税	应付职工薪酬	应交增值税	从业人员平均人数（人）
			税金						
总　计	**20927**	**606810**	**11823**	**-58814**	**64522**	**40671**	**398223**	**53406**	**50712**
交通运输、仓储和邮政业	8507	347075	7637	-39154	15007	30140	246496	34124	26863
信息传输、软件和信息技术服务业	895	45595	480	-6138	-3341	57	22725	2920	2264
金融业	275	3294	11	9315	11559	2937	1548	987	130
房地产业	981	6869	93	1282	2509	517	16739	781	4127
租赁和商务服务业	5182	136735	3193	-15272	35210	4594	54199	9281	9496
科学研究和技术服务业	3992	20012	74	5114	5530	1465	18439	3354	2062
水利、环境和公共设施管理业	450	25441	199	-11867	-2031	130	15998	828	2748
居民服务、修理和其他服务业	160	5104	15	485	451	113	4806	538	1034
教育	24	513	2	-278	-289	16	756	16	96
卫生和社会工作	40	6468	46	1227	597	445	9735	1	1086
文化、体育和娱乐业	421	9704	72	-3526	-679	258	6781	576	806

8-14 对外经济合作情况

指　　标	1995 年	2000 年	2001 年	2002 年	2004 年	2005年	2007 年	2008 年	2009 年	2010 年	2011 年	2012 年	2013 年	2014 年	2015 年	2016 年
营业额(万美元)	296	870	941	913	3115	3795	7087	13665	10024	3192	2761	16405	26923	49849	55514	42665
外派人次(人次)	1798	1207	1184	854	2626	2702	6371	5665	4052	1578	1532	9502	12943	8918	8757	8514
年底在外人数(人)	1050	987	1679	1368	3171	3058	2479	2426	1781	1037	969	9639	9364	11855	10936	11603

8-15 外贸进出口总值

单位:万元

指　　标	1995 年	2000 年	2002 年	2004 年	2005年	2007 年	2008 年	2009 年	2010 年	2011 年	2012 年	2013 年	2014 年	2015 年	2016 年
进出口总值	**23061**	**46736**	**49659**	**117935**	**150467**	**407642**	**605298**	**702451**	**1073258**	**1326405**	**1535605**	**1267249**	**1233469**	**1170087**	**6961124**
#地方自营进出口总值	20978	46736	49659	101050	120908	256260	373839	428738	716406	697115	721740	484137	522994	616109	4165266
服务贸易进出口													115501	143433	1225009
一、进口总值	**3849**	**5574**	**5240**	**35219**	**43593**	**169026**	**276707**	**328515**	**379524**	**579109**	**613157**	**602338**	**655895**	**551565**	**2823283**
#外贸企业	1638	2853	3311	17644	5968	44910	108735	179965	17584	14160	124292	131657	104884	121245	780980
外资企业	2186	1315	1929	17575	37625	124116	167972	148446	253873	370422	377481	306794	298613	194073	830511
二、出口总值	**19212**	**41162**	**44419**	**82716**	**106874**	**238616**	**328591**	**373936**	**693734**	**747296**	**922448**	**664911**	**577574**	**618522**	**4137841**
#外贸企业	12322	33275	32003	59049	58944	149223	176236	219024	18629	19520	409034	221512	220376	324150	2333933
外资企业	4832	10638	12416	23667	47930	89373	152355	154894	291271	287894	335122	236934	174911	171686	1079985

注:1.企业主体分专业外贸公司、自营进出口生产企业、三资企业、其他,其中专业外贸公司及自营进出口生产企业属外贸企业。
2.外贸进出口总值,出口总值,进口总值,2015 年及以前单位为万美元。

8-16　外贸部门实际出口额分国别(地区)情况

单位:万元

	1995 年	2000 年	2002 年	2004 年	2005年	2007 年	2008 年	2009 年	2010 年	2011 年	2012 年	2013 年	2014 年	2015 年	2016 年
出口总值	**17154**	**41162**	**44419**	**81379**	**99538**	**187168**	**328591**	**373936**	**693734**	**747296**	**922448**	**664911**	**577574**	**618522**	**4137841**
香　港	1005	1300	1812	955	3842	3913	17215	23595	112332	100296	184716	91457	53045	84838	489401
台　湾	610	251	201	457	869	639	1606	2598	2195	2121	4063	6150	3873	7866	38171
日　本	11484	17575	18773	28201	33143	43465	74586	47918	46707	89375	114751	87260	49288	63574	357680
东　盟							20530	18817	26873	64627	112794	114493	86691	104539	382883
#马来西亚	21	38	131	1906	526	1139	861	1792	8757	10205	1588	38580	7064	16202	37914
新加坡	160	60	307	692	495	912	13245	7727	2992	29068	78753	50598	50206	67978	157135
印度尼西亚	22	45	211	3651	570	1144	1083	1110	1147	5471	9786	11047	7885	3852	25067
土耳其	181	53	363	46	619	1115	1014	989	11794	1836	1348	2428	1627	1326	8626
韩　国	1102	9444	13288	21126	18595	19718	22937	30167	42393	22008	53061	31374	22889	23241	238690
美　国	509	4817	4370	2940	3587	5140	8408	14389	17820	12910	17037	15156	8081	15343	194331
澳大利亚	36	64	118	552	486	638	640	4674	2504	1695	8552	4754	5983	4878	24092
阿联酋	18	66	74	82	82	230	1852	277	519	617	608	732	1163	1813	20240
新西兰	1	21	17	35	120	88	81	122	177	250	414	704	1021	545	3006
欧　盟							92954	105605	137824	161271	107782	82162	102481	105093	646879
#德　国	16	523	226	6367	8713	65665	57672	53007	40311	5152	9760	1897	2697	4025	29930
法　国	24	330	94	667	1473	1586	1371	983	1052	823	1130	998	1082	1250	16347
荷　兰	1	233	58	753	1117	1208	1762	1862	1376	34490	9596	2123	5547	1892	2465
意大利	1	959	145	1018	2717	3079	2718	13966	11938	4095	3009	4092	3274	4127	27579
比利时	155	259	161	1061	2128	1368	1927	1435	9949	10400	2413	1607	2168	1656	15616
西班牙	902	3841	289	3942	9148	9988	7884	8103	10890	12083	11077	10565	9988	9067	75111
匈牙利	304	27	4	17	21	5	8		2	6	8	11	13	12	239
阿根廷	28	5	1	2	15	24	88	48	78	69	31	29	63	172	1905
孟加拉国	11	27	30	124	120	276	275	362	1472	4054	3426	1974	1460	1775	10689
沙特阿拉伯	30	16	30	95	186	237	299	188	127	160	227	269	280	1433	1695

注:1.2007 年及以前为自营出口数据。

2.表中指标 2015 年及以前计量单位为万美元。

8-17 外贸部门实际出口额商品类值

单位:万元

	1995年	2000年	2002年	2005年	2007年	2008年	2009年	2010年	2011年	2012年	2013年	2014年	2015年	2016年
实际出口额	**17154**	**41162**	**44419**	**99538**	**187168**	**328591**	**373936**	**693734**	**747296**	**922448**	**664911**	**577574**	**618522**	**4137841**
1.农副产品	13408	35061	37195	61459	69176	65114	55568	64321	76917	77112	82360	86540	90963	705457
#水产品	12782	34928	37122	60934	64282	63104	53668	62423	75068	75472	80602	83112	78007	585666
农产品		231	140	486	1152	1132	1099	1254	1448	1160	1389	2999	11301	107282
2.纺织品	1107	1117	1242	4822	4820	4690	1140	3397	3516	2843	3191	2465	3227	39864
3.服　装	549	1011	805	861	950	1463	1140	1297	1703	2010	1694	1823	6301	78902
4.鞋			1083	1235	1452	1461	425	617	520	788	591	593	1946	37641
5.非金属矿制品			28	53	271	219	162	149	232					
6.化工大类	14	42	96	205	256	861								
7.机械及运输设备	112	255	1757	27832	102754	182897	249598	505059	429859	497100				
#造船				24008	96251	134046	193863	455121	382316	450909	206700	212381	232071	1389355
修船														308911
8.工农具	16	284	416	267	228									
9.机电产品	207	664	427	657	110042	179623	242841	500056	425256	500017	253009	269380	335463	2099841
10.油品				7336	50773	67287	60434	113091	228076	336742	321513	210254	156629	858267

注:1.2007年及以前年份数据为自营出口数。

2.船舶出口从2003年开始起步,2004年出口33艘,金额9468万美元。

3.农副产品:2007年及以前为食品出口额;机电产品:2005年及以前为电子产品出口额。

4.表中指标2015年及以前计量单位为万美元。

8-18 地方外贸部门实际出口主要商品

（海关口径）

	单位	1995年	2000年	2002年	2005年	2007年	2008年	2009年	2010年	2011年	2012年	2013年	2014年	2015年	2016年
水产品	吨	26688	93242	143977	196812	234452	213133	195229	193861	181776	178399	197975	211080	203019	271608
#冻 鱼(片)	吨	6545	47559	69534	53611	52927	54594	63704	5379	53497	61418	60675	72423	65768	102111
冻虾(虾仁)	吨	236	22555	19734	19901	13635	22711	30761	33601	24788	22379	23809	21535	16611	20239
冻梭子蟹	吨	2156	4107	8333	8709	16540	7293	10385	9328	6612	8392	9269	12752	16831	13796
冰鲜鱼	吨	9962	4807	7383	4390	4390	4241	2890	1966	564	19	39	6		328
活鳗鱼	吨	95	22	48	486	1101	262	104	40	5			39	18	22
活海鱼	吨	65	1573	2816	4613	1101	464	104	40	5	6	4	39		22
活梭子蟹	吨	526	10					9	3				20		
蔬 菜	吨	3960		25	2001	76	14		61		157	86	71	45	515
钢 材	吨			31	123	10889	8839	10209	4629	4359	4424	3995	4594	7683	34680
机械设备	万台(万套)			208	334	30936	35257	21329	27652	23652	20744	19619	22580	37020	25202
船 舶	艘			13	94	181	160	152	176	165	180	131	101	122	100
棉 布	万米	159	89	18	46	31	7	3	3	3	3	1	0.7	2	53
注塑机械	台				140	326	356	236	414	505	238	421	273	272	334
服装及衣着附件	万件	157		161	213	253	231	174	187	213	334	247	326	1062	4999
鞋 类	万双			416	512	486	435	135	149	140	84	64	63	98	549
渔网、线	吨	1032			502		566	363	580	727	648	490	512	413	683
各种玩具	万美元	26	308	321	130	226	98	68	104	89	104	173	175	292	3575

8-19 使用外资情况

单位:万美元

年份	批准项目(个)	使用外资		外商直接投资		对外借款		其他投资	
		合同	实际	合同	实际	合同	实际	合同	实际
1979	4	840	782					840	782
1980	7	130	89					130	89
1981	2	7	6					7	
1982	4	84	174					84	180
1983	8	265	97					265	97
1984	4	33	175					33	175
1985	7	905	291	669	128	228	129	8	34
1986	5	185	356		82		90	185	184
1987	6	506	12	495				11	12
1988	5	1640	640	320	401	1320	239		
1989	3	134	708	7		126	707	1	1
1990	11	1706	528	933	203	721	276	52	49
1991	14	223	853	200	582	11	268	12	3
1992	53	2942	740	2593	162	336	568	13	10
1993	103	6942	1527	6796	1369	50	61	97	97
1994	49	8041	2322	7890	2265	123	50	28	7
1995	32	10298	2812	9800	2319	492	492	6	1
1996	21	1297	2024	1292	2022			5	2
1997	16	848	1225	785	1162			63	63
1998	12	2428	675	2411	658			17	17
1999	29	2662	872	2659	869			3	3
2000	23	2712	1075	2692	1055			20	20
2001	35	3005	1141	2961	1097			44	44
2002	26	2744	1148	2720	1124			24	24
2003	60	5052	1755	5001	1704			51	51
2004	20	6161	2341	6070	2251			91	90
2005	21	6940	3120	6940	3120				
2006	16	11340	5003	11340	5003				
2007	18	19262	7516	19262	7516				
2008	7	4701	15855	4701	15855				
2009	12	10423	10595	10423	10595				
2010	5	3674	6719	3674	6719				
2011	12	24176	10788	24176	10788				
2012	10	17467	18339	17467	18339				
2013	4	18525	20930	18525	20930				
2014	14	107473	19962	107473	19962				
2015	19	38170	7792	38170	7792				
2016	25	87738	21017	87738	21017				

注:2004年起,批准项目指外商直接投资批准项目。

8-20 外商投资企业结构

单位:万美元

	2016年底止累计		项目(个)		合同外资金额	
	项目(个)	合同外资金额	2015年	2016年	2015年	2016年
总计	**548**	**406193**	**19**	**25**	**38170**	**87738**
按投资方式分						
独资企业	142	264468	10	11	28846	77555
合资企业	337	120837	8	14	8524	10183
合作企业			1		800	
按国民经济行业分						
农林牧渔业	18	5836		1	19	259
制造业	340	169009	5	3	2344	5757
建筑业						
交通运输、仓储业	26	66929		2	5000	6180
批发零售贸易、餐饮业	48	79178	8	8	16307	44973
房地产和社会服务业	89	74508	6	7	14500	26239
按国别、地区分						
香港	233	186280	11	18	32031	38603
台湾	73	3383	1	1	82	15
日本	63	102599		1	19	259
菲律宾						
德国						
意大利						
澳大利亚						
美国			1		50	
新加坡	19	26360			1600	4030
英属维尔京群岛	9	51358				
其他	86	27995	5	5	4232	44831

8-21 外 商 投 资 企

	单位	合计	按投资方式分			
			合资	合作	独资	外商投资股份制
销售(营业)收入	万元	1695950				
利润总额	万元	64293				
外商实际投资	万美元	7792	4433		3359	
期末从业人数	个	8745	6555	22	2168	
亏损企业数	家	43				
盈利企业数	家	45				

业 经 营 情 况（2015年）

按主要行业分				按主要投资来源分			
农、林牧、渔业	制造业	交通运输、仓储、邮电业	批发零售贸易、餐饮业	香 港	日 本	台湾省	美 国
110791	1389883	82859	2902	936906	500366	15723	3
5135	21570	29788	94	59857	–20481	403	–60
19	1608	1640	460	2700	19		
1836	5379	698	240	2707	3634	267	31
	23	2	7				
3	24	4	1				

8–22　外商投资企业经营情况

项　　目	计量单位	1990年	1995年	2000年	2005年	2008年	2009年	2010年	2011年	2012年	2013年	2014年	2015年
一、销售(营业)收入	**万元**	**1100**	**133128**	**215026**	**581139**	**1954771**	**1951648**	**2488227**	**4473273**	**3689327**	**3483958**	**3557131**	**1695950**
1.港台商投资企业	万元	70	64058	100620	133244	823326	870698	1149096	2972480	2821236	2622673	1489270	
2.其他外商投资企业	万元	1030	69070	114406	447895	1131445	1080950	1339131	1500793	868091	861285	2067861	
外商投资企业中:													
#合资企业	万元	1100	124783	183972	466356	1609476	1041544	1366198	2000643	1880001	1825730	1826549	
#工　业	万元	70	118308	179530	453065	1778939	1780981	2283037	4217355	3439565	3212184	3268096	
二、企业利润总额	**万元**	**166**	**3078**	**3973**	**25673**	**150921**	**175778**	**269252**	**201911**	**43104**	**54417**	**−59884**	**64293**
1.港台商投资企业	万元		−336	4370	14868	49385	69775	153466	144539	37100	−10	−66258	
2.其他外商投资企业	万元	166	3414	−397	938	101536	106003	115786	57372	6104	54427	6374	
外商投资企业中:													
#合资企业	万元	166	5062	3090	20481	99959	74482	161111	81161	34299	79847	83244	
#工　业	万元		2844	778	10288	120305	145379	233010	167089	14269	23642	−88606	
三、职工年末人数	**人**	**893**	**17585**	**12742**	**13714**	**16884**	**11219**	**13664**	**17669**	**14179**	**12352**	**11898**	**8745**
1.港台商投资企业	人	242	11612	7785	5910	5044	4266	3864	6908	6574	5689	2460	
2.外商投资企业	人	651	5973	4957	7804	11840	6953	9800	10761	7605	6663	9438	
外商投资企业中:													
#合资企业	人	893	16925	11007	11543	14263	7742	7915	8772	7935	7162	7086	
#工　业	人	197	13529	11157	11150	13598	7711	10581	14174	10704	8494	8475	
四、外商投资企业投产(开工)数	**个**	**3**	**106**	**87**	**82**	**93**	**80**	**87**	**99**	**96**	**86**	**96**	

8-23 分县(区)外商投资企业经营情况

	单位	2013 年	2014 年	2015 年	2015 年比上年增长%	市区			岱山	嵊泗
						小计	市属及定海	普陀		
销售(营业)收入	万元	3483958	3557131	1695950	-52.3	1245442	1038634	206808	417591	32917
企业盈亏总额	万元	54417	-59884	64293	2.1 倍	67495	69849	-2354	-4953	1751
期末从业人数	人	12352	11898	8745	-26.5	6181	3090	3091	2202	362
期末实有投产企业	家	86	96	120	25.0	96	76	20	19	5
外商实际投资	万美元	20930	19962	7792	-61.0	7765	7305	460	19	8

8-24 舟山口岸外贸运输业务情况

	单位	1990 年	1995 年	2000 年	2005年	2008 年	2009 年	2010 年	2011 年	2012 年	2013 年	2014 年	2015 年	2016 年
一、外贸进出口货运总量	**万吨**	**5.90**	**306.40**	**1027.49**	**2741.27**	**6515.58**	**10204.78**	**7616.22**	**8010.87**	**8205.67**	**8921.16**	**10173.00**	**10610.77**	**11852.69**
1.进口总量	万吨	4.10	301.20	898.30	2598.29	5816.02	9359.33	6932.90	7420.81	7404.77	8673.18	9696.37	9998.77	11234.92
木　　材	万立方米	2.40	2.10	2.50	5.81	3.75	3.86	0.30						17.65
石油(包括原油和成品油)	万吨	1.70	160.40	740.30	901.93	2505.59	3323.22	2549.35	2508.03	2450.81	2936.58	2785.00	2859.78	3347.41
铁 矿 砂	万吨				1375.42	2684.05	4993.83	3263.01	3603.42	3307.18	4201.04	5387.58	5666.96	6220.40
2.出口总量	万吨	1.80	5.20	129.20	142.98	699.55	845.45	683.32	590.06	800.90	247.98	476.62	611.00	617.77
水 产 品	万吨	1.60	3.20	1.00	3.00	7.55	3.44	2.35	2.12	1.97	1.42	2.05	2.93	2.20
冻水产品	万吨	1.20	3.10	0.70	0.96	6.71	3.23	1.00	1.17	0.82	0.18	0.67	0.51	0.47
活水产品	吨	133	286	2273	4765	1256	2115	3526	2439	3758	4383	4753		4511
二、办理口岸出入境人员手续	**人次**	**8208**	**38865**	**24573**	**54338**	**67936**	**72659**	**80277**	**85966**	**91962**	**96991**	**134035**	**222677**	**216516**
三、监管进出境船舶	**艘次**	**437**	**2160**	**1360**	**3864**	**4908**	**4971**	**5653**	**6005**	**6911**	**7267**	**9086**	**11333**	**9419**
进　境	艘次	226	1120	695	1953	2417	2411	2726	2899	3340	3604	4945	6298	4606
出　境	艘次	211	1040	665	1911	2491	2560	2927	3106	3571	3663	4141	5035	4813
四、外籍船舶修理	**艘次**			**40**	**361**	**750**	**764**	**983**	**1032**	**1098**	**1272**	**1619**	**1795**	**1469**

注:2015 年,舟山海关未统计活水产品。

8-25　舟山口岸进出口货运总值

单位:万美元

指　　标	1990年	1995年	2000年	2005年	2007年	2008年	2009年	2010年	2011年	2012年	2013年	2014年	2015年	2016年
一、进出口货运总值	**5171**	**28686**	**174994**	**548450**	**1463005**	**2929439**	**2970595**	**2769560**	**3641577**	**3760188**	**3706093**	**4079063**	**2458249**	**2247580**
#一般贸易	5003	26849	159571	453272	1103999	2213120	1956694	1787853	2456256	2330381	2482856	2356250	1365330	1235848
中外合资企业	24	1146	2576	38438	176791	306620	356891	368167	442159	532630	517622	531315	276035	160541
二、进口货运总值	**730**	**13587**	**165483**	**501451**	**1232704**	**2469942**	**2411767**	**2150884**	**3040184**	**3029578**	**3195197**	**3213985**	**1830870**	**1780395**
#一般贸易	613	12441	155292	442877	1067027	2122766	1854022	1714466	2397484	2268767	2432046	2270113	1124687	1100390
中外合资企业	24	1146	418	26121	105978	151651	183197	186471	262479	300241	318748	287351	141610	74156
三、出口货运总值	**4441**	**15099**	**9511**	**46999**	**230301**	**459497**	**558828**	**618676**	**601393**	**730610**	**510896**	**865078**	**627379**	**467185**
#一般贸易	4390	14408	4279	10395	36972	90354	102671	73387	58773	61614	50810	86137	240643	135458
中外合资企业			2158	12316	70813	154968	173693	181696	179680	232389	198874	243964	134424	86385

8-26　按主要国别(地区)分的舟山口岸外贸进口总值

单位:万美元

国别(地区)	2010年	国别(地区)	2011年	国别(地区)	2012年	国别(地区)	2013年	国别(地区)	2014年	国别(地区)	2015年	国别(地区)	2016年
沙特阿拉伯	348914	沙特阿拉伯	468494	伊拉克	459254	阿曼	557983	伊拉克	554277	澳大利亚	253822	澳大利亚	241219
伊拉克	241643	伊拉克	394894	沙特阿拉伯	431896	伊拉克	424376	澳大利亚	386523	伊拉克	243962	沙特阿拉伯	204029
澳大利亚	217918	巴西	333465	阿曼	345497	沙特阿拉伯	417627	沙特阿拉伯	362760	巴西	215684	巴西	195600
巴西	202979	澳大利亚	327092	澳大利亚	316140	澳大利亚	412045	阿曼	314134	沙特阿拉伯	125381	伊拉克	170774
科威特	171095	阿曼	182031	巴西	235993	巴西	280830	巴西	267143	阿曼	103690	阿曼	159870
伊朗	144111	委内瑞拉	177825	利比亚	179576	委内瑞拉	114880	委内瑞拉	154749	哥伦比亚	87686	伊朗	107974
阿曼	126281	伊朗	175669	委内瑞拉	175335	马来西亚	103401	哥伦比亚	129815	科威特	86091	哥伦比亚	75156
苏丹	93068	科威特	165192	俄罗斯联邦	142199	美国	84530	美国	124164	伊朗	74491	越南	67816
委内瑞拉	85970	俄罗斯联邦	107731	美国	103004	伊朗	76103	马来西亚	109702	委内瑞拉	65300	俄罗斯联邦	62132
利比亚	84868	苏丹	91162	科威特	93864	俄罗斯联邦	73063	伊朗	97154	安哥拉	59025	韩国	59054
美国	52339	美国	77015	伊朗	69213	利比亚	62827	安哥拉	89463	利比亚	53554	美国	58029
日本	41864	埃及	58799	南非	59613	新加坡	61269	南苏丹共和国	85325	美国	51111	安哥拉	37102
俄罗斯联邦	36959	南非	47286	马来西亚	47762	南苏丹	58324	俄罗斯联邦	70272	新加坡	44610	新加坡	35834
南非	33092	卡塔尔	45562	印度尼西亚	34575	印度尼西亚	57178	新加坡	64288	南苏丹共和国	38973	马来西亚	35794
阿根廷	32707	利比亚	43228	新加坡	29123	埃及	43975	科威特	47531	俄罗斯联邦	32001	委内瑞拉	30561

8-27 按主要国别(地区)分的舟山口岸外贸出口总值

单位:万美元

国别(地区)	2010年	国别(地区)	2011年	国别(地区)	2012年	国别(地区)	2013年	国别(地区)	2014年	国别(地区)	2015年	国别(地区)	2016年
巴拿马	118652	巴拿马	123726	中国香港	146711	中国香港	108057	中国香港	104206	中国香港	72250	中国香港	63954
利比里亚	117014	中国香港	95262	新加坡	103875	巴拿马	75724	新加坡	72304	新加坡	71265	马绍尔群岛	61206
中国香港	107945	利比里亚	70224	日本	92653	新加坡	73580	巴拿马	56737	日本	56400	日本	47573
德国	39288	日本	68508	巴拿马	89046	日本	67919	马耳他	35740	马耳他	54103	巴拿马	46758
韩国	33396	马耳他	42328	利比里亚	75023	利比里亚	44069	塞浦路斯	32742	巴拿马	48225	利比里亚	33388
日本	31123	荷兰	37306	马绍尔群岛	52506	马来西亚	33250	日本	31772	马绍尔群岛	43590	韩国	24364
马耳他	18820	新加坡	32994	韩国	40482	韩国	24198	利比里亚	26224	肯尼亚	24357	巴哈马	23725
马来西亚	15988	美国	17641	塞浦路斯	25305	马耳他	22405	巴哈马	21637	尼日利亚	14599	葡萄牙	23610
挪威	13328	塞浦路斯	15670	马耳他	15793	马绍尔群岛	8243	马绍尔群岛	11438	喀麦隆	14209	马耳他	19700
美国	13190	葡萄牙	14518	美国	10889	美国	7910	英国	11008	利比里亚	13600	新加坡	18898
马绍尔群岛	10638	韩国	13171	直布罗陀	10632	葡萄牙	7325	韩国	10833	韩国	12531	尼日利亚	7884
土耳其	10563	印度	10972	荷兰	9267	巴西	7044	法国	10119	俄罗斯联邦	12109	美国	7431
希腊	10229	比利时	8889	菲律宾	8309	塞浦路斯	5378	马来西亚	8376	塞浦路斯	11470	肯尼亚	6089
意大利	9381	英国	7854	英国	8248	英国	4469	伊朗	6884	刚果	11201	乌干达	5815
比利时	9180	瓦努阿图	6878	瑞士	6543	马达加斯加	1674	菲律宾	6223	几内亚	10740	喀麦隆	5416

8-28 舟山外贸进出口总值

(海关口径,包括保税仓库货物)

单位:万美元

指标	进出口总值						出口总值						进口总值					
	2011年	2012年	2013年	2014年	2015年	2016年	2011年	2012年	2013年	2014年	2015年	2016年	2011年	2012年	2013年	2014年	2015年	2016年
合计	**1326446**	**1534536**	**1267599**	**1233356**	**1171139**	**1055255**	**747370**	**921416**	**665367**	**577575**	**619581**	**626499**	**579076**	**613120**	**602232**	**655781**	**551558**	**428756**
一、按贸易方式分																		
一般贸易	191124	198362	201503	230489	321238	343066	131980	130990	126188	143249	221229	257054	59144	67372	75315	87240	100008	86012
进料加工	495429	507417	276366	285157	289255	279281	376476	439259	211046	214347	230173	221021	118953	68158	65320	70810	59082	58260
保税仓库	629271	812637	783119	710046	550702	405110	228895	335951	321890	214398	160094	131974	400376	476686	461229	495648	390608	273136
租赁贸易	8831	13995	5449	5158	7402	7923	8831	13995	5449	5158	7402	7923						
来料加工	1718	1677	1104	504	433	322	1165	1076	773	345	325	218	553	601	331	159	109	104
其他	73	448	58	144	367	92	24	145	21	43	35	33	49	303	37	101	332	59
外商投资设备				1465	303											1465	303	
加工贸易进口设备			0.03												0.03			
二、按企业性质分																		
国有企业	266265	373658	323891	310481	252159	181505	201178	298261	216156	198199	171115	114443	65087	75397	107735	112282	81044	67062
三资企业	658347	712611	543785	473521	366020	290376	287925	335151	237063	174861	171953	164378	370422	377460	306722	298660	194067	125998
#合资	533816	602950	444411	361705	293577	198321	205428	257231	169573	96563	120079	93271	328388	345719	274838	265142	173498	105050
独资	123867	108610	697720	111540	72322	91980	82046	76948	665887	78027	51752	71032	41821	31662	31833	33513	20569	20948
合作	664	1051	954	278	121	75	452	972	903	271	121	75	212	79	51	7		
集体企业	61186	48257	43120	67822	80385	81612	10483	7522	8149	8224	15206	17833	50703	40735	34971	59598	65180	63779
私营企业	340648	400010	356803	381531	472574	501723	247785	280482	203999	196291	261307	329805	92863	119528	152804	185240	211268	171918
其他				1	1	40					1	40				1		
三、按运输方式分																		
江海运输	1289882	1451932	1160830	1125802	1158084	1031356	713524	840660	559924	472776	609849	611129	576358	611272	600906	653026	548235	420227
空运	3524	2924	1899	3717	10864	13655	821	1089	863	999	7581	5342	2703	1835	1036	2718	3283	8313
其他	33040	79680	104870	103837	2191	10244	33025	79667	104580	103800	2151	10027	15	13	290	37	40	217

注:按运输方式分的其他项为除江海运输、空运之外的所有其他项,下同。

8-29 按主要国别(地区)分的舟山外贸进出口总值

(海关口径,包括保税仓库货物)

单位:万美元

2010年		2011年		2012年		2013年		2014年		2015年		2016年	
国别(地区)	出口值	国别(地区)	出口值	国别(地区)	出口值	国别(地区)	出口值	国别(地区)	出口值	国别(地区)	出口值	国别(地区)	出口值
巴拿马	115708	巴拿马	138485	中国香港	184444	巴拿马	122212	巴拿马	101910	中国香港	84705	中国香港	74482
利比里亚	114267	中国香港	110299	巴拿马	123370	中国香港	91530	中国香港	52905	巴拿马	71401	巴拿马	59095
中国香港	112350	日本	89375	日本	114748	日本	87273	新加坡	50229	新加坡	68013	马绍尔群岛	56147
日本	46727	利比里亚	76638	新加坡	78753	新加坡	50596	日本	49282	日本	63553	日本	54441
韩国	42462	马耳他	42314	利比里亚	76401	利比里亚	45578	马耳他	40072	马耳他	50522	韩国	35913
德国	40311	荷兰	34490	马绍尔群岛	59438	马来西亚	38583	利比里亚	33424	马绍尔群岛	44806	利比里亚	32904
马耳他	25496	新加坡	29070	韩国	53079	韩国	31367	塞浦路斯	30720	韩国	23278	美国	29141
美国	17820	韩国	22008	塞浦路斯	27082	马耳他	26773	巴哈马	23649	利比里亚	18166	葡萄牙	27713
挪威	13444	葡萄牙	17370	马耳他	20937	马绍尔群岛	15773	韩国	22895	马来西亚	16202	巴哈马	24417
马绍尔群岛	12142	塞浦路斯	16598	美国	17031	美国	15174	马绍尔群岛	17141	美国	15343	新加坡	23886
意大利	11938	美国	12909	英国	11917	印度尼西亚	11047	英国	13789	塞浦路斯	11983	马耳他	21534
土耳其	11804	印度	12734	菲律宾	11398	西班牙	10565	菲律宾	10110	泰国	9766	泰国	12369
希腊	11098	英国	12090	西班牙	11079	泰国	10047	西班牙	9988	英国	9231	西班牙	11316
西班牙	10886	西班牙	12083	直布罗陀	10664	葡萄牙	9817	伊朗	8126	西班牙	9067	英国	11258
比利时	9949	比利时	10400	德国	9760	英国	8600	英国	8122	巴西	8255	俄罗斯联邦	11045
国别(地区)	进口值	国别(地区)	进口值	国别(地区)	进口值	国别(地区)	进口值	国别(地区)	进口值	国别(地区)	进口值	国别(地区)	进口值
日本	80367	新加坡	96293	新加坡	102434	新加坡	125755	新加坡	98550	委内瑞拉	62978	巴西	60699
韩国	42604	韩国	84882	俄罗斯联邦	72672	俄罗斯联邦	59001	委内瑞拉	94606	新加坡	55557	俄罗斯联邦	48949
委内瑞拉	34113	日本	82269	韩国	68682	委内瑞拉	58284	伊拉克	61965	巴西	46279	韩国	41578
美国	25689	委内瑞拉	51904	委内瑞拉	67674	日本	48794	俄罗斯联邦	57762	韩国	42570	美国	40275
阿曼	18953	俄罗斯联邦	35796	日本	53998	马来西亚	46756	日本	52747	美国	37824	日本	36147
伊拉克	16470	美国	26894	马来西亚	49730	印度尼西亚	40257	韩国	50947	俄罗斯联邦	35909	新加坡	30834
俄罗斯联邦	14990	苏丹	26227	美国	39799	阿拉伯联合酋长国	38754	美国	45532	沙特阿拉伯	32304	委内瑞拉	29557
新加坡	13429	巴西	22560	印度尼西亚	28262	韩国	37630	马来西亚	37828	阿曼	32018	沙特阿拉伯	20124
阿根廷	13274	阿曼	19193	越南	20728	伊拉克	24238	巴西	23635	日本	28886	马来西亚	18611
乍得	12139	挪威	15511	苏丹	17827	美国	19742	哥伦比亚	23071	哥伦比亚	19254	哥伦比亚	15410
德国	11869	越南	15086	阿曼	16074	哈萨克斯坦	14763	台澎金马关税区	13270	印度尼西亚	15360	菲律宾	13839
巴西	10413	印度尼西亚	14340	加蓬	9909	巴西	11332	乍得	10413	阿联酋	13360	阿曼	10673
澳大利亚	9284	伊拉克	12596	澳大利亚	8593	沙特阿拉伯	8635	挪威	9569	科威特	11617	澳大利亚	7750
苏丹	9062	德国	9603	巴西	7199	台湾	8204	印度尼西亚	9515	南苏丹共和国	11522	德国	5580
文莱	8702	哥伦比亚	7150	伊拉克	6502	挪威	7203	德国	6771	菲律宾	11155	阿根廷	5355

注:本表为进出口总值前十五位国家(地区)数据。

8-30 舟山外贸进出口总值

（海关口径，不包括保税仓库货物）　　单位：万美元

指　　标	进出口总值						出　口　总　值						进　口　总　值					
	2011年	2012年	2013年	2014年	2015年	2016年	2011年	2012年	2013年	2014年	2015年	2016年	2011年	2012年	2013年	2014年	2015年	2016年
合　计	**697175**	**721899**	**484480**	**523310**	**618997**	**650145**	**518476**	**585466**	**343477**	**363177**	**459163**	**494525**	**178699**	**136433**	**141003**	**160133**	**159834**	**155620**
一、按贸易方式分																		
一般贸易	191124	198362	201503	230489	321238	343066	131980	130991	126188	143249	221229	257054	59144	67371	75315	87240	100008	86012
进料加工	495429	507417	276366	285175	289255	279281	376476	439259	211046	214347	230173	221021	118953	68158	65320	70810	59082	58260
租赁贸易	8831	13995	5449	5158	7402	7923	8831	13995	5449	5158	7402	7923						
来料加工	1718	1677	1104	504	433	322	1165	1076	773	345	325	218	553	601	331	159	108	104
其　他	73	448	58	144	367	92	24	145	21	43	35	33	49	303	37	101	332	59
加工贸易进口设备			0.03												0.03			
二、按企业性质分																		
国有企业	115166	136425	49652	46964	72911	58651	88849	126098	39429	32730	60318	37497	26316	10327	10223	14234	12593	21154
三资企业	228977	221053	183618	188951	166179	159520	172182	176427	140314	142656	134191	133627	56797	44626	43304	46295	31988	25893
#合资	104446	111391	84245	77134	93735	67465	89684	98506	72825	64358	82317	62520	14763	12885	11420	12776	11418	4945
独资	123867	108611	98419	111541	72322	91980	82046	76949	66586	78027	51752	71032	41821	31662	31833	33514	20569	20948
合作	664	1051	954	276	121	75	452	972	903	271	121	75	213	79	51	5		
集体企业	29935	23283	22535	39095	60357	59729	10482	7522	8149	8224	15206	17833	19452	15761	14386	30871	45151	41896
私营企业	323097	341138	228675	248300	319549	372205	246963	275419	155585	179567	249447	305528	76134	65719	73090	68733	70102	66677
三、按运输方式分																		
江海运输	693632	718687	481972	506375	606468	626248	517488	584073	341996	348983	449433	479158	176144	134614	139976	157392	157035	147090
空　运	3357	2896	1872	3715	10338	13655	817	1089	847	998	7578	5342	2540	1807	1025	2717	2759	8313
其　他	186	316	39	11985	2191	10242	171	304	39	11966	2151	10026	15	12		19	40	216
邮　运			2	2											2	2		
汽车运输			559	1220					559	1217						3		
铁路运输			36	13					36	13								

8-31 按主要国别(地区)分的舟山外贸进出口总值

(海关口径,不包括保税仓库货物)　　　　单位:万美元

2010年		2011年		2012年		2013年		2014年		2015年		2016年	
国别(地区)	出口值	国别(地区)	出口值	国别(地区)	出口值	国别(地区)	出口值	国别(地区)	出口值	国别(地区)	出口值	国别(地区)	出口值
利比里亚	112295	巴拿马	107684	中国香港	139989	巴拿马	64908	巴拿马	44285	中国香港	63977	中国香港	58623
巴拿马	106848	中国香港	81524	巴拿马	72780	中国香港	54064	马耳他	33825	新加坡	56163	马绍尔群岛	50248
中国香港	100545	利比里亚	67130	新加坡	62530	利比里亚	32113	塞浦路斯	28545	马耳他	46249	日本	39350
德国	40152	马耳他	37426	利比里亚	62331	新加坡	27459	新加坡	28126	马绍尔群岛	37199	巴拿马	36574
韩国	25254	荷兰	33426	马绍尔群岛	50587	日本	24757	日本	27771	巴拿马	36279	葡萄牙	27343
日本	23984	日本	29203	日本	28121	马耳他	21216	中国香港	23732	日本	32874	利比里亚	26002
马耳他	17859	葡萄牙	17290	塞浦路斯	24506	韩国	11095	利比里亚	21981	韩国	16995	巴哈马	23319
挪威	13321	塞浦路斯	15458	马耳他	14859	西班牙	10560	巴哈马	21207	马来西亚	16051	美国	21792
土耳其	11674	韩国	13019	西班牙	11079	葡萄牙	9728	韩国	12968	塞浦路斯	11013	韩国	20301
意大利	11487	新加坡	12723	韩国	10854	泰国	9715	英国	11849	美国	10263	马耳他	18624
马绍尔群岛	11330	印度	12085	直布罗陀	10592	美国	7278	西班牙	9988	泰国	9617	西班牙	11316
西班牙	10886	西班牙	12083	荷兰	9269	马绍尔群岛	6668	马绍尔群岛	8549	西班牙	9067	俄罗斯联邦	10543
比利时	9920	比利时	9724	英国	9181	英国	6267	美国	7840	利比里亚	8455	英国	9861
希腊	9898	英国	9344	菲律宾	7799	塞浦路斯	5034	菲律宾	7424	巴西	8255	新加坡	9482
葡萄牙	9111	美国	7244	美国	6613	台澎金马关税区	3870	泰国	6190	英国	7419	泰国	8328
国别(地区)	进口值	国别(地区)	进口值	国别(地区)	进口值	国别(地区)	进口值	国别(地区)	进口值	国别(地区)	进口值	国别(地区)	进口值
日本	52816	日本	61940	日本	44013	日本	32558	日本	35167	巴西	34645	巴西	39885
韩国	23315	韩国	30034	韩国	21213	马亚西亚	22028	韩国	30554	美国	27243	美国	26478
德国	11755	挪威	15174	美国	14698	韩国	15603	美国	19519	日本	23469	日本	24729
美国	10202	新加坡	11178	马亚西亚	14416	台澎金马关税区	7665	巴西	12925	韩国	22537	韩国	22677
阿根廷	5239	巴西	10059	新加坡	5490	美国	7263	台澎金马关税区	11522	台澎金马关税区	8126	德国	5580
苏兰	5227	德国	9589	德国	4755	挪威	7154	挪威	9528	德国	6045	澳大利亚	4515
挪威	4413	美国	7128	澳大利亚	4331	巴西	5244	德国	6769	沙特阿拉伯	4575	荷兰	3768
丹麦	2824	南非	6247	台澎金马关税区	4133	德国	5240	印度尼西亚	4018	阿根廷	3991	挪威	3027
巴西	2650	俄罗斯联邦	3413	泰国	3985	泰国	4990	泰国	3520	挪威	3926	阿根廷	2820
俄罗斯联邦	2459	秘鲁	2365	挪威	2585	马绍尔群岛	3555	马亚西亚	2880	乌拉圭	3598	台澎金马关税区	2360
荷兰	2205	智利	2241	巴西	2343	印度尼西亚	3035	法国	2512	俄罗斯联邦	3142	菲律宾	2277
中国	1853	瑞典	1821	阿根廷	1495	俄罗斯联邦	2222	乌拉圭	1955	法国	2152	法国	2196
秘鲁	1378	澳大利亚	1807	秘鲁	1461	阿根廷	2032	新加坡	1826	印度	1578	丹麦	1393
新加坡	1372	丹麦	1695	法国	1292	法国	1970	阿根廷	1600	马亚西亚	1541	意大利	1176
法国	1230	乌拉圭	1448	智利	1180	新加坡	1193	马绍尔群岛	1339	新加坡	1360	新加坡	896

注:本表为进出口总值前十五位国家(地区)数据。

8–32 历年旅游经济发展情况

年 份	旅游接待人数（万人次）	比上年增长%	其中		总收入（亿元）	比上年增长%	其中	
			国内旅游人数（万人次）	国际旅游人数（人次）			国内收入（亿元）	外汇收入（亿元）
1980	26.10	136.9	26.00	968	0.03	34.9	0.03	
1981	31.85	22.0	31.76	900	0.05	67.7	0.05	
1982	40.17	26.1	40.00	1700	0.06	4.2	0.06	
1983	40.69	1.3	40.50	1900	0.07	16.0	0.07	
1984	60.26	48.1	60.00	2600	0.10	47.5	0.10	
1985	74.64	23.9	74.31	3299	0.13	39.7	0.13	
1986	95.33	27.7	95.00	3300	0.29	114.4	0.29	
1987	103.46	8.5	103.00	4645	0.40	37.5	0.40	
1988	105.10	1.6	104.55	5501	0.47	18.2	0.46	0.01
1989	115.78	10.2	114.53	12460	0.52	9.2	0.50	0.02
1990	162.58	40.4	160.43	21466	0.57	10.6	0.54	0.03
1991	177.53	9.2	175.00	25320	0.98	72.1	0.90	0.08
1992	203.09	14.4	200.00	30930	1.42	44.6	1.30	0.12
1993	198.34	–2.3	195.00	33353	2.53	78.1	2.38	0.15
1994	213.08	7.4	209.70	33819	3.20	26.3	2.85	0.35
1995	280.65	31.7	276.39	42629	9.35	192.4	7.74	1.61
1996	286.11	1.9	281.46	46519	11.79	26.1	10.02	1.77
1997	325.49	13.8	320.23	52647	13.02	10.4	10.95	2.07
1998	343.61	5.6	338.88	47318	15.19	16.7	13.24	1.95
1999	397.49	15.7	391.92	55619	18.05	18.8	16.00	2.05
2000	459.72	15.7	453.61	61180	22.62	25.3	20.15	2.47
2001	550.16	19.7	542.96	71954	29.32	29.6	26.52	2.80
2002	631.98	14.9	623.52	84558	35.39	20.7	32.11	3.28
2003	645.09	2.1	639.58	55071	35.62	0.6	33.50	2.12
2004	837.07	29.8	825.42	116481	51.18	43.2	46.22	4.96
2005	1001.71	19.7	987.71	140028	61.41	20.0	55.33	6.08
2006	1152.84	15.1	1136.19	166514	91.52	49.0	84.08	7.52
2007	1305.00	13.2	1285.07	199295	108.18	18.2	100.24	7.62
2008	1516.48	16.2	1495.28	211965	131.90	21.9	124.11	7.79
2009	1752.93	15.6	1730.58	223482	154.87	17.4	147.10	7.77
2010	2139.00	22.0	2113.32	256790	201.21	29.9	192.31	8.90
2011	2460.53	15.0	2432.78	277468	235.48	17.0	226.37	9.11
2012	2771.02	12.6	2739.97	310468	266.76	13.3	256.74	10.02
2013	3067.47	10.7	3035.93	315375	300.12	12.5	290.16	9.96
2014	3397.96	10.8	3366.38	315835	477.2	59.0	467.3	9.9
2015	3876.22	14.1	3843.98	322371	552.18	15.7	540.6	11.58
2016	4610.61	18.95	4576.69	339247	661.62	19.82	645.47	13.09

注：根据旅游者消费调查数据，对 1999~2002 年、2006~2010 年、2014 年及以后旅游收入进行调整。

8-33 旅游者人数

单位:人次

分类	1995年	2000年	2005年	2008年	2009年	2010年	2011年	2012年	2013年	2014年	2015年	2016年
一、旅游人数合计(万人次)	**280.65**	**459.73**	**1001.71**	**1516.48**	**1752.93**	**2139.00**	**2460.53**	**2771.02**	**3067.47**	**3397.96**	**3876.22**	**4610.61**
#普陀山(万人次)	137.95	163.10	247.28	350.47	378.49	478.42	519.66	556.46	594.68	625.56	663.96	749.69
国内旅游人数(万人次)	276.39	453.61	987.71	1495.28	1730.58	2113.32	2432.78	2739.97	3035.93	3366.38	3843.98	4576.69
国际旅游人数	42629	61180	140028	211965	223482	256790	277468	310468	315375	315835	322371	339247
外国人	23106	35343	91830	120749	122532	144456	160077	185931	198689	191232	184658	183545
港澳及台胞	19523	25837	48198	91215	100950	112334	117391	124537	116686	124603	137713	155702
#台胞	11523	15296	27804	50641	53602	57225	64660	67777	59617	64913	66284	72100
二、外国人旅游者分国籍												
日本	2637	2799	12671	38266	37866	49890	54485	62396	58788	58904	57161	57325
菲律宾	5914	6189	12462	7235	11779	13957	11750	11208	8752	7688	8849	9981
新加坡	2065	1785	5516	4608	4753	3072	5615	5042	6957	10753	8098	5840
泰国	4027	3905	10385	6857	6442	5702	6947	5244	6161	8708	4480	5427
印尼	783	1699	3206	2028	2792	5417	3322	5412	3682	4309	3942	4215
美国	923	2517	2896	3078	2287	2211	2848	4253	5641	5311	5815	5861
加拿大	445	1489	955	2264	1286	1238	1500	2718	3898	2136	3098	3808
英国	316	1001	958	1392	930	811	996	2275	3849	1774	2462	3447
法国	284	747	1179	1573	962	791	1220	1701	3194	1302	1769	2156
德国	387	858	2115	4604	2884	2178	2390	4243	5275	3021	3098	3021
意大利	168	503	324	1045	623	681	706	937	1828	1002	2462	2154
俄罗斯	321	217	2555	1700	3143	4450	5411	824	6040	3473	4538	3852
澳大利亚	103	396	3315	4034	1694	3954	3760	2781	5988	3826	4548	4303
新西兰	17	107	346	1534	976	609	1010	1499	3003	1514	2069	2052
韩国	1072	4360	9816	20197	19597	25054	27873	38610	35699	43159	41236	35263
马来西亚	941	896	3529	3097	3851	5339	3678	6462	4320	8610	5750	3507

8-34 旅游事业基本情况

	2005年	2006年	2007年	2008年	2009年	2010年	2011年	2012年	2013年	2014年	2015年	2016年
一、旅游外汇收入(万美元)	**7532**	**9052**	**10443**	**11212**	**11378**	**13094**	**14137**	**15865**	**16068**	**16227**	**18759**	**17341**
二、旅游地旅馆												
星级饭店客房数(间)	3072	4299	4634	4745	4846	4512	4403	4516	4618	4430	3752	3525
星级饭店床位数(床)	7590	8121	8784	8977	9171	8414	8588	7984	8101	7756	6689	6047
三、旅游涉外饭店经营情况												
营业收入(万元)	39323	46508	49696	62724	94959	113076	98593	88695				
税　　金(万元)	2258	2684	3213	3578	3716	4629	5538	4870				
营业费用(万元)	22062	14215	15191	18595	20589	24775	29304	27132				
企业管理费(万元)	8512	9821	10690	13488	13722	15471	18661	18847				
营业利润(万元)	609	411	76	-208	1701	3290	6243	4050				
营业外收支差(万元)	1858	-600	136	134	76	-149	76	66				
利润总额(万元)	2468	-19	419	-85	1227	3141	6319	4116				
利税总额(万元)	2915	3147	3632	4022	5493	7824	11857	9952				
四、涉外饭店职工人数(人)	**3963**	**4222**	**4113**	**4534**	**4973**	**5372**	**5690**	**4323**				
五、旅游涉外饭店车辆情况												
总　　计(辆)	63	67	69		76	67	64	67				
大型客车(辆)	1	1	1		10	1	10	8				
中型客车(辆)	22	23	23		12	8	18	16				
小型客车(辆)	19	20	21		26	49	18	25				
其它车辆(辆)	20	23	24		28	9	18	18				

注:1.统计范围为全市一星级以上的宾馆、饭店。

2.2010年起,涉外饭店职工人数、车辆情况数据不包括普陀山。

主要统计指标解释

社会消费品零售总额 指企业(单位、个体户)通过交易直接售给个人、社会集团非生产、非经营用的实物商品金额,以及提供餐饮服务所取得的收入金额。个人包括城乡居民和入境人员,社会集团包括机关、社会团体、部队、学校、企事业单位、居委会或村委会等。

商品销售额 指对本单位以外的单位和个人出售的商品金额(包括售给本单位消费用的商品,含增值税),包括批发额和零售额。本指标反映批发和零售业在国内市场上销售商品以及出口商品的总量。

批发额 指售给国民经济各行业企业(单位)用于生产、经营用的商品金额。

零售额 指售给城乡居民用于生活消费和社会集团用于公共消费的商品金额。

营业额 指住宿和餐饮业单位在经营活动中因提供服务或销售商品等取得的全部收入,包括:客房收入、餐费收入、商品销售额(含增值税)和其他收入。不包括法人单位附营的其他行业产业活动单位的餐费收入、商品销售收入等各项收入。

客房收入 指住宿和餐饮业单位在经营活动中因提供住宿服务取得的收入。不包括法人单位附营的其他行业产业活动单位的客房收入。

餐费收入 指住宿和餐饮业单位因为顾客提供就餐服务取得的收入。包括:经烹饪、调制加工后出售的各种食品,如主食、炒菜、凉拌菜等的收入。不包括法人单位附营的其他行业产业活动单位的餐费收入。

主营业务收入 指企业确认的销售商品、提供劳务等主营业务的收入。根据会计"主营业务收入"科目的期末贷方余额填报。

主营业务成本 指企业经营主要业务所发生的成本总额。根据会计"主营业务成本"科目的期末借方余额填报。

主营业务税金及附加 指企业经营主要业务应负担的营业税、消费税、城市维护建设税、教育费附加等。根据会计"主营业务税金及附加"科目的期末借方余额填报。执行2006年《企业会计准则》的企业,如未设置该科目,以"营业税金及附加"代替填报。

其他业务利润 指企业经营除主要业务以外的其他业务实现的利润。根据会计"其他业务收入"科目的期末贷方余额减"其他业务成本"科目的期末借方余额计算填报。

营业利润 指企业从事生产经营活动所取得的利润。根据会计"利润表"中"营业利润"项目的本期金额数填报。

利润总额 指企业在一定会计期间的经营成果,是生产经营过程中各种收入扣除各种耗费后的盈余,反映企业在报告期内实现的亏盈总额。根据会计"利润表"中"利润总额"项目的本期金额数填报。

资产总计 指企业过去的交易或者事项形成的、由企业拥有或者控制的、预期会给企业带来经济利益的资源。资产一般按流动性分为流动资产和非流动资产。根据会计"资产负债表"中"资产总计"项目的期末余额数填报。

流动资产合计 资产满足以下条件之一应归为流动资产:(1)预计在一个正常营业周期中变现、出售或耗用,主要包括存货、应收帐款等;(2)主要为交易目的而持有;(3)预计在资产负债表日起一年内(含一年)变现;(4)自资产负债日起一年内,交换其他资产或清偿负债的能力不受限制的现金或现金等价物。包括货币资金、应收票据、应收账款、存货等项目。根据会计"资产负债表"中"流动资产合计"项目的期末余额数填报。

存货 指企业在日常活动中持有以备出售的产成品或商品、处在生产过程中的在产品、在生产过程或提供劳务过程中耗用的材料或物料等,通常包括原材料、在产品、半成品、产成品、商品以及周转材料等。根据会计"资产负债表"中"存货"项目的期末余额数填报。

负债合计 指企业过去的交易或者事项形成的,预期会导致经济利益流出企业的现时义务。负债一般按偿还期长短分为流动负债和非流动负债。根据会计"资产负债表"中"负债合计"项目的期末余额数填报。

所有者权益合计 指企业资产扣除负债后由所有者享有的剩余权益。公司的所有者权益又称股东权益。包括实收资本、资本公积、盈余公积、未分配利润等。根据会计"资产负债表"中"所有者权益合计"项目的期末余额数填报。

应付职工薪酬 指企业为获得职工提供的服务而给予各种形式的报酬以及其他相关支出。包括职工工资、奖金、津贴和补贴,职工福利费,医疗保险费、养老保险费、失业保险费、工伤保险费和生育保险费等社会保险费,住房公积金,工会经费和职工教育经费,非货币性福利,因解除与职工的劳动关系给予的补偿,其他与获得职工提供的服务相关的支出。执行2006年《企业会计准则》的企业,根据会计科目"应付职工薪酬”的本年贷方累计发生额填报；未执行2006年《企业会计准则》的企业,应将本年上述职工薪酬包含的科目归并填报。

应交增值税 指企业按税法规定,从事货物销售或提供加工、修理修配劳务等增加货物价值的活动本期应交纳的税金。

利用外资 指各级政府、部门、企业、中国银行和其他单位通过对外借款、吸收客商直接投资和商品信贷及其他方式,从国外和港澳台地区筹措的资金。对外借款包括通过外国政府贷款、国际金融组织贷款、外国银行的买方信贷和现汇贷款及对外发行债券和股票等方式,从国外和港澳台地区借用的资金。

外商直接投资 指外国企业和经济组织或个人(包括华侨、港澳台胞以及我国在境外注册的企业)按我国有关政策、法规,在我国境内开办独资企业、与我国境内的企业或经济组织共同举办合资企业、合作经营企业、股份制企业或合作开发资源的投资以及客商从企业得到的收益的再投资。

旅游人数 指为我国参观、访问、旅行、探亲、访友、考察、参加会议的从事经济、科技、文化、教育、体育、宗教等活动的外国人、华侨、港澳和台湾同胞的人数。不包括外国在我国的常驻机构,如领使馆、通讯社、企业办事处的工作人员和来我国常驻的外国专家、留学生等。

旅游外汇收入 指旅游等部门为来我国旅游的外国人、华侨、港澳和台湾同胞提供商品和劳务而得到的外汇收入,包括供应商品、饮食和提供住宿、交通、邮电、文化娱乐、导游等各项服务所得的全部外汇收入。

九、财政、金融、保险

9-1 历年财政预算总收入和总支出

单位:万元

年　份	总收入	#一般公共预算收入	一般公共预算支出	#一般公共服务	#教育	#社会保障和就业	#农　林水事务
1955	1127		419	414			
1960	3611		1088	1342			
1961	2357		822	943			
1962	2302		666	665			
1963	2709		902	887			
1964	2755		982	862			
1965	3146		750	670			
1966	2685		907	693			
1967	2706		871	622			
1968	2484		753	680			
1969	1046		725	580			
1970	3208		918	695			
1971	2833		1479	906			
1972	3766		2601	1224			
1973	4679		2331	1410			
1974	5218		2396	1557			
1975	4279		2584	1689	784	43	498
1976	4338		2365	1856	800	53	606
1977	4616		2394	1869	848	75	537
1978	6075		2775	1910	915	56	543
1979	5948		3689	2948	1241	96	986
1980	7032		4502	3467	1431	169	1043
1981	7506		5342	4072	1646	127	1355
1982	9217		5970	4325	1863	109	1184
1983	9833		6166	5106	2184	129	1419
1984	9631		8056	6356	2773	172	1504
1985	14510		9819	7131	3358	148	1385
1986	17835		13741	10257	4774	318	1679
1987	20697		13058	9617	4634	232	1436
1988	21558		18582	13434	6636	361	1095
1989	23269		20268	10683	6667	428	1835
1990	22334		20244	15523	6928	417	2072
1991	23623		21993	17738	7681	451	2731
1992	25619		25025	21201	8906	555	2633
1993	31388		29405	23439	11047	752	2944
1994	38387	16981	38148	33108	14850	1040	3819
1995	45869	21739	46263	39664	17219	1259	3960
1996	52393	27213	55474	10497	20112	1420	5050
1997	61147	32147	64036	11695	23377	1738	6183
1998	70986	39944	79996	13664	27945	2131	8868
1999	81872	49811	93729	15295	32241	2669	9126
2000	107701	62275	114820	17762	21564	1232	11463
2001	123996	79843	158358	22873	28794	1448	19190
2002	157090	90065	199984	29368	34906	1210	26835
2003	189767	113864	230973	34899	40297	2046	26449
2004	231810	144862	289284	40591	45952	8950	35130
2005	285224	182082	319384	51550	51151	9265	32141
2006	371198	242578	408208	60282	59671	12946	37125
2007	525586	350636	565227	109948	82209	34048	56125
2008	666791	431534	767785	132016	97074	41193	87912
2009	769928	487786	827392	144141	105797	44588	139614
2010	985282	610396	1050303	148928	121429	52799	194688
2011	1271752	764844	1481022	175303	162737	61987	357540
2012	1334507	855627	1552230	197508	213389	75423	303979
2013	1374225	926280	1898260	213309	229473	84370	490048
2014	1489267	1010203	1881904	223648	246092	94326	397730
2015	1595920	1127221	2396523	265196	263345	121647	490896
2016	1732865	1203248	2505417	285850	291712	170665	521795

注:1.一般公共预算收入和一般公共预算支出:2011 年以前为地方财政一般预算收入和地方财政一般预算支出,2014 年以前为公共财政预算收入和公共财政预算支出,下同。

2.一般公共服务支出:2006 年及以前为行政事业费支出;教育支出:2000 年及以前为文教卫科事业费支出;

社会保障和就业支出:2000–2006 年为社会保障补助支出,2000 年以前为抚恤社救支出;

农林水事务支出:2000–2006 年为农业支出,1996–1999 年为农林水气象事业费支出,1995 年及以前为支援农业支出。

9-2 财 政 收 支 情 况

单位:万元

项　　目	2011年	2012年	2013年	2014年	2015年	2016年	岱山	嵊泗	2016年市级三块			
									小　计	市本级	定　海	普　陀
一、财政一般预算总收入	**1271752**	**1334507**	**1374225**	**1489267**	**1595920**	**1732865**	**207270**	**84372**	**1441223**	**811253**	**271690**	**358280**
1.一般公共预算收入	**764844**	**855627**	**926280**	**1010203**	**1127221**	**1203248**	**140863**	**67301**	**995084**	**567328**	**174662**	**253095**
税收收入小计	718086	784241	817968	886227	943310	970728	111611	42096	817021	462183	140402	214436
国内增值税(25%部分)	82986	85552	83683	85459	87501	161102	28485	2495	130122	59990	32744	37388
改征增值税(地方部分)						99283	11822	8385	79076	46587	15175	17314
营业税	272583	300078	251048	246965	251277	171157	9245	12791	149121	106202	10528	32391
企业所得税(40%部分)	90526	89316	82236	103541	87666	95209	6653	3487	85069	49633	15615	19821
个人所得税(40%部分)	34518	34966	36141	36820	35082	41499	4275	1860	35364	22839	5621	6905
资源税	16669	17213	16581	19316	22994	29437	17625	1665	10147	4632	4044	1471
城市维护建设税	37630	37299	40086	42237	44059	47711	4280	1629	41802	24517	8089	9196
房产税	21367	30455	39112	40267	42007	46054	5034	1128	39892	23197	5068	11627
印花税	11120	13067	12745	15057	17096	17550	1685	304	15561	10405	1829	3327
城镇土地使用税	23980	35143	34238	51533	60636	54172	9963	2492	41717	21833	7598	12286
土地增值税	48502	53465	72999	69436	61897	42233	3337	935	37961	20539	2391	15031
车船税	2895	3513	4483	5096	5696	6118	537	179	5402	2924	1405	1073
耕地占用税	16484	22595	63644	53952	114446	107611	4283	26	103302	41962	26032	35308
契税	58826	61579	69285	61788	55016	51592	4387	4720	42485	26922	4265	11298
非税收收入小计	46758	71386	108312	123976	183911	232520	29252	25205	178063	105145	34260	38658
其中:专项收入	20182	18923	20694	20309	60895	57368	8912	3105	45351	26427	8624	10300
行政事业性收费收入	15639	17886	13381	13920	13120	20066	3819	311	15936	10731	4408	797
2.上划中央四税合计	**506908**	**478880**	**447945**	**479064**	**468699**	**529617**	**66407**	**17071**	**446139**	**243925**	**97028**	**105186**
国内消费税	70385	37567	19331	12148	22075	25806	17	5	25784	12929	12666	189
国内增值税(75%部分)	248958	254891	251049	256376	262502	210303	39289	3557	167457	78208	39813	49437
企业所得税(60%部分)	135789	133974	123354	155311	131499	142815	9979	5231	127605	74451	23422	29732
个人所得税(60%部分)	51776	52448	54211	55229	52623	62247	6412	2790	53045	34257	8431	10357
改征增值税(中央部分)						77129	9348	5168	62613	38417	11073	13123
营业税(中央部分)						11317	1362	320	9635	5663	1625	2347
二、一般公共预算支出	**1481022**	**1552230**	**1898260**	**1881904**	**2396523**	**2505417**	**381482**	**235991**	**1887944**	**970858**	**364257**	**552829**
一般公共服务	175303	197508	213309	223648	265196	285850	37313	28921	219616	142176	31032	46408
国防	3508	3784	7151	3531	3795	4178	715	447	3016	2276	124	616
公共安全	77414	87416	96999	101621	114380	132420	18393	12767	101260	45965	26389	28906
教育	162737	213389	229473	246092	263345	291712	42277	25271	224164	91225	61041	71898
科学技术	27489	34873	40225	44763	51012	58786	8492	3703	46591	24847	11954	9790
文化体育与传媒	39345	31443	36630	41922	50295	56082	7520	3888	44674	28872	5448	10354
社会保障和就业	61987	75423	84370	94326	121647	170665	33292	15911	121462	67077	24641	29744
医疗卫生	91851	102684	115211	136783	166540	157784	27535	16327	113922	44595	31445	37882
节能环保	19137	21931	28128	28642	33419	33450	3740	2738	26972	16993	3526	6453
城乡社区事务	84657	88013	95531	117452	145312	172449	20853	11216	140380	41349	18944	80087
农林水事务	357540	303979	490048	397730	490896	521795	119277	72223	330295	110159	64102	156034
交通运输	72881	110535	150102	170303	271337	244789	32312	13215	199262	168040	12203	19019
资源勘探电力信息等事务	38458	44780	48071	53858	64770	37259	3154	3188	30917	12200	7541	11176
商业服务业等事务	29600	30383	24886	21654	26407	30937	4105	2903	23929	13408	2809	7712
金融支出	6094	2387	1656	1297	1768	935	58		877	607	30	240
援助其他地区支出						1850			1850	1005	276	569
国土资源气象等事务	47400	38761	52103	49560	89968	38784	7183	2603	28998	24763	2030	2205
住房保障支出	36635	48335	66768	63503	61239	107528	8291	4680	94557	45268	34547	14742
粮油物资储备管理事务	3000	3269	3119	2724	11611	2493	798	366	1329	1179		150
其他支出	144806	111803	108288	75323	161846	115563	25	11646	103892	75485	18842	9565
债务付息支出	1180	1534	4338	5587		39284	6045	3923	29316	12979	7230	9107
债务发行费用支出						824	104	55	665	390	103	172

注:1.2016年5月1日起全面实施“营改增”后,国内增值税由中央与地方按75:25分享调整为按50:50分享,改征增值税和营业税由地方收入调整为中央与地方按50:50分享。

2.2016年朱家尖区域财政收入已统计到市本级,普陀区相应剔除。

9-3 历年银行人民币存贷款余额

单位:万元

年份	存款余额	#企业存款	#个人存款	#农业存款	贷款余额	#工业贷款	#商业贷款	#农业贷款
1952	614	141	81		193	3	140	
1955	1040	152	265		1625	158	1293	
1960	2485	308	672		8345	535	5723	
1961	3011	512	683		7340	248	5124	
1962	3114	782	576		7214	203	5111	
1963	3534	984	701		5756	426	3418	
1964	4580	1375	824		5684	301	3567	
1965	5373	1499	1026		6399	597	3943	
1966	5945	1352	1152		7488	803	5106	
1967	6854	1460	1205		7759	1185	4886	
1968	6155	1358	1145		9067	1302	5520	
1969	7608	2680	1010		12323	1969	7774	
1970	6881	1593	986		13668	1763	8834	
1971	7520	1855	1108		11668	2077	7298	
1972	8549	2348	1287		11858	2048	7419	
1973	9198	2748	1472		11859	2171	7185	
1974	11278	2916	1673		12259	2506	7455	
1975	10620	3016	1771		13249	2750	7687	
1976	10264	3242	1725		15234	2870	8562	
1977	10024	2946	1842		16270	2618	8712	
1978	11784	2998	2090		18111	3198	8852	
1979	15716	3507	2605		19166	3492	8603	
1980	20849	5487	3462		20686	3974	8515	
1981	27907	6490	4146		22733	4712	9434	
1982	28822	6877	5233		26318	5848	10291	
1983	32284	7419	6581		28736	6961	11034	
1984	48274	13320	8642		52376	9571	18365	
1985	61619	17629	12249		62836	13103	18158	
1986	76796	20193	15883		87891	21317	22976	
1987	86637	23303	21293		98069	22811	28439	
1988	89779	28907	22696		106141	24590	33848	
1989	100337	25156	33296		116273	28666	40033	
1990	138505	36919	49581	2804	135547	35412	45560	11001
1991	177832	52451	65381	7340	161167	41407	52673	14502
1992	205750	58362	84962	8199	190757	47499	63580	20111
1993	238211	62959	97800	6509	228134	57255	82054	21192
1994	278717	103006	156191	3158	268705	66268	96924	11884
1995	377427	136518	211373	3429	336285	81302	119888	11662
1996	505798	186176	292939	4433	411656	97634	130570	13680
1997	633689	246970	363628	6207	516360	125285	169290	17462
1998	783373	309025	437951	6080	595360	124157	174149	19483
1999	937822	411003	486207	5760	688010	134223	179855	16063
2000	1110418	498580	560034	4821	736899	112014	152254	8361
2001	1282240	569552	642293	9646	856479	135054	150405	18746
2002	1609862	695946	735467	8505	1094492	166159	159574	13203
2003	1859204	909406	755977	6766	1485633	264927	165132	11750
2004	2206749	1102764	865364	5942	1865827	343813	172660	8404
2005	2566328	1272879	971327	4172	2241223	505532	155031	7170
2006	3210044	1511052	1133633	1130	3018885	553394	208686	15152
2007	4034427	2004676	1214061	1089	3891380	825284	255927	17295
2008	5229066	2350939	1643103	3749	5114627	829531	417791	13798
2009	6288589	2965695	2011987	6478	6464269	924097	529231	9993
2010	7404829	3034558	2254872	3025	7378316			
2011	8617635		2511488		8207716			
2012	8393171		2604502		9013297			
2013	8725655		2612639		9057456			
2014	9015339		2794155		9408773			
2015	9259227		3013701		8975585			
2016	9688159		3218809		8041396			

注:1.工业贷款、商业贷款、农业贷款科目2010年起取消。

2.企业存款、农业存款科目2011年起取消。

3.2014年及以前年份,“个人存款”为“储蓄存款”。

9-4 金融系统人民币存贷款年末余额

单位:万元

	2010年	2011年	2012年	2013年	2014年	2015年	2016年
一、各项存款		**12896084**	**13501001**	**14702445**	**16027038**	**16942588**	**18078318**
单位存款		7563505	7439449	8031694	8657231	9789107	10467055
个人存款		4619488	5085043	5739513	6293628	6616103	7158648
#储蓄存款		4566918	5036888	5446392	5980044		
财政性存款		562628	788272	782366	871926	354625	302198
临时性存款		23665	19538	7082	4222		
委托存款		5	5	4435	27787		
其他存款		126792	168695	137355	172244	182753	150417
二、各项贷款	**9807727**	**11200356**	**12374213**	**13043704**	**14160290**	**14583839**	**14840103**
短期贷款	4703433	5693719	6754842	7174068	7201616	7281540	6998226
个人贷款及透支	1085755	1365887	1441280	1472383	1481042	1472675	1451013
单位贷款及透支	3309742	3841105	4629622	5115079	5141795	5808865	5547213
贸易融资	307936	486728	683940	563372	578288		
中长期贷款	5070249	5473735	5597707	5807087	6856962	7204199	7524983
个人贷款	1474988	1817583	1971941	2115055	2151243	2324539	2672670
单位贷款	3552461	3567123	3447838	3304121	4196346	4879660	4852313
普通并购贷款	6300	6300	5000	14500	16500		
银团贷款	36500	82728	172928	373410	489025		

注:1.2011年起,存款科目调整,以前年份数据不可比,下同。

2.2015年起,储蓄存款、临时性存款、委托存款科目取消,贸易融资、普通并购贷款、银团贷款并入单位贷款统计,下同。

9-5　金融系统人民币存贷款年末余额构成

单位:%

	2010 年	2011 年	2012 年	2013 年	2014 年	2015 年	2016 年
一、各项存款		**100.00**	**100.00**	**100.00**	**100.00**	**100.00**	**100.00**
单位存款		58.65	55.10	54.63	54.02	57.78	57.90
个人存款		35.82	37.66	39.04	39.27	39.05	39.60
# 储蓄存款		35.41	37.31	37.04	37.31		
财政性存款		4.36	5.84	5.32	5.44	2.09	1.67
临时性存款		0.18	0.15	0.05	0.03		
委托存款				0.03	0.17		
其他存款		0.98	1.25	0.93	1.07	1.08	0.83
二、各项贷款	**100.00**	**100.00**	**100.00**	**100.00**	**100.00**	**100.00**	**100.00**
# 短期贷款	47.96	50.84	54.59	55.00	50.86	49.93	47.16
个人贷款及透支	11.07	12.20	11.65	11.29	10.46	10.10	9.78
单位贷款及透支	33.75	34.29	37.41	39.21	36.31	39.83	37.38
贸易融资	3.14	4.35	5.53	4.32	4.08		
中长期贷款	51.70	48.87	45.24	44.52	48.42	49.40	50.71
个人贷款	15.04	16.23	15.94	16.22	15.19	15.94	18.01
单位贷款	36.22	31.85	27.86	25.33	29.63	33.46	32.70
普通并购贷款	0.06	0.06	0.04	0.11	0.12		
银团贷款	0.37	0.74	1.40	2.86	3.45		

9-6 分县(区)金融系统人民币存贷款年末余额

单位:万元

	2011年	2012年	2013年	2014年	2015年	2016年	2016年为2015年%	2016年分县(区)				
								市区	市本级及定海区	普陀区	岱山县	嵊泗县
一、各项存款	**12896084**	**13501001**	**14702445**	**16027038**	**16942588**	**18078318**	**106.70**	**15196768**	**11368223**	**3828545**	**2122904**	**758646**
#单位存款	7563505	7439449	8031694	8657231	9789107	10467055	106.92	9165403	7484142	1681261	984092	317560
个人存款	4619488	5085043	5739513	6293628	6616103	7158648	108.20	5669137	3564177	2104960	1070658	418853
财政性存款	562628	788272	782366	871926	354625	302198	85.22	213059	179412	33647	67247	21892
二、各项贷款	**11200356**	**12374213**	**13043704**	**14160290**	**14583839**	**14840103**	**101.76**	**13510530**	**9794533**	**3715997**	**963562**	**366011**
#个人贷款	3183470	3413221	3587438	3632285	3797214	4123683	108.60	3524518	2090268	1434250	437676	161489
单位贷款	7408228	8077460	8419200	9338141	10688525	10712222	100.22	9981813	7700200	2281613	525887	204522
普通并购贷款	6300	5000	14500	16500								
银团贷款	82728	172928	396644	489515								
贸易融资	486728	683940	563372	582136								

注:单位贷款包含短期贷款、中长期贷款、票据融资、融资租赁和各项贷款。

9–7 外汇存贷款年末余额

单位:万美元

项　　目	1995 年	2005 年	2006 年	2007 年	2008 年	2009 年	2010 年	2011 年	2012 年	2013 年	2014 年	2015 年	2016 年
一、各项存款	**7750**	**15829**	**20932**	**30348**	**23174**	**33889**	**33491**	**40244**	**63433**	**44071**	**34889**	**149101**	**155705**
1.单位存款								28494	55563	35743	26351	138115	139960
# 活期存款								14529	13280	14486	9886	96998	93657
定期存款								9652	27990	3921	7189	35162	40299
2.个人存款								7328	7860	8161	8439	10655	14571
# 储蓄存款								7309	7805	8146	8386		
3.其他存款								4422	10	167	99	331	1174
二、各项贷款	**5881**	**7836**	**14065**	**15054**	**17492**	**36705**	**55796**	**67646**	**92923**	**47526**	**61567**	**63839**	**54504**
1.短期贷款	2945	3181	4452	6771	5432	4499	8523	64888	92923	46429	57022	60209	54493
# 贸易融资								52834	88266	37644	50920	48921	30658
2.中长期贷款	2881	222	114					2758		1097	4546	3452	11
3.其他贷款	55	4433	9499	8283	12061	32206	47273					178	

9–8 人民币储蓄存款年末余额

单位:万元

项　　目	1980 年	1985 年	1990 年	1995 年	2000 年	2005 年	2008 年	2009 年	2010 年	2011 年	2012 年	2013 年	2014 年
一、储蓄余额合计	**6626**	**25716**	**95643**	**354591**	**853793**	**1735399**	**2959217**	**3501863**	**4050932**	**4566918**	**5036888**	**5446392**	**5980044**
市本级及定海区	2539	9715	37019	158972	410116	852842	1522714	1819140	2097097	2469136	2594036	2732515	2998395
普陀区	1915	7996	30665	95811	234364	475923	829805	1019532	1178340	1241908	1451158	1614135	1777523
岱山县	1457	5481	18573	60749	141945	265058	418410	461281	552773	603771	701530	766099	838215
嵊泗县	715	2524	9380	39059	67368	141576	188288	201910	222722	252103	290164	333643	365911
二、人均储蓄余额(元)	**74.5**	**276**	**986**	**3608**	**8676**	**17942**	**30581**	**36187**	**41861**	**47088**	**51833**	**55972**	**61340**
市本级及定海区	80.2	296	1077	4510	11283	22917	40596	48475	55783	65279	68057	71185	77659
普陀区	64.5	259	953	2943	7220	14923	25874	31729	36676	38553	45019	50068	55049
岱山县	70.5	259	845	2778	6728	13591	21796	24100	28932	31701	36994	40618	44610
嵊泗县	89.1	308	1109	4541	7930	17441	23567	25328	28043	31898	36902	42675	46912
三、在合计中													
农村储蓄余额	3164	13468	49581	130699	269007	579052	911031	995379	1159967				
城镇储蓄余额	3462	12248	46062	223892	584850	1156347	2048186	2506484	2890965				

注:1.2011 年起,人民币储蓄存款不再划分农村和城镇。

2.2015 年起,人民银行不再统计人民币储蓄存款。

9-9 金融机构本外币信贷收支表(资金来源)

(2016年)

分 类	全市	#普陀	#岱山	#嵊泗
一、各项存款	19158442	3859243	2129813	760959
(一)境内存款	19119468	3849489	2129057	760888
1.住户存款	7259727	2121943	1076111	420015
2.非金融企业存款	6004262	917024	211829	118303
3.广义政府存款	5735892	810509	840808	222299
(1)财政性存款	302198	33647	67247	21892
(2)机关团体存款	5433694	776862	773561	200407
4.非银行业金融机构存款	119587	12	310	271
(二)境外存款	38973	9754	756	71
二、金融债券				
其中:境外发行				
三、卖出回购资产				
四、借款及非银行业金融机构拆入	7899			
五、联行往来(净)		257881		
六、应付及暂收款	351764	69249	31651	12035
七、各项准备	531235	210311	40458	14396
八、所有者权益	498249	189009	55261	27788
其中:实收资本	166322	70049	18708	5565
九、其他	-1806132	-683384	-569031	-217917
资金来源总计	18741456	3902309	1688152	597261

9-10 金融机构本外币信贷收支表(资金运用)

(2016年)

分　　类	全市	#普陀	#岱山	#嵊泗
一、各项贷款	15218194	3737472	963570	366014
(一)境内贷款	15213996	3737339	963570	366014
1.住户贷款	4123997	1434314	437683	161492
(1)短期贷款	1451254	514385	288836	85333
(2)中长期贷款	2672743	919928	148848	76159
2.非金融企业及机关团体贷款	11089999	2303026	525887	204522
(1)短期贷款	5924990	1281033	285215	68932
(2)中长期贷款	4852313	1009118	238379	135590
(3)票据融资	296182	1310	212	
(4)融资租赁				
(5)各项垫款	16514	11565	2081	
3.非银行业金融机构贷款				
(二)境外贷款	4198	133		
二、债券投资	200527	66065	35462	590
其中:境外债券				
三、股权及其他投资	562431	15050	100	100
四、买入返售资产				
五、存放非银行业金融机构款项	2803	2803		
六、联行往来(净)	2501901		651816	222200
其中:境内存放二级准备金	620343	101402	61024	34465
七、金银占款				
八、外汇占款				
九、应收及预付款	82465	35007	14605	4703
十、投资性房地产				
十一、固定资产	173135	45912	22599	3654
资金运用总计	18741456	3902309	1688152	597261

9-11 保险业务发展情况

项目	单位	1985年	1990年	1995年	2000年	2005年	2008年	2009年	2010年	2011年	2012年	2013年	2014年	2015年	2016年
一、财产险业务															
1.保费收入	万元	277	1075	6434	10475	27983	51820	66829	80821	92861	97288	101998	109155	115614	122206
#企业财产险	万元	88	278	1070	1990	3239	5744	6623	7606	7531	8656	8690	8360	8331	7660
家庭财产险	万元	11	33	67	192	583	1274	2496	2095	2312	1661	1885	1461	1107	796
车险	万元						19922	23796	31497	36662	39879	46363	53617	60719	65639
#交强险	万元						5213	5643	6844	7839	8647	9762	10929	11489	17247
船舶险	万元						20899	25449	29452	32554	31181	28922	25246	25369	24155
#渔船险	万元						1359	895	1064	1200	1507	1997	1207	603	823
农业险	万元		4	27	54	42	192	192	197	203	251	425	467	554	593
2.赔款	万元	276	619	3753	6164	17326	31446	38728	39523	46340	53358	56181	66001	78936	81148
3.赔付率	%	99.64	57.58	58.33	58.20	61.90	54.11	57.95	49.00	49.99	54.85	55.09	60.48	68.29	66.40
二、寿险业务															
1.保费收入	万元	9	142	4999	14387	53839	98916	97490	109199	106675	116043	115129	120509	129461	170494
2.给付金额	万元	2	36	351	3105	6024	21612	25933	16917	9439	12274	14386	15198	23613	29140

9-12 分县(区)保险业务情况

单位:万元

项目	2011年	2012年	2013年	2014年	2015年	2016年	2016年分县(区)				
							市本级	定海	普陀	岱山	嵊泗
一、财产险业务											
(一)保费	92861	97288	101998	109154	115614	122206	65486	19011	20008	11665	6036
其中:1.企财险	7531	8656	8690	8360	8331	7660	4790	594	1523	546	204
2.家财险	2312	1661	1885	1461	1107	796	220	92	330	102	52
3.车险	36662	39879	46363	53617	60719	65639	36057	12788	11129	4491	1175
#交强险	7839	8647	9762	10928	11489	17247	7077	2407	2248	962	274
4.拖拉机险	142	69	66	63	59	191	30	111	23	27	0.39
5.船舶险	32554	31181	28922	25245	25369	24155	15290	1983	3082	2688	1112
#渔船险	1200	1507	1997	1207	603	823	380	338	6	3	97
6.农业险	203	251	425	466	554	593	119	336	54	60	12
(二)赔款	46340	53358	56181	66000	78936		81148				
(三)赔付率(%)	49.99	54.85	55.09	60.47	68		66				
二、寿险业务											
(一)保费收入	106675	116043	115129	120509	129461	170493	100648		42757	19131	7957
其中:意外短险	7719	10171	6116	5128	6121	7122	3455		2358	987	322
(二)死、伤、医赔款	5127	7233	5697	6421	7596	3674	1350		1209	884	231
(三)给付金额	9439	12274	14386	15198	23613	29140	15512		7201	3258	3170
其中:满期给付金额	6543	5261	8026	9843	14589	19715	10395		4735	1963	2622
年金给付金额	2896	7013	6360	5354	9024	9425	5117		2465	1295	548
(四)营销人员数(人)	2417	2037	1975	1783	2862	4340	2750		854	542	194

主要统计指标解释

财政　是国家为了保证国民经济有计划、按比例高速度的发展和满足社会日益增长的物质文化需要，对社会产品和国民收入直接和间接地实行分配、再分配的一种重要工具。

金融　是指货币流通和银行信用有关的一切活动，主要是通过银行的各种业务来实现。1994年，我国进行财税管理体制改革，全面实行分税制财政管理体制，根据中央和地方的事权，按税种划分中央和地方的财政收入。

财政总收入　包括上划中央"四税"即国内消费税、国内增值税(75%)、企业所得税(60%)、个人所得税(60%)和地方财政一般预算收入两部分。

一般公共预算收入　包括各项税收收入、行政事业性收费收入、国有资源(资产)有偿使用收入、转移性收入和其他收入。地方各级一般公共预算收入包括地方本级收入、上级政府对本级政府的税收返还和转移支付、下级政府的上解收入。

一般公共预算支出　按照其功能分类，包括一般公共服务支出，外交，公共安全、国防支出，农业环境保护支出，教育、科技、文化、卫生、体育支出，社会保障及就业支出和其他支出。地方各级一般公共预算支出包括地方本级支出、对上级政府的上解支出、对下级政府的税收返还和转移支付。

银行存款　企业、机关、团体和居民根据可以收回的原则，把货币存入银行或其他信用机构保管，并取得一定利息的一种信用活动形式。根据存款对象的不同可划分为企业存款、城镇居民存款、农村存款等科目。

银行贷款　银行或其他信用机构根据必须归还的原则，按一定利率为企业、个人等提供资金的一种信用活动原则。我国银行贷款，根据贷款对象不同分为工业贷款、商业贷款、农业贷款等。

保费收入　保费收入是保险企业在一定时期内收缴的保险费总额。

保费收入一般是指入帐保费。入帐即登记入帐，指在会计核算中已记录为本期的保费收入。入帐保费是保险企业在一定时期内签发的保险单项下已经收到或尚未收到的保费总额。

赔款支出　财产保险的发生保险事故后，经查证确属保险责任范围内的保险标的损失，保险人根据保险合同的规定履行赔偿义务，给予被保险人的款项叫作"赔款"。赔款支出一般包括三个部分：一是标的赔付，指被保险财产本身的赔款金额。二是第三者责任赔付，指投保第三者责任险的业务对第三者车辆、财产、人员等的损失。三是施救费、救助费及整理费。

寿险类给付　对寿险业务的经济补偿叫"给付"。寿险业务的给付，主要有死亡给付、伤残给付、医疗给付、教育金给付、婚嫁金给付、养老金给付、满期给付：一次性给付会及人寿险业务的退保金等。寿险业务的各类给付，分别按给付人数和给付金额统计。在寿险业务中，对各类给付一般划分为损失性给付和非损失性给付，损失性给付包括死亡给付、伤残给付、医疗给付等，其中意外伤害险和健康险的损失性给付在核算上视同于赔款支出；其他如教育金给付、婚嫁金给付、养老金给付、满期给付、一次性给付为非损失性给付。

赔付率　是指保险公司在一定时期内用于赔偿的总额占同期保险费收入总额的百分比，即：

$$赔付率=\frac{已决赔款}{保费收入}\times 100\%$$

十、物价

10-1 分月居民消费价格指数

（以上年同期价格为 100）

	1985 年	1990 年	1995 年	2000 年	2005 年	2008 年	2009 年	2010 年	2011 年	2012 年	2013 年	2014 年	2015 年	2016 年
一　月	111.6	103.3	113.5	102.8	100.7	105.9	100.7	101.6	106.5	105.3	100.1	102.3	99.8	101.9
二　月	104.3	106.4	115.5	103.6	104.2	107.1	98.2	104.0	106.2	101.4	103.3	102.2	101.2	102.2
三　月	114.4	104.6	116.6	102.9	102.2	107.5	98.9	103.1	106.9	103.0	100.9	102.4	101.1	102.4
一 季 度*	110.1	104.8	115.2	103.1	102.4	106.8	99.2	102.9	106.5	103.2	101.4	102.3	100.7	102.2
四　月	124.0	103.1	113.7	103.1	102.3	107.9	98.7	103.3	106.5	102.3	101.4	101.7	101.2	102.2
五　月	114.1	101.1	117.0	103.4	100.8	107.4	98.3	103.6	106.6	101.9	101.2	102.1	101.0	101.8
六　月	119.2	99.8	115.5	102.9	100.4	106.1	98.8	103.5	107.0	100.5	102.7	101.6	101.0	101.6
上 半 年*	114.6	103.1	115.3	103.1	101.8	107.0	98.9	103.2	106.6	102.4	101.6	102.1	100.9	102.0
七　月	117.1	101.5	117.5	102.7	101.0	106.9	97.9	104.7	106.5	100.4	102.6	101.9	100.9	101.5
八　月	122.2	101.2	118.3	102.4	101.3	105.4	99.3	103.5	106.7	100.9	101.9	102.2	101.3	101.3
九　月	119.0	99.7	114.1	99.7	100.8	104.9	99.0	104.3	105.1	102.0	102.2	102.0	101.3	101.5
一至九月*	116.2	102.4	115.7	102.6	101.5	106.5	98.9	103.5	106.4	102.0	101.8	102.0	101.0	101.8
十　月	123.4	100.6	112.3	98.0	101.5	104.3	98.9	104.9	105.0	101.2	103.3	101.0	101.4	101.6
十 一 月	121.7	104.2	111.5	99.0	101.9	102.9	99.9	106.5	103.6	101.0	103.0	100.6	101.8	101.7
十 二 月	115.7	103.9	111.7	98.5	103.1	101.7	101.6	105.9	103.7	101.0	102.8	100.4	102.2	101.7
全　年	115.4	101.9	114.8	101.6	101.7	105.6	99.2	104.1	105.8	101.7	102.1	101.7	101.2	101.8

10-2 分月商品零售价格指数

（以上年同期价格为 100）

	1985 年	1990 年	1995 年	2000 年	2005 年	2008 年	2009 年	2010 年	2011 年	2012 年	2013 年	2014 年	2015 年	2016 年
一　月	112.0	101.3	112.1	99.2	100.4	105.1	101.2	103.1	104.9	104.4	100.4	100.7	98.0	100.5
二　月	104.1	105.0	111.4	99.9	102.5	106.5	98.9	104.6	105.6	102.2	101.3	101.2	99.3	101.3
三　月	115.1	103.2	113.2	99.2	100.9	107.6	98.8	104.1	105.8	103.8	99.4	101.1	99.4	101.1
一 季 度*	110.4	103.2	112.2	99.4	101.3	106.4	99.6	103.9	105.4	103.4	100.4	101.0	98.9	101.0
四　月	125.5	101.4	110.2	99.2	101.2	108.1	99.0	104.0	105.9	102.7	99.5	100.5	99.6	101.0
五　月	114.7	99.3	113.0	99.8	100.3	108.0	98.7	104.2	106.2	101.9	99.4	101.0	99.5	100.7
六　月	120.3	97.7	110.9	99.7	99.6	107.0	98.9	103.6	106.4	100.5	101.1	100.7	99.5	100.5
上 半 年*	115.3	101.3	111.8	99.5	100.8	107.0	99.3	103.9	105.8	102.6	100.2	100.9	99.2	100.8
七　月	118.1	100.0	113.2	100.0	100.5	109.0	97.3	104.4	106.2	100.1	101.2	101.1	99.1	100.6
八　月	123.7	99.2	113.3	99.5	101.0	107.5	98.4	103.7	106.5	100.7	100.6	101.2	99.2	100.8
九　月	120.4	97.9	110.4	99.3	100.4	107.1	98.6	103.7	105.6	101.5	100.8	100.7	99.2	101.2
一至九月*	117.1	100.6	112.0	99.5	100.8	107.3	98.9	103.9	105.9	102.0	100.4	100.9	99.2	100.9
十　月	120.0	98.8	109.1	97.8	100.9	106.6	98.5	104.8	104.8	101.2	101.0	100.1	99.5	101.1
十 一 月	123.3	102.7	108.4	98.5	101.5	104.6	100.1	106.0	103.4	101.0	100.8	99.3	100.2	101.6
十 二 月	116.7	102.2	108.2	98.0	102.8	103.7	101.7	105.5	103.3	101.0	100.8	98.9	100.5	101.7
全　年	116.3	100.2	111.0	99.2	101.0	106.7	99.2	104.3	105.4	101.7	100.5	100.5	99.4	101.0

注：打 * 者均为该时期的指数简单平均数。

10–3 居 民 消 费

（以上年同期价

	1985年	1990年	1995年	2000年	2001年	2002年	2003年	2004年
居民消费价格总指数	**115.4**	**101.9**	**114.8**	**101.6**	**99.3**	**99.5**	**101.3**	**104.4**
服务项目价格指数	**104.8**	**116.8**	**119.5**	**119.1**	**108.4**	**100.5**	**101.8**	**104.0**
消费品价格指数					**96.5**	**99.1**	**101.1**	**104.5**
一、食品烟酒								
1.食　品								
(1)粮　食	99.4	96.3	131.0	89.2	103.0	100.1	103.5	132.5
#大　米	95.5	92.8	131.2	88.9	104.6	100.5	104.1	136.4
面　粉	106.6	89.2	116.8	88.7	92.2	99.4	99.5	116.9
(2)薯类								
(3)豆类								
(4)食用油	109.9	91.3	106.2	76.3	88.7	101.3	111.2	106.1
(5)菜								
鲜　菜	134.7	85.2	128.4	104.5	88.9	112.9	109.8	98.4
(6)畜肉类								
猪　肉	136.0	97.7	119.4	93.3	97.8	97.4	103.4	127.9
(7)禽肉类								
(8)水产品	185.5	98.0	128.1	103.3	91.7	104.3	102.0	112.1
淡水鱼					98.7	106.6	89.1	140.1
海水鱼					92.5	107.9	106.1	104.8
虾蟹类								
(9)蛋类	129.3	99.3	121.0	82.5	110.7	104.6	100.4	126.6
(10)奶类	100.0	103.3	135.6	99.6	99.5	99.9	97.4	99.1
(11)干鲜瓜果类			128.6	98.4	96.2	106.0	101.4	111.7
鲜瓜果	139.2	96.3	129.1	96.4	94.7	107.1	98.3	117.8
(12)糖果糕点类								
食糖								
(13)调味品	98.3	129.4	125.0	97.7	97.6	102.3	98.0	102.3
(14)其他食品类								
2.茶及饮料					94.0	97.1	99.5	100.2
3.烟酒					96.8	99.7	100.7	102.8
4.在外餐饮			117.9	101.6	100.7	101.3	107.2	115.3
二、衣　着	**100.2**	**105.2**	**109.7**	**99.2**	**96.3**	**98.0**	**98.5**	**100.1**
1.服装			111.0	99.5	95.3	97.6	100.3	99.7
2.服装材料			112.7	99.3	99.9	96.5	102.5	101.7
3.其他衣着及配件								
4.衣着加工服务费								
5.鞋类	100.1	106.2	103.2	98.3	97.2	99.2	91.2	101.2
三、居住			**108.2**	**104.0**	**101.1**	**96.5**	**101.7**	**103.8**
1.租赁房房租	104.0	101.2	132.7	108.3	116.7	111.9	106.0	104.4
2.住房保养维修及管理								
(1)住房装潢材料		100.6	97.3	99.9	95.2	92.5	100.5	108.4
(2)物业管理费								
(3)住房装潢维修								

价　格　指　数(一)

格为 100）

2005 年	2006 年	2007 年	2008 年	2009 年	2010 年	2011 年	2012 年	2013 年	2014 年	2015 年	2016 年
101.7	**101.6**	**104.2**	**105.6**	**99.2**	**104.1**	**105.8**	**101.7**	**102.1**	**101.7**	**101.2**	**101.8**
101.7	**101.2**	**101.9**	**101.6**	**96.5**	**102.8**	**104.3**	**99.4**	**103.5**	**102.2**	**101.6**	**101.8**
101.7	**101.7**	**104.9**	**107.1**	**100.1**	**104.5**	**106.6**	**102.8**	**101.5**	**101.4**	**101.0**	**101.8**
											104.1
											105.3
98.5	103.1	107.4	108.1	103.4	115.3	113.9	102.1	101.4	100.8	102.2	101.3
97.9	102.8	106.1	108.0	103.2	118.4	114.2	102.1	100.2	100.9	101.2	99.9
100.6	101.0	109.9	101.7	100.0	104.7	121.9	105.5	109.0	101.0	100.1	100.0
	119.9	94.5	114.7	103.0	103.9	104.2	102.5	116.4	108.3	90.6	103.0
	100.8	109.4	138.0	97.8	107.2	103.1	101.1	101.6	101.6	101.4	100.6
97.0	100.3	126.9	117.2	77.2	100.2	116.6	104.6	97.9	92.4	97.0	100.9
	104.0	109.1	110.1	106.9	110.9	101.6	117.4	104.1	102.5	105.7	111.6
121.6	102.1	110.1	110.1	108.0	111.6	101.0	119.9	103.4	102.4	107.2	112.2
	96.3	135.7	127.2	87.5	100.3	124.3	103.4	103.1	98.2	103.5	110.2
101.4	96.6	140.6	126.1	85.6	100.9	128.1	99.9	99.9	96.3	105.3	114.9
	100.4	120.0	105.5	101.3	111.0	114.1	105.0	105.7	103.1	109.7	103.2
107.7	99.4	106.2	111.8	108.7	114.9	118.1	110.3	102.0	105.3	105.1	106.5
102.5	97.0	106.3	127.8	106.7	103.3	107.1	109.8	106.3	101.4	101.5	104.4
102.6	100.5	105.2	108.7	114.0	127.1	121.7	105.3	103.0	111.2	106.8	110.7
	99.0	110.4	107.8	107.7	112.1	125.6	117.1	100.6	101.1	103.6	107.7
107.6	95.2	125.4	105.6	103.4	108.5	118.8	98.5	101.1	109.5	99.6	98.9
101.8	103.2	104.4	119.3	99.1	100.5	109.1	102.4	106.4	104.7	99.9	100.3
97.4	107.0	103.6	113.4	102.9	114.6	118.5	105.0	103.4	107.6	97.7	99.4
96.5	109.3	100.8	111.4	106.7	117.3	115.7	104.9	104.2	111.8	96.0	97.6
											104.1
109.7	124.8	98.7	102.3	100.2	123.2	117.0	103.8	94.6	91.6	101.1	105.4
106.2	105.7	101.3	111.5	99.8	104.3	102.1	99.9	100.4	100.8	103.7	100.8
	101.4	102.8	114.9	102.1	98.9	110.7	101.8	98.8	101.1	101.1	103.9
99.1	102.4	100.2	107.1	102.2	103.3	107.8	106.3	101.9	102.6	107.5	101.6
100.3	100.5	102.0	102.5	100.4	100.7	102.4	100.1	100.6	100.4	103.1	101.8
104.5	107.2	110.0	108.2	102.9	105.9	106.1	104.1	104.5	102.1	102.5	102.0
98.2	**101.6**	**101.0**	**100.7**	**98.5**	**100.4**	**101.1**	**101.6**	**101.4**	**101.0**	**101.9**	**100.6**
97.5	102.1	101.0	100.2	98.3	100.4	99.9	101.3	100.2	101.2	101.7	101.9
100.6	103.9	103.0	103.2	101.1	104.7	113.9	107.3	100.0	100.0	100.0	100.0
											97.8
	101.8	108.6	122.7	104.7	103.8	114.0	101.7	100.6	102.1	114.8	100.9
100.2	99.5	100.2	99.7	97.9	100.0	103.1	102.4	105.8	100.6	102.0	96.4
105.7	**108.0**	**106.6**	**104.7**	**92.8**	**105.6**	**106.9**	**99.9**	**102.2**	**102.5**	**99.4**	**100.0**
101.3	111.1	102.3	105.8	106.6	109.3	106.9	98.7	102.3	102.9	98.4	99.8
											102.2
106.8	109.0	107.7	108.2	98.5	106.2	109.3	101.9	105.1	103.1	100.5	100.6
	100.0	100.0	100.0	100.0	113.9	102.4	100.0	100.0	100.0	107.1	100.0
											106.1

10-3 居 民 消 费

（以上年同期价

	1985 年	1990 年	1995 年	2000 年	2001 年	2002 年	2003 年	2004 年
3.水电燃料	100.0	101.1	117.2	105.7	102.7	98.7	103.7	103.5
（1）水	100.0	104.5	149.8	100.0	100.0	100.0	101.4	106.0
（2）电	100.0	100.0	106.0	100.0	100.0	100.0	100.0	100.0
（3）燃气								
4.自有住房								
四、生活用品及服务	**105.3**	**103.8**	**106.2**	**96.2**	**95.8**	**96.5**	**95.4**	**96.3**
1.家具及室内装饰品								
2.家用器具								
3.家用纺织品								
4.家庭日用杂品			116.3	96.4	98.4	97.1	99.8	99.7
5.个人护理用品								
6.家庭服务								
五、交通和通信			**102.2**	**89.5**	**97.4**	**97.8**	**97.7**	**98.0**
1.交通					96.8	100.0	100.2	102.5
（1）交通工具			107.0	92.8	90.3	93.8	96.1	96.3
（2）交通工具用燃料								
（3）交通工具使用和维修								
（4）交通费								
2.通信					97.9	96.3	96.0	95.2
（1）通信工具			96.1	85.1	85.3	80.6	83.0	77.4
（2）通信服务					102.4	101.0	100.0	100.6
（3）邮递服务								
六、教育文化和娱乐	**100.2**	**96.9**	**106.5**	**96.5**	**111.0**	**99.6**	**101.2**	**103.7**
1.教育					125.1	106.3	111.6	105.0
（1）教育用品			134.0	106.1	103.6	100.0	99.5	99.8
（2）教育服务	108.0	111.4	131.6	168.1	126.1	106.5	112.7	105.6
2.文化娱乐			108.9	99.4	101.2	100.1	100.3	101.4
（1）文娱耐用消费品								
（2）其他文娱用品								
（3）文化娱乐服务								
（4）旅游					92.7	84.4	81.9	114.0
七、医疗保健					**96.0**	**95.1**	**104.0**	**92.8**
1.药品及医疗器具								
（1）中药								
（2）西药			108.9	104.0	91.2	94.0	100.0	84.2
（3）滋补保健品			91.3	100.0	96.4	95.3	91.1	92.2
2.医疗服务	106.0	120.1	100.4	102.0	100.3	99.6	99.8	100.0
八、其他用品和服务								
1.其他用品类								
2.其他服务类								

价　格　指　数(二)

格为100）

2005年	2006年	2007年	2008年	2009年	2010年	2011年	2012年	2013年	2014年	2015年	2016年
106.2	109.4	106.7	103.9	98.2	102.3	101.9	100.2	99.2	99.9	95.5	98.0
95.3	119.5	131.3	105.7	100.0	100.0	100.0	100.0	100.0	100.0	100.0	100.0
100.0	104.1	101.5	100.0	100.0	100.0	100.0	99.0	99.0	100.0	100.0	100.0
											92.6
	104.5	108.8	104.1	64.2	109.6	108.7	98.3	102.3	103.3	98.9	99.9
99.1	**100.1**	**100.8**	**103.9**	**98.5**	**99.7**	**102.9**	**102.4**	**101.8**	**101.2**	**100.0**	**99.9**
											100.1
	96.1	96.5	99.9	89.7	95.2	99.2	102.2	101.9	99.1	97.5	98.5
											99.5
100.2	101.4	100.8	108.1	103.1	100.3	103.8	103.1	99.9	100.5	102.3	99.1
											100.3
	116.7	117.8	125.1	114.0	113.7	112.2	100.9	109.1	109.4	103.0	103.9
100.1	**99.8**	**99.8**	**95.7**	**97.7**	**100.2**	**101.4**	**98.2**	**99.7**	**99.0**	**96.7**	**99.1**
107.3	106.1	101.5	103.0	98.9	101.8	102.0	98.1	99.8	98.8	95.7	99.1
98.4	97.3	96.2	100.8	99.2	99.5	98.6	94.3	99.7	97.5	100.1	99.8
											95.5
											98.8
											102.1
95.3	95.6	98.3	88.6	96.5	98.4	100.1	98.3	99.3	99.4	99.3	99.2
91.6	85.8	88.9	83.9	84.4	89.6	90.7	90.2	92.8	93.4	91.8	96.2
96.0	98.1	100.3	89.4	98.7	100.0	101.4	99.3	100.0	100.0	100.0	100.0
											100.2
98.6	**97.1**	**98.4**	**102.4**	**97.8**	**100.0**	**100.3**	**98.5**	**103.0**	**101.0**	**102.9**	**104.0**
100.3	99.5	98.9	104.3	101.0	101.5	101.6	101.0	102.5	101.6	103.1	105.8
98.2	98.6	96.8	101.6	103.2	100.5	101.5	103.0	100.5	100.0	98.2	99.6
100.6	99.7	99.1	104.6	100.8	101.6	101.6	100.9	102.6	101.6	103.4	106.0
100.8	99.4	100.6	102.9	100.9	99.5	100.4	102.7	100.1	100.3	101.1	101.4
											95.6
											99.2
	99.2	100.3	105.2	99.3	98.8	99.5	104.8	100.3	100.4	101.2	98.9
98.1	93.5	99.2	102.8	91.8	99.8	98.8	87.9	111.2	103.1	107.0	106.1
96.1	**98.9**	**100.5**	**107.0**	**102.4**	**106.7**	**102.9**	**98.0**	**102.3**	**102.0**	**101.6**	**101.7**
											103.9
	98.1	110.0	113.9	103.3	125.1	108.4	102.1	97.5	98.5	98.5	105.1
92.3	94.3	95.3	103.7	101.4	99.7	94.1	92.7	91.7	100.5	97.4	99.3
100.5	101.0	99.2	115.0	104.7	109.4	115.2	100.7	102.4	105.7	108.1	113.3
106.5	105.0	102.8	100.2	100.5	100.7	100.0	99.5	118.3	101.5	100.0	100.0
											101.8
											103.4
											100.8

注：2001年以来按照统计制度要求，我国居民消费价格指数、商品零售价格指数每五年进行一次基期轮换，2016年为新一轮基期轮换起始年，分类目录有较大调整。

10-4 商　品　零　售

（以上年同期价

	1985年	1990年	1995年	2000年	2001年	2002年	2003年	2004年
商品零售价格指数	**116.3**	**100.2**	**111.0**	**99.2**	**96.7**	**99.3**	**101.1**	**103.4**
一、食品	**124.3**	**98.0**	**125.1**	**98.3**	**97.7**	**103.6**	**104.0**	**113.8**
1.粮食	99.4	96.3	130.6	89.3	109.4	99.7	103.5	132.4
2.薯类								
3.豆类								
4.食用油	109.9	91.3	106.2	76.3	88.4	107.7	111.2	106.1
5.菜								
6.畜肉类								
7.禽肉类								
8.水产品	185.5	98.0	128.1	103.3	88.9	99.7	101.7	111.6
9.蛋类			121.0	82.6	109.5	103.2	101.0	126.5
10.奶类								
11.干鲜瓜果类								
12.糖果糕点类								
13.调味品			130.8	97.8	92.2	101.4	98.4	102.4
14.其他食品类								
15.在外餐饮			117.9	101.6	101.0	103.2	107.3	115.6
二、饮料、烟酒	**100.0**	**102.3**	**104.7**	**96.2**	**96.2**	**98.6**	**100.5**	**102.4**
1.茶及饮料			112.6	97.5	91.0	94.5	99.3	100.3
2.烟草			99.1	94.6	94.1	97.5	100.7	99.8
3.酒类			111.7	98.0	101.2	101.5	100.6	109.0
三、服装、鞋帽			**109.7**	**99.4**	**96.0**	**98.9**	**98.2**	**100.3**
1.服装			107.8	99.5	94.6	98.5	100.5	100.0
2.鞋帽袜	100.1	106.2	103.9	98.3	98.4	99.5	91.5	101.0
3.其他衣着配件	98.6	108.6	129.6	101.4	97.6	99.2	100.0	100.0
四、纺织品			**113.9**	**99.1**	**99.7**	**96.5**	**100.7**	**100.7**
1.服装材料							103.4	101.9
2.床上用品							99.1	100.0
五、家用电器及音像器材	**98.5**	**99.5**	**101.5**	**93.1**	**91.1**	**93.3**	**92.4**	**91.2**
1.家庭设备								
2.文娱用耐用消费品								
3.专业音像器材								
六、文化办公用品			**115.2**	**98.3**	**97.3**	**98.7**	**92.1**	**95.1**

价　格　指　数(一)

格为100）

2005年	2006年	2007年	2008年	2009年	2010年	2011年	2012年	2013年	2014年	2015年	2016年
101.0	**101.2**	**103.2**	**106.7**	**99.2**	**104.3**	**105.4**	**101.7**	**100.5**	**100.5**	**99.4**	**101.0**
105.5	**102.5**	**110.5**	**112.9**	**102.4**	**108.8**	**112.7**	**106.9**	**103.0**	**103.0**	**103.1**	**104.8**
98.5	103.0	107.6	108.0	103.4	114.7	113.9	102.1	101.4	100.8	102.2	101.3
	119.9	94.5	114.7	103.0	103.9	104.2	102.5	116.4	108.3	90.6	103.0
	100.7	108.9	135.8	96.3	108.4	103.1	101.1	101.6	101.6	101.4	100.6
97.1	100.2	127.1	117.4	77.1	100.2	116.6	104.6	97.9	92.4	97.0	100.9
	104.0	109.1	110.1	106.9	110.9	101.6	117.4	104.1	102.5	105.7	111.6
	96.2	135.1	127.5	88.0	100.2	124.3	103.4	103.1	98.2	103.5	110.6
	100.8	120.8	105.5	101.3	111.0	113.7	104.9	105.5	103.0	109.6	103.2
107.6	99.4	106.2	111.8	108.7	114.9	118.1	110.3	102.0	105.3	105.1	107.0
107.6	95.2	125.4	105.4	103.3	108.5	118.8	98.6	101.1	109.4	99.6	98.9
	103.2	104.4	119.3	99.1	100.5	109.2	102.4	107.1	104.6	99.8	100.3
	107.0	103.6	113.4	102.9	114.6	118.5	105.0	103.4	107.6	97.7	99.5
											104.1
105.0	105.7	101.3	110.8	100.0	104.3	102.1	99.8	100.3	100.9	103.8	100.8
	101.4	102.8	114.9	102.1	98.9	110.7	101.8	98.8	101.1	101.1	103.9
104.9	107.2	110.0	108.2	102.9	105.9	106.1	104.1	104.5	102.1	102.5	101.9
100.1	**101.1**	**102.0**	**103.7**	**100.7**	**101.2**	**103.5**	**100.7**	**100.8**	**100.9**	**103.4**	**101.7**
99.4	102.8	100.5	107.5	102.4	103.4	107.4	106.2	101.9	102.8	106.8	101.6
100.0	100.0	100.3	101.3	100.6	100.7	100.0	99.2	99.8	100.0	103.8	102.2
100.8	102.2	107.1	106.4	99.9	100.8	109.0	101.0	102.3	101.7	100.8	100.8
98.0	**101.5**	**100.8**	**100.2**	**98.4**	**100.3**	**100.7**	**101.6**	**101.5**	**101.0**	**101.7**	**100.5**
97.3	102.1	101.0	100.2	98.3	100.4	99.7	101.3	100.2	101.2	101.7	101.9
100.1	99.6	100.2	99.7	98.3	100.0	103.7	102.2	105.5	100.6	101.8	96.6
100.0	100.0	100.3	108.9	107.0	100.0	101.7	105.1	100.0	100.0	99.0	94.9
100.2	**103.0**	**100.9**	**101.1**	**99.6**	**101.9**	**104.4**	**104.6**	**99.7**	**100.2**	**99.1**	**99.5**
100.4	103.9	103.0	103.2	101.1	104.7	113.9	107.3	100.0	100.0	100.0	100.0
100.0	102.6	100.1	100.2	99.1	100.8	100.3	103.3	99.6	100.3	98.6	99.3
96.1	**95.1**	**95.5**	**98.5**	**91.9**	**94.8**	**97.1**	**100.5**	**100.6**	**97.7**	**97.3**	**97.1**
	96.1	96.5	99.9	89.7	95.3	99.3	102.5	102.0	99.3	97.7	98.5
	91.6	93.6	98.0	95.2	93.5	94.3	97.9	98.5	94.4	95.3	94.5
	100.0	95.7	91.2	94.8	95.5	93.1	96.4	98.0	97.6	100.8	98.8
93.5	**96.2**	**96.4**	**94.9**	**93.3**	**96.3**	**98.4**	**96.1**	**98.1**	**97.9**	**98.7**	**97.6**

10-4 商　品　零　售

（以上年同期价

	1985年	1990年	1995年	2000年	2001年	2002年	2003年	2004年
七、日用品			**111.8**	**98.4**	**97.4**	**98.4**	**99.9**	**100.6**
1.日用百货								
2.厨具餐具茶具								
3.清洗用品								
4.其他日用品								
八、体育娱乐用品			**114.6**	**100.1**	**100.2**	**100.9**	**99.7**	**97.1**
1.体育户外用品								
2.娱乐用品								
九、交通、通信用品			**91.5**	**92.7**	**88.5**	**94.1**	**95.0**	**92.4**
1.交通运输机械								
2.通信器材								
十、家具			**99.2**	**101.4**	**97.9**	**97.5**	**91.8**	**92.2**
十一、化妆品			**107.0**	**101.0**	**102.9**	**99.1**	**100.1**	**100.1**
十二、金银饰品			**99.3**	**108.3**	**94.9**	**88.2**	**106.8**	**108.9**
十三、中西药品及医疗保健用品	**97.6**	**102.8**	**104.7**	**102.6**	**96.1**	**98.7**	**105.4**	**92.1**
1.医疗卫生器具								
2.中药	97.3	97.8	95.4	100.6	101.2	98.1	125.2	102.7
3.西药	98.3	110.7	108.9	104.0	92.7	99.2	99.9	84.9
4.保健器具及用品								
十四、书报杂志及电子出版物	**123.6**	**108.8**	**118.0**	**103.2**	**105.4**	**104.8**	**99.4**	**99.4**
1.教材及参考书								
2.书报杂志								
3.计算机办公软件							100.0	99.7
十五、燃料	**99.8**	**109.7**	**108.0**	**124.4**	**96.6**	**94.6**	**108.4**	**113.3**
1.煤炭及制品								
2.石油及制品								
十六、建筑材料及五金电料		**100.6**	**100.9**	**102.2**	**101.3**	**99.0**	**100.6**	**106.5**
1.建筑装璜材料								
2.五金水暖								

价　格　指　数(二)

格为 100）

2005 年	2006 年	2007 年	2008 年	2009 年	2010 年	2011 年	2012 年	2013 年	2014 年	2015 年	2016 年
99.0	**99.7**	**100.4**	**105.3**	**101.7**	**99.4**	**102.7**	**101.8**	**100.9**	**100.8**	**100.5**	**99.3**
	99.5	99.8	107.1	100.9	100.0	102.9	101.9	100.9	101.1	100.3	99.7
	100.0	100.1	101.8	101.6	99.8	104.1	102.2	98.2	99.4	103.2	98.6
	102.7	102.7	109.2	106.0	97.3	102.9	103.6	99.5	100.9	101.0	101.1
	98.0	100.3	100.3	100.6	99.2	101.2	99.7	104.2	100.9	98.7	97.5
99.1	**100.3**	**100.0**	**100.8**	**100.8**	**100.7**	**100.9**	**99.7**	**100.0**	**100.3**	**99.6**	**99.1**
	100.7	101.0	102.5	100.5	102.4	103.0	106.2	100.9	101.2	100.2	98.8
	100.2	99.6	100.1	101.0	100.0	100.0	96.7	99.6	99.8	99.3	99.2
94.9	**95.3**	**95.1**	**97.6**	**97.1**	**98.4**	**98.3**	**95.9**	**99.2**	**98.1**	**99.3**	**99.0**
	97.5	95.9	99.8	99.0	99.7	99.3	96.4	99.8	98.5	100.0	99.4
	86.3	91.6	87.9	88.3	92.0	92.8	93.1	95.1	95.7	94.6	97.0
98.0	**100.0**	**101.5**	**104.2**	**103.3**	**100.0**	**100.0**	**100.0**	**100.3**	**101.3**	**100.2**	**100.2**
100.0	**99.3**	**100.1**	**100.7**	**109.3**	**100.1**	**100.3**	**99.3**	**100.6**	**99.9**	**100.4**	**100.3**
100.5	**123.4**	**110.5**	**121.4**	**93.8**	**112.9**	**119.8**	**96.9**	**93.5**	**91.2**	**91.9**	**108.5**
93.6	**96.6**	**99.7**	**107.8**	**102.4**	**107.8**	**102.5**	**97.5**	**96.4**	**101.1**	**100.4**	**103.8**
	100.0	99.1	100.8	100.0	99.9	101.8	101.0	100.2	101.6	101.1	100.5
89.0	98.1	110.0	113.9	103.3	125.1	110.0	102.3	98.0	98.1	98.1	105.1
92.7	94.3	95.3	103.7	101.4	99.7	94.0	92.8	91.7	100.5	97.3	99.3
	100.8	99.3	113.2	104.3	109.7	113.8	100.6	102.2	105.3	107.6	112.2
99.1	**99.4**	**99.3**	**101.3**	**102.9**	**100.2**	**102.3**	**101.4**	**100.1**	**100.1**	**100.6**	**105.4**
	98.6	96.8	101.7	103.2	100.5	101.6	104.1	100.5	100.1	98.4	99.6
	100.0	100.9	100.0	103.9	100.0	104.0	100.0	100.0	100.0	102.8	100.0
97.1	99.0	100.3	108.1	100.0	100.0	100.0	98.6	99.0	100.0	100.0	130.6
116.0	**113.8**	**104.1**	**115.4**	**89.5**	**113.0**	**111.5**	**102.8**	**98.7**	**98.4**	**84.2**	**96.6**
	99.7	101.6	133.1	86.1	116.3	114.5	101.2	96.3	98.0	97.7	102.3
	115.5	104.3	113.2	90.0	112.6	111.1	103.0	98.9	98.5	82.7	95.9
104.3	**107.8**	**107.3**	**108.1**	**96.6**	**105.0**	**107.8**	99.1	**102.0**	**100.8**	**98.1**	**99.4**
	105.9	108.6	111.5	95.2	107.1	110.4	98.5	102.3	101.2	97.7	100.5
	112.1	104.4	100.1	100.0	100.0	101.9	100.8	101.1	99.8	98.9	97.0

10-5 分月住宅销售价格指数

（2016 年，以上年同期价格为 100）

	新建住宅	新建商品住宅	90 平方米以下	90-144 平方米	144 平方米以上	二手住宅
一月	98.2	97.9	98.0	98.1	97.4	97.4
二月	98.5	98.2	98.2	98.7	97.5	97.5
三月	99.7	99.5	99.2	99.8	99.3	98.3
四月	100.6	100.4	100.1	100.9	100.1	98.8
五月	100.9	100.7	100.4	101.2	100.5	99.0
六月	101.0	100.9	100.7	101.4	100.6	99.4
七月	101.4	101.3	101.4	101.4	100.7	99.6
八月	101.5	101.4	101.5	101.5	100.8	99.9
九月	101.9	101.8	102.3	101.7	101.3	100.5
十月	102.4	102.4	102.4	102.6	102.1	100.8
十一月	102.5	102.5	102.5	102.6	102.2	101.1
十二月	102.5	102.5	102.5	102.6	102.2	101.4
全年	101.3	101.2	101.2	101.4	100.8	99.6

10-6 房屋销售价格指数

（以上年同期价格为 100）

	2005 年	2006 年	2007 年	2008 年	2009 年	2010 年	2011 年	2012 年	2013 年	2014 年	2015 年	2016 年
总计	**112.9**	**100.1**	**117.9**	**114.3**	**104.2**	**112.4**						
一、新建房	**114.9**	**102.7**	**117.7**	**114.8**	**104.7**	**116.6**						
1.住宅	114.9	102.7	117.6	115.1	105.0	117.4	106.3	98.0	103.4	95.8	94.0	101.3
# 普通住宅	116.9	102.4	117.5	115.2	105.1	117.6						
高档住宅	115.5	108.3	118.6	120.0	104.4	113.7						
2.非住宅	114.8	103.2	117.8	103.9	101.4	105.0						
# 办公楼	108.6	103.1	115.0	100.5	100.2	100.6						
商业营业用房	116.6	103.8	120.3	107.4	102.0	107.8						
二、二手房	**109.1**	**95.8**	**118.2**	**112.6**	**101.8**	**104.0**						
# 住宅	109.5	95.7	118.3	114.5	101.8	104.1	104.3	95.0	98.4	98.8	96.2	99.6

注：2011 年及以后只有住宅销售价格指数。

10-7 分月工业生产者出厂价格指数

（以上年同期价格为 100）

	2006 年	2007 年	2008 年	2009 年	2010 年	2011 年	2012 年	2013 年	2014 年	2015 年	2016 年
一月	100.6	104.0	103.2	97.8	105.0	102.9	88.1	96.7	98.1	96.4	95.5
二月	100.3	102.9	103.8	97.5	106.6	102.9	88.1	96.6	97.7	96.4	95.1
三月	100.1	103.0	105.6	94.8	107.8	103.4	87.9	96.3	97.8	96.7	95.3
一季度	**100.3**	**103.3**	**104.2**	**96.7**	**106.5**	**103.1**	**88.0**	**96.5**	**97.9**	**96.5**	**95.3**
四月	99.8	103.5	104.2	94.8	106.8	103.3	88.1	95.9	98.4	95.9	95.9
五月	100.4	102.7	104.7	95.2	105.0	103.9	87.3	95.8	98.5	96.4	96.1
六月	100.6	102.7	104.6	92.7	105.2	105.1	85.9	95.8	98.8	95.8	96.9
上半年	**100.3**	**103.1**	**104.4**	**95.5**	**106.1**	**103.6**	**87.5**	**96.2**	**98.2**	**96.3**	**95.8**
七月	102.1	102.2	105.0	91.4	104.3	105.4	85.7	95.9	99.1	95.3	97.2
八月	102.1	101.5	104.6	94.2	104.4	100.0	90.1	95.8	99.4	94.7	97.7
九月	102.3	101.5	103.0	93.6	105.0	93.7	95.4	95.7	99.4	94.8	98.5
前三季度	**100.9**	**102.7**	**104.3**	**95.1**	**105.6**	**102.3**	**88.4**	**96.1**	**98.6**	**95.8**	**96.4**
十月	102.0	102.0	102.8	95.1	105.0	90.2	95.8	95.8	99.3	95.2	99.6
十一月	102.9	102.6	100.0	99.0	103.5	88.0	96.9	96.0	98.4	95.9	100.5
十二月	103.5	102.8	98.8	101.4	99.6	88.4	97.0	96.1	97.3	96.6	103.2
全年	**101.4**	**102.6**	**103.4**	**96.0**	**104.9**	**98.8**	**90.1**	**96.0**	**98.5**	**95.8**	**97.5**

注：2009 年及以前年份，工业生产者出厂价格指数为工业品出厂价格指数。

主要统计指标解释

居民消费价格指数 是反映一定时期内居民所购买的生活消费品和服务项目价格变动趋势和程度的相对数。调查内容及分类包括食品烟酒、衣着、居住、生活用品及服务、交通和通信、教育文化和娱乐、医疗保健、其他用品和服务等八大类、262个基本分类的商品与服务价格。

商品零售价格指数 是反映一定时期内商品零售价格变动趋势和程度的相对数。调查内容及分类包括食品、饮料烟酒、服装鞋帽、纺织品、家用电器及音像器材、文化办公用品、日用品、体育娱乐用品、交通通信用品、家具、化妆品、金银饰品、中西药品及医疗保健用品、书报杂志及电子出版物、燃料、建筑材料及五金电料等十六大类、197个基本分类的商品零售价格。

房屋销售价格指数 是反映房屋销售价格变动趋势和变动程度的相对数,通过百分数的形式反映房价在不同时期的涨跌幅度。房屋销售价格包括新建房屋销售价格和二手房屋销售价格。房屋销售价格调查对象为各级政府房地产主管部门、房地产开发经营企业、房屋中介机构等。房屋销售价格调查要考虑房屋类型、所处地段、房屋结构等统计口径的一致性,保证基期、报告期价格的可比性。

工业生产者价格指数 是工业生产产品出厂价格和购进价格在某个时期内变动的相对数,反映全部工业生产者出厂和购进价格变化趋势和变动幅度。我国工业生产者价格指数由工业生产者出厂价格指数和工业生产者购进价格指数两部分组成。

十一、人民生活与劳动工资

11-1 历年非私营职工人数与工资

年份	年末职工人数（人）	在岗职工	工资总额（万元）	在岗职工	年平均工资（元）	在岗职工
1973	60424		3314		545	
1975	68067		3726		561	
1976	72036		4130		588	
1977	81129		4434		550	
1978	95011		4954		539	
1979	98680		5298		567	
1980	105522		7077		690	
1981	112557		8114		747	
1982	112014		8742		788	
1983	116734		9167		804	
1984	122616		11083		925	
1985	134247		14282		1106	
1986	138050		18739		1371	
1987	145396		21694		1526	
1988	146782		28675		2000	
1989	143490		32210		2269	
1990	145493		34822		2478	
1991	154160		40205		2706	
1992	151044		47232		3166	
1993	151712		62195		4100	
1994	156952		89682		5889	
1995	159050		107138		6856	
1996	154140		113262		7457	
1997	144160		121608		369	
1998	134500		119488		8786	
1999	127198		128160		10001	
2000	119547		134311		11094	
2001	112231		159938		14165	
2002	109771	102835	173736	169073	16003	16693
2003	103008	97222	187335	182703	18184	18782
2004	112164	106210	243744	237411	21592	22246
2005	110579	105321	271875	265604	24678	25377
2006	107894	103238	294148	288418	27561	28437
2007	116566	111923	381852	375695	32580	33416
2008		120094		455139		38714
2009		142972		580553		40560
2010		160666		716934		43642
2011		158515		856696		51938
2012		167911		984670		57294
2013		175111		1109090		63283
2014		172402		1183478		68954
2015		171754		1284141		74717
2016		173271		1378804		80311

11-2 历年国有经济职工人数与工资

年 份	年末职工人数（人）	在岗职工	工资总额（万元）	在岗职工	年平均工资（元）	在岗职工
1952	5359		187		353	
1954	9509		416		490	
1955	11737		585		462	
1956	14716		827		549	
1957	14106		846		568	
1958	34708		1100		460	
1959	24609		1217		510	
1960	27636		1479		526	
1961	22556		1222		531	
1962	19897		1286		582	
1963	19312		1231		628	
1964	20587		1364		655	
1965	21746		1328		650	
1966	22725		1392		652	
1967	22105		1382		625	
1968	22526		1415		634	
1969	24417		1538		655	
1970	24586		1552		633	
1971	26527		1607		629	
1972	32583		1814		614	
1973	32961		1971		591	
1974	33690		2029		600	
1975	35578		2079		613	
1976	37538		2295		643	
1977	37747		2256		607	
1978	51958		2905		596	
1979	57617		3286		640	
1980	62568		4522		753	
1981	67764		5140		795	
1982	70631		5753		833	
1983	74348		6114		844	
1984	71118		6954		985	
1985	77497		8341		1139	
1986	75216		10871		1446	
1987	78491		12391		1583	
1988	84031		17355		2147	
1989	89760		21351		2417	
1990	92954		23949		2653	
1991	100315		27668		2884	
1992	103884		34754		3357	
1993	105332		45807		4565	
1994	107738		65436		6314	
1995	107264		75875		7190	
1996	107755		82248		7788	
1997	99918		89152		8842	
1998	80174		77526		9677	
1999	73616		80954		10878	
2000	67518		80753		11942	
2001	65246		102994		15872	
2002	63257	60226	113679	111562	18301	18914
2003	57438	55181	122917	120535	21522	21926
2004	60338	57812	158735	154919	26897	27421
2005	58371	56117	173906	170410	30047	30700
2006	58298	56257	186992	183983	32045	32934
2007	56608	54571	219918	216612	38840	39692
2008		56015		256590		46047
2009		61041		299705		49802
2010		61934		335551		52410
2011		65191		401273		60554
2012		64114		435071		67450
2013		62488		470663		74707
2014		63232		513522		80292
2015		65417		612131		92719
2016		64581		665494		102153

11-3 历年集体经济职工人数与工资

年 份	年末职工人数（人）	在岗职工	工资总额（万元）	在岗职工	年平均工资（元）	在岗职工
1973	27463		1343		489	
1975	32489		1647		507	
1976	34498		1835		532	
1977	43382		2178		502	
1978	43053		2049		474	
1979	41063		2012		478	
1980	42954		2555		601	
1981	44793		2974		677	
1982	41383		2989		714	
1983	42386		3053		735	
1984	50448		4129		840	
1985	56245		5907		1065	
1986	62297		7759		1270	
1987	65341		8997		1441	
1988	61135		10896		1794	
1989	52896		10622		2006	
1990	51524		10474		2122	
1991	52383		11955		2339	
1992	45235		11736		2663	
1993	42465		14514		3502	
1994	42132		19975		4745	
1995	40691		22686		5667	
1996	36926		22434		6082	
1997	33459		22195		6500	
1998	21514		15031		6755	
1999	15475		12289		7947	
2000	13515		13194		9697	
2001	9194		11061		11982	
2002	8913	8538	11089	10958	12685	13124
2003	7279	6951	10443	10303	14634	15131
2004	6177	5877	10525	10349	16903	17479
2005	5627	5298	11602	11341	20607	21564
2006	4293	3948	9537	9247	22272	23523
2007	4682	4369	13335	13030	29321	30797
2008		5591		18529		34066
2009		8516		23509		27887
2010		9725		25882		26754
2011		8124		27344		34360
2012		6711		23087		35044
2013		8179		34923		42998
2014		6763		34840		53757
2015		3016		14333		49870
2016		3480		16115		52629

11-4 历年其他经济职工人数与工资

年　份	年末职工人数（人）	在岗职工	工资总额（万元）	在岗职工	年平均工资（元）	在岗职工
1985	505		34		908	
1986	537		109		2525	
1987	1564		306		2046	
1988	1616		424		2319	
1989	834		237		3727	
1990	1015		399		4504	
1991	1462		582		4321	
1992	1925		742		4707	
1993	3915		1874		4950	
1994	7082		4271		6500	
1995	11095		8577		8008	
1996	9459		8580		9133	
1997	10783		10532		9791	
1998	32812		26931		8007	
1999	38107		34917		9126	
2000	38514		40364		10131	
2001	37791		45883		11830	
2002	37601	34071	48967	46553	12985	13713
2003	38291	35090	53975	51865	13920	14614
2004	45649	42521	74483	72143	15634	16283
2005	46581	43906	86368	83853	18510	19103
2006	45303	43033	97620	95187	22141	22867
2007	55276	52983	148599	146053	26519	27236
2008		58488		180020		31917
2009		73415		257339		34531
2010		89007		355502		39249
2011		85200		428079		47186
2012		97086		526512		52247
2013		104444		603505		57954
2014		102407		635117		62761
2015		103321		657678		63869
2016		105210		697195		67378

11-5　历年各县(区)非私营单位在岗职工工资情况

地　　区	2003年	2004年	2005年	2006年	2007年	2008年	2009年	2010年	2011年	2012年	2013年	2014年	2015年	2016年
一、工资总额(万元)	**182703**	**237411**	**265604**	**288418**	**375695**	**455139**	**580553**	**716934**	**856696**	**984670**	**1109090**	**1183478**	**1284141**	**1378804**
市　属	97590	126945	144828	156296										
定海区	17724	21332	27255	32812	206438	243332	317102	391815	503135	548004	622090	669974	721425	769203
普陀区	33058	44629	42319	44597	105455	135175	152922	206672	204574	245286	282255	300389	334297	354826
岱山县	20039	25049	28153	30493	36251	42603	69389	71539	91370	128270	133510	140566	143999	165169
嵊泗县	14293	19456	23049	24220	27551	34029	41140	46909	57617	63110	71235	72549	84420	89606
二、平均工资(元)	**18782**	**22246**	**25377**	**28437**	**33416**	**38714**	**40560**	**43642**	**51938**	**57294**	**63283**	**68954**	**74717**	**80311**
市　属	18039	21696	24686	28754										
定海区	19502	23446	25681	25883	35351	38652	42326	46829	54257	59227	65539	73034	80694	85717
普陀区	19478	21470	24442	27360	29130	37719	38028	39732	49379	53899	61032	64693	69966	75240
岱山县	21246	26249	28795	31365	36632	42298	39637	44075	50888	59844	61744	64714	64565	73585
嵊泗县	18605	22152	27810	28951	34716	39109	39196	37962	44908	50912	57130	61770	68180	72603

11-6　各县(区)非私营单位在岗职工人数

(2016年末)

单位:人

行　　业	合　　计	国有经济	集体经济	其他经济	各县(区)占全市的比重(%)
全部在岗职工人数	**173271**	**64581**	**3480**	**105210**	**100**
定海区	91845	31552	1237	59056	53
普陀区	46769	17098	781	28890	27
岱山县	23398	8720	1359	13319	14
嵊泗县	11259	7211	103	3945	6

11-7　历年非私营单位在岗职工分行业工资总额

单位:万元

行　　业	2006年	2007年	2008年	2009年	2010年	2011年	2012年	2013年	2014年	2015年	2016年
总　　计	**288418**	**375695**	**455139**	**580553**	**716934**	**856696**	**984670**	**1109090**	**1183478**	**1284141**	**1378804**
1.农、林、牧、渔业	241	359	374	688	1060	1066	925	1039	367	302	290
2.采矿业	719	739	649	3677	2205	2861	2114	2306	1857	1548	1667
3.制造业	41572	81524	101232	122505	161317	173014	196818	218338	219760	214909	213644
4.电力、燃气及水的生产和供应业	14097	17332	19525	30754	34155	42470	50695	52864	57124	48089	44415
5.建筑业	16443	12915	24482	41836	56082	104038	76994	98951	104347	89236	97172
6.批发和零售业	13313	14305	14667	15708	15599	26667	29167	33647	36120	38656	39365
7.交通运输、仓储和邮政业	30927	36253	37669	48688	56740	72036	94694	100629	115552	123275	144664
8.住宿和餐饮业	3591	4699	7407	8793	10207	10263	11828	14261	15532	16859	17669
9.信息传输、软件和信息技术服务业	4454	5372	6505	9393	12691	13832	16328	17031	18384	19979	20474
10.金融业	18626	26681	31925	41891	52764	64654	79061	87432	97574	95682	98033
11.房地产业	5401	8647	10272	8763	16701	16906	34077	36774	32564	35791	34438
12.租赁和商务服务业	4543	4596	10282	23367	35567	18921	38996	24957	27278	36130	46935
13.科学研究和技术服务业	5027	5761	6806	7774	9679	12591	19983	21320	20382	19654	23439
14.水利、环境和公共设施管理业	3909	5332	4691	5385	5939	13112	15965	18721	16139	23613	20396
15.居民服务、修理和其他服务业	442	417	530	702	842	1145	2942	6068	2078	2455	2652
16.教育	37398	46565	56579	66717	78289	85572	95295	113254	115729	147918	157699
17.卫生和社会工作	20024	23907	27781	32859	40329	51400	63009	67501	82045	103421	106039
18.文化、体育和娱乐业	4658	5536	6211	5884	7398	9800	10602	11804	13714	16470	18026
19.公共管理、社会保障和社会组织	63032	77455	87551	105169	119373	136348	145177	182194	206932	250155	291788

11-8　历年非私营单位在岗职工分行业平均工资

单位:元

行　　业	2006年	2007年	2008年	2009年	2010年	2011年	2012年	2013年	2014年	2015年	2016年
总　　计	**28437**	**33416**	**38714**	**40560**	**43642**	**51938**	**57294**	**63283**	**68954**	**74717**	**80311**
1.农、林、牧、渔业	13016	23907	30917	21157	25354	30290	35015	36467	37469	42535	50825
2.采矿业	13025	16904	18293	18330	14382	20132	22109	32114	26838	23180	25530
3.制造业	17587	22830	30029	34300	38033	43971	48075	53263	55329	58630	62722
4.电力、燃气及水的生产和供应业	38027	44984	49268	65241	70773	84534	99324	111644	111788	118534	123994
5.建筑业	20859	22733	27139	27995	34124	40968	42209	49988	55747	49247	53362
6.批发和零售业	22576	26633	29464	34245	36142	41127	45410	51678	53838	57040	59115
7.交通运输、仓储和邮政业	35491	40457	41522	44186	48227	54738	64226	64622	75782	78554	83150
8.住宿和餐饮业	16278	15514	22602	22408	26429	31569	35234	38304	42822	45211	49150
9.信息传输、软件和信息技术服务业	47743	60219	70630	61034	57477	601438	70837	72814	77147	88209	87948
10.金融业	39463	55667	67839	79489	88234	102985	112993	118008	122105	123413	124771
11.房地产业	21426	31466	36219	39957	37395	48791	48821	53865	63800	67339	68315
12.租赁和商务服务业	17285	18628	24860	21808	24655	40310	47836	48993	50997	50673	43644
13.科学研究和技术服务业	32227	37456	39897	48924	47822	61870	61355	70667	80088	90364	97949
14.水利、环境和公共设施管理业	25399	23112	29157	27430	29444	36312	38413	43905	44436	56021	52216
15.居民服务、修理和其他服务业	19750	27065	28788	31640	35843	49150	66712	56078	61301	74605	73265
16.教育	33181	41661	48424	53804	58508	64486	69427	81384	84882	104447	111220
17.卫生和社会工作	35410	41376	43681	43133	37438	50034	57674	61364	73470	85670	110056
18.文化、体育和娱乐业	31133	37457	41348	40891	48040	50935	56787	61641	67389	80895	93157
19.公共管理、社会保障和社会组织	39167	45907	50253	50198	55122	60791	63041	69903	75155	87329	100347

11-9 历年国有经济在岗职工分行业工资总额

单位:万元

行业	2006年	2007年	2008年	2009年	2010年	2011年	2012年	2013年	2014年	2015年	2016年
总计	**183983**	**216612**	**256590**	**299705**	**335551**	**401273**	**435071**	**470663**	**513522**	**612131**	**665494**
1.农、林、牧、渔业	86	171	205	146	160	265	184	169	47	24	24
2.采矿业	175	82	87								0
3.制造业	14625	13903	17292	18125	20358	22267	19613	24058	26371	29174	31130
4.电力、燃气及水的生产和供应业	9679	11084	12414	23804	25804	31567	39112	39453	40397	30890	26837
5.建筑业	3607	2154	6538	6927	5348	7665	6374	5372	5140	4790	1523
6.批发和零售业	3903	4981	4601	4914	3835	6784	6107	6781	6429	7776	8556
7.交通运输、仓储和邮政业	6483	6915	7146	12377	15131	18206	20026	17872	11791	13934	14799
8.住宿和餐饮业	1468	1276	1680	2072	2073	2868	2975	1513	1516	1241	1360
9.信息传输、软件和信息技术服务业	1014	293	391	1274	1133	1233	1933	2017	1481	1858	2277
10.金融业	8630	10920	14423	10462	11894	13741	17162	14193	17879	5637	6570
11.房地产业	1706	2701	3568	1398	1640	3814	3392	4111	2615	3536	3718
12.租赁和商务服务业	2681	3070	6184	6813	5729	7502	5672	4914	3718	8384	13053
13.科学研究和技术服务业	4060	4367	4977	6262	6573	10211	11706	12652	12477	12401	15045
14.水利、环境和公共设施管理业	3413	4097	3421	3565	3685	7974	9287	9549	7797	9392	8286
15.居民服务、修理和其他服务业	330	358	408	494	582	868	786	1070	1159	1452	1616
16.教育	36897	46217	55476	64737	75349	81873	89312	104122	109200	142549	152342
17.卫生和社会工作	18454	22102	25203	30360	35757	47027	54789	58127	74909	97978	99726
18.文化、体育和娱乐业	3956	4837	5467	5723	7214	8514	9548	10817	12397	14691	16412
19.公共管理、社会保障和社会组织	62819	77084	87109	100254	113286	128894	137092	153874	178202	226426	262222

11-10 历年国有经济在岗职工分行业平均工资

单位:元

行业	2006年	2007年	2008年	2009年	2010年	2011年	2012年	2013年	2014年	2015年	2016年
总计	**32934**	**39692**	**46047**	**49802**	**52410**	**60554**	**67450**	**74707**	**80292**	**92719**	**102153**
1.农、林、牧、渔业	14525	37109	37273	36600	38143	44150	63690	58310	38750	39833	47400
2.采矿业	32925	24118	27375								
3.制造业	17200	19637	27466	29938	32156	38174	36347	46842	52281	55963	63220
4.电力、燃气及水的生产和供应业	39569	44840	50876	71163	79494	96950	112910	131292	138253	156799	166998
5.建筑业	46970	58070	60421	76208	39999	48207	51945	57520	55928	59795	65352
6.批发和零售业	43751	45155	57662	57211	53867	74056	75224	96452	114183	125013	140730
7.交通运输、仓储和邮政业	31319	37200	41376	47657	51344	56771	64475	65084	79885	78990	88987
8.住宿和餐饮业	17212	18654	24171	24578	28826	36301	36147	40237	47237	50637	55742
9.信息传输、软件和信息技术服务业	33127	43074	51421	45663	36789	40160	64256	58810	64374	83327	88595
10.金融业	46325	63599	86729	91850	101401	106688	134181	110795	132929	118426	132462
11.房地产业	30841	38918	47702	30325	30149	37506	45180	72382	76006	83000	90034
12.租赁和商务服务业	15275	16767	25798	26223	37716	39378	60984	61967	70690	59004	33401
13.科学研究和技术服务业	39340	46314	47949	54590	54366	66609	78508	86892	85573	105536	121230
14.水利、环境和公共设施管理业	25816	30391	32457	30808	32707	44722	47819	53047	48187	52675	62298
15.居民服务、修理和其他服务业	30009	33148	37440	38302	40389	56000	63355	68564	81021	90174	94480
16.教育	33500	42042	49141	55741	61105	67905	75662	88917	88442	109041	115071
17.卫生和社会工作	36644	42341	44647	43489	36704	50087	57941	61264	73643	86561	114918
18.文化、体育和娱乐业	32856	39226	43181	41740	49177	56494	65174	68160	72881	89741	101058
19.公共管理、社会保障和社会组织	39198	45968	50314	53738	59300	65515	68195	73659	78104	95518	107003

11-11 历年集体经济在岗职工分行业工资总额

单位:万元

行　业	2006年	2007年	2008年	2009年	2010年	2011年	2012年	2013年	2014年	2015年	2016年
总　计	**9247**	**13030**	**18529**	**23509**	**25882**	**27344**	**23087**	**34923**	**34840**	**14333**	**16115**
1.农、林、牧、渔业				89	186	75	77	88	88	44	44
2.采矿业				2611	1857	2554	1755	1655	1041	700	705
3.制造业	689	663	823	2596	3144	3066	2389	13972	12423	1928	1794
4.电力、燃气及水的生产和供应业	56	131	308	483	543	500	596	652	569	890	665
5.建筑业	335	272	507	845	1533	1693	2021	1748	1759	4712	6330
6.批发和零售业	529	1083	1053	721	870	668	656	729	864	915	881
7.交通运输、仓储和邮政业	416	959	1710	1879	2108	2717	2750	1102	1494	1840	1915
8.住宿和餐饮业	77	182	160	369	310	371	422	416	135	141	119
9.信息传输、软件和信息技术服务业	50	31	37	258	351	377	227	197	234	210	212
10.金融业	3897	6565	8437	5726	5744	5365			7267		
11.房地产业	23	21	21	339	408	454	343	521	345	342	368
12.租赁和商务服务业	1042	702	2225	3435	3798	2021	3181	4836	5372	1773	1877
13.科学研究和技术服务业	173	216	261	16	38	41	311	254	51	54	54
14.水利、环境和公共设施管理业				273	338	715	771	1067	104	112	122
15.居民服务、修理和其他服务业	28	30	32	84	106	84	259	115	51		
16.教育	234	340	515	1275	1395	2532	2978	2802	318	628	721
17.卫生和社会工作	1559	1787	2393	2464	3088	3966	4312	4756	2715	32	294
18.文化、体育和娱乐业	99			13	16	19	13	15	12	13	15
19.公共管理、社会保障和社会组织	39	48	47	33	49	26	26				

11-12 历年集体经济在岗职工分行业平均工资

单位:元

行　业	2006年	2007年	2008年	2009年	2010年	2011年	2012年	2013年	2014年	2015年	2016年
总　计	**23523**	**30797**	**34066**	**27887**	**26754**	**34360**	**35044**	**42998**	**53757**	**49870**	**52629**
1.农、林、牧、渔业				18458	23582	32913	32208	36583	41667	48667	54750
2.采矿业				17468	13229	19142	20289	31160	21826	15476	16783
3.制造业	21470	17271	19652	18157	19976	23824	24428	44440	47834	36927	40586
4.电力、燃气及水的生产和供应业	14308	18380	25642	28750	24691	26305	31389	35813	37920	42185	43776
5.建筑业	19799	17234	21303	20303	27670	31401	37286	32734	39530	78271	71122
6.批发和零售业	23118	22752	40829	26792	33065	25996	33141	39592	51095	56832	57582
7.交通运输、仓储和邮政业	25704	29336	35262	29175	28489	36211	63221	35195	49145	61728	60994
8.住宿和餐饮业	11667	12810	16172	23220	27696	34092	37310	43344	39706	42667	36152
9.信息传输、软件和信息技术服务业	33267	38750	46125	28944	36134	42818	39172	36407	46840	48884	51707
10.金融业	28217	44240	54607	92064	91899	95295			114074		
11.房地产业	11600	12059	16231	28763	40347	47747	71375	53184	55597	64604	73540
12.租赁和商务服务业	19229	27104	19127	21227	15648	29114	33345	49698	51410	63096	67755
13.科学研究和技术服务业	12657	15021	17033	22143	37900	45444	38813	33461	51100	53900	53700
14.水利、环境和公共设施管理业				14010	17433	18333	23729	24200	38630	44920	45185
15.居民服务、修理和其他服务业	14100	14950	14318	23222	25878	36304	57578	28800	38923		
16.教育	15307	19000	19977	27190	26675	32502	33196	43991	41789	39772	43957
17.卫生和社会工作	25388	32320	36929	40135	45949	51444	53171	60586	75621	26250	38143
18.文化、体育和娱乐业	18370			12700	11500	14923	12700	14500	24600	31500	36750
19.公共管理、社会保障和社会组织	43111	52889	46900	14478	20458	16438	17467				

11-13 历年其他经济在岗职工分行业工资总额

单位:万元

行业	2006年	2007年	2008年	2009年	2010年	2011年	2012年	2013年	2014年	2015年	2016年
总计	**95187**	**146053**	**180020**	**257339**	**355502**	**428080**	**526513**	**603505**	**635117**	**657678**	**697195**
1.农、林、牧、渔业	155	188	169	453	713	726	663	782	233	234	222
2.采矿业	545	657	562	1066	348	307	359	651	815	849	962
3.制造业	26258	66059	83116	101784	137815	147681	174816	180307	180967	183807	180721
4.电力、燃气及水的生产和供应业	4362	6118	6804	6467	7808	10403	10987	12759	16158	16310	16913
5.建筑业	12501	10488	17438	34064	49201	94681	68600	91831	97448	79734	89319
6.批发和零售业	8881	8241	9012	10073	10894	19215	22402	26138	28828	29965	29927
7.交通运输、仓储和邮政业	24027	28378	28813	34433	39500	51012	71918	81655	102267	107501	127951
8.住宿和餐饮业	2046	3241	5567	6352	7824	7024	8432	12332	13880	15478	16190
9.信息传输、软件和信息技术服务业	3391	5048	6077	7862	11207	12222	14167	14817	16669	17911	17985
10.金融业	6099	9196	9065	25702	35126	45547	61899	73239	72429	90045	91463
11.房地产业	3673	4126	6683	7025	14653	12638	30341	32141	29604	31913	30352
12.租赁和商务服务业	820	824	1874	13120	26040	9399	30143	15207	18188	25972	32005
13.科学研究和技术服务业	794	1177	1569	1497	3068	2339	7967	8414	7855	7200	8341
14.水利、环境和公共设施管理业	496	1235	1270	1547	1916	4423	5907	8106	8238	14109	11988
15.居民服务、修理和其他服务业	84	29	90	125	155	194	1897	4883	869	1003	1037
16.教育	267	8	588	704	1545	1167	3006	6331	6212	4740	4636
17.卫生和社会工作	12	18	185	35	1483	407	3908	4618	4420	5411	6019
18.文化、体育和娱乐业	602	670	744	149	168	1267	1042	973	1304	1767	1599
19.公共管理、社会保障和社会组织	174	323	395	4881	6037	7428	8059	28321	28731	23729	29566

11-14 历年其他经济在岗职工分行业平均工资

单位:元

行业	2006年	2007年	2008年	2009年	2010年	2011年	2012年	2013年	2014年	2015年	2016年
总计	**22867**	**27236**	**31917**	**34531**	**39249**	**47186**	**52247**	**57954**	**62761**	**63869**	**67635**
1.农、林、牧、渔业	12310	18067	25621	19097	24017	26974	31393	33724	35877	41839	50500
2.采矿业	10912	16295	17393	20853	26938	35310	39407	34824	37958	39301	41296
3.制造业	17725	23719	30788	36053	39935	45825	50575	55120	56415	59446	62978
4.电力、燃气及水的生产和供应业	35698	46698	48493	53849	57412	65928	75769	82420	79282	86938	92774
5.建筑业	17998	20358	22644	25012	33829	40695	41646	50107	56153	47697	52273
6.批发和零售业	18596	21733	22979	29122	32607	36180	41386	46476	48232	49991	50741
7.交通运输、仓储和邮政业	37068	41881	42002	44269	48898	55599	64196	65256	75933	78865	82972
8.住宿和餐饮业	15896	14713	22419	21738	25814	29863	34827	37932	42421	44850	48794
9.信息传输、软件和信息技术服务业	55405	61858	72608	67136	62160	64158	72799	76299	79265	89599	88598
10.金融业	41322	57763	60514	73247	83993	102885	108253	119516	120534	123739	124253
11.房地产业	18854	28162	32205	43527	38348	53710	49088	52169	63015	65990	66299
12.租赁和商务服务业	24764	21844	32530	20187	24847	44865	48091	45695	48141	47849	48721
13.科学研究和技术服务业	20309	26100	30460	34414	38116	47436	47256	56662	72931	72724	73038
14.水利、环境和公共设施管理业	22857	12881	22890	25316	28424	30759	31269	40067	41461	58616	47030
15.居民服务、修理和其他服务业	8947	11115	17000	21877	30920	35218	69754	55111	47481	59685	54272
16.教育	25712	16000	42898	22221	29324	26896	29324	40348	51294	50912	59745
17.卫生和社会工作	23000	35600	27627	15130	41436	36009	59391	63517	69502	73023	68402
18.文化、体育和娱乐业	25311	28555	31517	25672	28441	31356	26569	30588	39644	44737	52098
19.公共管理、社会保障和社会组织	30017	34404	39939	21485	23881	27118	27685	54737	60896	48034	64668

11-15　全社会单位在岗职工平均工资

（2016 年）　　　　单位:元

行　　　业	全社会单位就业人员年平均工资	非私营单位	私营单位	全社会单位在岗职工年平均工资
总计	**57176**	**77723**	**44898**	**57759**
(一)农、林、牧、渔业	40706	40948	40693	41072
(二)采矿业	40504	25505	46044	40552
(三)制造业	44592	62251	40510	44632
(四)电力、燃气及水的生产和供应业	109149	120028	37850	112113
(五)建筑业	49392	50983	48874	49526
(六)批发和零售业	46991	59064	42586	46670
(七)交通运输、仓储和邮政业	73298	81313	65799	74071
(八)住宿和餐饮业	40936	48779	38054	41040
(九)信息传输、软件和信息技术服务业	80564	87760	43278	80899
(十)金融业	110650	110727	90324	124610
(十一)房地产业	55631	67495	45502	55840
(十二)租赁和商务服务业	48277	43512	51843	48362
(十三)科学研究和技术服务业	78859	96593	62040	79408
(十四)水利、环境和公共设施管理业	46923	49963	35767	48208
(十五)居民服务、修理和其他服务业	41744	71751	36460	42967
(十六)教育	102067	108531	36652	104313
(十七)卫生和社会工作	103435	107534	54584	105529
(十八)文化、体育和娱乐业	65804	88520	37863	67076
(十九)公共管理、社会保障和社会组织	96684	96684		100347

注:1.全社会单位包括非私营单位(原城镇以上单位)、四上私营及规下 20-99 人私营企业。

2.规下 20-99 人私营企业采用抽样调查方式。

11-16 渔农村经济收益分配

指标	1985年	1990年	1995年	2000年	2005年	2009年	2010年	2011年	2012年	2013年	2014年	2015年	2016年
渔农村													
经济总收入(万元)	98662	248183	881964	1247740	2510044	3909633	4610621	5516213	6030670				
#净收入	50948	105234	344285	401532	589777	912117	1046975	1241395	1443987				
#集体提留	3720	10283	68612	33284	31378	64158	60810	65739	94634				
个人分配(万元)	44041	87264	251951	309996	399314	775977	854194	955729	1055517				
参加分配人数(万人)	72.87	73.43	72.73	67.01	63.29	63.20	62.80	63.07	64.96				
人均纯收入(元)	604	1188	3464	4626	6309	12278	13602	15153	16249				
渔村													
经济总收入(万元)	42717	126855	432019	551115	709871	932797	1039584	1216640	1320906	1421463	1457232	1516164	1594527
#净收入	21494	49397	179337	163321	177293	316343	340265	391194	453553	491273	507722	545289	588703
#集体提留	1418	7755	60574	28629	26714	47913	48879	65739	94634	93902	66010	60280	56910
个人分配(万元)	19733	38128	111066	124016	146642	265627	287599	320643	354021	391405	434538	477240	524383
参加分配人数(万人)	23.84	24.10	23.98	21.92	20.66	20.89	20.78	20.76	20.58	20.40	20.47	20.38	20.25
人均纯收入(元)	828	1582	4632	5659	7098	12716	13838	15445	17202	19182	21226	23412	25893
农村													
经济总收入(万元)	55948	121328	449945	696625	1800173	2976836	3571037	4299573	4709764				
#净收入	29454	55837	164948	238211	412484	595774	706710	850201	990434				
#集体提留	2302	2528	8038	4655	4664	16245	11931						
个人分配(万元)	24308	49136	140885	185980	252672	510350	566595	635086	701496				
参加分配人数(万人)	49.03	49.33	48.75	45.09	42.63	42.31	42.02	42.31	44.38				
人均纯收入(元)	496	996	2890	4125	5927	12062	13485	15010	15807				

注:1.资料来源于市海洋与渔业局、农林局经济收益分配年报。

2.1996年起,农民集体提留指乡村集体所得。

3.2013年起,市农林与渔农村委员会经济分配收益分配年报中指标发生变化,经济总收入等指标数据无法取得。

11-17 渔农村居民调查基本情况

项　　目	单位	2005年		2010年		2011年		2012年		2013年
		渔村	农村	渔村	农村	渔村	农村	渔村	农村	渔农村
调查点数	个	30	20	30	20	35	31	35	31	
调查户数	户	300	200	300	200	350	310	350	310	667
常住人口	人	932	633	865	576	988	854	975	861	1800
户均常住人口	人	3.11	3.17	2.88	2.88	2.82	2.76	2.79	2.78	270
户均整半劳动力	人	2.17	2.33	2.21	2.28	2.15	2.06	2.15	2.04	
整半劳动力负担系数	人	1.43	1.36	1.31	1.26	1.31	1.33	1.29	1.36	
平均每百个劳动力中										
文盲或半文盲	人	1.08	4.52	0.46	2.41	2.48	3.44	2.45	3.26	
小学文化程度	人	18.15	33.76	17.67	28.29	19.14	28.92	17.66	27.9	
初中文化程度	人	66.15	45.16	61.78	48.25	56.44	48.02	56.12	47.64	
高中文化程度	人	11.85	12.69	12.69	12.06	12.71	10.15	12.94	10.51	
大中专及以上文化程度	人	2.77	3.87	7.40	8.99	9.24	9.47	10.84	10.69	
人均年内新建房屋面积	平方米	0.59	0.03				1.94		0.4	
人均新建房屋每平方米价值	元	700.15					3391.2		988.7	
人均新建生活用房面积	平方米	0.57					1.94		0.4	
人均新建楼房面积	平方米	0.57					1.94		0.4	
人均年末住房面积	平方米	44.1	44.4	48.9	48.5	49.0	48.7	49.0	49.1	49.3
户均年末住房价值	元	60240	64441	121543	144330	185234	131417	192865	128167	
年末人均生产用固定资产原值	元	16937	3284	19858	3278	17974	4641	24265	6248	

注：1.2013年住户调查制度变动，不再分渔村、农村居民，下同。

2.表11-17到11-27一体化前老口径数据，城乡一体化后新口径城乡居民收支数据见表11-28和11-29，下同。

11-18 渔农村居民人均总收入和纯收入

单位:元

项　　目	2005年		2010年		2011年		2012年		2013年
	渔村	农村	渔村	农村	渔村	农村	渔村	农村	渔农村
全年总收入	**9346**	**8486**	**16541**	**16209**	**19543**	**19033**	**22563**	**20666**	
全年纯收入	**7642**	**6980**	**14576**	**14144**	**17504**	**16277**	**19706**	**18208**	**20573**
生产性纯收入	**6911**	**6469**	**12574**	**12870**	**14731**	**14567**	**15365**	**16210**	
基本收入	**8559**	**7785**	**14189**	**14436**	**15698**	**16977**	**17746**	**18316**	
全年总收入按收入来源分									
一、工资性收入	**1281**	**4034**	**3713**	**8726**	**4435**	**9980**	**5141**	**11150**	**12113**
1.在非企业组织得到的收入	396	613	931	1246	1054	1360	1143	1426	
2.在本乡地域内得到的收入	750	2935	2267	6193	2947	6516	3421	7253	
3.外出从业及其他收入	135	486	515	1287	434	2104	577	2471	
二、家庭经营收入	**7278**	**3751**	**10476**	**5710**	**11263**	**6997**	**12605**	**7166**	**3322**
1.农业收入	136	836	20	1166	5	1033	2	1512	
2.林业收入	11	28	6	18	5	23		45	
3.牧业收入		372	2	465	4	663	3	179	
4.渔业收入	5998	306	7475	562	8125	745	8851	694	
5.工业收入	208	374	266	292	196	343	217	493	
6.建筑业收入	77	446	234	1128	373	2097	396	2054	
7.运输业收入	452	826	1913	1072	1718	985	2441	954	
8.批发零售贸易、餐饮业收入	224	375	328	707	404	656	503	774	
9.社会服务业收入	30	62	37	151	113	290	88	292	
10.其他家庭经营收入	142	126	195	149	280	162	104	169	
三、转移性收入	**141**	**541**	**1371**	**917**	**2846**	**1479**	**3827**	**1765**	**9637**
#在外人口寄回带回	17	6		26		26		54	
农村以外亲友赠送	9	88	9	44	12	53	64	55	
四、财产性收入	**646**	**160**	**981**	**856**	**1000**	**578**	**989**	**585**	**1501**

注:按照制度要求,原属于渔业收入的打工者收入记入工资性收入。

11-19　渔农村居民人均总支出情况

单位:元

项　　目	2005年		2010年		2011年		2012年		2013年
	渔村	农村	渔村	农村	渔村	农村	渔村	农村	渔农村
全年总支出	**7651**	**7204**	**13683**	**13527**	**15966**	**16416**	**16598**	**17819**	
一、生活消费支出	**6223**	**4819**	**10825**	**10055**	**11852**	**12225**	**13123**	**13755**	**14851**
1.食品	2373	2161	4095	4062	4613	4749	5162	5191	5913
主食	186	166	252	321	309	343	344	364	
副食	1015	1090	1681	1955	1869	2246	2177	2525	
其他食品	869	668	1529	1193	1728	1434	1856	1512	
在外饮食	263	219	584	573	685	682	725	772	
食品加工费	40	18	49	20	11	37	1	17	
2.衣着	607	370	1067	808	1216	1040	1336	1141	1195
3.居住	587	464	1228	1439	1397	2142	1700	2547	2548
# 住房	229	193	546	724	554	1071	941	1330	
电费	110	88	209	217	222	283	263	295	
燃料	109	92	157	167	187	222	205	237	
4.家庭设备、用品及服务	290	177	666	590	677	632	742	789	775
5.医疗保健	446	302	911	801	955	1147	1055	1198	1310
6.交通和通讯	542	517	852	900	945	970	985	1072	1221
7.文教娱乐用品及服务	1190	745	1550	1151	1595	1141	1626	1213	1070
8.其他商品和服务	188	83	456	304	454	404	517	604	819
二、家庭经营费用支出	**519**	**1091**	**297**	**1501**	**636**	**2106**	**766**	**2000**	
1.农业生产支出	1	220	18	263	4	234	5	803	
2.林业生产支出	3	14		4		44		30	
3.牧业生产支出		240	1	360	2	304	3	45	
4.渔业生产支出	430	20	238	232	309	140	564	170	
5.工业生产支出	47	183		73		118		99	
6.建筑业支出	3	17	15	105	92	442	78	390	
7.运输业支出	2	178	23	164	222	709	66	202	
8.批发和零售贸易、餐饮业	21	193	1	257		22	21	149	
9.社会服务业		4	1	43	7	1	7	24	
10.其他经营支出	12	22	1			22	22	88	
三、购置生产性固定资产支出	**1**	**144**	**129**	**281**	**760**	**85**	**9**	**131**	
四、缴纳税金	**3**	**6**						**13**	
五、其他支出	**905**	**1144**	**2432**	**1690**	**2718**	**2000**	**2700**	**1920**	
附:生产性固定资产折旧	1129	219	1324	219	1198	307	1616	416	

11-20　渔农村居民每百户主要耐用物品拥有量

项　　目	单位	2005年		2010年		2011年		2012年		2013年
		渔村	农村	渔村	农村	渔村	农村	渔村	农村	渔农村
自行车	辆	86	166	94	178	96	148	101	144	84
摩托车	辆	14	36	8	26	7	18	7	18	9
移动电话	只	159	124	241	204	236	212	237	217	222
洗衣机	台	48	20	50	33	58	40	61	44	51
电冰箱	台	90	79	109	100	113	103	114	105	109
热水器	台	62	56	84	82	86	82	86	83	91
影碟机	台	52	21	34	20	25	22	28	21	
电视机	台	141	141	172	158	170	179	177	183	180
#彩电	台	138	120	171	154	170	177	177	182	180
照相机	架	9	7	8	10	12	16	15	17	12
抽油烟机	台	76	54	83	76	82	79	88	76	80
吸尘器	台	11	5	7	9	10	7	10	7	
微波炉	台	27	6	47	22	51	33	54	42	43
电话机	台	97	98	83	98	81	87	80	84	81
电　脑	台	7	6	48	39	49	49	56	54	56
空调机	台	18	11	64	64	72	94	92	99	95
摄像机	台									1

注:2013年自行车为电动自行车。

11-21　城镇居民家庭基本情况

项　　目	单位	1990 年	1995 年	2000 年	2005 年	2007 年	2008 年	2009 年	2010 年	2011 年	2012 年	2013 年
调查户数	户	100	100	150	200	200	280	280	280	280	280	359
平均每户家庭人口数	人	3.04	2.90	2.80	2.68	2.68	2.70	2.68	2.66	2.61	2.61	2.68
有收入者人数	人	2.16	2.15	2.05	1.86	1.86	1.90	1.91	1.93	1.87	1.93	1.95
# 离退休人数	人	0.26	0.34	0.41	0.36	0.37	0.39	0.41	0.46	0.45	0.48	0.33
无收入者人数	人	0.88	0.75	0.75	0.82	0.82	0.81	0.77	0.73	0.74	0.68	0.73
平均每户就业人口数	人	1.90	1.81	1.64	1.46	1.49	1.45	1.44	1.43	1.39	1.41	1.54
平均每户就业面	%	62.5	62.4	58.6	54.5	55.6	53.7	53.7	53.8	53.3	54.0	57.5
平均每个就业者负担人数	人	1.60	1.60	1.71	1.84	1.80	1.86	1.86	1.86	1.88	1.85	1.74
人均家庭总收入	元	1974	6827	8925	16687	21366	24095	25964	28096	33268	37122	40723
人均可支配收入	元	1888	6826	8886	15524	19856	22257	24082	26242	30496	34224	37646
人均家庭总支出	元	1782	7189	8174	14938	21600	18408	20934	25196	29031	28090	
# 消费性支出	元	1608	6182	6540	10950	12978	14288	15236	16717	19183	20958	23461
年末人均建筑面积	平方米				29.19	29.81	31.1	31.6	31.7	32.38	32.39	33.18
年末人均使用面积	平方米				21.99	22.49	23.46	23.71	23.80	24.29	24.30	24.89

11-22 城镇居民人均现金收支

单位:元

项 目	1990年	1995年	2000年	2005年	2007年	2008年	2009年	2010年	2011年	2012年	2013年
一、现金收入	**2327**	**9161**	**11047**	**21474**	**31269**	**27343**	**31533**	**36757**	**44168**	**47797**	
#家庭总收入	**1967**	**6811**	**8923**	**16687**	**21366**	**24095**	**25964**	**28096**	**33268**	**37122**	**40723**
#可支配收入	1888	6826	8886	15524	19856	22257	24082	26242	30496	34224	37646
1.工资性收入	1645	5185	6665	11516	14624	15353	16583	17302	20348	22957	25495
#工资及补贴收入	1634	5092	6298	11488	14548	15117	16353	17146	20248	22855	
其他劳动收入	11	93	367	28	76	236	230	156	100	102	
2.经营净收入	33	48	281	1548	2147	3396	3362	4168	4696	4878	5082
3.财产性收入	32	232	180	445	755	1309	1483	1401	1399	1606	2603
4.转移性收入	257	1346	1797	3178	3840	4037	4536	5225	6825	7681	7543
#借贷收入	**353**	**2334**	**2122**	**4540**	**9231**	**3247**	**5173**	**8051**	**10899**	**10674**	
#提取储蓄存款	217	1766	1380	3393	4467	2987	3412	6019	8404	10006	
借入款	46	264	123	724	1419	163	205	492	1002	92	
二、现金支出	**2307**	**9196**	**10875**	**20830**	**31055**	**27050**	**31413**	**37138**	**42546**	**47700**	
1.家庭总支出	1782	7189	8174	14938	21600	18408	20934	25196	29031	28090	
消费性支出	1608	6182	6540	10950	12978	14288	15236	16717	19183	20958	23461
非消费性支出	66	1006	1640	3988	8622	4120	5698	8479	9848	7132	
#赡养支出	63	145	278	763	460	455	417	546	1088	869	
各种非储蓄性保险支出	2	5	9	14	43	68	48	87	145	145	
捐赠支出	106	378	683	759	1103	1265	1160	1372	2638	2350	
社会保障支出				985	1315	1739	1687	1843	2586	2704	
2.借贷支出	525	2007	2700	5892	9455	8642	10479	11942	13515	19610	
#存入储蓄款	348	1349	1615	4456	7407	6904	9458	10754	10412	17773	
借出款	17	129	11	39	206	159	171	50	269	595	
储蓄性保险支出		9	187	198	108	66	117	93	215	241	
三、期末手存现金	**105**	**428**	**701**	**1114**	**1878**	**1591**	**1950**	**2508**	**2626**	**2619**	

11-23 城镇居民人均消费支出

单位:元

项目	1995年	1999年	2000年	2002年	2005年	2007年	2008年	2009年	2010年	2011年	2012年	2013年
消费性支出	**6182**	**6074**	**6540**	**8010**	**10950**	**12978**	**14288**	**15236**	**16717**	**19183**	**20958**	**23461**
#服务性消费支出				2183	3056	3838	4177	4465	4511	5101	5644	
一、食品支出	**2541**	**2690**	**2744**	**3123**	**3831**	**4647**	**5317**	**5606**	**5972**	**6902**	**7525**	**8380**
#油脂类	55	61	53	56	74	87	138	94	96	108	121	
肉禽及制品类	385	345	324	289	363	421	542	546	575	666	707	
蛋类	58	57	51	46	61	67	73	77	84	110	112	
水产品类	542	604	649	699	804	929	1050	1102	1259	1421	1649	
蔬菜类	238	252	248	309	304	407	437	489	565	599	704	
酒和饮料类	127	134	149	143	188	216	226	238	276	281	289	
干鲜瓜果类	156	157	176	220	287	348	387	405	466	627	684	
奶及制品类	40	54	75	100	158	166	192	178	188	269	276	
在外饮食	255	358	346	627	761	1106	1198	1346	1249	1355	1461	
二、衣着	**714**	**519**	**554**	**693**	**1175**	**1355**	**1429**	**1564**	**1723**	**2001**	**2134**	**2575**
#服装	477	343	356	483	908	1012	1063	1185	1303	1533	1623	
衣着材料	61	38	39	25	13	13	12	12	10	15	22	
三、家庭设备用品及服务	**1069**	**397**	**380**	**540**	**649**	**650**	**671**	**817**	**705**	**1226**	**1230**	**1293**
#耐用消费品	621	212	172	317	316	337	274	333	222	540	430	
四、医疗保健	**265**	**518**	**607**	**723**	**1106**	**1127**	**1171**	**1188**	**1252**	**1718**	**1548**	**1632**
五、交通和通信	**374**	**378**	**496**	**751**	**1152**	**1385**	**1416**	**1621**	**2568**	**2478**	**2894**	**3462**
#交通	92	191	192	262	348	512	465	688	1709	1577	1901	
通信	282	187	304	490	804	873	951	933	859	901	993	
六、教育文化娱乐服务	**567**	**712**	**827**	**1202**	**1512**	**2012**	**2097**	**2029**	**2011**	**2102**	**2542**	**2934**
#文化娱乐用品	262	234	141	279	355	361	420	362	394	447	452	
教育	181	361	563	626	844	1312	1238	1247	1059	1141	1270	
七、居住	**402**	**610**	**582**	**717**	**1145**	**1328**	**1592**	**1789**	**1715**	**1782**	**1808**	**1830**
八、其他商品和服务	**250**	**250**	**350**	**261**	**380**	**474**	**595**	**622**	**771**	**974**	**1277**	**1355**

11-24 城镇居民人均购买主要商品数量

名 称	单位	1990 年	1995 年	2000 年	2005 年	2007 年	2008 年	2009 年	2010 年	2011 年	2012 年	2013 年
粮 食	千克	114.8	83.4	75.6	65.5	48.4	49.8	48.1	60.9	56.8	54.7	52.99
鲜 菜	千克	112.2	87.0	84.0	76.7	85.6	79.7	83.0	85.8	83.7	86.5	87.82
食用植物油	千克	6.6	5.7	6.0	8.7	7.8	9.3	7.4	7.7	7.3	7.7	8.26
猪 肉	千克	11.5	12.6	10.8	11.1	10.7	11.2	11.8	12.0	11.8	11.8	12.12
牛羊肉	千克	1.0	0.9	1.2	0.5	0.6	0.7	0.7	1.0	1.2	1.0	1.19
家禽及制品	千克	4.4	5.2	4.9	4.6	2.2	2.7	3.6	5.1	5.3	5.3	4.77
鲜蛋及制品	千克	5.2	7.8	9.6	7.9	6.8	6.9	6.8	7.9	8.2	8.5	8.03
鱼 虾	千克	24.4	31.3	32.4	29.0	29.2	29.6	31.0	29.9	28.4	30.4	32.19
白 酒	千克	1.8	1.5	1.1	0.7	0.8	0.9	0.5	0.5	0.3	0.4	0.85
啤 酒	千克	14.7	13.5	14.3	14.3	12.9	9.5	8.8	8.5	6.9	6.5	5.13
其他酒	千克	14.6	21.7	17.7	11.9							0.24
茶 叶	千克	0.1	0.1	0.1	0.05	0.03	0.04	0.02	0.06	0.05	0.08	0.07
糕 点	千克	3.4	2.9	3.5	5.4	5.2	5.4	5.7	5.8	6.7	6.7	6.47
鲜 瓜	千克	19.2	29.7	32.4	21.3	22.6	18.2	18.0	15.2	14.8	14.4	7.71
鲜 果	千克	25.3	15.9	20.4	31.1	30.1	28.2	28.3	29.0	31.6	34.2	43.71
干 果	千克	3.5	0.7	1.2	1.1							
鲜 奶	千克	6.0	4.8	7.3	13.1	14.7	12.3	10.4	11.4	12.3	13.0	18.79
水	吨			26.1	27.2	31.4	35.0	35.9	35.6	36.8	36.7	43.35
电	千瓦时			241.6	455.4	527.1	611.1	643.2	683.3	685.6	696.6	762.56
管道煤气	立方米			14.7	19.3	17.6	18.2	19.3	24.2	26.5	30.4	35.65
罐装液化石油气	千克	26.2	21.1	22.0	21.1	21.5	23.1	19.9	20.0	17.2	15.6	13.62

注：因指标体系的修改，2007-2009 年粮食的购买量指大米、面粉的购买量；家离及制品指鸡、鸭的购买量；鲜蛋及制品指鲜蛋的购买量。

11-25 城镇居民家庭每百户耐用消费品购买量

名　称	单位	1990 年	1995 年	2000 年	2005 年	2007 年	2008 年	2009 年	2010 年	2011 年	2012 年	2013 年
自行车	辆	10	11	14	11							
家用汽车	辆								2	1	2	1
助力车	辆				5	9	8	11	9	7	6	11
摩托车	辆			1	1	1	1					
手　表	只	21	8	6	4	5	5	8	5	8	10	
空调器	台		3	3	10	12	7	4	7	9	4	4
吸尘器	台			1								
微波炉	台			9	3	2	2	1	2	2	2	1
消毒碗柜	台				1	1	1				1	
饮水机	台				4							
淋浴热水器	台			3	7	5	2	3	4	7	4	6
电风扇	台	15	12	7	11							
洗衣机	台	2	3	3	4	2	1	2	1	3	2	3
电冰箱	台		3	1	4	8	5	6	3	8	6	7
冰　柜	台				1							
电炊具	个	5	13	7	22							
彩色电视机	台	9	4	2	8	4	11	6	10	11	11	6
录音机	台	6	7	1	3							
收音机	台	3	1	2								
组合音响	套		4	1	1	1				1		1
影碟机	台	3	3	4	2							
家用电脑	台			4	6	8	7	8	7	7	6	
照相机	架	3	4	1	2	5	3	3	2	2	3	1
移动电话	部				26	27	35	21	23	21	25	32

11-26 城镇居民家庭每百户耐用消费品拥有量

（年末数）

名 称	单位	1990 年	1995 年	2000 年	2005 年	2007 年	2008 年	2009 年	2010 年	2011 年	2012 年	2013 年
家用汽车	辆					1	3	4	5	13	14	16
助力车	辆				27	39	60	69	76	88	88	99
摩托车	辆	1		9	16	13	13	13	15	11	12	12
淋浴热水器	台			76	88	94	92	93	93	97	97	99
洗衣机	台	59	76	78	76	79	82	82	81	83	85	87
电冰箱	台	77	104	97	98	108	102	106	107	110	112	112
中高档乐器	件		10	14	8	6	14	15	16	8	10	11
健身器材	套				6	6	5	5	5	6	6	7
彩色电视机	台	66	105	135	168	173	185	188	189	193	199	199
组合音响	套		14	18	41	40	37	38	35	28	28	28
摄像机	架				5	4	8	8	8	7	8	6
照相机	架	12	28	33	42	43	38	40	40	52	53	53
空调器	台		4	21	85	104	117	122	123	166	165	175
固定电话	部		53	94	98	98	97	96	96	94	93	90
移动电话	部			34	160	171	179	185	189	209	212	219
微波炉	台			30	60	62	62	63	64	73	73	75
消毒碗柜	台				19	21	17	18	19	26	25	25
家用电脑	台			11	40	51	69	76	82	99	104	106

11-27　城镇居民家庭住房和各种设施拥有情况

（年末数）

单位：户

项　　目	1990 年	1995 年	2000 年	2005 年	2007 年	2008 年	2009 年	2010 年	2011 年	2012 年	2013 年
调查总户数	**100**	**100**	**150**	**200**	**200**	**280**	**280**	**280**	**280**	**280**	**359**
按人均居住面积分											
拥挤户	4										
不方便户	3										
4-6 平方米	2	6	1								
6-8 平方米	9	9	7								
8 平方米以上	82	85	142								
按人均使用面积分											
16 平方米以下				44							
16-20 平方米				43							
20-30 平方米				74							
30-40 平方米				23							
40 平方米以上				16							
按自来水使用情况分											
无自来水	3			4	3	1	1	1			
独用自来水	94	96	147	196	197	278	279	279	280	280	359
公用自来水	3	4	3			1					
按卫生设备拥有情况分											
无卫生设备	39	21	9	7	3	15	13	14	2	2	4
有浴室厕所	41	78	137	170	186	253	254	255	271	271	353
有厕所无浴室	20	1	4	23	11	12	13	11	7	7	2
按取暖设备拥有情况分											
无取暖设备	100	96	129	84	69	63	60	56	33	32	59
空调设备		4	21	116	131	217	220	224	247	248	300
按房屋产权分											
租赁公房	74	19	27	4	2	12	12	12	5	6	4
租赁私房	2			5	5	3	4	4	4	4	6
自有房	24	81	123	189	192	260	259	259	271	270	349
其　他				2	1	5	5	5			
按燃料使用情况分											
管道煤气（管道天然气）		34	63	109	113	122	128	125	147	151	198
罐装液化石油气	91	64	87	91	87	157	151	155	132	128	156
煤	7	2				1	1				1
其他	2								1	1	4

11-28 城乡居民收支情况

（城乡一体化新口径）

项目	单位	2014年			2015年			2016年		
		全体	城镇	渔农村	全体	城镇	渔农村	全体	城镇	渔农村
一、常住居民人均可支配收入	**元**	**35330**	**41466**	**23783**	**38254**	**44845**	**25903**	**41564**	**48423**	**28308**
#工资性收入	元	23221	27280	15582	25497	29941	17171	27211	31890	18170
经营净收入	元	4707	4993	4169	4941	5193	4468	5306	5583	4768
财产净收入	元	2976	4004	1041	3055	4112	1073	3243	4316	1169
转移净收入	元	4426	5189	2991	4761	5599	3191	5804	6634	4201
二、常住居民人均生活消费支出	**元**	**23785**	**27807**	**16217**	**25774**	**30128**	**17615**	**26911**	**30762**	**19468**
#食品烟酒	元	7510	8499	5648	8112	9179	6112	8556	9555	6626
衣着	元	2103	2607	1154	2253	2808	1214	2332	2895	1245
居住	元	5281	5922	4074	5749	6390	4547	5936	6322	5190
生活用品及服务	元	1261	1459	889	1305	1517	909	1365	1566	978
交通通信	元	2828	3686	1214	3075	4025	1294	2944	3709	1465
教育文化娱乐	元	2307	2828	1328	2546	3145	1424	2758	3385	1545
医疗保健	元	1556	1697	1291	1698	1843	1427	1827	1955	1579
其他用品和服务	元	939	1109	619	1036	1221	688	1193	1375	840
三、恩格尔系数	**%**	**31.6**	**30.6**	**34.8**	**31.5**	**30.5**	**34.7**	**31.8**	**31.1**	**34.0**
四、年末人均现住房建筑面积	**平方米**	**39.72**	**34.12**	**50.27**	**40.43**	**34.23**	**50.32**	**40.50**	**34.74**	**51.63**

11-29 每百户居民家庭耐用消费品拥有量

（城乡一体化新口径）

项目	单位	2014年		2015年		2016年	
		城镇	渔农村	城镇	渔农村	城镇	渔农村
家用汽车	辆	18	5	19	7	20	8
摩托车	辆	12	12	7	8	5	6
助力车	台	97	97	104	108	104	106
洗衣机	台	90	51	91	56	91	58
电冰箱(柜)	台	106	108	107	110	110	114
微波炉	台	74	33	72	36	68	34
彩色电视机	台	187	177	191	179	191	176
其中:接入有线电视	台	171	147	184	168	183	168
空调	台	170	99	178	111	179	112
热水器	台	96	92	97	93	97	93
其中:太阳能热水器	台	11	26	12	27	12	27
消毒碗柜	台	22	8	22	8	20	8
洗碗机	台	2	1	2	1	2	
排油烟机	台	91	80	92	82	92	83
固定电话	线	86	73	80	62	73	54
移动电话	部	213	210	218	223	221	222
其中:接入互联网	部	143	116	146	125	151	127
计算机	台	100	56	104	67	105	68
其中:接入互联网	台	86	43	95	52	96	53
摄像机	台	6	1	5	2	4	1
照相机	台	46	14	50	14	42	11
中高档乐器	架	7	1	7	1	8	1
健身器材	台	5	1	6	1	6	1
组合音响	套	12	7	14	5	13	6

11-30 养老保险参保情况

（2016年）　　　　单位：人

	全　市	分　县　（区）				
		市本级	定　海	普　陀	岱　山	嵊　泗
参保人数合计	**811382**	**311366**	**56003**	**229940**	**151192**	**62881**
1.城镇职工基本养老保险	593414	304244	8387	146961	96842	36980
#职工	338339	171686	6103	83326	54079	23145
退休	197206	100720	2284	46698	36348	11156
2.城乡居民社会养老保险	217968	7122	47616	82979	54350	25901
#未领取养老金	119536	4534	26235	46238	28420	14109
已领取养老金	98432	2588	21381	36741	25930	11792

11-31 医疗保险参保情况

（2016年）　　　　单位：人

	全　市	分　县　（区）				
		市本级	定　海	普　陀	岱　山	嵊　泗
参保人数合计	**955527**	**215796**	**221665**	**277246**	**173115**	**67705**
1.城镇职工基本医疗保险	389074	215796	8394	84322	51495	29067
#职工	283441	159294	6149	64167	35438	18393
退休	105633	56502	2245	20155	16057	10674
2.城乡居民基本医疗保险	566453		213271	192924	121620	38638
#成年人	423996		138036	151095	103490	31375
学生儿童	132051		64829	41829	18130	7263
大学生	10406		10406			

主要统计指标解释

工资总额 指各单位在一定时期内直接支付给本单位全部职工的劳动报酬总额。

工资总额的计算应以直接给职工的全部劳动报酬为根据。各单位支付给职工的劳动报酬以及其他根据有关规定支付的工资，不论是计入成本的还是不计入成本的，不论是按国家规定列入计征奖金税项目的还是未列入计征奖金税项目的，不论是以货币支付的还是以实物形式支付的，均应列入工资总额的计算范围。

工资总额由计时工资、计件工资、奖金、津贴和补贴、加班加点工资及其他各项组成。

城镇居民家庭总收入 指调查户中生活在一起的所有家庭成员在调查期得到的工资性收入、经营净收入、财产性收入、转移性收入的总和，不包括出售财物和借贷收入。

城镇居民可支配收入 指调查户可用于最终消费支出和其他非义务性支出以及储蓄的总和，即居民家庭可以用来自由支配的收入。它是家庭总收入扣除交纳的个人所得税、个人交纳的社会保障支出以及调查户的记账补贴后的收入。计算公式为：

可支配收入= 家庭总收入-交纳个人所得税-个人交纳的社会保障支出-记账补贴

工资性收入 指就业人员通过各种途径得到的全部劳动报酬，包括所从事主要职业的工资以及从事第二职业、其他兼职和零星劳动得到的其他劳动收入。

工资及补贴收入指劳动者从工作单位得到的全部劳动报酬和各种福利。既包括单位支付的计时计件劳动报酬、各种奖金，也包括根据国家的有关政策、法令规定，为避免职工工资受某些特殊因素影响而支付的工资性津贴、补贴，以及根据国家法律、法规和政策规定，因病、工伤、产假、计划生育假、婚丧假、事假、探亲假、定期休假、停工学习、执行国家或社会义务等原因按计时工资标准或计件工资标准的一定比例支付的工资。

其他劳动收入指家庭成员从事第二职业、兼职、零星劳动等劳动所得的报酬。

城镇居民家庭消费性支出 指调查户用于本家庭日常生活的全部支出，包括食品、衣着、居住、家庭设备用品及服务、医疗保健、交通和通信、娱乐教育文化服务、其他商品和服务八大类等。包括用于赠送的商品或服务。消费支出按商品(服务)的用途分类。

城镇居民家庭居住面积 指居民家庭成员在调查时点实际居住的住房面积，不包括厨房、厕所、门厅、过道等，不包括公用楼道和院子。

城镇居民家庭现住房总建筑面积 指调查户现住房的总建筑面积。现住房计算总建筑面积时以房屋产权证或租赁证为准，建筑面积也可按使用面积×1.333 计算得出。应扣除住房中专门用于出租的建筑面积。

城镇居民家庭住房使用面积 指居民家庭住房的有效面积扣除辅助面积(如过道、垃圾道、电梯井等)以后，可供使用的按内墙线计算的房屋面积。

农村居民家庭全年总收入 指调查期内农村住户和住户成员从各种来源渠道得到的收入总和。按收入的性质划分为工资性收入、家庭经营收入、财产性收入和转移性收入。

农村居民家庭全年总支出 指农村住户用于生产、生活消费和再分配的全部支出。家庭经营费用支出、购置生产性固定资产支出、生产性固定资产折旧、税费支出、生活消费支出、财产性支出和转移性支出。

农村居民家庭全年纯收入 指农村居民家庭全年总收入扣除相对应的各项费用支出后，归农村居民所有的收入。它可以用于生产、非生产性投资，改善物质和文化生活，以及用于再分配的支出和结余的收入。这个指标用来观察农村居民实际收入水平，以及农村居民扩大再生产和改善生活的能力。其计算公式是：

全年纯收入=全年总收入-家庭经营费用支出-生产性固定资产折旧-缴纳税-上交集体的承包任务-调查补贴-集体提留和各种摊派。

城乡一体化新口径 2013 年起全国统一实施城乡一体化住户收支调查制度，将原有的城镇居民可支配收入和农村居民纯收入指标统一为城乡可比的可支配收入指标。

一、新口径常住居民可支配收入 城乡可比的新口径常住居民可支配收入是指在调查期内居民获得的可用于自由支配的收入。既包括现金收入，也包括实物收入。主要包括四个部分：工资性收入、经营净收入、转移净收入和财产净收入。

二、新口径常住居民消费支出 新口径常住居民消费支出是指居民用于满足家庭日常生活消费需要的全部支出，既包括现金消费支出，也包括实物消费支出。消费支出包括食品烟、衣着、居住、生活用品及服务、交通和通信、教育文化和娱乐、医疗保健以及其他用品及服务八个大类。其中，居住支出中包括房租、水电燃料等支出以及自有住房折算租金。

十二、教育、科技

12-1 历 年 学 校 数

单位:所

年份	学校数	高等学校	中等专业学校	普通中学	高中	初中	小学
1949	120			5	1	4	115
1950	254			3	1	2	251
1955	356			3	1	2	353
1956	403			7	1	6	395
1957	406			8	1	7	397
1958	628	2	2	20	3	17	604
1959	492	1	2	24	4	20	465
1960	505	1	2	23	4	19	479
1961	418	1	2	18	3	15	397
1962	507	1	2	17	4	13	487
1963	508	1	2	18	4	14	487
1964	866	1	2	18	4	14	845
1965	596	1	2	18	4	14	575
1966	667	1	3	27	5	22	636
1967	723	1	3	58	5	53	661
1968	802	1	3	62	5	57	736
1969	870	1	3	62	5	57	804
1970	1030	1	3	77	6	71	949
1971	957	1	3	111	8	103	842
1972	974	1	3	161	18	143	809
1973	869	1	3	80	23	57	785
1974	848	1	3	81	33	48	763
1975	859	1	3	97	45	52	758
1976	899	1	3	139	97	42	756
1977	875	1	3	135	102	33	736
1978	778	2	3	109	63	46	664
1979	742	2	3	99	28	71	638
1980	720	2	3	101	26	75	614
1981	700	2	3	103	18	85	592
1982	668	2	3	100	16	84	563
1983	648	2	3	103	15	88	540
1984	632	2	4	101	15	86	525
1985	581	2	4	96	16	80	479
1986	543	2	4	93	16	77	444
1987	531	2	4	98	16	72	437
1988	522	2	5	88	16	72	427
1989	521	2	5	88	14	74	426
1990	512	2	5	89	14	75	416
1991	512	2	5	89	14	75	400
1992	467	2	5	86	14	72	374
1993	443	2	6	84	14	70	351
1994	423	2	7	86	14	72	328
1995	395	2	7	88	12	76	298
1996	375	2	7	88	15	73	278
1997	352	2	6	87	14	73	257
1998	328	3	6	82	16	66	237
1999	287	3	6	84	16	68	194
2000	262	3	4	85	16	69	170
2001	226	3	4	74	16	58	145
2002	202	3	2	71	14	57	126
2003	167	3	1	62	14	48	101
2004	157	5		61	15	46	91
2005	142	5		55	15	40	82
2006	134	4		55	15	40	75
2007	126	4		54	16	38	68
2008	122	4		54	16	38	64
2009	118	4		52	16	36	62
2010	117	4		52	16	36	61
2011	116	4		50	16	34	62
2012	115	4		50	16	34	61
2013	109	4		48	16	32	57
2014	106	5		43	14	29	58
2015	103	5		41	14	27	57
2016	103	5		42	14	28	56

12-2 历年在校学生数

单位:人

年份	合计	高等学校	中等专业学校	普通中学		小学
				高中	初中	
1949	8032			65	599	7368
1950	27462				492	26970
1955	45645			389	1643	43613
1956	58475		198	382	2258	55637
1957	58655		280	439	2986	54950
1958	79910	175	365	381	4858	74131
1959	83151	228	370	600	5890	86063
1960	98770	331	582	798	6652	90407
1961	65555	409	438	719	3901	60088
1962	62226	359	244	561	3181	57881
1963	67188	287	139	544	3782	62436
1964	93548	251	224	610	4652	87811
1965	95112	244	466	735	5720	87947
1966	103641	244	506	647	6000	96244
1967	104812	186	426	541	6564	97095
1968	105449	118	51	107	6252	98921
1969	106534	59			6347	100128
1970	115460			171	8826	106463
1971	135750		217	588	18168	116777
1972	154351		130	2329	21072	130820
1973	173803		246	4343	20874	148340
1974	177130		594	7462	29958	139116
1975	184778		797	10430	39263	134288
1976	190807		673	17378	41824	130932
1977	188241	217	676	21720	47021	118607
1978	174982	745	820	12757	50254	110406
1979	163872	909	1263	8057	45586	108057
1980	153437	1073	1042	5589	40797	104936
1981	140023	1160	873	4207	34184	99599
1982	130354	875	861	4164	34018	90436
1983	125042	1110	937	4910	33178	84907
1984	124383	1112	1070	5714	32670	83817
1985	123050	1202	1247	6956	32287	81358
1986	124438	1349	1364	7309	32608	81808
1987	123900	1457	1352	7358	32567	81166
1988	124095	1443	1499	6776	30835	83542
1989	126414	1384	1622	6297	29824	87287
1990	130201	1340	1546	6101	31552	89662
1991	133057	1260	1604	6239	33456	90498
1992	133954	870	1692	6009	36639	88744
1993	135988	1134	1426	5480	37749	90199
1994	141269	1598	2474	5445	41306	90946
1995	144561	1839	3495	6181	43703	89343
1996	146205	1651	4175	7268	45539	87172
1997	143185	1724	3608	8418	44451	84584
1998	138536	2564	3636	5901	41376	81059
1999	134464	3459	3631	11682	40981	74671
2000	130376	4699	2285	13199	43127	67066
2001	126103	5624	1844	13736	44226	60673
2002	122635	6651	2505	14750	42532	56153
2003	118613	8422	2722	16461	38604	52404
2004	114716	12445		17733	33852	50646
2005	114193	16016		17897	30184	50096
2006	114050	19241		17862	27516	49431
2007	115613	23534		16929	26407	48743
2008	114902	25607		15734	25405	48156
2009	112382	25445		14664	25360	46913
2010	111394	25298		14609	24286	47201
2011	109572	25560		14504	22780	46728
2012	108105	26140		13860	21498	46607
2013	108846	27810		12927	21731	46378
2014	108027	27362		11909	21670	47086
2015	105870	25722		11352	21113	47683
2016	108585	29045		11121	20297	48122

注:1970–1976 年高等学校(浙江水产学院)未招生,故没有在校学生数。

12-3 历年教职员工数

单位:人

年份	合计	高等学校	中等专业学校	普通中学	小学
1949	632			94	538
1950	802			72	915
1955	1528			145	1383
1956	1776		18	178	1580
1957	2034		26	241	1767
1958	2207	76	43	262	1826
1959	2775	90	51	373	2261
1960	3323	199	70	437	2617
1961	2783	166	56	400	2161
1962	2592	128	39	316	2109
1963	2729	125	33	327	2244
1964	3238	131	39	363	2705
1965	3193	128	60	409	2596
1966	3466	127	73	421	2845
1967	3640	126	75	496	2943
1968	3783	126	82	524	3051
1969	3914	126	90	590	3108
1970	4499	125	90	758	3526
1971	4874	123	93	864	3794
1972	5821	117	81	1137	4486
1973	6132	114	75	1299	4644
1974	6623	113	109	1810	4591
1975	7357	111	114	2584	4548
1976	7924	109	161	3108	4546
1977	8287	130	188	3674	4295
1978	8490	224	187	3783	4296
1979	8161	344	166	3314	4337
1980	8117	421	198	3217	4281
1981	7776	435	205	3015	4121
1982	7651	488	218	2722	4223
1983	7657	500	289	2747	4121
1984	7810	518	352	2796	4144
1985	7854	538	398	2835	4083
1986	8024	565	449	2890	4120
1987	7920	568	311	3002	4039
1988	8351	581	555	3069	4146
1989	8481	573	553	3138	4217
1990	8080	557	534	3124	3865
1991	8390	588	546	3228	4028
1992	8402	452	546	3240	4164
1993	8406	434	551	3209	4212
1994	8664	593	542	3275	4254
1995	8805	433	550	3417	4405
1996	9143	411	553	3594	4585
1997	9275	426	533	3665	4651
1998	9653	551	520	3821	4761
1999	9689	556	493	4007	4633
2000	9845	804	307	4350	4384
2001	9899	924	262	4597	4116
2002	9741	958	253	4478	4052
2003	9545	1046	206	4465	3828
2004	9547	1475		4332	3740
2005	9554	1545		4222	3787
2006	9500	1528		4218	3754
2007	9497	1574		4226	3697
2008	9530	1625		4193	3712
2009	9532	1678		4164	3690
2010	9547	1704		4146	3697
2011	9364	1674		4574	3116
2012	9253	1631		4473	3149
2013	9297	1671		4596	3030
2014	9278	1705		4544	3029
2015	9366	1845		4501	3020
2016	9528	1967		4486	3075

12-4 大中专院校在舟山招生人数

单位:人

年份	合计	大学				中专		
		小计	#文科	本科	专科	小计	高中中专	初中中专
1973	428	109			109	319		
1974	597	139			139	458		
1975	539	129			129	410		
1976	458	100			100	358		
1977	681	217	8	109	108	464		
1978	933	351	36	181	170	582		
1979	957	362	39	264	98	595		
1980	729	269	55	180	89	460	189	271
1981	778	337	47	273	64	441	172	269
1982	709	256	49	163	93	453	220	233
1983	804	315	80	187	128	489	259	230
1984	1037	391	77	269	122	646	262	384
1985	1271	507	108	395	112	764	266	498
1986	1407	714	134	421	293	693	279	414
1987	1373	698	224	470	228	675	254	421
1988	1425	692	157	409	283	733	264	469
1989	1393	548	123	272	276	845	351	494
1990	1249	508	111	231	267	741	281	460
1991	1327	489	71	278	211	838	331	507
1992	1291	408	88	156	252	883	336	547
1993	1852	826	263	329	497	1026	410	616
1994	2209	975	219	464	511	1234	393	841
1995	2350	1055	307	507	548	1295	256	1039
1996	2225	1027	277	577	450	1198	200	998
1997	2469	1090	290	667	423	1379	174	1205
1998	2816	1134	307	760	374	1682	195	1487
1999	3299	1613	408	1015	598	1686	28	1658
2000	3917	2384	557	1374	1010	1533		1533
2001	4453	3340	844	1857	1483	1113		1113
2002	4979	3902	1230	2251	1651	1077		1077
2003	5379	4073	1253	2645	1428	1306		1306
2004	5614	4648	1424	3023	1625	966		966
2005	7043	6045	1812	3598	2447	998		998
2006	6461	5711	1881	3565	2146	750		750
2007	6353	5899	2022	3761	2138	454		454
2008	6600	6060	1911	3665	2395	540		540
2009	6534	5884	1851	3870	2014	650		650
2010	5139	4880	1612	3379	1501	259		259
2011	4834	4716	1515	3357	1359	118		118
2012	4775	4660	1459	3275	1385	115		115
2013	4694	4586	1468	3026	1560	108		108
2014	4806	4405	1368	2930	1475	401		401
2015	4057	3938	1257	2696	1242	119		119
2016	4010	3907	1171	2819	1088	103		103

注:初中中专中不含成人中专普通班。

12-5 各级各类学校基本情况

（2016年）

项　　目	学校数（所）	毕业生数（人）	招生数（人）	在校学生数（人）	教职工数（人）	#专任教师
一、普通高校	**4**	**6524**	**7819**	**24521**	**1907**	**1276**
二、成人高校	**1**	**2057**	**1404**	**4524**		
#广播电视大学	1	2057	1404	4524		
三、普通中学	**42**	**11193**	**10653**	**31418**	**4486**	**3918**
初　中	28	7199	6811	20297		
高　中	14	3994	3842	11121		
四、职业中学（含技工学校）	**4**	**2384**	**2635**	**7897**	**702**	**565**
五、小　学	**56**	**7293**	**8171**	**48122**	**3075**	**2879**
六、幼儿园	**129**	**8224**	**8904**	**26935**	**3922**	**1951**
七、特殊学校	**2**	**7**	**4**	**94**	**29**	**24**
八、成人职业技术培训学校	**35**	**135092**		**48899**		

注：1.教职工数中包括附属的科研机构人员、校办工厂职工和其它机构人数。

2.中等专业学校教职工数已包含在普通高校中，成人中专学校教职工数包含在职业中学内。

12-6 研究生分专业(领域)基本情况

(2016 年)

单位:人

项目	年制	毕业生数	授予学位数	招生数	在校学生数	预计毕业生数
浙江海洋大学						
硕士研究生		179	179	377	803	321
其中:女		63	63	182	357	129
学术型学位硕士		68	68	105	290	82
其中:女		21	21	36	109	27
国家任务学术型学位硕士		68	68	105	290	82
船舶与海洋工程	3	20	20	24	67	20
水产	3	13	13	22	47	10
海洋科学	3	35	35	59	176	52
专业学位硕士		111	111	272	513	239
其中:女		42	42	146	248	102
国家任务专业学位硕士		111	111	272	513	239
农业	2	111	111	212	376	162
交通运输工程	2			60	137	77
委托培养专业学位硕士						
农业	2					

12-7 普通高等学校基本情况

（2016年） 单位：人

项　　目	年制	毕业生数	授予学位数	招生数	在校学生数	预计毕业生数
浙江海洋大学						
普通本科生		2202	2196	2559	9558	2392
其中：女		926	925	1139	3932	1023
高中起点本科		2063	2057	2256	9059	2196
水产养殖学	4	37	37	56	237	51
旅游管理	4	38	38	29	171	38
市场营销	4	43	43	27	160	38
生物制药	4			30	131	35
物流管理	4	38	38	40	203	43
食品质量与安全	4	36	36		73	36
药学	4	67	67	59	267	34
海洋渔业科学与技术	4	41	41	62	165	28
能源化学工程	4			28	28	
环境科学	4	37	37		90	28
船舶电子电气工程	4	38	38	39	124	30
电气工程及其自动化	4	46	46		148	60
船舶与海洋工程	4	67	67	82	374	112
船舶与海洋工程（中外合作办学）	4			19	92	
船舶与海洋工程（卓越）	4				21	
环境科学与工程	4			49	49	
行政管理	4	89	89	72	270	88
信息与计算科学	4	34	34		91	21
生物科学	4	38	38	28	115	33
计算机科学与技术	4	37	35	30	135	40
电子信息工程	4	38	38		50	28
机械设计制造及其自动化	4	37	36	44	254	78
历史学（师范）	4	38	38	34	140	33
英语	4	65	65	44	202	59
英语（师范）	4	59	59	63	178	58
海洋技术	4	35	35		85	35
生物技术	4	31	31	28	116	39
海洋科学类	4			104	104	
海洋科学	4	22	22		31	31
海洋科学（海洋环境科学方向）	4				65	
海洋科学（海洋生物学方向）	4				58	
海洋科学（物理海洋学方向）	4				62	
海洋资源与环境	4	37	37	41	190	36
土木工程	4	90	90	55	316	94
机械电子工程	4	38	38		76	39
能源与动力工程	4			29	93	
电气电子信息类	4			62	143	
建筑环境与能源应用工程	4	37	37	39	157	29
海洋油气工程	4			29	93	
食品科学与工程类	4			91	170	

12–7　续表 1

项　　　目	年制	毕业生数	授予学位数	招生数	在校学生数	预计毕业生数
环境工程	4	38	38		117	41
机械类	4			78	161	
数学类	4			69	69	
汉语言文学(高级文秘方向)	4	36	36	70	219	42
汉语言文学(师范)	4	79	79	36	199	81
经济学	4	49	49	40	160	47
物理学(师范)	4	32	32	32	110	24
数学与应用数学(师范)	4	36	36		182	51
商务英语	4			30	144	58
小学教育(师范)	4			58	58	
化学工程与工艺	4	70	69	58	196	38
财务管理	4	91	91	75	435	106
交通管理	4			43	43	
海洋工程与技术	4	26	25	43	132	27
航海技术	4	69	69	52	221	70
油气储运工程(卓越)	4				32	
油气储运工程	4	82	81	91	291	120
港口航道与海岸工程	4	65	65	56	168	31
食品科学与工程	4	36	36		81	39
安全工程	4	39	39	32	135	35
轮机工程(船机修造方向)	4	39	39	28	151	42
轮机工程(轮机管理方向)	4	63	63	52	228	70
专科起点本科		139	139	303	499	196
水产养殖学	2			3	3	
物流管理	2	47	47		38	38
旅游管理	2	44	44	52	89	37
计算机科学与技术	2			46	79	33
轮机工程(船机修造方向)	2			38	53	15
市场营销	2	48	48	48	83	35
商务英语	2			61	99	38
汉语言文学(高级文秘方向)	2			55	55	
普通专科生		369		57	172	115
其中:女		265		34	102	68
高中起点专科		369				
生物技术及应用	3	26				
水产养殖技术	3	23				
机电一体化技术	3	31				
商务英语	3	70				
会计	3	41				
旅游管理	3	61				
护理	3	50				
物流管理	3	67				
五年制高职转入				57	172	115
物流管理	2				29	29
旅游管理	2				38	38
会计	2			29	57	28
机电一体化技术	2			28	48	20

12-7　续表 2

项　　目	年制	毕业生数	授予学位数	招生数	在校学生数	预计毕业生数
浙江海洋大学东海科学技术学院						
普通本科生		1404	1400	1303	5541	1381
其中:女		662	662	748	2992	758
高中起点本科		1404	1400	1258	5493	1378
护理学	4	145	145	181	802	214
土木类	4			132	132	
财务管理	4	92	92		591	238
油气储运工程	4	71	70			
食品卫生与营养学	4			76	224	
电气工程及其自动化	4	105	105		252	133
船舶与海洋工程	4	93	92			
行政管理	4	73	73	86	297	61
计算机科学与技术	4	78	78		314	97
电子信息工程	4	22	22		21	
机械设计制造及其自动化	4	79	77	81	323	72
数字媒体技术	4				127	
物联网工程	4				218	61
英语	4	101	101	80	299	56
土木工程	4	97	97		296	103
电气类	4			84	207	
建筑环境与能源应用工程	4				104	63
经济学类	4			85	85	
资源与环境经济学	4	76	76		121	31
汉语言文学	4	73	73	88	313	67
经济学	4	86	86		258	101
计算机类	4			223	226	
市场营销	4	68	68		100	41
物流管理	4	83	83		40	40
工商管理类	4			142	143	
旅游管理	4	62	62			
专科起点本科				45	48	3
ZSB 财务管理	2			21	21	
ZSB 旅游管理	2				3	3
ZSB 市场营销	2			16	16	
ZSB 汉语言文学	2			8	8	

项目	年制	毕业生数	招生数	在校学生数	预计毕业生数
浙江国际海运职业技术学院					
普通专科生		1870	1865	4917	1766
其中:女		800	856	2067	737
高中起点专科		1294	1103	3306	1061
船舶动力工程技术	3		25	27	
船舶检验	3	31		48	20
工业机器人技术	3		34	34	
船舶工程技术	3	70	71	269	101
食品贮运与营销	3	42	42	74	
船舶机械工程技术	3	72		120	60
船舶电气工程技术	3	65		96	33
船舶电子电气技术	3		29	54	
商务英语	3	65	33	113	37
机电一体化技术	3	22	96	207	66
数字媒体艺术设计	3	33	38	156	78
旅游管理	3	105			
旅游英语	3	63			
休闲服务与管理	3	63			
物流管理	3	55	63	215	76
轮机工程技术	3	62	51	145	41
港口机械与自动控制	3	35	28	100	38
航海技术	3	79	95	266	80
报关与国际货运	3	125	68	180	68
计算机信息管理	3	82	66	215	67
港口与航运管理	3	135	102	366	111
国际邮轮乘务管理	3	90	171	408	146
食品检测技术	3		40	120	39
应用英语	3		51	93	
对口招收中职生		220	109	460	215
船舶检验	3			8	8
船舶动力工程技术	3		5	6	
船舶电气工程技术	3			1	1
船舶机械工程技术	3			9	9
船舶工程技术	3		8	15	7
应用英语	3		3	4	
国际邮轮乘务管理	3	45	25	154	53
港口与航运管理	3	24	5	29	17
计算机信息管理	3	5	14	42	16
报关与国际货运	3		10	24	12
港口机械与自动控制	3	1	5	5	
轮机工程技术	3			1	1

12-7　续表 4

项　　　　目	年制	毕业生数	招生数	在校学生数	预计毕业生数
物流管理	3	28	10	78	46
休闲服务与管理	3	1			
旅游英语	3	11			
旅游管理	3	82			
数字媒体艺术设计	3	5	3	12	5
机电一体化技术	3		17	17	
商务英语	3	18	4	55	40
五年制高职转入		356	653	1151	490
船舶工程技术	2	74	66	149	83
船舶电气工程技术	2	31		26	26
商务英语	2		36	36	
旅游管理	2		38	38	
物流管理	2		62	90	28
轮机工程技术	2	77	26	80	53
港口机械与自动控制	2		67	102	34
报关与国际货运	2	29	75	142	67
航海技术	2	109	36	127	87
计算机信息管理	2		27	27	
港口与航运管理	2	36	96	97	
国际邮轮乘务管理	2		124	237	112
浙江舟山群岛新区旅游与健康职业学院					
普通专科生		81	578	1652	505
其中:女		52	520	1460	489
高中起点专科			552	1626	505
海滨休闲旅游方向	3		73	204	64
护理	3		123	473	121
护理(医疗美容)	3		40	40	
会计	3		63	215	76
国际导游方向	3		60	193	68
酒店管理	3		113	421	176
助产	3		40	40	
健康管理	3		40	40	
对口招收中职生			26	26	
海滨休闲旅游方向	3		1	1	
酒店管理	3		2	2	
国际导游方向	3		13	13	
会计	3		10	10	
五年制高职转入		81			
船舶工程技术 3+2	3	27			
会计 3+2	3	28			
旅游管理 3+2	3	26			

12-8 普通中学基本情况

项目	单位	2005年	2008年	2009年	2010年	2011年	2012年	2013年	2014年	2015年	2016年	2016年分县（区）				
												市属	定海	普陀	岱山	嵊泗
学校数	所	55	54	52	52	50	50	48	43	41	42	7	13	12	7	3
班级数	个	1064	961	952	927	913	897	890	878	870	850	192	238	233	124	63
初中	个	678	617	617	593	569	559	560	566	564	556	81	199	157	80	39
高中	个	386	344	335	334	344	338	330	312	306	294	111	39	76	44	24
毕业生数	人	18258	14958	14185	12804	13013	12663	11937	11097	11060	11193	2460	3373	2990	1623	747
初中	人	12606	9017	8270	7946	8192	7808	7075	6785	6929	7199	883	2882	2001	1003	430
高中	人	5652	5941	5915	4858	4821	4855	4862	4312	4131	3994	1577	491	989	620	317
在校学生数	人	48081	41139	40024	38895	37284	35358	34658	33579	32465	31418	7504	8813	8501	4625	1975
初中	人	30184	25405	25360	24286	22780	21498	21731	21670	21113	20297	3264	7324	5603	2925	1181
高中	人	17897	15734	14664	14609	14504	13860	12927	11909	11352	11121	4240	1489	2898	1700	794
招生数	人	14978	13413	13312	12560	12006	11453	11584	10852	10464	10653	2674	2944	2890	1516	627
初中	人	9237	8545	8436	7729	7316	7196	7572	7194	6780	6811	1152	2434	1902	956	367
高中	人	5741	4868	4876	4831	4690	4257	4012	3658	3684	3842	1522	512	988	560	260
教职工数	人	4222	4193	4164	4146	4754	4473	4596	4544	4501	4486	990	1198	1304	704	290
#专任教师	人	3333	3337	3407	3403	3789	3723	3829	3842	3888	3918	859	1095	1121	600	243
教职工与学生比例（教职工为1）		11.4	9.8	9.6	9.4	8.0	7.9	7.5	7.4	7.2	7.0	7.6	7.4	6.5	6.6	6.8

注：2011年教育事业系统改版，遵循主体校原则，九年一贯制学校、完全高中、十二年一贯制学校的教职工、专任教师均靠高统计。

12-9 小学基本情况

项目	单位	2005年	2008年	2009年	2010年	2011年	2012年	2013年	2014年	2015年	2016年	2016年分县（区）				
												市属	定海	普陀	岱山	嵊泗
学校数	所	82	64	62	61	62	61	57	58	57	56	4	20	12	13	7
班级数	个	1289	1204	1187	1197	1193	1230	1238	1263	1293	1326	153	484	395	201	93
毕业生数	人	9439	8941	8678	8051	7786	7803	7907	7508	7271	7293	803	2765	2170	1150	405
在校生数	人	50096	48156	46913	47201	46728	46607	46378	47086	47683	48122	6163	17780	14741	6818	2620
招生数	人	7274	7674	7519	7885	8169	7861	8020	8509	8241	8171	1193	2902	2575	1120	381
教职工数	人	3787	3712	3690	3697	3116	3149	3030	3029	3020	3075	236	1117	915	535	272
#专任教师	人	3098	3035	3199	3230	2768	2800	2740	2774	2787	2879	224	1047	868	479	261
教职工与学生比例（教职工为1）		13.2	13.0	12.7	12.8	15.0	14.8	16.9	15.5	15.8	15.6	26.1	15.9	16.1	12.7	9.6

12-10 职业中学基本情况

项目	单位	2005年	2008年	2009年	2010年	2011年	2012年	2013年	2014年	2015年	2016年	2016年分县（区）				
												市属	定海	普陀	岱山	嵊泗
学校数	所	8	5	5	5	7	7	7	7	5	4	2		1	1	
毕业生数	人	3245	4147	3137	3121	3156	2611	2343	2919	2690	2384	1599		592	156	37
在校学生数	人	9278	9846	9131	8325	8330	8598	8497	8045	7721	7897	5904		1396	459	138
招生数	人	2803	3246	2807	2645	3158	2897	2553	2431	2501	2635	2000		459	176	
教职工数	人	701	733	708	705	803	815	743	744	694	702	433		149	76	44
#专任教师	人	470	490	470	480	554	523	547	569	549	565	351		115	59	40

12-11 基础教育普及情况

项目	单位	2005年	2008年	2009年	2010年	2011年	2012年	2013年	2014年	2015年	2016年	2016年分县（区）				
												市属	定海	普陀	岱山	嵊泗
一、小学																
学龄人口	人	44527	42821	40695	40294	43678	43822	43673	44616	45495	45986	5874	17178	14135	6251	2548
入学率	%	99.99	99.99	100	100	100	100	100	100	100	100	100	100	100	100	100
#女入学率	%	100	99.99	100	100	100	100	100	100	100	100	100	100	100	100	100
巩固率	%	100	100	100	100	100	100	100	100	100	100	100	100	100	100	100
小学升初中比例	%	99.97	100	100	100	100	100	100	100	100	100	100	100	100	100	100
二、初中																
学龄人口	人	24054	19010	18738	18433	20261	19163	19230	19238	18732	18051	2783	6747	4959	2457	1105
入学率	%	99.19	99.85	99.82	99.75	99.99	100	100	100	100	100	100	100	100	100	100
#女入学率	%	99.39	99.85	99.83	99.88	99.99	100	100	100	100	100	100	100	100	100	100
巩固率	%	99.84	99.95	99.99	99.99	100	100	100	100	100	100	100	100	100	100	100
初中升高中比例	%	94.32	98.96	99.99	99.32	99.38	99.40	99.44	99.17	99.21	99.58	99.55	99.51	99.60	99.90	99.30
三、义务教育学龄																
人口入学率	%	99.87	99.91	99.93	99.92	99.99	100	100	100	100	100	100	100	100	100	100

12-12　教育部门教育经费收支情况

单位:万元

项　　目	2007年	2008年	2009年	2010年	2011年	2012年	2013年	2014年	2015年	2016年
一、总收入	**126169**	**138943**	**149653**	**191295**	**225454**	**241137**	**266318**	**305630**	**331641**	**331616**
(一)国家财政性教育经费	87380	105800	120345	163594	196063	216499	230785	260884	259942	284822
#预算内教育经费	79233	94012	107962	129679	159248	180077	202581			
公共财政预算安排的教育经费								240565	259268	284530
#各级政府征收用于教育的经费	8144	11787	12378	33915	36799	36400	28102			
政府性基金预算安排的教育经费								20094	674	292
(二)社会捐赠经费	851	3238	862	564	257	146	343	273	44	56
(三)事业收入	28437	22222	19279	17315	19416	20139	19473	17121	18853	23897
(四)其他收入	9501	7683	9167	9821	9718	4353	15718	27351	52802	22842
二、总支出	**124912**	**138371**	**149506**	**189107**	**225972**	**237619**	**265438**	**285903**	**334257**	**344298**
高等学校	23818	16657	20074	29193	41556	43140	30282	47129	36060	53995
中等职业学校	9702	12889	14967	14817	14557	20497	41232	29220	47957	36375
普通中学	41035	51577	53118	66965	80455	71479	75290	82875	98072	98763
小学	36134	38400	43748	56634	65033	71233	81759	81261	98652	103284
特殊教育	433	582	468	644	556	550	707	808	921	1023
幼儿园	2910	3456	5010	4538	7111	10468	13553	18655	20291	19743
其他	10879	14811	12122	16317	16705	20253	22616	25955	32304	31116

注:1.2007年起,总支出中与总收入对应的各类科目取消。

2.2014年起,教育经费统计口径改变。

3.2015年"公共财政预算安排的教育经费"和"政府性基金预算安排的教育经费"口径调整,与往年不可比。

12-13 幼儿园基本情况

项　　目	单位	2006年	2007年	2008年	2009年	2010年	2011年	2012年	2013年	2014年	2015年	2016年
园　　数	**所**	**138**	**132**	**119**	**118**	**113**	**111**	**115**	**118**	**119**	**124**	**129**
教育部门和集体办	所	52	49	51	51	49	45	50	53	55	57	60
社会力量办	所	70	67	52	52	49	48	51	51	50	54	58
其他部门办	所	16	16	16	15	15	18	14	14	14	13	11
班　　数	**个**	**714**	**716**	**715**	**733**	**774**	**776**	**814**	**838**	**855**	**922**	**963**
教育部门和集体办	个	288	281	332	347	373	370	410	437	463	503	568
社会力量办	个	290	299	246	258	274	267	298	291	283	308	322
其他部门办	个	136	136	137	128	127	139	106	110	109	111	73
在园幼儿人数	**人**	**21655**	**21691**	**22317**	**23255**	**25256**	**25037**	**25913**	**25880**	**25650**	**26912**	**26935**
教育部门和集体办	人	8860	8923	10928	11555	12324	11948	12997	13290	13606	14507	15948
社会力量办	人	8204	8414	6871	7464	8629	8408	9369	9006	8535	9158	8781
其他部门办	人	4591	4354	4518	4236	4303	4681	3547	3584	3509	3247	2206
教职员工数	**人**	**2081**	**2128**	**2185**	**2292**	**2508**	**2803**	**2966**	**3112**	**3232**	**3517**	**3922**
教育部门和集体办	人	833	841	1007	1090	1231	1434	1640	1756	1891	2086	2464
社会力量办	人	720	753	642	695	769	815	905	918	908	1011	1151
其他部门办	人	528	534	536	507	508	554	421	438	433	420	307
教　　师	**人**	**1231**	**1235**	**1276**	**1333**	**1407**	**1534**	**1626**	**1683**	**1703**	**1839**	**1951**
教育部门和集体办	人	524	524	636	665	721	791	895	937	987	1072	1216
社会力量办	人	432	434	370	405	419	452	499	500	480	544	578
其他部门办	人	275	277	270	263	267	291	232	246	236	223	157

12-14 非私营单位从业人员素质情况

（2016年）

单位：人

	从业人员	按文化程度分				从业人员中专业技术人员	其中：	
		大学及以上	大专	中专及高中	初中及以下		高级	中及初级
合　计	**186701**	**49370**	**37355**	**37438**	**62538**	**47517**	**4640**	**30741**
其中：女性								
一、按县（区）分								
定海区	100647	30259	19404	18121	32863	27322	2971	16858
普陀区	49088	10662	10901	11090	16435	10474	958	7239
岱山县	24267	5253	4633	5658	8723	6865	509	4702
嵊泗县	12699	3196	2417	2569	4517	2856	202	1942
二、按企业、事业、机关分								
企业	123706	19267	22624	28579	53236	24820	965	14506
事业	34478	17428	7918	4411	4721	20116	3526	14322
机关	20776	11656	5158	2443	1519	1863	104	1456
民间非营利组织	2847	488	704	819	836	458	39	286
其他	4894	531	951	1186	2226	260	6	171
三、按经济类型分								
国有经济	67293	31645	15622	9497	10529	23801	3719	16955
集体经济	3552	424	449	1207	1472	725	70	540
其他经济	115856	17301	21284	26734	50537	22991	851	13246
四、按行业分								
1.农、林、牧、渔业	77	4	8	26	39	8		3
2.采矿业	652	8	42	137	465	182	3	84
3.制造业	34541	3545	5765	8475	16756	6292	224	3509
4.电力、燃气及水的生产和供应业	3735	1556	1036	536	607	714	39	595
5.建筑业	24868	1309	1916	4178	17465	5223	115	2303
6.批发和零售业	7247	899	1500	2170	2678	543	34	367
7.交通运输、仓储和邮政业	19328	2750	4516	5696	6366	4079	348	2502
8.住宿和餐饮业	3640	150	592	1320	1578	287	9	200
9.信息传输、软件和信息技术服务业	2373	1256	744	303	70	1013	13	413
10.金融业	9440	5242	2529	1487	182	3956	54	2957
11.房地产业	5289	897	1397	1373	1622	727	54	522
12.租赁和商务服务业	10271	1381	1929	2777	4184	788	40	493
13.科学研究和技术服务业	2431	1173	677	361	220	1472	191	980
14.水利、环境和公共设施管理业	4660	388	614	473	3185	333	21	214
15.居民服务、修理和其他服务业	380	74	104	77	125	44	0	16
16.教育	14859	9652	2483	1208	1516	10480	2311	7315
17.卫生和社会工作	10204	3800	3175	1937	1292	7629	881	5598
18.文化、体育与娱乐业	2152	948	668	344	192	1053	75	611
19.公共管理、社会保障和社会组织	30554	14338	7660	4560	3996	2694	228	2059

注：1999年起，因口径调整，船舶技术人员统计在工程技术人员中。

12-15　地方国有企事业单位各类专业技术人员

单位:人

项　　目	1995年	2000年	2002年	2005年	2007年	2008年	2009年	2010年	2011年	2012年	2013年	2014年	2015年	2016年
总　　计	**19346**	**19792**	**18795**	**19084**	**19889**	**20317**	**20261**	**19182**	**17214**	**20310**	**21176**	**21196**	**21829**	**21759**
#高级职称	394	782	1085	1709	2233	2521	2758	2621	2987	3179	3412	3633	3758	3920
中级职称	4148	6837	7373	8562	9464	9731	9809	9215	8463	9169	9334	9378	9422	9540
初级职称	14804	11197	9758	8813	8192	7287	7694	7346	5764	7962	8430	7279	7425	7810
1.工程技术人员	2779	2641	2410	2281	2748	2763	2653	2506	1527	2531	2916	2820	2886	2827
2.农业技术人员	272	370	272	263	280	247	254	215	168	174	176	186	187	186
3.科学研究人员	58	30	17	20	19	28	24	27	66	68	100	130	140	111
4.卫生技术人员	2993	3469	3658	3905	4085	4581	4651	4738	5063	5337	5832	5980	6213	6430
5.教学人员	8019	9620	9620	9313	9248	9136	8972	8445	8712	8851	8900	8931	9000	9193
6.经济人员	1990	1225	986	1088	1251	1215	1299	1117	689	1161	1138	1125	1110	1063
7.会计人员	1507	1224	885	991	1047	1123	1072	1012	638	908	849	813	806	802
8.统计人员	256	146	93	141	114	117	178	108	57	108	96	89	86	82
9.图书档案、文博人员	373	334	313	389	425	431	492	370	341	312	388	367	369	357
10.翻译人员	19	17	5	9	5	2	6	7	6	44	7	5	6	8
11.新闻、出版人员	137	188	193	249	256	291	254	205	253	276	263	272	273	268
12.律师、公证人员	14	17	7	11	8	6	6	5	8	10	9	7	7	9
13.播音人员	52	75	72	74	76	67	68	55	54	48	47	48	48	46
14.工艺美术人员	19	24	5	8	11	9	10	8	5	6	5	6	3	27
15.体育人员	27	19	15	19	17	20	21	22	22	38	25	29	27	29
16.艺术人员	76	57	56	102	101	98	100	147	159	187	198	194	192	168
17.政工人员	471	336	188	221	198	183	241	192	124	251	227	194	181	153

注:1999年起,因口径调整,船舶技术人员统计在工程技术人员中。

12–16 科学研究与技术服务业事业单位调查汇总表

年 份	机构数（个）	职工总数（人）	#从事科技活动人数	经费收入总额（千元）	#政府拨款	经费支出总额（千元）
1986	7	223	197	1421	1101	1526
1988	7	231	183	3515	2261	2975
1989	7	229	191	2421	1252	2702
1990	7	225	193	2647	1644	2516
1991	7	241	207	3029	1973	2596
1992	7	239	200	3701	2727	3417
1993	7	247	202	5252	2885	5544
1994	7	172	140	5632	2098	4888
1995	7	169	136	4427	1967	4729
1996	7	169	129	4215	2596	3630
1997	7	156	123	7484	3061	6977
1998	7	155	118	11467	5309	8813
1999	7	174	117	11979	4441	9344
2000	7	174	121	10365	5573	8363
2001	7	175	123	12677	7257	10289
2002	7	175	129	13335	6673	12691
2003	7	170	117	13439	7653	13676
2004	7	165	114	18394	9108	17665
2005	7	164	121	20892	10168	18371
2006	7	180	140	22718	11320	21076
2007	7	187	144	33831	14842	15145
2008	7	185	150	28321	16191	28156
2009	7	203	157	23024	19197	31050
2010	6	167	126	27460	16605	25607
2011	6	166	126	32336	19727	30912
2012	6	158	122	31200	23879	30735
2013	6	153	122	28402	23203	30885
2014	6	134	106	30651	23701	32601
2015	5	126	92	31451	25802	34155
2016	8	220	170	64407	53501	63658

注:2015 年及以前为地方政府部门属研究与开发机构年度变化情况。

12–17 “星火”计划年度立项变化情况

单位:项

年 份	总 数	国家级	省 级	市 级	县(区)级
1986	19	1	6		12
1988	5	1	4		
1989	6		3	2	1
1990	23		1	10	12
1991	27	1	5	9	12
1992	22	1	1	8	12
1993	23		3	8	12
1994	28		6	13	9
1995	27		6	14	7
1996	37		5	23	9
1997	61	2	8	12	39
1998	43	2	9	10	22
1999	38	2	4	10	22
2000	41	2	7	13	19
2001	46	3	12	10	21
2002	35	3	4	10	18
2003	39	6	7	7	19
2004	32	7	10	8	7
2005	45	6	9	10	3
2006	29	6	7	13	3
2007	21	5		5	11
2008	16	6			10
2009	8	8			
2010	7	7			
2011	8	8			
2012	10	10			
2013	21	21			
2014	10	10			
2015	10	10			

注:2016 年起,科技计划体系调整,“星火”计划取消。

12-18 科 技 成 果 数

单位:项

项 目	1998年	2001年	2002年	2004年	2005年	2006年	2007年	2008年	2009年	2010年	2011年	2012年	2013年	2014年	2015年	2016年
获省科技进步奖项数	**2**	**4**	**2**	**6**	**4**	**7**	**2**	**7**	**9**	**5**	**7**	**4**	**2**	**3**	**11**	
一等奖								2		1	1					
二等奖		1	1			1		2	2		3	3		2	1	
三等奖	1	3	1	6	3	6	2	3	7	4	3	1	2	1	10	
优秀奖	1															
获市科技进步奖项数	**22**	**24**	**29**	**25**	**21**	**25**	**30**	**33**	**36**	**34**	**34**	**35**	**34**	**37**	**39**	**40**
一等奖	2	3	2	2	1	1	2	2	2	2	2	2	2	3	2	3
二等奖	8	5	9	8	9	10	9	9	11	10	10	10	10	12	13	13
三等奖	12	16	18	15	11	14	19	22	23	22	22	23	22	22	24	24

12-19 科协系统机构和人员情况

(2016年)

	科协个数(个)	科协职工人数(人)	学会数(个)	企业科协		高校科协
				个数(个)	会员数(人)	个数(个)
合 计	**5**	**25**	**93**	**18**	**1048**	**1**
市科协	1	10	40	2	268	1
县(区)科协	4	15	53	16	780	

12-20 专利申请受理量和批准量

单位:件

项　目	1990年	1995年	2000年	2005年	2006年	2007年	2008年	2009年	2010年	2011年	2012年	2013年	2014年	2015年	2016年
申请受理量合计	**12**	**25**	**60**	**250**	**186**	**318**	**359**	**403**	**579**	**1504**	**2200**	**2483**	**3418**	**3799**	**3544**
发　明	2	4	9	47	31	75	66	102	193	442	522	604	1073	1322	1529
实用新型	10	9	19	100	69	152	199	204	275	774	934	1468	1994	2317	1785
外观设计		12	32	103	86	91	94	97	111	288	744	411	351	160	230
授权量合计	**10**	**7**	**47**	**70**	**143**	**191**	**228**	**257**	**376**	**618**	**1096**	**1656**	**2088**	**2856**	**1836**
发　明	2			9	8	6	11	20	33	59	115	211	258	406	497
实用新型	8	6	24	43	63	92	168	161	236	383	791	1248	1580	2273	1211
外观设计		1	23	18	72	93	49	76	107	176	190	197	250	177	128

12-21 技术市场成交合同数

（输出技术）

单位:项

项　目	1995年	2000年	2005年	2006年	2007年	2008年	2009年	2010年	2011年	2012年	2013年	2014年	2015年	2016年
总　　计	**112**	**110**	**105**	**32**	**56**	**42**	**54**	**103**	**139**	**61**	**74**	**45**	**63**	**50**
技术开发合同	1	9	67	11	27	22	36	69	132	60	70	44	58	46
技术转让合同	5	14	2			2		2					1	3
技术咨询合同	17	10	19	19	27	17	7	5						1
技术服务合同	89	77	17	2	2	1	11	27	7	1	4	1	4	

12-22 技术市场成交金额

（输出技术）

单位:万元

项　目	1995年	2000年	2005年	2006年	2007年	2008年	2009年	2010年	2011年	2012年	2013年	2014年	2015年	2016年
总　　计	**350.95**	**591.87**	**1453.75**	**987.07**	**1102.57**	**2349.63**	**1621.13**	**4603.85**	**4931.35**	**4553.95**	**4591.00**	**2378.74**	**11306.56**	**8945.75**
技术开发合同	5.00	39.80	1195.85	904.00	867.47	1842.53	1427.15	3693.15	4834.45	4544.45	3387.00	2343.74	9597.94	5239.75
技术转让合同	55.0	69.10	83.00			300.00		30.00					708.38	906.00
技术咨询合同	13.85	33.20	61.90	61.60	220.10	171.10	46.98	67.20						2800.00
技术服务合同	277.10	449.77	113.00	21.47	15.00	36.00	147.00	813.50	96.90	9.50	1204.00	35.00	1000.24	

12-23 规模以上工业企业科技活动情况

（2016年）

项　　目	企业数（个）	#有R&D活动企业（个）	有研发机构单位数（个）	R&D人员合计（人）	项目数（项）	R&D经费内部支出合计（万元）
总计	**375**	**151**	**125**	**5526**	491	**176676.5**
一、按企业规模分组						
大型	9	9	9	2069	93	70612.9
中型	59	28	23	1919	156	66536.1
小型	282	110	92	1516	236	35346.6
微型	25	4	1	22	6	4180.9
二、按隶属关系分组						
中央	5	5	5	710	45	22349.5
省(自治区、直辖市)	3	2	2	41	9	1176.4
地(区、市、州、盟)	16	5	5	827	53	37828.1
县(区、市、旗)	3	1	1	26	4	632.2
街道	3					
镇	3					
其他	342	138	112	3922	380	114690.3
三、按登记注册类型分组						
内资企业	355	143	120	5109	456	169676.0
国有企业	3	3	3	530	18	7839.8
集体企业	1					
股份合作企业	1					
有限责任公司	76	34	26	1915	155	73551.6
股份有限公司	6	3	3	637	35	31827.7
私营企业	268	103	88	2027	248	56456.9
港、澳、台商投资企业	6	2	1	28	3	927.0
外商投资企业	14	6	4	389	32	6073.5
四、按国民经济行业大类分组						
采矿业	10	2		8	4	327.0
非金属矿采选业	10	2		8	4	327.0
制造业	352	146	122	5409	464	174838.0
农副食品加工业	120	44	31	965	86	17894.1
食品制造业	2	2	2	22	5	839.3
酒、饮料和精制茶制造业	2	1		7	1	127.9
纺织业	5	2	2	257	7	2051.0
纺织服装、服饰业	4					
家具制造业	2	1	1	5	1	350.4
造纸和纸制品业	2					
印刷和记录媒介复制业	2	1	1	3	1	24.0
文教、工美、体育和娱乐用品制造业	4	1	1	6	2	85.6
石油加工、炼焦和核燃料加工业	6	2	2	38	2	810.0
化学原料和化学制品制造业	10	5	5	203	28	16189.5

12-23 续表

项目	企业数（个）	#有R&D活动企业（个）	有研发机构单位数（个）	R&D人员合计（人）	项目数（项）	R&D经费内部支出合计（万元）
医药制造业	3	3	3	89	5	1791.4
化学纤维制造业	4	1	1	18	3	314.7
橡胶和塑料制品业	7	4	2	56	12	734.6
非金属矿物制品业	23	3	3	58	8	904.6
黑色金属冶炼和压延加工业	4	2	2	19	2	228.5
有色金属冶炼和压延加工业	1					
金属制品业	7	2	2	24	2	579.2
通用设备制造业	11	9	9	351	27	5389.8
专用设备制造业	29	21	19	559	65	11078.7
汽车制造业	14	8	6	103	17	3370.6
铁路、船舶、航空航天和其他运输设备制造业	36	22	17	2153	140	102058.7
电气机械和器材制造业	10	6	6	225	29	2564.9
计算机、通信和其他电子设备制造业	5	2	3	37	7	622.0
仪器仪表制造业	3	1	1	102	6	3298.1
其他制造业	1					
废弃资源综合利用业	1					
金属制品、机械和设备修理业	34	3	3	109	8	3530.4
电力、热力、燃气及水生产和供应业	**13**	**3**	**3**	**109**	**23**	**1511.5**
电力、热力生产和供应业	7	3	3	109	23	1511.5
燃气生产和供应业	2					
水的生产和供应业	4					
五、按企业控股情况分组						
国有控股	26	11	11	1298	84	42053.8
集体控股	8	3	1	21	5	302.0
私人控股	313	123	103	3622	346	119119.3
港澳台商控股						
外商控股	8	3	2	87	9	1735.4
其他	20	11	8	498	47	13466.0
六、按地区分组						
定海区	118	66	67	2331	215	66762.8
普陀区	136	39	39	2034	134	66435.3
岱山县	62	25	11	821	82	35003.8
嵊泗县	13	6		29	6	563.7
舟山经济开发区	23	6	3	130	26	3859.1
新城	23	9	5	181	28	4051.8

12-24　规模以上工业企业 R&D 经费情况

（2016 年）　　　　单位：万元

指标名称	R&D经费内部支出合计	（一）按活动类型分组			（二）按支出用途分组					（三）按资金来源分组			
		基础研究支出	应用研究支出	试验发展支出	经常费支出	人员劳务费	资产性支出	土建工程	仪器设备	政府资金	企业资金	境外资金	其他资金
总　　计	**176676.5**			**176676.5**	**157088.8**	**45807.5**	**19587.7**	**166.8**	**19420.9**	**6108.9**	**169232.6**		**1335.0**
一、按企业规模分组													
大型	70612.9			70612.9	63655.2	17447.5	6957.7	83.8	6873.9	4660.3	65952.6		
中型	66536.1			66536.1	60287.0	19616.9	6249.1	53.3	6195.8	606.2	64686.6		1243.3
小型	35346.6			35346.6	29018.3	8641.9	6328.3	29.7	6298.6	824.4	34430.5		91.7
微型	4180.9			4180.9	4128.3	101.2	52.6		52.6	18.0	4162.9		
二、按隶属关系分组													
中央	22349.5			22349.5	20304.6	6142.4	2044.9	83.8	1961.1	232.0	22117.5		
省（自治区、直辖市）	1176.4			1176.4	1088.3	797.9	88.1	9.1	79.0	25.4	1151.0		
地（区、市、州、盟）	37828.1			37828.1	30920.8	6029.0	6907.3	44.2	6863.1	267.5	37560.6		
县（区、市、旗）	632.2			632.2	632.2	66.8					632.2		
其他	114690.3			114690.3	104142.9	32771.4	10547.4	29.7	10517.7	5584.0	107771.3		1335.0
三、按登记注册类型分组													
内资企业	169676.0			169676.0	150133.7	43900.6	19542.3	166.6	19375.7	5841.4	162499.6		1335.0
国有企业	7839.8			7839.8	6896.7	2938.8	943.1	83.8	859.3	210.0	7629.8		
有限责任公司	73551.6			73551.6	70058.5	22204.8	3493.1	56.2	3436.9	4561.4	68985.0		5.2
股份有限公司	31827.7			31827.7	24446.6	4467.5	7381.1		7381.1		31827.7		
私营企业	56456.9			56456.9	48731.9	14289.5	7725.0	26.6	7698.4	1070.0	54057.1		1329.8
港、澳、台商投资企业	927.0			927.0	918.8	227.2	8.2	0.2	8.0		927.0		
外商投资企业	6073.5			6073.5	6036.3	1679.7	37.2		37.2	267.5	5806.0		
六、按企业控股情况分组													
国有控股	42053.8			42053.8	39392.7	12442.7	2661.1	92.9	2568.2	4558.4	37495.4		
集体控股	302.0			302.0	291.5	174.3	10.5		10.5	5.0	297.0		
私人控股	119119.3			119119.3	103962.0	28930.5	15157.3	26.6	15130.7	1515.5	116268.8		1335.0
外商控股	1735.4			1735.4	1698.2	712.7	37.2		37.2		1735.4		
其他	13466.0			13466.0	11744.4	3547.3	1721.6	47.3	1674.3	30.0	13436.0		
七、按地区分组													
定海区	66762.8			66762.8	59918.4	17847.8	6844.4	50.3	6794.1	304.5	66438.3		20.0
普陀区	66435.3			66435.3	62212.9	19775.6	4222.4	111.0	4111.4	5356.3	59830.5		1248.5
岱山县	35003.8			35003.8	28406.4	5863.1	6597.4	2.6	6594.8	133.0	34870.8		
嵊泗县	563.7			563.7	299.7	129.2	264.0		264.0	113.0	384.2		66.5
舟山经济开发区	3859.1			3859.1	3664.6	1293.3	194.5		194.5	12.0	3847.1		
新城	4051.8			4051.8	2586.8	898.5	1465.0	2.9	1462.1	190.1	3861.7		

12–25 全市科技计划项目情况

（2016 年）　　　　单位：项

项目类别	项目数量	分行业			
		工业	农业	渔业	其他
合　计	**523**	**309**	**45**	**69**	**100**
国家级：小计	**20**	**4**		**8**	**8**
国家自然科学基金	20	4		8	8
省级：小计	**248**	**198**		**19**	**31**
省重大科技专项	12	6		5	1
省级公益性项目	26	2		9	15
省级公益性项目——分析测试项目	7			3	4
省级软科学研究计划	2				2
省级重点企业研究院项目	2	1		1	
省自然科学基金项目	11	1		1	9
省级新产品试制计划	188	188			
市级：小计	**108**	**37**	**12**	**26**	**33**
浙江海洋学院专项	23	10		8	5
浙江大学舟山海洋研究中心专项	4	2			2
市科技计划项目	19	13	1	3	2
市科技合作项目	4	3		1	
市公益类项目	45	8	6	9	22
市科技特派员项目	13	1	5	5	2
县级：小计	**147**	**70**	**33**	**16**	**28**
定海区	44	26	11	2	5
普陀区	26	13	7	4	2
岱山县	55	24	15	3	13
嵊泗县	22	7		7	8

主要统计指标解释

普通高等学校 指按照国家规定的审批程序举办，通过全国统一招生考试，招收高级中等学校毕业生和具有同等学历者，实施高等教育，培养高等专门人才的学校。包括大学、专门学校、专科学校和短期职业大学。

成人高等学校 指按照规定的审批程序批准举办，招收高中毕业生或同等学历者，利用多种形式对成人实施高等教育，培养相当普通高等学校专科或毕业水平的专门人才的学校。包括广播电视大学、职工高等学校、农民高等学校、干部管理学校、教育学院、独立函授学院以及普通高等学校举办的函授、夜大等。

中等专业学校 指经国务院各部委或省人民政府批准举办，招收初中（或部分高中）毕业生或具有同等学历者，实施中等专业教育、培养中等专门人才的学校。具体又可分为中级技术学校和中等师范学校两大类。

技工学校 指招收初中（或部分高中）毕业生或同等学历者，实施专业技术教育、培养中级技术工人的学校。包括中央在地方单位办、各级劳动部门办、各级其他部门办和厂矿企业办。其在校学生数不包括培训的在职职工人数。

招生数 指新学年开始，按照国家招生计划实际招收入学的新生数。不包括留级生和复读学生数。

在校学生数 指学年初开学以后，具有学籍的全部在校学习的学生总数。

毕业生数 指上学年度内，具有学籍的学生学完教学计划的全部课程，考试及格，获得毕业证书的学生数。不包括结业生和肄业生数。

教职员工数 指在学校中工作的固定教职工数。包括校本部、科研机构、校办工厂、农（林）场和附属机构的人员。不包括下列人员：离休、退休、退职人员；学校办的集体单位和学校附属机构中，属于集体单位的职工；代课教师和各种临时工。

专任教师 指主要从事教育工作的人员。包括临时（一年以内）调去帮助做其他工作的教学人员。不包括调离教学岗位，担任行政领导工作和其他工作的原教学人员；不包括兼任教师和代课教师。

小学学龄儿童入学率 指调查范围内已入学学习的学龄儿童占校内外学龄儿童总数（包括弱智儿童在内，但不包括聋哑儿童）的比重。计算公式是：

$$小学学龄儿童入学率=\frac{已入学的小学学龄儿童数}{校内外小学学龄儿童总数}\times100\%$$

科学技术活动(STA) 指与各科学技术领域中科技知识的产生、发展、传播和应用密切相关的全部有计划活动。分为研究与发展（R&D）、科技教育培训（STET）和科技服务（STS）三类。

工程技术人员 指在国民经济各行业从事工程技术工作的自然科学技术的专业人员，包括高级工程师、工程师、助理工程师、技术员和未评定职称的技术人员。

农业技术人员 指在国民经济各行业从事农业技术工作的自然科学技术的专业人员，包括高级农艺师、农艺师、助理农艺师、技术员和未评定职称的技术人员。

卫生技术人员 指在国民经济各行业从事卫生医务工作的自然科学技术的专业人员，包括正副主任医师、主治医师、医师、医（护）士和未评定职称的技术人员。

科学研究人员 指在国民经济各行业从事科学技术活动的自然科学技术的专业人员，包括正副研究员、助理研究员、研究实习员、技术员和未评定职称的技术人员。

教学人员 指在国民经济各行业从事自然科学技术方面的教学活动的专业人员，包括正副教授、讲师、助教、教师和在中学从事自然科学技术方面的教学活动的人员。

"星火"计划 是依靠科技、振兴农村经济的一项生产性试验和技术推广、生产装备开发、职工培训为主要内容的科技开发计划。

科技成果 指为解决某一科学技术问题，经过研究、实验、试制或调查考察、综合分析而得出的具有一定新颖性、先进性和实用价值的结果，或研究虽未结果，但已取得可以独立应用或具有一定学术意义的阶段性结果，这些研究结果必须通过技术鉴定（或评审）。

专利 是专利数的简称，是对发明人的发明创造经审查合格后，由专利局依据专利法授予发明人和设计人对该项发明创造享有的专利权。从类型来看，包括发明、实用新型和外观设计。

发明 指对产品、方法或者其改进所提出的新的技术方案。实用新型指对产品的形状、构造或者其结合所提出的适于实用的新的技术方案。

外观设计 指对产品的形状、图案、色彩或者其结合所作出的富有美感并适于工业上应用的新设计。

技术市场 指知识形态商品交换关系的总和，即买、卖中介各方就技术开发、技术转让、技术咨询和技术服务所结成的交换关系，包括科技成果从开发、应用、推广直至为社会服务的整个流通领域和流通环节。为订立技术合同提供服务的中介机构，是我国技术市场的一个重要组成部分。

科技活动 指在自然科学、农业科学、医药科学、工程与技术科学、人文与社会科学领域（简称科学技术领域）中与科技知识的产生、发展、传播和应用密切相关的有组织的活动。为核算科技投入的需要，科技活动可分为科学研究与试验发展（R&D）、科学研究与试验发展成果应用及相关的科技服务三类活动。

R&D（研究与试验发展） 指在科学技术领域，为增加知识总量、以及运用这些知识去创造新的应用进行的系统的创造性的活动，包括基础研究、应用研究、试验发展三类活动。

科技活动人员合计 指企业内部直接参加科技项目以及项目的管理人员和直接服务的人员。不包括全年累计从事科技活动时间不足制度工作时间10%的人员。

R&D人员 指单位内部从事基础研究、应用研究和试验发展三类活动的人员。包括直接参加上述三类项目活动的人员以及这三类项目的管理人员和直接服务人员。为研发活动提供直接服务的人员包括直接为研发活动提供资料文献、材料供应、设备维护等服务的人员。

企业办科技机构数 企业办科技机构指企业自办（或与外单位合办），管理上同生产系统相对独立（或者单独核算）的专门科技活动机构，如企业办的技术中心、研究院所、开发中心、开发部、实验室、中试车间、试验基地等。企业办科技活动机构经过资源整合，被国家或省级有关部门认定为国家级或省级技术中心的，应按一个机构填报。与外单位合办的科技活动机构若主要由本企业出资兴办，则由本企业统计，否则应由合办方统计。企业科技管理职能处（科）室（如科研处、技术科等）一般不统计在内；若科研处、技术科等同时挂有科技活动机构的牌子，视其报告年度内主要工作任务而定，主要任务是从事科技活动的可以统计，否则不予统计。本指标不含企业在中国境外设立的科技活动机构数。

全部科技项目数 指企业在报告期当年立项并开展研究工作、以前年份立项仍继续进行的科技项目数，包括当年完成和年内研究工作已告失败的科技项目，但不包括委托外单位进行的科技项目数。

R&D经费支出 指调查单位在报告年度用于内部开展R&D活动（基础研究、应用研究和试验发展）的实际支出。包括用于R&D项目（课题）活动的直接支出，以及间接用于R&D活动的管理费、服务费、与R&D有关的基本建设支出以及外协加工费等。不包括生产性活动支出、归还贷款支出以及与外单位合作或委托外单位进行R&D活动而转拨给对方的经费支出。

基础研究 指为了获得关于现象和可观察事实的基本原理的新知识（揭示客观事物的本质、运动规律，获得新发现、新学说）而进行的实验性或理论性研究，它不以任何专门或特定的应用或使用为目的。其成果以科学论文和科学著作为主要形式。

应用研究 指为获得新知识而进行的创造性研究，主要针对某一特定的目的或目标。应用研究是为了确定基础研究成果可能的用途，或是为达到预定的目标探索应采取的新方法（原理性）或新途径。其成果形式以科学论文、专著、原理性模型或发明专利为主。

试验发展 指利用从基础研究、应用研究和实际经验所获得的现有知识，为产生新的产品、材料和装置，建立新的工艺、系统和服务，以及对已产生和建立的上述各项作实质性的改进而进行的系统性工作。其成果形式主要是专利、专有技术、具有新产品基本特征的产品原型或具有新装置基本特征的原始样机等。在社会科学领域，试验发展是指把通过基础研究、应用研究获得的知识转变成可以实施的计划（包括为进行检验和评估实施示范项目）的过程。人文科学领域没有对应的试验发展活动。

十三、文化、体育和卫生

13-1 历年文化事业情况

年 份	艺术表演团体（个）	电影放映单位（个）	影剧院		公共图书馆		文化馆、站	
			个数（个）	座位（万个）	个数（个）	藏书（万册）	个数（个）	人数（人）
1950	2	1	1	0.07	1	0.40	1	3
1955	2	1	1	0.07	1	0.50	6	25
1956	6	3	1	0.07	1	0.50	6	36
1957	6	4	2	0.16	1	0.50	6	35
1958	6	6	2	0.16	1	1.00	7	34
1959	6	7	2	0.16	1	1.00	8	34
1960	3	11	5	0.48	1	1.00	9	35
1961	3	11	5	0.48	1	1.00	9	34
1962	3	11	5	0.48	1	1.00	11	20
1963	3	11	5	0.48	1	1.00	13	24
1964	3	12	5	0.48	1	1.00	22	34
1965	2	14	5	0.48	1	1.00	22	34
1966	2	14	5	0.48	1	4.00	22	35
1967	2	14	5	0.48	1	4.00	22	35
1968	2	14	5	0.48	1	4.00	22	35
1969	2	14	5	0.48	2	4.50	22	35
1970	2	15	5	0.48	2	4.70	22	35
1971	2	20	5	0.48	2	4.90	23	34
1972	5	27	5	0.48	2	5.15	23	39
1973	5	28	5	0.53	2	5.17	23	42
1974	5	40	5	0.53	2	7.16	24	42
1975	5	91	5	0.53	2	7.58	35	52
1976	5	103	5	0.53	2	7.95	36	52
1977	5	103	5	0.53	2	8.13	38	57
1978	5	108	6	0.65	3	8.72	39	68
1979	5	114	6	0.65	3	8.61	41	75
1980	5	115	7	0.74	3	9.53	64	117
1981	5	115	7	0.74	4	17.15	65	121
1982	5	123	30	2.49	4	20.99	77	131
1983	5	139	37	2.89	4	24.16	90	146
1984	4	165	54	3.73	4	27.25	95	157
1985	4	168	67	4.49	4	29.40	99	172
1986	4	153	68	4.51	4	28.66	100	184
1987	4	157	79	4.95	4	30.00	100	190
1988	4	158	83	5.76	4	30.91	102	283
1989	4	146	99	6.12	4	26.00	99	207
1990	3	141	91	5.65	4	28.00	105	237
1991	3	147	84	5.40	4	30.00	107	242
1992	3	144	86	5.44	4	30.93	76	264
1993	4	123	85	5.68	4	32.20	76	274
1994	4	98	71	4.89	4	33.80	76	276
1995	4	95	64	3.82	4	34.82	70	314
1996	4	98	68	3.99	4	35.80	71	280
1997	4	89	59	3.48	4	36.77	71	321
1998	3	85	50	3.19	4	38.60	71	307
1999	3	58	36	2.34	4	41.26	71	294
2000	3	40	26	1.80	4	43.10	71	277
2001	3	41	25	1.80	4	45.03	49	223
2002	3	34	23	1.40	4	46.38	49	111
2003	2	8	23	1.40	4	49.28	49	165
2004	2	11	11	0.40	4	49.80	47	151
2005	3	11	11	0.50	4	52.05	49	210
2006	3	18	20	1.67	4	55.15	49	203
2007	3	18	14	0.99	4	56.73	48	173
2008	3	15	14	0.99	4	60.66	48	225
2009	2	17	18	1.01	4	69.97	48	240
2010	2	17	18	1.01	4	76.75	48	265
2011	2	17	18	1.01	4	96.75	48	253
2012	1	9	9	0.68	4	103.79	48	273
2013	1	10	10	0.60	5	128.49	40	263
2014		9	9	0.56	5	143.65	40	267
2015		10	10	0.56	5	160.08	40	264
2016	1	13	13	0.74	5	184.44	40	260

13-2 历年广播事业情况

年　份	广播机构（个）	喇　叭（万只）	广播专用线（杆公里）	扩大机功率（千瓦）	通广播的	
					村(个)	户数(万户)
1949						
1950						
1955	3	…	1	0.10		
1956	71	0.01	56	1.08		
1958	22	0.31	380	6.03	19	0.01
1959	22	0.42	527	6.68	19	0.01
1960	22	0.26	327	6.68	19	0.01
1961	24	0.16	174	6.68	19	0.01
1962	20	0.11	205	6.68	19	0.07
1963	22	0.13	193	7.31	19	0.09
1964	29	0.17	259	9.38	19	0.13
1965	30	0.18	330	9.61	19	0.05
1966	38	1.02	746	12.26	31	1.74
1967	40	2.43	895	12.24	31	2.38
1968	49	2.57	1134	12.34	31	2.53
1969	49	2.61	1164	13.16	31	2.54
1970	51	5.12	1427	19.76	31	3.38
1971	56	6.43	1371	23.78		4.50
1972	57	7.86	1889	23.78		5.92
1973	63	8.51	1934	24.13		6.58
1974	66	9.03	2067	37.08		7.09
1975	67	10.10	2227	41.28		8.16
1976	68	10.86	2218	42.23		8.93
1977	66	11.20	2172	42.23		9.27
1978	84	13.31	2039	42.46		9.91
1979	86	13.62	2056	43.86		10.22
1980	86	12.76	1947	43.86		12.71
1981	86	12.44	1983	44.11		12.67
1982	86	12.71	1983	44.83	830	12.44
1983	86	11.55	1975	46.56	840	11.47
1984	87	10.61	1912	44.18	769	10.55
1985	87	11.18	1995	44.04	770	10.95
1986	91	11.74	1982	46.24	771	11.38
1987	93	12.13	1955	47.38	786	12.00
1988	93	12.91	1898	56.53	782	11.88
1989	93	12.03	1739	56.98	795	11.93
1990	93	12.66	1680	56.86	793	12.56
1991	93	12.45	1887	56.98	810	12.45
1992	67	12.94	1971	43.46	799	12.94
1993	67	13.28	1916	43.26	796	13.28
1994	66	14.15	1922	41.76	789	14.15
1995	65	14.65	1985	52.58	797	14.65
1996	64	14.96	1507	56.25	788	14.96
1997	64	15.21	1286	65.75	781	15.21
1998	64	15.29	1278	60.00	771	15.29
1999	64	15.35	698	52.75	771	15.35
2000	64	14.91	604	52.75	771	14.91
2001	47	14.81	604	52.75	738	14.81
2002	41	14.45	1122	52.75	681	14.45
2003	39	14.52	1122	52.75	681	14.52
2004	39	23.20	702	52.75	518	14.52
2005	39	14.50	702	52.75	424	14.52
2006	39	14.50	702	52.75	424	14.52
2007	36	3.43	736	48.30	422	14.55
2008	36	3.43	867	48.30	422	23.00
2009	36	3.45	1038	59.55	434	30.06
2010	36	3.45	1038	59.55	442	21.43
2011	36	2.37	1104	49.20	350	17.20
2012	34	2.58	1102	45.10	344	21.80
2013	34	2.56	1102	28.66	394	19.70
2014	27	2.01	978	23.06	394	19.08
2015	27	2.02	983	40.20	404	19.73
2016	28	0.91	1005	40.20	407	19.55

13-3 文化事业机构和人员数

（2016年）　　　　单位:机构:个;人数:人

类别	总计		文化部门			
			国有单位		集体单位	
	机构数	人数	机构数	人数	机构数	人数
总计	**45**	**404**	**45**	**404**		
公共图书馆事业	5	144	5	144		
群众文化事业	40	260	40	260		

13-4 文化馆(站)业务活动和经费情况

项目	单位	总计					文化馆					国办文化站				
		2012年	2013年	2014年	2015年	2016年	2012年	2013年	2014年	2015年	2016年	2012年	2013年	2014年	2015年	2016年
机构数	个	48	40	40	40	40	5	5	5	5	5	43	35	35	35	35
举办展览	个	222	240	284	287	270	32	46	45	55	63	190	194	239	232	207
组织文艺活动	次	1385	1339	1717	2012	1926	353	432	441	465	567	1032	907	1276	1547	1359
举办训练班班次	次	1231	940	1347	1319	1333	432	267	501	483	584	799	673	846	826	749
结业人数	人次	55366	102129	96589	97780	100870	19486	62670	38916	34870	45140	35880	39459	57673	62910	55730
藏书	千册	517	494	508	546	550						517	494	508	546	550
总支出	万元	7928	6507	6324	9829	9261	3629	3382	3417	4192	3807	4299	3125	2907	5637	5454

13-5 图书发行情况

	2009年		2010年		2011年		2012年		2013年		2014年		2015年		2016年	
	册数（万册）	金额（万元）	册数（万册）	金额（万元）	册数（万册）	金额（万元）	册数（万册）	金额（万元）	册数（万册）	金额（万元）	册数（万册）	金额（万元）	册数（万册）	金额（万元）	册数（万册）	金额（万元）
合　计	**634**	**6792**	**649**	**7130**	**648**	**7730**	**669**	**8272**	**653**	**8878**	**646**	**9117**	**657**	**8925**	**750**	**9429**
一、书　籍	**328**	**3951**	**332**	**4150**	**344**	**4767**	**349**	**5219**	**339**	**5542**	**308**	**5450**	**298**	**5330**	**258**	**4788**
1.哲学社会科学	15	313	12	351	17	443	25	621	27	660	20	581	21	603	37	723
2.文化、教育	238	2331	236	2338	236	2636	228	2621	222	2979	200	2940	189	2796	129	1819
3.文学、艺术	17	379	19	447	21	522	23	654	23	646	22	632	21	618	23	775
4.自然科学、技术	13	364	11	312	13	392	14	450	13	434	13	453	13	451	14	486
5.少年儿童读物	45	564	54	702	57	774	59	873	54	823	53	844	54	862	55	985
二、课　本	**172**	**1492**	**174**	**1493**	**157**	**1330**	**169**	**1447**	**161**	**1421**	**159**	**1367**	**157**	**1351**	**242**	**2428**
1.大中专课本	4	84	4	92	3	64	2	45	3	64	2	24	2	25	12	435
2.中小学课本	168	1408	170	1401	154	1266	167	1402	158	1357	157	1343	155	1326	230	1993
三、图　片	**1**	**14**	**1**	**8**	**1**	**5**	**1**	**3**	**1**	**19**	**1**	**20**	**1**	**19**	**1**	**1**
四、其他出版物	**28**	**355**	**10**	**282**	**9**	**261**	**8**	**228**	**10**	**683**	**19**	**309**	**12**	**167**	**9**	**115**
五、非图书商品	**105**	**980**	**132**	**1197**	**137**	**1367**	**142**	**1375**	**142**	**1213**	**159**	**1989**	**189**	**2108**	**240**	**2097**

13-6 公共图书馆基本情况

项　目	单位	1985年	1990年	1995年	2000年	2005年	2008年	2009年	2010年	2011年	2012年	2013年	2014年	2015年	2016年
一、单位数	**个**	**4**	**4**	**4**	**4**	**4**	**4**	**4**	**4**	**4**	**4**	**5**	**5**	**5**	**5**
二、藏　书	**万册**	**29**	**28**	**35**	**43**	**52**	**60.66**	**69.97**	**76.75**	**96.75**	**103.79**	**128.49**	**143.65**	**160.08**	**184.44**
三、书架单层总长度	**米**		**4645**	**4904**	**7983**	**18151**	**13277**	**14635**	**18116**	**18325**	**11225**	**29234**	**32993**	**33287**	**35121**
四、发放借书证数	**个**		**12383**	**12380**	**7386**	**22981**	**30922**	**30585**	**45274**	**51929**	**61992**	**145276**	**170207**	**159983**	**158418**
五、图书流通情况															
人　次	万人次	20	30	40	31	30	30	59	51	74	79	177	158	164	183
书刊外借册次	万册次	32	72	27	40	47	31	48	69	84	119	146	258	169	178
六、经费总支出	**万元**	**29**	**37**	**149**	**265**	**545**	**880**	**1174**	**1356**	**1575**	**1853**	**2685**	**2709**	**2877**	**3212**
购书费	万元	3	7	16	46	51	109	163	216	353	209	334	505	328	378
七、本年新购图书	**万册**	**2**	**2**	**1**	**2**	**2.3**	**3.3**	**9.1**	**8.68**	**18.59**	**10.66**	**12.45**	**17.12**	**21.46**	**13.50**
八、建筑面积	**平方米**	**1120**	**6424**	**6193**	**6164**	**10997**	**10114**	**11554**	**11554**	**12241**	**25371**	**25101**	**25101**	**25101**	**25101**
书　库	平方米	370	1239	1817	1360	2392	2386	2546	2546	2516	3392	3316	3316	3316	3316
九、阅览室座席数	**个**	**245**	**631**	**726**	**727**	**907**	**892**	**821**	**821**	**889**	**1320**	**1659**	**1666**	**1666**	**1714**

13-7 电影放映情况

项　目	单位	1980年	1985年	1990年	1995年	2000年	2005年	2008年	2009年	2010年	2011年	2012年	2013年	2014年	2015年	2016年
放映单位	个	115	168	141	95	53	11	15	17	17	17	9	10	9	10	13
放映场次	万场	4.1	5.2	6.4	4.0	0.7	0.1	0.89	1.09	1.51	1.25	2.2	3.1	4.43	5.42	6.87
观众人数	万人次	3803	2509	2469	457	94	4	158	157	222	141	66	168	112	126	144
放映收入	万元	135	217	497	915	266	80	408	692	998	1112	1335	3198	4284	4989	5763
发行收入	万元	61	89	210	395	133	12	2	2	5	9	43				

13-8 广播电台、电视台及自办节目情况

项　　目	单位	1990年	1995年	2000年	2005年	2008年	2009年	2010年	2011年	2012年	2013年	2014年	2015年	2016年
一、广播电台基本情况														
广播电台	座	1	1	1	1	1	1	1	1	1	1	1	1	1
县(区)有线广播电视台	个	4	3	3	3	3	3	3	3	3	3	3	3	3
乡(镇)有线广播电视站	个	89	61	61	35	36	36	36	35	34	34	27	27	28
广播人口覆盖率	%	98	98	98	98	98.49	98.62	98.68	98.77	99.46	99.66	99.98	99.98	100
#中央台第一套节目	%	98	35	85	94	95.53	98.04	98.19	98.77	99.46	99.59	99.98	99.98	100
浙江台第一套节目	%	97	50	89	62	95.01	95.12	95.80	95.92	95.79	96.66	97.53	98.00	98.16
舟山电台节目	%	70	72	85	60	93.14	93.28	93.54	94.76	94.65	94.91	95.68	96.31	96.6
平均每天自办节目时间														
新闻节目	小时	0:40	3:15	4:25	13:30	8:20	5:42	4:36	11:21	13:10	18:45	21:14	18:29	20:05
专题节目	小时	1:50	9:45	9:35	16:00	16:16	10:00	10:06	16:12	17:18	16:42	16:41	27:36	25:30
文艺节目	小时	4:25	14:50	13:25	22:00	23:27	7:54	8:42	10:01	12:08	16:33	19:35	20:45	17:15
教育节目	小时	1:00	0:30	1:15	0:30	2:10	2:40	2:35	1:00	1:30	0:30	0:12	0:29	1:20
服务性节目	小时	1:00	4:40	7:10	11:20	9:18	19:18	19:08	6:09	7:20	9:50	11:53		
二、电视台基本情况														
电视台	座	1	1	1	1	1	1	1	1	1	1	1	1	1
电视人口覆盖率	%	90	90	92	98	98.45	98.6	98.67	98.78	99.79	99.78	98	99.98	100
#中央电视台	%	90	90	83	94	97.36	97.51	97.60	98.43	99.59	99.69	98	99.98	100
浙江电视台	%	85	63	83	94	97.38	97.53	98.13	98.23	98.17	98.71	98	97.95	98.11
舟山电视台	%	6.7	57	85	96	94.46	97.56	98.21	98.33	98.20	98.66	98	96.82	96.98
平均每周自办节目时间	小时	15:40	52:30	59:13	321:00	365:18	343:20	57:18	213:52	256:18	192:26	218:55	304:30	262:30
新闻节目	小时	2:00	3:30	5:00	35:30	65:54	14:36	17:42	54:32	70:36	86:00	82:00	75:19	78:45
专题节目	小时	1:12	3:30	3:25	17:30	20:30	10:24	12:24	60:01	74:42	69:45	67:44	70:22	72:12
文艺节目	小时	12:00	36:42	44:30	195:30	225:30	255:06	258:30	31:41	42:05	25:00	29:45	114:34	96:15
服务性节目	小时	0:28	8:48	3:02	69:30	53:24	63:14	68:32	67:02	68:30	5:40	29:32	39:43	16:08

注:2015年“平均每天自办节目时间”分类口径有调整,与之前年份不可比。

13-9 历年体育事业情况

年份	举办运动会（次）			参加运动员（人）	参加省比赛获奖牌(枚)		
		市级	县级		金牌	银牌	铜牌
1971							
1973					1	1	
1974	1	1		416	1	1	1
1975							
1976					3	3	1
1977	53	10	43		1		1
1978	15	11	4	960	2		1
1979	11	11		908		1	1
1980	46	10	36	7455	1	2	
1981	66	12	54	10778	4	1	2
1982	15	15		2237	4	3	3
1983	109	17	92	10832	4	4	3
1984	76	18	58	9407	3	8	12
1985	101	14	87	13551	8		1
1986	76	10	66	11283	1	5	6
1987	111	18	93	31602	17	16	26
1988	175	11	164	28836	17	10	14
1989	197	8	189	30185	9	10	9
1990	304	50	254	82235	8	5	15
1991	420	30	390	68237	4	12	14
1992	250	15	235	31687	5	8	17
1993	190	37	153	51198	10	14	25
1994	94	19	75	35313	11	6	15
1995	472	168	304	53012	11	14	10
1996	204	103	101	45395	11	14	10
1997	116	41	75	25869	4	12	3
1998	200	122	78	22348	1	4.5	8.5
1999	537	214	323	27087	23	10	11
2000	59	17	42	22116	6	3	4
2001	55	38	17	13804	8	7	5
2002	31	3	28	7750	12	10	12
2003	57	18	39		5	4	7
2004	128	84	44		8	10	5
2005	115	67	48		7	7	10
2006	50	6	44		9	4	7
2007	25	1	24		4	9	14
2008							
2009							
2010					2	1	3
2011							
2012	1	1		4600			
2013							
2014					28	10.5	8
2015							
2016					5	11	11

注：2008 年起，体育事业统计年报统计口径变更。

13-10　少年儿童业余体校基本情况

单位：人

项　目	1985年	1990年	1995年	2000年	2005年	2007年	2008年	2009年	2010年	2011年	2012年	2013年	2014年	2015年	2016年
学校数(所)	5	11	3	1	1	1	1	1	1	1	1	1	1	1	1
在训学生数	275	342	165	169	196	163	177	187	187	178	200	209	187	198	212
体委系统输送到优秀运动队人	1	1	2			3			1	3		2		2	
体委系统输送到运动学校人				3	1	7	4	3	8	2	7			3	4
教练员人数	26	27	17	12	11	12	12	13	13	13	13	13	11	12	13
#专　职	18	14	17	12	11	12	12	13	13	13	13	13	11	12	13

13-11 历年卫生事业情况

年份	机构(个)	#卫生部门	卫生从业人员(人)	#卫生部门	床位数(张)	#卫生部门
1950	8	3	310	26	124	44
1953	35	14	427	190	141	91
1954	39	15	575	306	143	143
1955	45	17	665	340	146	137
1956	76	29	755	390	211	207
1957	98	28	802	403	221	217
1958	169	25	836	372	623	360
1959	137	25	1025	484	623	442
1960	157	27	1027	503	591	441
1961	147	27	1339	620	681	534
1962	165	27	1215	593	682	601
1963	184	34	1349	631	813	651
1964	180	34	1324	666	853	663
1965	190	33	1386	714	817	680
1966	175	33	1444	746	960	837
1967	168	33	1572	825	939	825
1968	181	33	1690	882	779	710
1969	182	33	1702	885	808	739
1970	178	32	1763	902	724	660
1971	168	29	1723	900	848	709
1972	167	31	1699	896	1058	806
1973	176	32	1778	896	1196	878
1974	182	33	1883	975	1135	818
1975	182	33	2046	1052	1246	911
1976	188	34	2282	1195	1261	929
1977	207	36	2422	1287	1401	1023
1978	213	37	2643	1418	1537	1205
1979	228	38	2766	1518	1700	1311
1980	223	39	3027	1722	1867	1395
1981	247	39	3249	1869	1907	1385
1982	252	38	3375	1934	1977	1486
1983	262	38	3526	2073	2111	1524
1984	266	40	2604	2165	2099	1536
1985	286	39	3784	2233	2238	1673
1986	297	41	3883	2447	2429	1874
1987	306	44	4041	2726	2531	1919
1988	316	44	4208	2905	2554	1970
1989	316	45	4415	3030	2733	2128
1990	320	45	4432	3116	2923	2295
1991	327	45	4658	3285	3073	2397
1992	325	45	4852	3441	3151	2492
1993	260	46	4758	3541	3270	2571
1994	322	43	5084	3663	3438	2608
1995	281	42	5063	3660	3456	2713
1996	304	41	5116	3790	3346	2617
1997	320	41	5284	3894	3414	2700
1998	241	41	5295	4074	3414	2783
1999	235	41	5133	3921	3309	2791
2000	293	41	5468	4136	3293	2822
2001	315	42	5647	4184	3413	2958
2002	323	44	5304	4335	3293	3075
2003	348	99	5468	4784	3349	3066
2004	376	95	5508	4808	3415	3129
2005	395	93	5499	4798	3501	3143
2006	375	88	5977	4995	3557	3147
2007	407	94	6399	5340	3698	3216
2008	397	99	6669	5545	3663	3200
2009	385	99	7064	5896	3755	3248
2010	406	204	7389	6194	4059	3535
2011	666	218	8584	6932	4044	3506
2012	618	222	8608	7105	4562	3974
2013	632	230	9243	7435	4621	3853
2014	668	100	9825	7871	5050	4119
2015	708	99	10487	8184	5500	4509
2016	697	98	10808	8358	5510	4302

注:2010年起,医药卫生体制改革后,监测数据全省指标口径统一,将卫生服务站全部纳入到卫生行政部门,之前归类于事业部门,下同。

13-12 历年卫生技术人员

单位:人

年份	卫生技术人员	#中医执业医师(助理)	#西医执业医师(助理)	#注册护士	#技师(士)	#药剂师(士)
1950	278	124	66	14	13	4
1953	359	100	89	34	37	16
1954	472	119	112	39	41	28
1955	542	108	105	56	33	32
1956	604	117	140	63	40	51
1957	655	133	166	84	36	62
1958	727	137	209	91	41	61
1959	845	105	201	120	55	66
1960	849	105	214	113	57	65
1961	1104	127	252	119	60	68
1962	1000	120	292	136	65	66
1963	1112	124	362	169	71	65
1964	1081	113	389	176	72	75
1965	1145	118	422	196	68	79
1966	1152	99	422	198	79	88
1967	1255	199	482	212	87	92
1968	1380	125	527	247	97	91
1969	1391	118	543	249	103	100
1970	1442	123	578	247	98	106
1971	1408	122	574	231	82	114
1972	1401	123	578	209	86	114
1973	1484	130	586	239	87	115
1974	1583	124	638	279	90	127
1975	1741	132	638	321	90	134
1976	1964	143	680	383	108	135
1977	2094	145	741	419	106	142
1978	2268	138	765	440	148	143
1979	2300	131	742	421	146	150
1980	2530	142	818	447	156	163
1981	2698	151	884	516	182	199
1982	2811	156	927	535	184	208
1983	2925	177	965	585	203	227
1984	2993	179	1011	625	212	217
1985	3078	197	1031	624	208	268
1986	3109	203	1083	631	184	272
1987	3258	213	1128	705	210	272
1988	3388	221	1332	826	141	303
1989	3551	217	1404	855	152	339
1990	3576	225	1386	907	156	334
1991	3801	246	1486	979	161	342
1992	3935	253	1517	1058	174	367
1993	3736	249	1362	998	164	383
1994	4087	254	1510	1111	171	369
1995	4016	244	1690	1089	100	377
1996	4037	234	1678	1108	96	382
1997	4151	230	1733	1181	83	396
1998	4177	255	1577	1233	85	405
1999	3991	228	1821	1118	25	369
2000	4262	251	1823	1250	30	405
2001	4528	251	1863	1394	45	408
2002	4268	199	1938	1362		383
2003	4462	333	1666	1437		385
2004	4599	333	1694	1516		384
2005	4610	335	1758	1531		377
2006	4965	352	1875	1607		396
2007	5396	284	2122	1721		396
2008	5583	259	2037	1887		378
2009	5782	294	2076	1946	362	391
2010	6172	276	2248	2135	372	426
2011	6832	339	2320	2335	405	458
2012	7047	433	2270	2450		453
2013	7679	458	2389	2729	431	512
2014	8101	492	2563	2958	464	527
2015	8602	520	2808	3168	463	555
2016	8872	544	2878	3348	461	532

注:1.2009年起,新增"技师(士)"指标,1950–2001年该数据为助产士。

2.药剂师(士)由指标调整前的中药人员和西药师(士)构成。

13-13 卫生事业基本情况

项　目	单位	1990年	1995年	2000年	2005年	2007年	2008年	2009年	2010年	2011年	2012年	2013年	2014年	2015年	2016年
一、卫生机构	**个**	**320**	**281**	**293**	**395**	**407**	**397**	**385**	**406**	**666**	**618**	**632**	**668**	**708**	**697**
#卫生部门办	个	45	42	41	93	94	99	99	204	218	222	230	100	99	98
二、床　位	**张**	**2923**	**3456**	**3293**	**3501**	**3698**	**3663**	**3755**	**4059**	**4044**	**4562**	**4621**	**5050**	**5500**	**5510**
#医院、卫生院病床	张	2798	3259	3293	3501	3683	3663	3755	4059	4044	4562	4621	5050	5500	5510
三、人员数合计	**人**	**4432**	**5063**	**5463**	**5499**	**6399**	**6669**	**7064**	**7389**	**8584**	**8608**	**9243**	**9825**	**10487**	**10808**
1.卫生技术人员	人	3576	4016	4262	4610	5396	5583	5782	6172	6832	7047	7679	8101	8602	8872
#执业医师	人	1033	1354	1621	1763	1982	1860	1962	2096	2177	2246	2394	2598	2844	2909
执业助理医师	人	559	502	451	330	424	436	408	428	482	457	453	457	484	513
注册护士	人	1164	1247	1296	1531	1721	1887	1946	2135	2335	2450	2729	2958	3168	3348
药剂人员	人	365	377	412	377	396	378	391	426	458	453	512	527	555	532
检验人员	人	190	206	214	247	290	339	362	300	313	334	343	368	377	378
其他人员	人	265	330	268	362	583	683	713	715	975	1016	1160	1097	1088	1109
2.其他技术人员	人	55	10	32	294	295	310	432	427	457	479	410	386	393	405
3.管理人员	人	459	696	787	191	248	249	211	203	231	229	269	340	368	375
4.工勤人员	人	342	341	382	404	460	527	639	587	730	742	824	936	1080	1113
四、每千人拥有床位数	**张**	**2.82**	**3.51**	**3.35**	**3.62**	**3.82**	**3.79**	**3.88**	**4.19**	**4.17**	**4.70**	**4.76**	**4.41**	**4.77**	**4.75**
#医院病床数	张	2.69	3.32	3.35	3.62	3.80	3.79	3.88	4.19	4.17	4.27	4.37	4.41	4.77	4.75
五、每千人拥有卫生技术人员	**人**	**3.66**	**4.09**	**4.33**	**4.77**	**5.58**	**5.77**	**5.97**	**6.38**	**7.04**	**7.26**	**7.92**	**7.07**	**7.47**	**7.66**
#执业医师(含助理)	人	1.66	1.91	2.10	2.16	2.48	2.37	2.45	2.61	2.74	2.79	2.94	2.67	2.89	2.96
注册护士	人	1.20	1.27	1.32	1.58	1.78	1.95	2.01	2.21	2.41	2.52	2.81	3.04	2.75	2.89

注:根据卫生部门指标变动,2002年以前的数据做调整。执业医师=中医师+西医师+中西结合医师,执业助理医师=中医+西医士,注册护士=护师+护士+助产士+护理员,药剂人员=中药师+西药师+中药剂士+西药剂士+中药剂员+西药剂员,检验人员=检验师+检验士+检验员,其他=其他技师+其他技士+其他中医+其他初级卫技人员。

13-14 卫生机构和开放床位数

类别	1990年	1995年	2000年	2005年	2007年	2008年	2009年	2010年	2011年	2012年	2013年
卫生机构数合计(个)	**320**	**281**	**293**	**395**	**407**	**397**	**385**	**406**	**666**	**618**	**632**
医院、卫生院	101	102	98	80	76	76	82	81	71	70	71
卫生部门综合医院	6	5	6	6	6	6	6	6	6	6	6
中医医院	2	3	4	6	6	6	6	6	7	6	7
精神病医院	1	1	1	1	1	1	1	1	1	1	1
其他部门综合医院	1	1	1	3	3	3	3	3	2	2	2
社区卫生服务中心									10	10	10
中心卫生院	15	17	15	16	18	18	16	14	14	14	14
乡(镇)卫生院	76	73	67	38	35	35	37	33	25	25	25
妇幼保健院		1	1	1	1	1	1	1	1	1	1
其他专科医院		1	1	1	3	3	3	3	5	2	2
疗养院、所	1	1	1	1	1	1	1	1			
门诊部、所	197	159	1	19	36	37	26	25	24	25	23
卫生防疫机构(疾病预防控制中心)	8	7	6	5	5	5	5	5	5	5	5
妇幼保健机构	5	3	3	3	3	3	3	3	3	3	3
药品检验机构	4	3	3								
医学科学研究机构	1	2	2	2	1	1	1	1	1	1	1
其他卫生事业机构	1	2	2	2	2	2	2	4	5	2	2
卫生监督所				6	5	5	5	5	5	5	5
实际开放床位数合计(张)	**2923**	**3456**	**3293**	**3501**	**3698**	**3663**	**3755**	**4059**	**4044**	**4562**	**4621**
医院、卫生院	2798	3259	3293	3501	3683	3663	3755	4059	4044	4562	4621
卫生部门综合医院	1616	1666	1628	1696	1800	1800	1810	1870	1870	2187	2012
中医医院	130	165	436	746	840	871	911	601	971	1061	1085
精神病医院	80	100	120	180	200	200	200	230	230	300	300
其他部门综合医院	85	111	211	240	140	140	140	140	140	150	140
社区卫生服务中心									76	81	71
中心卫生院	390	447	354	270	313	281	260	195	210	210	178
乡(镇)卫生院	497	480	144	149	63	48	63	140	109	115	126
妇幼保健院		300	300	300	300	300	300	400	400	400	485
其他专科医院		101	30		27	23	27	23	38	58	173
疗养院、所	106	167									
门诊部、所	19	30	60		15						

13–14 续表

类　别	2014年	2015年	2016年
卫生机构数合计(个)	**668**	**708**	**697**
医院	24	27	29
综合医院	8	9	10
中医医院	8	8	8
中西医结合医院			
民族医院			
专科医院	8	10	11
护理院			
基层医疗卫生机构	619	653	642
社区卫生服务中心	9	12	12
卫生院	26	27	27
门诊部		27	26
专业公共卫生机构	21	24	21
专科疾病防治院(所、站)			
妇幼保健院(所、站)	5	5	5
急救中心(站)	4	4	4
实际开放床位数合计(张)	**5050**	**5500**	**5510**
医院	4262	4715	4878
综合医院	2505	2808	2924
中医医院	1287	1420	1440
中西医结合医院			
民族医院			
专科医院	470	487	514
护理院			
基层医疗卫生机构	268	250	92
社区卫生服务中心	51	58	20
卫生院	217	192	72
门诊部			
专业公共卫生机构	520	535	540
专科疾病防治院(所、站)			
妇幼保健院(所、站)	518	533	538
急救中心(站)	2	2	2

13-15　医院诊疗次数和入院人数

（2016 年）

类　　别	机构数（个）	诊疗人次数（人次）	#门、急诊	入院人数（人）	每百门诊入院人数（人）
综合医院	10	3022735	3020677	86974	2.88
中医医院	8	1632207	1623264	26652	1.64
精神病院	1	118036	117618	2199	1.87
口腔医院	1	93082	93082		
妇幼保健院	1	920816	920816	23357	2.54
社区与卫生院	39	5900002	5776390	224	0.01

注：医院包括工业及其他部门医院数。

13-16　医院病床使用情况

类　　别	病床周转次数（次）				病床工作日（日）				病床使用率（%）				出院者平均住院日（日）			
	2013年	2014年	2015年	2016年	2013年	2014年	2015年	2016年	2013年	2014年	2015年	2016年	2013年	2014年	2015年	2016年
综合医院	30.6	30.1	28.4	30.1	310.8	296.8	281.5	291.4	84.93	81.31	77.12	79.83	10.3	9.8	9.9	9.7
中医医院	25.4	23.8	22.3	21.7	322.8	326.1	320.1	328.7	88.19	89.35	87.69	90.06	12.8	13.5	14.2	15.0
精神病院	6.9	7.1	7.2	7.2	367.6	351.3	359.8	379.9	100.44	96.25	98.58	104.09	52.7	49.6	49.5	52.2
妇幼保健院	38	37.3	36.8	43.3	336.5	326.8	310.8	326.1	91.95	89.52	85.15	89.34	8.7	8.7	8.5	7.5
社区与卫生院	1.6	2.0	2.1	2.9	51.6	33.6	132.2	34.7	14.09	9.19	36.22	9.51	9.6	10.7	11.9	12.8

主要统计指标解释

文化事业机构 指从事专业文化工作和为专业文化服务的独立核算、独立建制的单位。不包括文化主管部门直属单位举办的其他行业和各部门的业余文化组织。

群众文化事业机构 指为开展群众文化工作而设立的文娱活动和读书活动场所，包括文化部门举办的群众艺术馆、文化馆，工会系统举办的工人文化宫、俱乐部，共青团系统举办的青少年宫、少年之家，厂矿、企业举办的文化宫、俱乐部，街道、乡镇兴办的文化站、文化室（俱乐部），群众自办的图书室、文化室等。

电影放映单位 指拥有放映机器设备，有固定或不固定的放映场所，有专职或兼职的放映技术人员，经文化行政部门登记批准，经常为一定的观众对象放映电影的机构。包括电影院、影剧院、开放礼堂、俱乐部、放映队、对内礼堂俱乐部。不包括未经登记批准或已取消登记的。

艺术表演团体 指从事戏曲、音乐、舞蹈、杂技等专业艺术表演，有独立帐户，实行单独核算团体。不包括半工半艺、半农半艺的业余剧团。

公共图书馆 指文化系统所属的独立举办的对社会开放的图书馆。不包括文化馆的图书室，也不包括文化系统以外的图书馆。

电影发行收入 指电影发行机构与电影放映单位之间分帐后的片款及按场租向放映单位所收的片租金额。

电影观众人数 指各类型放映单位有军委系统租片单位实际放映场次的观众人数，一个观众连续看了一部长片和符合短片专场规定的短片，计为二人次。

艺术表演场所 指具有观众厅、舞台、灯光设备，经常供专业艺术表演团演出，公开售票营业的场所，但不包括茶馆、茶社等兼营艺术表演的场所。

艺术表演观众人数 售票包场演出或民族地区免费演出的艺术表演观众人数。不包括彩排审查和内部观摩演出的观众人次数。

广播电台 指经有关上级批准，以自办节目为主，播送声音节目的无线电台。

广播（电视）人口覆盖率 指广播（电视）覆盖人口与总人口的比率。广播（电视）覆盖，目前是按某套节目来计算的。广播覆盖人口是指能够用普通收音机在中午收听中波广播节目，并且收听效果能达到听清完整的节目内容的地区的人口数。包括只能收听外省的中波广播的人口数在内。电视覆盖人口是指能够用普通电视接收机，室外天线在离地面四米高处，在晚上收看电视，并且收看效果能达到图像基本稳定、清晰，能够看清人物形象、动作的地区内的人口数。

指标计算公式：

$$广播（电视）人口覆盖率=\frac{年末广播（电视）人口覆盖数}{年末总人口数}\times100\%$$

医院 指名称为医院、设有固定床位能收病人住院并能为病人提供医疗和护理服务的医疗机构。包括县及县以上医院、农村乡卫生院、其他医院三部分。

卫生技术人员 指卫生事业机构中现任职务为卫生技术工作的人员。包括中医师、西医师、中西医结合高级医师、护师、中药师、西药师、检验师、其他技师、中医士、西医士、护士、助产士、中药剂士、西药剂士、检验士、其他技士、其他中医、护理员、中药剂员、西药剂员、检验员、其他初级卫生技术人员。

诊疗人次数 指一定时期（通常为一年）内所有诊疗工作的总人次数，包括病人来院就诊的门诊、急诊人次数和出诊、下地段、赴家庭病床、到工厂、农村、工地、会议、集体活动等外出诊疗的人次数以及外出进行的单项健康检查人次数。

病床周转次数 指年内出院人数与当年平均开放病床数的比。表示该年内平均每一张病床收治了多少病人，以反映病床的利用情况。

病床使用率 指年内实际占用总床日数与当年实际开放总床日数的比率。表示该年平均每百张开放病床中被实际利用的有多少张。

病床工作日 指年内实际占用总床日数与当年平均开放病床数的比值。表示年内平均每张病床工作了多少天。

出院者平均住院日 指年内出院者占用总床日数与当年出院总人数的比值。表示该年内平均每一住院者的住院时间。

十四、城建、环保、民政、司法等情况

14-1 城市市政、公用事业

项　目	单位	1990年	1995年	2000年	2005年	2007年	2008年	2009年	2010年	2011年	2012年	2013年	2014年	2015年	2016年
一、市政建设															
道路长度	公里	129	285.5	345	487	308	345.8	376.9	394	436.63	465.42	653.41	662.14	696.04	730.72
道路面积	万平方米	123	218	272	499	484	577	623.5	665.7	817.67	958.73	1228.11	1268.97	1380.58	1393.43
排水管道长度	公里	91	170	214	382	631	714	770	834	921.72	992.86	1056.8	1098.60	1130.82	1154.04
建成区面积	平方公里	19	33	50.3	60.1	58.13	59.15	59.99	61.78	63.77	66.09	69.98	71.74	72.56	73.66
绿化覆盖面积	公顷	184	2239	2412	2919	2265	2373	2467	2519	2579	15543	15751	15800	16026	16191.35
#建成区	公顷	179	1443	1571	1907	2231	2342	2430	2485	2547	2568	2699	2775	2817	2987.42
园林绿地面积	公顷	179	1080	2281	2959	2023	2122	2173	2233	2286	13565	13752	13801	14043	14214.61
公园绿地面积	公顷	30	340	152	323	750	845	863	874	888	918	950	966	974	1018.26
建成区绿化覆盖率	%	9.9	43.8	31.2	31.7	38.38	39.59	40.51	40.22	39.94	38.86	38.57	38.68	38.83	40.56
二、公用事业															
自来水综合生产能力	万吨/日	10.5	17.1	25.5	32	30.26	31.66	32.96	35.26	31.16	31.56	31.56	31.56	38.26	39.20
供水总量	万吨	2011	3950	3610	4655	4435	4787	4831	5284	5292	5182	5392	5456	5510	5966.50
#生产用水量	万吨	1118	2280	1009	1528	1439	1491	1404	1529	1739	1681	1713	1750	1671	1505
生活用水量	万吨	695	1560	1468	1654	1682	1694	1684	1916	2075	2153	2296	2347	2306	2445
用水人口	万人	14.3	37.9	39.7	37.3	53.39	57.34	52.01	56.30	57.16	59.98	68.70	70.81	69.17	75.16
人均日生活用水量	升	133.2	112.8	101.3	172.09	108.33	106.22	116.34	121.48	130.67	124.86	115.14	114.23	115.76	121.29
用水普及率	%	77.3	100	100	98.52	98.74	99.43	99.43	99.52	99.58	99.87	99.9	100	100	100
供气总量(人工煤气、天然气)	万立方米		658	408	781	996	1086	1263	1676	1922	2224	2719	2894	3012	3223.37
#家庭用量	万立方米		222	328	458	510	603	645	909	998	1124	1279	1422	1574	1695.75
液化石油气供气总量	吨	400	12000	14695	30048	31957	32522	33690	34636	31837	28409	33443	34366	31658	32689.07
#家庭用量	吨	400	4564	14480	18582	18820	18097	32628	34036	31257	27879	32913	33834	31128	31939.07
用气人口(人工煤气、天然气)	万人		7.9	10.2	15.2	28.71	31.12	41.49	36.49	39.73	43.76	49.75	52.70	51.52	53.86
液化石油气用气人口	万人	1.0	8.9	8.9	13.3	23.51	24.80	9.9	19.35	17.00	15.67	18.32	17.61	17.54	20.08
公共汽车运营车辆	辆		383	362	426	569	664	721	797	780	787	699	737	782	836
公共汽车客运总量	万人次		350	1340	3268	4859	6341	5451	5044	6585	6891	5906	6848	7483	7831

注：1.因统计制度发生变化，部分指标统计口径从2006年起发生变化。

2.2006年起，公共绿地面积改为公园绿地面积。

3.2010年起，我市的管道煤气改用天然气。

4.2013年起，公共汽车运营车辆不包括农村客运班车、公共汽车客运总量不包括农村客运汽车客运总量。

14-2 各县(区)环境保护情况

(2016年)

项　　目	单　位	定　海	普　陀	岱　山	嵊　泗
一、工业废气排放总量	**万标立方米**	**2011775.86**	**3478550.51**	**32639.68**	**2539.14**
废气中:二氧化硫	吨	921	813	149	42
氮氧化物	吨	1366	1311	74	8
烟(粉)尘	吨	1599	312	82	73
二、工业固体废物产生量	**万吨**	**40.82**	**67.02**	**13.48**	**0.97**
工业固体废物处置量	万吨	0.05	8.62	0.09	
工业固体废物利用量	万吨	40.76	58.39	13.26	0.97
三、工业废水排放量	**万吨**	**736.51**	**486.22**	**207.41**	**8.63**
废水中:化学需氧量	吨	646.22	361.17	214.99	29.30
氨氮	吨	72.23	48.59	8.35	1.00

14-3 废气排放和处理情况

项目	单位	1990年	1995年	2000年	2005年	2007年	2008年	2009年	2010年	2011年	2012年	2013年	2014年	2015年	2016年
工业废气排放量	万标立方米	523088	744933	1175089	2313153	1694771	1554932	1775475	1754734	2581757	2019293	1960599	357536	5391523	5525505
燃料燃烧废气排放量	万标立方米	451325	687056	1173461	2308065	1685286	1527919	1741567	1716357						
生产工艺废气排放量	万标立方米	71763	57877	1628	5088	9485	27013	33908	38377						
废气中:二氧化硫	吨	11128	9789	9509	28002	26557	24851	23358	22634	15277	13769	13687	11482	12380	1925
氮氧化物	吨								12896	15348	13845	13368	13705	11554	2758
烟(粉)尘	吨								18090	7081	5305	4558	5006	3050	2066
工业烟(粉)尘产生量	吨									254622	183086	119003	325475	569783	799164

14-4 废水排放和处理情况及"三废"综合利用

项目	单位	1990年	1995年	2000年	2005年	2007年	2008年	2009年	2010年	2011年	2012年	2013年	2014年	2015年	2016年
废水排放总量	万吨	3089	2110	1760	2777	2738	3396	4062	3896	7151	7057	7198	7263	7391	5439
#工业废水排放量	万吨	782	751	891	1800	1687	1848	1856	1493	2125	1951	2094	2150	2202	1439
工业废水中:化学需氧量	吨								4011	6332	6472	6487	6363	6466	1252
氨氮	吨								211	224	238	231	235	238	130
工业废水达标量	吨	82	276	552	1414	1518	1760	1787	1443						
"三废"综合利用产品产值	万元	210	1311	637	2819	15224	15299	14729	13566						

14–5 工业固体废物排放和处理情况

项　　目	单位	1990年	1995年	2000年	2005年	2007年	2008年	2009年	2010年	2011年	2012年	2013年	2014年	2015年	2016年
工业固体废物产生量	万吨	13.23	13.82	17.65	44.33	65.35	66.92	63.14	77.85	78.16	75.19	74.57	94.07	133.14	122.28
工业固体废物排放量	万吨	1.38	1.12	0.54	0.58		0.02	0.03							
工业固体废物处置量	万吨	0.43	0.11	0.15	0.42	0.64	1.01	0.43	0.35	4.96	0.95	0.15	0.35	0.51	8.77
工业固体废物利用量	万吨	10.71	12.29	16.93	42.24	64.28	65.62	62.75	77.66	73.03	74.24	74.44	94.27	132.63	113.38

14–6 排污费征收、使用及企事业污染治理情况

项　　目	单位	1990年	1995年	2000年	2005年	2007年	2008年	2009年	2010年	2011年	2012年	2013年	2014年	2015年	2016年
排污费交纳单位	个	408	433	654	879	3009	1246	1385	1143	1044	1900	1028	821	498	464
排污费征收额	万元	419	443	715	1769	2737	3388	2670	2069	2583	2182	2158	2213	2845	3156
排污费支出额	万元	268	290	677	200	400	400	500	500	400	800	500			
企事业单位污染治理资金	万元	27	102	457	1041	2398	1238	4802	6675	3185	1600	5458	16062	4443	2246
治理废水	万元	26	80	400	1016	2052	850	2868	2518	954	710.1	450	847	1921	1451
治理废气	万元		22	20		346	208	1933	3366	1481	30	4327	12072	2031	228
治理工业固废	万元						45		792	700				150	
治理噪声	万元	1		10										50	
其　　他	万元			27	25		135			50	860	681	3143	291	568
当年安排治理项目	个	16	25	47	8	7	22	9	7	19	10	14	14	28	23
当年竣工项目	个	16	31	47	8	7	22	9	5	7	12	12	14	22	15

14–7　舟山近岸海域海洋生态环境

海　区	年　份	测站数	频　次	水　质　状　况				
				一类海水比例%	二类海水比例%	三类海水比例%	四类海水比例%	劣四类海水比例%
定海海区	2008	4	3					83.3
	2009	4	3				16.7	100.0
	2010	4	3					100.0
	2011	4	2					100.0
	2012	4	2					100.0
	2013	4	2					100.0
	2014	4	3					100.0
	2015	4	2					100.0
	2016	4	3					100.0
普陀海区	2008	7	3	50.0	16.7	16.7	8.33	8.3
	2009	7	3	50.0		16.7	33.3	
	2010	7	3	33.3	16.7	16.7	33.3	
	2011	8	2	49.1		12.7	19.1	19.1
	2012	8	2	36.4	25.5		12.7	25.4
	2013	8	2	23.7	25.5		25.4	25.4
	2014	8	3	36.4		12.7	25.5	25.4
	2015	8	2	36.4	12.7	12.7	12.7	25.5
	2016	8	3	23.7	50.9			25.4
岱山海区	1995	4	3				25.0	75.0
	2000	5	2		40.0			60.0
	2003	7	3		14.3	14.3	14.3	57.1
	2004	8	3		25.0	12.5	12.5	50.0
	2005	8	3		12.5	12.5	12.5	62.5
	2007	5	3			20.0	20.0	60.0
	2008	5	3		20.0	20.0	20.0	40.0
	2009	5	3		20.0			80.0
	2010	5	3				20.0	80.0
	2011	5	2		20.0			80.0
	2012	5	2	20.0				80.0
	2013	5	2	20.0				80.0
	2014	5	3				20.0	80.0
	2015	5	2			20.0		80.0
	2016	5	3		20.0			80.0
嵊泗海区	1995	6	3		33.3	16.7		50.0
	2000	5	2		20.0	20.0		60.0
	2003	7	3		14.3			85.7
	2004	4	3		25.0	25.0	25.0	25.0
	2005	4	3		25.0		25.0	50.0
	2007	5	3		20.0		20.0	60.0
	2008	5	3		20.0		40.0	40.0
	2009	5	3		20.0	20.0		60.0
	2010	5	3			20.0	20.0	60.0
	2011	6	2		41.7		14.6	43.7
	2012	6	2	27.1	14.6	14.6		43.7
	2013	6	2	27.1		14.6		58.3
	2014	6	3		27.1		14.6	58.3
	2015	6	2	27.1	14.6			58.3
	2016	6	3		27.1	14.6		58.3
舟山近岸海域合计	1995	17	3		6.7	13.3	20.0	60.0
	2000	18	2		16.7	5.6	11.1	66.7
	2003	23	3		8.7	4.4	17.4	69.5
	2004	20	3		25.0	15.0	25.0	35.0
	2005	20	3	5.0	15.0	5.0	20.0	55.0
	2007	21	3	5.3	10.5	10.5	15.8	57.9
	2008	21	3	15.8	15.8	10.5	21.1	36.8
	2009	21	3	15.8	10.5	10.5	10.5	52.7
	2010	21	3		10.5	10.5	15.8	63.2
	2011	23	2	17.0	17.0	4.4	11.0	50.6
	2012	23	2	25.2	13.2	4.4	4.4	52.8
	2013	23	2	20.8	8.8	4.4	8.8	57.2
	2014	23	3	12.6	8.2	4.4	17.6	57.2
	2015	23	2	20.8	8.8	8.8	4.4	57.2
	2016	23	3	8.2	30.2	4.4		57.2

注：舟山近岸海域水质类别比例 2005 年以前年份按测点统计，2006 年以后年份按面积统计。

14-8　技术监督和质量监督基本情况

项　目	单位	2013 年	2014 年	2015 年	2016 年
质量技术监督行政部门	个	5	11	11	11
计量技术机构市级机构	个	1	1	1	1
计量技术机构县(区)所	个	3	3	3	3
产品质量监督检验机构数	个	2	3	3	3
市级质检机构	个	1	2	2	2
县(区)级质监所	个	1	1	1	1
年末职工总数	人	150	901	910	923
专业技术人员	人	55	67	81	87
#大中专人员	人	52	67	81	87
业务管理人员	人	16	92	124	122
#大中专人员	人	15	92	104	103
行政人员	人	79	742	705	714
行政管理人员	人	79	715	698	709
后勤服务人员	人		27	7	5
已建立市级社会公用计量标准	类	10	10	10	10
	项	48	48	49	56
已开展强制检定工作计量器具	项	22	22	22	27
	种	44	44	44	50
计量仪器检定	台件	233324	134148	169624	147704
产品质量监督检验受检企业数	个	109	164	156	220
受检产品总数	种	21	26	35	50
检验批次	批次	109	164	156	220
合格批次	批次	98	154	139	205
平均合格率	%	89.91	93.9	89.1	93.2
本年度财政拨款	万元	3075	20099	23843	27320
固定资产总值	万元	10748	19797	22089	25055
市级固定资产	万元	9173	7787	12719	12853
#设备	万元	4200	5668	5784	6045
县级固定资产	万元	1575	11960	9370	12202
#设备	万元	494	376	554	1006
现有工作用房	平方米	19167	39264	50582	51821
标准馆藏总量	件	10210	649390	727689	834754
国内标准	件	6962	136987	160352	176049
国外标准	件	3248	512403	567337	658705
企业产品标准备案年末累计数	个	336	144	164	382
政府计量部门社会公用计量标准	项数	67	67	68	76
授权建立社会公用计量标准	项数	6			
制造计量器具许可证工商户数累计	户	12	13	13	12
修理计量器具许可证工商户数累计	户	4	4	4	4
技术监督行政执法受理案件数	件	102	155	134	102
技术监督行政执法结案案件数	件	102	155	134	102

14-9 档案事业机构和人员数

（2016年）

类　　别	机构数（个）	专职人员数（人）	#女性	#大专以上文化程度
总　　计	**11**	**90**	**36**	**75**
档案行政管理机构	5	81	31	67
档　案　馆	6	8	5	8

14-10 档案馆档案资料馆藏和利用情况

项　目	单位	1985年	1990年	1995年	2000年	2005年	2007年	2008年	2009年	2010年	2011年	2012年	2013年	2014年	2015年	2016年
馆藏档案																
全　宗	个	387	612	770	840	897	919	927	936	965	975	984	985	1013	1026	1047
案　卷	卷	41447	79672	119652	181081	276518	305265	326930	335492	358109	365275	375675	409339	400423	397670	400120
案　卷	件						12872	14461	15316	28386	43737	47607	51712	237542	362355	485554
录音、录像影片	盒	14	27	155	230	263	272	272	253	272	253	253	637	1052	1202	1207
照　片	张		7365	4939	12782	30353	41723	47142	52953	60735	72797	75761	68463	81721	87771	52741
馆藏资料册数	**册**	**15474**	**24684**	**29366**	**37309**	**47189**	**49633**	**52280**	**52780**	**51143**	**52693**	**54641**	**55226**	**60808**	**57948**	**53704**
档案馆面积	**平方米**	**3090**	**3090**	**4432**	**4432**	**4558**	**9386**	**9386**	**10786**	**10786**	**10868**	**10868**	**14852**	**19583**	**19583**	**17389**
#库房面积	平方米	1938	1938	2317	2317	2707	3668	3668	4168	4056	3876	3876	4432	4492	4492	4387
档案资料利用																
利用人次	人次	1271	4670	1638	1876	3027	4001	3988	4920	3086	8177	5531	6462	6357	6763	5629
利用档案	卷、件次	18243	15368	4723	3764	8758	9629	10535	10333	11537	18549	14300	12892	26224	17577	18933
利用资料	册、份次	1440	1190	390	567	760	976	1045	888	533	1544	555	345	752	1375	1996
复　制	页	795	2651	3133	3648	11440			15338	30920	30702					
开放档案																
全　宗	个		169	273	604	499	466	497	497	497	497	597	566	565	565	653
案　卷	卷		8814	14324	22006	28928	29354	31639	31639	31639	31639	35437	27541	27269	35538	36813
案　卷	件							638	638	638	638	638	638	638	638	638

14-11 律师、公证及调解工作基本情况

项　　目	单位	1985年	1990年	1995年	2000年	2005年	2007年	2009年	2010年	2011年	2012年	2013年	2014年	2015年	2016年
律师工作															
律师事务所	个	5	5	12	13	12	12	13	17	19	20	21	23	24	27
律师工作人员	人	21	45	89	84	80	80	91	105	125	148	157	170	181	189
聘请担任常年法律顾问单位	处	53	201	315	294	424	536	685	635	748	824	880	945	813	836
民事诉讼代理	件	132	362	1101	2275	1498	1986	2759	2663	3070	3401	3480	3564	4111	4579
刑事辩护	件	142	414	313	453	356	357	446	483	463	494	466	580	555	642
非诉讼法律事务	件	26	30	55	188	224	296	150	116	158	120	164	134	154	182
公证工作															
公证处	个	4	5	5	5	5	5	5	5	5	5	5	5	5	5
公证人员	人	13	26	26	27	27	27	29	42	47	48	50	50	49	47
#公证员	人	6	12	26	21	11	11	12	14	14	14	12	13	14	15
办理国内公证文书	件	1251	9904	17552	5623	7779	9837	8922	9957	13988	13791	13761	11781	13598	12791
#经济合同公证	件	1032	538	3517	946	2057	2735	2539	3876	6620	6231	3678	3784	4473	2057
办理涉外及涉港澳台公证	件	389	1190	3046	4104	5968	5561	7669	6964	1910	5231	5191	5215	5108	4770
人民调解工作															
专职司法助理员	人	79	90	81	89	110	117	157	192	203	172	118	69	165	129
人民调解委员会	个	1278	1289	1285	1181	861	803	850	841	797	590	598	650	651	648
调解人员	人	3545	3853	4219	4358	3802	3888	4587	4064	4129	3398	3441	3405	3555	3564
调解民事纠纷	件	9932	12863	4768	3074	3156	2832	8909	11915	16370	16662	19852	20309	19818	18841

14-12 涉 外 公 证 文 书 分 类

单位:件

分　　类	1990年	1995年	2000年	2005年	2006年	2007年	2009年	2010年	2011年	2012年	2013年	2014年	2015年	2016年
合　　计	**1190**	**3046**	**2277**	**3011**	**3167**	**3515**	**3750**	**3991**	**3512**	**3381**	**3637**	**3726**	**3827**	**3670**
出　生	310	468	311	422	456	469	479	450	411	381	543	559	607	451
死　亡	8	149	5	5	17	23	6	17	11	12	10	17	11	12
收　养	6	4		5	2			1					1	
遗　嘱		7				2	7	2	2	1	2	4		4
生存居住	2	128		11	17	23	13	17	13	9	15	8	8	11
学　历	86	235	219	77	73	85	10	32	6	2	6	2	65	40
经　历	44	53	103	16	14	21	10	4	6	3	6	3	7	1
婚姻状况	154	307	260	169	249	190	177	216	143	153	128	113	148	99
亲属关系	176	564	211	266	204	192	256	277	286	294	302	310	404	312
继 承 权		5		3	190	230	7	6	7	9	18	16	5	8
受、未受刑事处分	139	181	255	288	146	321	370	392	325	301	236	410	368	335
声 明 书	22	55	34	101	67	85	78	104	62	99	75	59	116	64
委 托 书	12	131	2	53	38	62	63	63	38	45	52	52	53	78
职　称	14	46	58	5										1
副本等与原本相符	2	398	548	1205	1188	977	607	754	583	991	606	614	494	672
其　他	215	315	271	385	506	835	1667	1656	1619	1081	1547	1559	1540	1582

注:1999年起,涉及港澳台的公证文书不再列入涉外公证文书。

14-13 调解民间纠纷分类

单位:件

分　类	1995 年	2000 年	2001 年	2002 年	2005 年	2006 年	2007 年	2009 年	2010 年	2011 年	2012 年	2013 年	2014 年	2015 年	2016 年
合　　计	**4768**	**3074**	**2584**	**2574**	**3156**	**2883**	**2832**	**8909**	**11664**	**11908**	**10950**	**12853**	**13211**	**13264**	**11739**
婚　姻	812	690	560	501	445	469	543	865	1444	1697	1267	1143	1678	2287	1723
继　承	70	37	15	24	16										
赡、抚、扶养	489	150	166	116	14										
房屋、宅基地	526	162	178	123	131	101	148	109	75	131	306	281	230	154	187
邻　里	844	585	650	649	910	963	691	2711	3684	3488	3318	3130	3125	3501	3310
债务(合同)	284	196	142	150	141	80	110	163	299	296	302	337	587	882	629
生产经营(劳动)	351	246	145	146	273	177	172	865	1044	531	321	392	221	159	166
损害赔偿	744	462	411	375	589	466	525	2966	3404	1319	1101	1420	1389	1685	2162
其　他	648	546	317	490	637	627	643	1230	1714	4446	4335	6150	5981	4596	3560

14-14 国内公证文书分类

单位:件

分　类	2005年	2009年	2010年	2011年	2012年	2013年	2014年	2015年	2016年	分　类	2005年	2009年	2010年	2011年	2012年	2013年	2014年	2015年	2016年
总　计	**7763**	**8863**	**9958**	**13988**	**13791**	**13761**		**2225**	**12791**										
经济公证合计	**2176**	**2539**	**3876**	**6635**	**6231**	**1750**	**1629**			**民事公证合计**	**5587**	**6324**	**6082**	**7353**	**7560**	**12011**	**10151**	**9344**	**10734**
购　销	5									收　养				1					
联　营	1									解除收养									
拍　卖	10									继承权	577	872	935	998	915	1482	1145	1125	1242
贷　款	5	567	975	2181	2081	923	831	1266		遗　嘱	86	159	148	262	145	162	132	174	
担　保	3	2	1	1		3		172	113	产　权	167	190	12						
招、投标	62	1				2				亲属关系	17	22	49	52	49	45	30	29	21
科技协作										死　亡	1	1	1			2		3	
供用电										房屋买卖		14		4	1				
劳务合同	76				17					房屋租赁									
建筑工程承包	2									留学协议					2	12	17	12	24
工商服务业承包				27						遗赠抚养协议	4		1						16
农业承包(林、牧、渔)										其他民事协议			250	363					
财产租赁	1									委托书	779	3228	2649	3310	2686	2931	1546	1819	3757
企业租赁										赠与书	32	22	236	69	64	7	1	29	27
资产经营责任制	1									声明书	1215	730	670	750	800	1028	925	992	854
其他经济合同	187	650	1363	2165	2368	85	249	168	572	现场监督	2		6	402	1593	1504	1415	2648	1562
法人资格	4	18								执行许可证明									
法人委托书	39	59	76	112	59					副本与原本相符	19	12	9	1	5	47	85	71	
公司章程	3									宅基地土地使用权									
执行许可证明	6	3	4	48	134					证据保全	100	14	215	117	455	73	232	182	318
驾驶员培训合同										计划生育协议									
股权认购书										房改协议									
借款协议		63	12	4	89				1330	义务教育									
其　他	1771	1176	1445	2097	1483	737	549	619	42	聘用合同									
										拆　迁		117	60	105	15	5			4
										其　他	2588	943	841	919	830	4713	4623	2260	2909

14-15　社会福利事业单位基本情况

项　　目	单位	1990年	1995年	2000年	2005年	2007年	2008年	2009年	2010年	2011年	2012年	2013年	2014年	2015年	2016年
机构数															
国家举办的社会福利事业单位	个	2	4	4	6	8	8	6	8	9	9	8	10	11	12
#社会福利院	个	2	4	4	6	6	6	6	8	6	6	8	10	11	12
社会办敬老院数	个	23	33	60	36	36	37	49	33	32	32	41	42	44	48
非收养性事业单位	个	2	3	5	8	9	9	9	9	13					
#殡葬事业	个	2	3	4	6	7	7	7	7	7	8	8	9	9	9
社会福利事业生产单位	个	70	112	114	96	92	77	77	73	72	69	39	37	36	35
#福利工厂	个	68	110	113	96	92	77	75	73	71	68	39	37	36	35
收养人数															
国家举办的社会福利事业单位	人	31	100	145	256	451	451	450	628	727	775	700	803	839	894
#社会福利院	人	31	100	145	256	338	338	450	628	431	651	700	803	839	894
社会办敬老院	人	159	208	346	1215	1130	1710	1380	1056	1032	1088	1544	1278	2061	2165
社会福利事业生产单位全部职工人数	人	**2040**	**2880**	**2625**	**3430**	**4413**	**4824**	**3915**	**4773**	**4851**	**4741**	**3188**	**3078**	**2886**	**2888**
#残疾人数	人	809	1234	1210	1515	1624	1659	1579	1582	1596	1639	1030	1024	971	942

注："社会办敬老院数"包括民办收养性福利事业单位。

14-16　自 然 灾 害 救 济 情 况

项　　目	单位	1985年	1990年	1995年	2000年	2005年	2007年	2008年	2009年	2010年	2011年	2012年	2013年	2014年	2015年	2016年
自然灾害受灾人口	人次	4000	73057	45375	329000	165504	313725	88940	332100	270000	1240508	847200	577236	484137	506998	35825
得到国家救济成灾人数	人次	2804	9947	11446	25930	40750	13216	4573	12086	10135	13754	65088	154126	69483	30190	12439
自然灾害救济费	万元	12	54	214	657	1428	1087	377	607	385	827	1442	1387	447	1529	885

14–17　享受国家抚恤、补助及救济情况

项　　目	单位	1990年	1995年	2000年	2005年	2006年	2007年	2008年	2009年	2010年	2011年	2012年	2013年	2014年	2015年	2016年
享受定期抚恤人数	人	102	92	88	73	69	68	71	74	69	69	68	63	66	64	59
革命伤残人员抚恤人数	人	300	310	307	306	307	317	319	320	322	321	328	321	316	306	311
享受定期补助优抚对象数	人	461	520	476	373	355	425	487	454	426	397	752	2447	2689	3013	3174
#在乡复员军人	人	353	347	327	225	214	209	204	191	172	144	116	109	94	91	78
在乡退伍军人	人	107	171	149	148	141	128	125	116	111	109	108	104	90	90	89
社会困难户得到国家																
临时救济人次数	人次	21163	10965	5891	16187	19112	25025	13744	7258	8147	9959	10883	36681	22009	21383	24356
享受原工资40%救济人数	人	21	15	8	6	6	6	6	6	6	6	4	4	4	3	3
享受定期定量救济人数	人	131	120	108	109	99	77	74	74	74	74	59	129	121	135	136
城乡最低生活保障人数	人			4078	12393	13009	12950	12153	12336	13379	12292	11640	11737	11183	11197	12234
农村五保户集体供养人数	人			365	1050	1061	980	914	899	859	827	799	763	753	731	725

注：1999年起，民政部门报表中原“定拨”、“扶置”等指标改设为“低保人数”和“农村五保户集体供养人数”。

14–18　婚　姻　登　记　情　况

项　　目	单位	1985年	1990年	1995年	2000年	2005年	2006年	2007年	2008年	2009年	2010年	2011年	2012年	2013年	2014年	2015年	2016年
国内婚姻																	
准予登记结婚数	对	7715	8720	8028	7039	7783	8028	7276	7884	8190	7746	9047	8059	8426	8588	7872	6663
初婚数	人	15073	16474	14823	12697	12177	13315	12337	13654	13482	15492	14524	12462	12897	12333	11636	9975
恢复结婚对数	对	28	25	23	41	144	197	201	158	286	266	278	198	205	358	258	321
再婚数	人	357	966	1233	1381	2589	2741	2993	2114	3400	2861	3892	3924	4147	5013	4266	3517
男	人	162	446	566	590	1208	1124	1395	992	1641	1275	1775	1818	1949	2341	1984	1601
女	人	195	520	667	791	1381	1617	1598	1122	1759	1586	2117	2106	2198	2672	2282	1916
准予登记离婚数	对	99	555	741	1990	1916	2069	2099	1976	2242	2337	2605	2548	2859	2739	2758	2956
涉外婚姻																	
准予登记结婚数	对	16	72	153	518	632	477	389	271	251	223	161	134	96	85	79	83
申请离婚数	对		1	1	28	45	46	46	32	37	24	32	22	22	18	21	19
#准予登记离婚数	对		1	1	28	45	46	46	32	37	24	32	22	22	18	21	19

14-19 工会、妇联情况

项　　目	单位	1990年	1995年	2000年	2005年	2007年	2008年	2009年	2010年	2011年	2012年	2013年	2014年	2015年	2016年
工会情况															
基层工会组织数	个	1041	1046	1980	1578	1995	2236	2402	2511	3197	3520	3813	3890	3906	3945
全市已建立工会组织的单位															
职工人数	万人	12.24	11.72	12.65	16.17	19.47	20.99	23.30	26.40	31.10	36.23	38.43	37.43	37.30	38.60
#女职工	万人	4.62	4.83	5.11	6.80	7.43	7.77	7.90	8.48	9.95	10.72	11.34	11.46	11.80	12.21
工会会员人数	万人	11.28	10.65	10.86	14.89	17.67	19.20	22.07	24.88	29.66	35.38	37.60	36.73	36.70	37.93
#女会员	万人	4.32	4.35	4.11	6.15	6.70	7.35	7.55	8.20	9.60	10.54	11.12	11.24	11.61	12.01
办公室工会专职工作人员	人	424	165	274	149	182	292	299	319	330	422	647	668	733	750
办公室工会积极分子人数	万人	1.20	0.64	0.20	0.34	0.74	0.80	0.80	0.80	0.80	1.10	1.01	0.99	0.98	0.98
开展合理化建议的基层工会数	个	289	165	225	741										
提出合理化建议	件	6536	3393	3006	3070	3415	3246	6739	3811	4139	3258	2159	3915	4896	2909
已采纳建议	件	2969	1955	1048	1482										
已实施建议	件	1896	1375	433	473	2423	1936	2473	2357	2062	1714	1251	2089	2518	1968
开展劳动竞赛单位	个	261	97	156	913	554	609	592	717	819	1144	1246	1087	1969	2481
妇联情况															
妇联干部数	人	139	118	96	83	83	84	87	89	76	76	71	73	75	77
#乡镇、街道妇联干部数	人	100	73	67	44	43	45	43	43	45	45	35	36	38	35
基层妇代会个数	个	1103	1066	1019	525	606	606	534	534	660	660	478	478	414	380
表彰三八红旗手	人				1	61					30				
表彰三八红旗集体	个					27					20				

主要统计指标解释

废水排放总量　包括生产废水和生活污水。生产废水指企、事业单位在生产、科研、医疗等过程中,向外环境排放的所有排放口的废水总和。生活污水指城镇居民区和企、事业单位职工集中居住区排放的污水量。

工业废水排放量　指经过企业所有排放口排到企业外的生产废水总量。包括外排的直接冷却水和矿区超标排放的有毒有害矿井地下水,但不包括外排的间接冷却水(清污不分流的应计算在内)。

工业废水达标量　指全面达到国家排放标准的外排工业废水量。包括经过处理和未经过处理的,但不包括虽经过处理,仍未达到国家排放标准的。

工业废气排放总量　指燃料燃烧和生产工艺过程中排放的各种废气总量。以标准状态下每年亿标立方米表示。

工业固体废物产生量　指工矿企业、事业单位在生产(试验)过程中产生的固体废弃物总量。不包括矿山开采的剥离及掘进时产生的废石。(煤矸石除外)。

工业固体废物处置量　指以填埋、焚烧方式处理的工业固体废弃物(包括用炉渣修路),不包括倒入江、河中的废渣。

工业固体废物综合利用量　指已用作农业肥料、造田、生产建筑材料,以及其他方式综合利用的工业固体废弃物。不包括填埋量和焚烧量。

“三废”综合利用产品产值　指企业利用“三废”(废水、废气、废渣)作为主要原料,生产和回收利用的产品产值。

海水水质分类　按照海域的不同使用功能和保护目标,海水水质分为四类:第一类,适用于海洋渔业水域,海上自然保护区和珍稀濒危海洋生物保护区。第二类,适用于水产养殖区,海水浴场,人体直接接触海水的海上运动或娱乐区,以及与人类食用直接有关的工业用水区。第三类,适用于一般工业用水区,滨海风景旅游区。第四类,适用于海洋港口水域,海洋开发作业区。

技术监督机构　具有法人资格,独立从事经济活动,拥有和使用资产,能够承担负债,能与其他经济单位进行交易的经济和社会实体。

技术监督机构数　指独立的省、市(地)、县(区)三级的局、院、所、工厂等独立核算单位。

技术监督职工　行政机关、事业单位中,经国家有关部门分配、安排或招收录用的职工,包括固定职工和合同制职工,不包括离、退休人员、停薪留职人员及临时工。

社会公用计量标准　指经过政府计量行政部门考核、作为统一本地区量值的依据,在社会上实施计量监督具有公证作用的计量标准。项数是指县级以上政府计量行政部门建立并考核发证的项目数。

已开展强制检定工作计量器　指县级以上政府计量行政部门根据《中华人民共和国强制检定的工作计量器具明细目录》中规定的55项111种,具体开展项、种数。

产品质量监督检验受理企业数　指报告期内实际受检的企业数。

产品质量监督检验批次　在同一时期,对同一企业生产的同种规格的产品,按规定办法抽取样品,进行一次监督检验,为一个批次。

社会福利事业机构数　指集中收养社会孤老、残、幼的机构。包括民政部门管理的社会福利院、儿童福利院、精神病人福利院和社会集体办的敬老院。

社会福利事业生产单位数　指以安置城乡有一定劳动能力的盲、聋、哑和肢体残疾的人员就业为目的,享受国家减免税待遇的全民、集体所有制和乡办企业。

公证处　指代表国家行使公证职能的机关,根据当事人(公民、法人、非法人团体)的申请,对法律行为和有法律意识的文书、事实,依法证明它的真实性与合法性的非诉讼活动,以保护公共财产,保护公民身份上、财产上的权利和合法利益。

公证人员　指在国家公证机关依法办理公证事务的司法人员。包括公证员、助理公证员和在公证处工作的其他人员。

办理公证　指公证处年内办结的公证文书件数。公证文书系按司法部规定或格式制作。包括国内公证和涉外公证两部分。其中国内公证为经济合同公证和民事法律关系公证两大类。

人民调解委员会　指担负调解民间一般民事纠纷和轻微违法行为所引起的纠纷,进行政策、法令的宣传教育的群众性调解组织。城市一般以居民委员会、厂矿企业或车间为单位,农村以村民委员会为单位。

调解人员　在人民调解委员会担负调解民间一般民事纠纷和轻微违法行为引起的纠纷的工作人员。

包括调解委员会的委员和调解小组的调解员。

调解民事纠纷　指调解委员会依照法律规定,根据自愿原则,用说服教育的方法调解民间发生的有关民事权利和义务的争执、促成当事双方达成协议和谅解、解决纠纷。包括婚姻家庭纠纷,财产权益纠纷等。不包括法院受理调解的民事案件数。

十五、各县（区）、乡镇、住人岛屿基本情况

15-1 县(区)国民经济和社会发展主要指标

(2016年)

指标名称	计量单位	全市	定海区	普陀区	岱山县	嵊泗县
一、人口、劳动力及土地资源						
年末总人口(户籍)	万人	97.33	38.99	32.12	18.51	7.70
年平均人口	万人	97.34	38.88	32.16	18.58	7.73
年出生人口	人	6515	3052	2073	1001	389
年死亡人口	人	6631	2504	2214	1326	587
年末总户数	万户	36.71	14.77	11.09	7.81	3.04
从业人员期末人数(城镇)	万人	46.99	21.09	15.28	8.34	2.99
行政区域土地面积	平方公里	1456	572	461	325	97
水资源总量	万立方米	115752	55596	34813	20777	4566
二、综合经济						
(一)地区生产总值(当年价格)	万元	12411989	5047613	4034066	2344389	986239
第一产业增加值	万元	1267057	132044	505627	360477	268909
第二产业增加值	万元	5100434	2392406	1382421	1194739	136928
其中:工业增加值	万元	4198458	1823440	1280009	1054539	62913
第三产业增加值	万元	6044498	2523163	2146018	789173	580402
地区生产总值(2015年价格)	万元	12286292	5063723	3960130	2320796	959340
人均地区生产总值	元	107463	103456	103318	115601	133546
地区生产总值增长率	%	11.3	11.6	11.2	11.4	11.5
(二)财政、金融、保险						
一般公共预算收入	万元	1203248	174662	253095	140863	67301
其中:各项税收	万元	970728	140402	214436	111611	42096
一般公共预算支出	万元	2505417	364257	552829	381482	235991
年末金融机构存款余额(人民币)	万元	18078318	11368224	3828545	2122904	758646
其中:住户存款	万元	7158648	3564177	2104960	1070658	418853
年末金融机构贷款余额(人民币)	万元	14840103	9794534	3715997	963562	366011
保费收入	万元	292700	19011	62765	30796	13994
其中:财产险	万元	122206	19011	20008	11665	6036
人身险	万元	170494		42757	19131	7957
三、工业						
规模以上工业法人企业						
工业企业数	个	375	164	136	62	13
工业总产值(当年价)	万元	18721066	8541846	6049716	4046753	82752
从业人员年平均人数	万人	8.01	3.02	3.49	1.46	0.04
流动资产合计	万元	8246342	3190283	2389941	2626920	39198
固定资产合计	万元	5427874	1968067	2059464	1366125	34219
主营业务收入	万元	13798229	6856693	4616455	2246426	78655
主营业务成本	万元	12664280	6360250	4181378	2058385	64267
主营业务税金及附加	万元	42594	22683	10936	7649	1326
本年应交增值税	万元	197846	119753	59213	18311	569
利润总额	万元	276696	144903	90697	32521	8575

15-1 续表 1

指标名称	计量单位	全市	定海区	普陀区	岱山县	嵊泗县
四、交通运输、邮电通信及能源电力						
公路客运量	万人	2464	107	1108	291	148
公路货运量	万吨	7244	3957	1255	1917	76
水路客运量	万人	2588	32	1748	445	206
水路货运量	万吨	20932	6701	7299	3447	2157
民用航空客运量	万人	80.1				
民用航空货邮运量	吨	319.1				
沿海港口货物吞吐量	万吨	42590	13888	9485	7695	11526
公路里程	公里	1948.38	777.83	444.95	415.73	176.69
境内高速公路里程	公里	42	42			
民用汽车拥有量	辆	173126	47937	49812	19168	6065
其中:私人汽车拥有量	辆	122076	31057	37609	12700	3031
年末邮政局(所)数	处	54	19	16	10	9
邮政业务收入	万元	13966	5420	4608	2562	1376
电信业务收入	万元	143706	96005	30389	11611	5701
固定电话年末用户数	万户	32.82	16.00	10.45	4.46	1.91
移动电话年末用户数	万户	162.10	79.73	51.02	21.75	9.61
其中:3G 及以上移动电话用户	万户	129.77	60.68	41.91	18.77	8.39
互联网宽带接入用户数	万户	45.85	21.18	15.16	6.77	2.74
综合能源消费量	万吨/标准煤	554	201	194	129	29
全社会用电量	万千瓦时	489112	212941	150688	82394	43089
其中:工业用电	万千瓦时	234674	104725	69668	54161	6120
城乡居民生活用电	万千瓦时	91714	37706	34640	13784	5585
五、贸易、外经及旅游						
社会消费品零售总额	万元	4573956	1858453	1693403	697265	324835
限额以上批发零售贸易业商品销售总额	万元	14826609	11082407	3424192	228030	91980
限额以上批发零售企业数(法人数)	个	334	207	85	26	16
货物进口额(海关数)	万美元	428852	192638	129325	39862	51898
货物出口额(海关数)	万美元	626258	128728	372304	102822	9610
外商直接投资合同项目	个	25	2	3	3	
当年实际使用外资额	万美元	21017	2326	1383	893	
入境游客人数(含一日游游客)	人	339247	82841	204984	40851	10571
国际旅游(外汇)收入	万美元	17341	5654	6992	1827	334
六、固定资产投资						
固定资产投资(不含农户)	万元	13111370	6218692	4338060	1690428	864190
其中:房地产开发投资	万元	1718863	1121690	548640	14626	33907
商品房销售面积	万平方米	152.5	83.4	52.0	15.2	1.9
商品房销售额	万元	1480084	883449	468975	108994	18666
待售面积	万平方米	119.3	53.8	52.3	11.4	1.8

15-1 续表 2

指标名称	计量单位	全市	定海区	普陀区	岱山县	嵊泗县
七、教育、科技、文化及卫生						
普通中学学校数	所	42	13	12	7	3
小学学校数	所	56	20	12	13	7
普通中学教师数	人	3251	871	922	515	243
小学教师数	人	3546	1271	1067	564	261
普通中学学生数	万人	3.14	0.88	0.85	0.46	0.20
小学学生数	万人	4.80	1.78	1.47	0.68	0.26
专利申请受理量	项	3544	2438	649	307	150
专利申请授权量	项	1836	1183	317	232	104
其中:发明	项	497	334	141	15	7
公共图书馆图书总藏量	千册	1844.43	243.35	252.70	280.49	129.25
医院、卫生院数	个	68	28	21	10	9
医院、卫生院床位数	张	4970	2584	1621	490	275
医生数(执业医师+执业助理医师)	人	6327	3360	1856	780	331
注册护士	人	3347	1893	929	345	180
八、人民生活和社会保障						
在岗职工平均人数	万人	17.17	8.97	4.72	2.24	1.23
在岗职工工资总额	万元	1378804	769203	354826	165169	89607
城镇单位职工平均工资	元	80311	85717	75240	73585	72603
城镇常住居民人均可支配收入	元	48423	53035	47451	42965	43191
城镇常住居民人均生活消费支出	元	30762	31607	25800	24595	26542
城镇居民人均住房建筑面积	平方米	34.74	42.39	35.10	42.18	42.20
渔农村常住居民人均可支配收入	元	28308	28392	27858	28366	27380
渔农村常住居民人均生活消费支出	元	19468	17813	20321	21385	16940
渔农村居民人均居住面积	平方米	51.63	61.07	51.40	48.13	43.40
基本养老保险参保人数	人	811382	56003	229940	151192	62881
基本医疗保险参保人数	人	955527	221665	277246	173115	67705
失业保险参保人数	人	214127		48816	27467	9977
工伤保险参保人数	人	339858		84304	46891	12985
生育保险参保人数	人	211347		47593	26505	11020
城市居民最低生活保障人数	人	1982	675	712	278	297
九、社会治安						
交通事故死亡人数	人	45	24	14	6	1
交通事故损失额	万元	111.69	80.96	26.73	0.90	3.10
火灾事故死亡人数	人					
火灾事故损失额	万元	177.55	79.10	52.56	23.80	2.30
刑事案件立案数	起	1459	541	476	169	69
罪犯人数	人	1749	737	575	221	69
其中:青少年人数(年龄 14–25 周岁)	人	270	145	72	23	2

注:1、财政指标各县区不包括市本级数据。2、外商直接投资合同项目、当年实际使用外资额等指标各县区不包括市本级数。3、教育项下全部指标各县区不包括市本级数。4、社会治安项下刑事案件立案数、刑事罪犯总数、青少年罪犯人数各县区不包括市本级数。5、公共图书馆图书总藏量各县区不包括市本级数。6、基本养老保险参保人数、基本医疗保险参保人数、失业保险参保人数、工伤保险参保人数、生育保险参保人数各县区不包括市本级数。7、保费收入、财产险定海数据不包括市本级。8、公路客运量(全社会)、公路货运量(全社会)、水运客运量(全社会)定海数据不包括市本级。9、规模以上工业能源消费量定海数据不包括市本级。

15-2 50人以上住人岛屿基本情况

（按公安户籍人口口径）

	总面积（平方公里）	#陆地面积（平方公里）	2015年		2016年	
			总户数(户)	总人口(人)	总户数(户)	总人口(人)
定海区						
舟山岛定海部分	401.63	384.79	121632	324490	123147	326121
金塘岛	82.11	77.35	16000	39990	15901	39765
大鹏山	6.09	3.52	775	1806	768	1790
长白岛	14.16	11.10	1947	4862	1344	4824
峙中山	0.70	0.41				
富翅山	1.36	1.09	214	583	242	645
外钓山	1.42	0.99	8	28	19	68
中钓山	0.40	0.16	12	46	21	73
里钓山	1.87	1.65	257	719	282	796
册子岛	14.97	14.20	1482	3962	1492	3863
长峙岛	7.97	6.30	1863	4834	1646	4388
东蟹峙	0.63	0.47	290	749	290	787
岙山	5.96	5.15	484	1289	690	1770
松山	1.01	0.84				
凤凰山	0.17	0.09				
大五奎山	0.47	0.38	24	99	31	62
盘峙岛	4.11	3.80	572	1368	780	1995
小盘峙	0.61	0.53	99	280	95	298
刺山	0.64	0.54	40	110	40	110
东巨岛	3.42	3.08	130	364	123	361
西巨岛	0.27	0.19	59	153	54	180
摘箬山	2.70	2.34	95	256	95	251
西蟹峙	1.01	0.82	120	345	120	342
大猫岛	6.92	6.20	511	1393	498	1383

注：户数和人口空缺的岛屿主要由外来人口居住。

外钓山、中钓山和里钓山由于工程施工，人口都已搬走，但户籍没变更。

15-2 续表1

	总面积（平方公里）	#陆地面积（平方公里）	2015年末		2016年末	
			总户数(户)	总人口(人)	总户数(户)	总人口(人)
普陀区						
舟山岛普陀部分	101.02	91.38	58188	158325	59136	158454
小干岛	5.56	3.25	353	1388	354	1399
鲁家峙	4.36	3.04	2033	5522	2095	5566
马　峙	0.34	0.34	104	275	104	276
葫芦岛	1.28	0.93	695	1879	691	1856
普陀山	16.06	11.85	2110	4953	2143	4951
朱家尖岛	75.84	61.82	8899	26386	8885	26497
柴　山	0.94	0.88	368	1116	368	1120
白沙山	1.71	1.44	537	1546	533	1517
桃花岛	44.43	40.73	5618	16925	5590	16786
登步岛	16.72	14.51	2003	5912	1985	5855
蚂蚁岛	2.90	2.22	1203	3872	1202	3841
湖泥山	2.38	1.51	467	1531	464	1519
西白莲山	1.29	0.93	128	420	128	413
东白莲山	2.05	1.36	105	305	105	298
大双山	1.01	0.68	518	1318	516	1312
走马塘	0.81	0.70	98	300	96	292
虾峙岛	18.59	17.01	5919	18781	5885	18598
六横岛	109.40	93.66	17147	58286	16185	57862
佛渡岛	9.19	7.28	856	2961	853	2953
凉潭岛	1.66	1.12	175	635	173	627
悬山岛	8.21	6.92	1050	3361	1042	3333
青浜岛	1.43	1.41	835	2011	832	2013
庙子湖岛	2.65	2.64	860	2210	851	2148
黄兴岛	2.44	2.44	490	1109	488	1116
东福山	2.98	2.95	249	595	245	616

15-2 续表 2

	总面积（平方公里）	#陆地面积（平方公里）	2015年末		2016年末	
			总户数（户）	总人口（人）	总户数（户）	总人口（人）
岱山县						
岱山岛	119.32	104.97	45173	105292	45809	107414
衢山岛	73.57	59.79	21495	52150	21279	51701
大长涂山	40.62	33.56	2242	5012	2211	4952
秀山岛	26.33	22.88	3169	7781	3133	7686
小长涂山	13.33	10.92	3430	7884	3408	7796
官山	3.60	3.14	457	1218	453	1206
黄泽山	3.37	2.53	498	1229	491	1213
小衢山	2.04	1.87	637	1564	626	1549
大峧山	2.58	1.94	211	490	211	490
江南山	1.71	0.72	447	1140	445	1140
嵊泗县						
泗礁山	25.88	22.49	12719	32070	12735	31937
金鸡山	2.03	1.98	1320	3328	1317	3295
大黄龙山	5.67	5.22	3159	8997	3146	8893
枸杞岛	6.38	5.79	3224	8302	3208	8237
嵊山	4.47	4.14	3016	8188	3000	8091
壁下山（大盘山、张其山）	1.99	1.60	228	558	227	556
花鸟山	3.99	3.53	841	2043	832	2029
东绿华岛	1.32	1.09	197	475	190	482
西绿华岛	1.57	1.34	562	1279	562	1276
东库山	0.31	0.22	75	192	78	175
大洋山	6.56	4.89	4758	11381	4769	11372
滩浒山	0.88	0.52	296	686	294	682

注：本表为户籍统计口径，由各乡镇提供，其中壁下山户数包括了大盘山、张其山户数。

15-3 50人以上住人岛屿基本情况

（按2010年11月1日，六普口径）

	总面积（平方公里）	总户数（户）	总人口（人）	男（人）	女（人）	人口密度（人/平方公里）
定　海	**568.80**	**187443**	**463896**	**240941**	**222955**	**816**
定海本岛	401.63	162545	407421	209884	197537	1014
金塘岛	82.11	16749	37321	19263	18058	455
大鹏岛	6.09	393	785	402	383	129
长白岛	14.16	1483	3066	1667	1399	217
富翅岛	1.36	111	197	100	97	145
里钓山	1.87	113	216	107	109	116
册子岛	14.97	2308	6334	4525	1809	423
长峙岛	7.97	1390	3464	1821	1643	435
东蟹峙	0.63	241	571	309	262	906
岙　山	5.96	474	1087	693	394	182
凤凰山	0.17	27	114	67	47	671
大五奎山	0.47	197	350	287	63	745
盘峙岛	4.11	980	2177	1318	859	530
小盘峙	0.61	71	136	80	56	223
东巨岛	3.42	51	86	41	45	25
西蟹峙	1.01	106	204	149	55	202
大猫岛	6.92	255	453	269	184	65
团鸡山	0.31	31	62	62		200
普　陀	**458.60**	**153198**	**378667**	**198323**	**180344**	**826**
普陀本岛	101.02	91686	228174	114662	113512	2259
小干岛	5.56	1526	5248	4058	1190	944
鲁家峙	4.36	2924	7938	4553	3385	1821
马　峙	0.34	951	2475	1919	556	7279
葫芦岛	1.28	174	330	154	176	258
普陀山	16.06	5259	10337	5649	4688	644
洛伽山	0.43	65	74	64	10	172
朱家尖岛	75.84	10612	27981	14432	13549	369
柴　山	0.94	181	336	170	166	357
白沙山	1.71	363	672	366	306	393
桃花岛	44.43	4783	10867	5488	5379	245
登步岛	16.72	1284	2479	1286	1193	148
蚂蚁岛	2.9	2458	5814	3690	2124	2005
湖泥山	2.38	342	682	365	317	287
西白莲山	1.29	126	408	290	118	316
东白莲山	2.05	74	135	68	67	66
大双山	1.01	190	345	168	177	342
虾峙岛	18.59	4942	11247	5820	5427	605
六横岛	109.4	23245	59012	32956	26056	539

15-3　续表 1

	总面积（平方公里）	总户数（户）	总人口（人）	男（人）	女（人）	人口密度（人/平方公里）
佛渡岛	9.19	629	1292	694	598	141
元山岛	8.21	393	751	380	371	91
对面山	0.97	94	270	140	130	278
青浜岛	1.43	271	494	261	233	345
庙子湖岛	2.65	419	806	420	386	304
黄兴岛	2.44	33	64	30	34	26
东福山	2.98	90	142	89	53	48
西闪岛	0.56	68	138	66	72	246
金钵盂岛	0.66	114	294	179	115	445
岱　山	**326.50**	**81544**	**202070**	**110008**	**92062**	**619**
岱山岛	119.32	46393	111765	57129	54636	937
江南山	1.71	1456	4401	3447	954	2574
大峧山	2.58	66	107	57	50	41
衢山岛	73.57	21010	53016	27360	25656	721
鼠浪湖岛	4.38	37	136	131	5	31
大长涂山	40.62	987	1750	835	915	43
小长涂山	13.33	7301	19750	14076	5674	1482
秀山岛	26.33	3838	10106	6321	3785	384
大鱼山	11.03	438	788	441	347	71
对港山	0.15	18	251	211	40	1673
嵊　泗	**86.22**	**32282**	**75980**	**38697**	**37283**	**881**
泗礁山	25.88	16459	39008	19618	19390	1507
马迹山	1.81	125	170	169	1	94
大黄龙岛	5.67	2955	6910	3632	3278	1219
金鸡山	2.03	1184	2601	1273	1328	1281
东绿华山	1.32	96	227	148	79	172
西绿华山	1.57	204	336	154	182	214
东库山	0.31	34	64	37	27	206
花鸟山	3.99	533	977	502	475	245
壁下山	1.44	87	162	81	81	113
嵊　山	4.47	3702	8309	4275	4034	1859
枸杞岛	6.38	3157	7611	3918	3693	1193
大洋山	3.38	253	1215	1177	38	359
小洋山	6.56	3684	9336	4745	4591	1423
滩浒山	0.88	126	255	129	126	290
大山塘岛	0.92	17	117	105	12	127
小黄龙岛	1.01	78	131	117	14	130
沈家湾岛	1.95	75	435	417	18	223

注：马迹山、小洋山、沈家湾岛的人口归上海方面登记，数据由上海方面反馈。

15–4 乡镇基本情况

（2015年）

	村民委员会个数（个）	乡镇总户数（户）	乡镇总人口（人）	乡镇从业人员数(人)	第一产业（人）	第二产业（人）	第三产业（人）
定海区金塘镇	12	17572	48676	35856	3366	20831	11659
白泉镇	13	15868	46461	29738	5307	13949	10482
干礅镇	6	4432	12330	8752	1676	4065	3011
双桥街道	6	5818	15848	11771	2609	5581	3581
岑港街道	9	5990	15970	10726	2799	4392	3535
马岙街道	6	4177	12890	7637	803	5255	1579
小沙街道镇	10	6908	13976	10540	3120	5018	2402
盐仓街道	5	10438	32834	16331	1619	7920	6792
普陀区六横镇	45	19228	60856	45062	11747	14932	18383
虾峙镇	6	4826	14991	7751	3650	975	3126
桃花镇	12	4578	12694	9233	5078	1253	2902
东极镇	1	736	1852	763	450	28	285
朱家尖街道	9	8602	26699	20312	5602	2880	11830
展茅街道	6	7810	22600	13028	1652	8780	2596
舟山市普陀山镇	4	5393	12446	10801	12	211	10578
临城街道	30	43614	121760	30210	2298	17186	10726
岱山县高亭镇	25	38810	89370	53989	8523	24590	20876
东沙镇	3	8066	16982	12250	910	8150	3190
岱东镇	5	5118	13032	8765	2306	3997	2462
岱西镇	10	4256	10708	9349	1796	2931	4622
长涂镇	6	5069	13173	8927	1905	3913	3109
衢山镇	33	22531	59637	30908	16679	7237	6992
秀山乡	3	3468	10130	9466	964	6315	2187
嵊泗县菜园镇	12	15125	38515	27163	3275	2935	20953
嵊山镇	7	2921	7442	5091	2421	661	2009
洋山镇	1	4853	9827	6323	1928	1013	3382
五龙乡	4	1477	3836	2655	1615	190	850
黄龙乡	5	2791	7958	3075	2296	456	323
枸杞乡	7	3081	7993	4988	3560	438	990
花鸟乡	2	411	643	371	227	30	114

15-4 续表 1

	外来从业人员（人）	年末常用耕地面积（亩）	农作物播种面积（亩）	其中:粮食作物播种面积(亩)	农民合作社个数（个）	农民合作社成员数（户）	工业企业单位数（个）
定海区金塘镇		14790	22455	12330	7	137	794
白泉镇	6992	18180	28050	10170	21	309	162
干礁镇	3122	4470	5310	2160	7	45	112
双桥街道	1183	16659	31655	12305	18	382	87
岑港街道	4900	10710	13652	9734	19	95	78
马岙街道	2719	7349	12171	5660	18	145	77
小沙街道镇	4378	17370	19530	12030	31	681	65
盐仓街道	10493	5462	7579	2758	14	15751	152
普陀区六横镇	3386	22700	35075	18807	37	192	721
虾峙镇	205	1895	1745	770			166
桃花镇	607	6300	7766	3329	14	89	18
东极镇	140				1	12	5
朱家尖街道	1080	9080	15690	4650	22	441	155
展茅街道	1220	7200	10035	4740	13	84	145
舟山市普陀山镇	7378	1895	1727		4	106	
临城街道	12500	6764	10898	3582	2	24	242
岱山县高亭镇	22570	7500	12750	3810	25	1505	179
东沙镇	1080	4035	4980	2310	8	1106	138
岱东镇	77	5010	9495	3195	12	1105	45
岱西镇	376	3945	3998	1209	5	180	68
长涂镇	2848	2490	3954	1662	8	1434	56
衢山镇	5706	8535	15030	8700	29	858	100
秀山乡	5573	4380	8910	4830	8	200	66
嵊泗县菜园镇	7785	689	2850	475	15	321	52
嵊山镇	1176		93	31	8	40	18
洋山镇	871	53	227	107			46
五龙乡	405		180	51			26
黄龙乡	516	75	173	128			5
枸杞乡					24	620	15
花鸟乡	73	60	7	7			1

15-4 续表 2

	其中:规模以上工业（个）	工业总产值（万元）	工业企业从业人员数（人）	建筑业企业单位数（个）	公共财政收入（万元）	公共财政支出（万元）	小学学校数（个）
定海区金塘镇	18	501175	8685	1	39826	27525	4
白泉镇	10	430916	3589	7	35646	16908	2
干礁镇	12	325459	2872	1	3052	2855	1
双桥街道	8	552000	1698	3	16031	6651	2
岑港街道	25	1416100	2785	6	5869	5869	2
马岙街道	15	2002940	4432	4	84600	3813	1
小沙街道镇	8	1775345	6877	4	13340	9313	2
盐仓街道	12	306417	5920	7	5861	5861	2
普陀区六横镇	14	2245074	16237	4	61399	33429	4
虾峙镇	2	190488	3887		9787	9714	1
桃花镇	1	28246	208	1	4077	4757	1
东极镇		1300	28		2447	2447	
朱家尖街道	8	295033	3301	79	20182	15736	2
展茅街道	17	412030	4094	1	8437	8437	3
舟山市普陀山镇				1	100525	43242	1
临城街道	42	771794	7980	12	194021	12209	7
岱山县高亭镇	22	630262	9617	3	16297	5416	5
东沙镇	11	481025	4958		13960	2981	2
岱东镇	4	71918	1870	1	2701	2292	1
岱西镇	10	390209	1842		3658	2329	1
长涂镇	2	1571351	7580		9212	1598	1
衢山镇	6	259118	2815	1	13700	5880	4
秀山乡	5	927675	4560	6	4642	2024	1
嵊泗县菜园镇	1	76943	542	7	6335	8225	4
嵊山镇	4	20524	189		6641	6960	1
洋山镇		27045	505		5519	4692	1
五龙乡	1	10503	152		390	4960	
黄龙乡	3	23103	132		5617	4888	1
枸杞乡	3	31420	455		7250	6258	1
花鸟乡		437	20		233	1496	

15–4　续表 3

	小学在校学生数（人）	小学专任教师数（人）	医疗卫生机构个数（所）	医疗卫生机构床位数（床）	执业（助理）医师数（人）	新型农村合作医疗参保人数（人）	新型农村社会养老保险参保人数（人）
定海区金塘镇	1969	170	1	50	40	24001	5427
白泉镇	1544	109	14	41	48	22293	16254
干礁镇	483	46	1	11	14	6477	2091
双桥街道	730	63	1	19	13	11351	7064
岑港街道	381	33	2	16	12	11180	4301
马岙街道	414	37	1	10	13	5761	2477
小沙街道镇	358	43	8	25	20	11557	5365
盐仓街道	1692	101	1	18	16	10702	12596
普陀区六横镇	3196	330	19	270	173	46312	23109
虾峙镇	122	21	8	30	24	15840	6356
桃花镇	196	24	7	17	14	12728	9496
东极镇			1	11	8	4268	5784
朱家尖街道	1606	99	12	50	32	18397	3617
展茅街道	1191	79	1	20	16	14955	7418
舟山市普陀山镇	157	21	5	30	21	2198	789
临城街道	5800	229	18	1300	618	34337	35924
岱山县高亭镇	3816	315	6	430	235	27893	11780
东沙镇	350	40	3	26	40	9838	8528
岱东镇	147	21	1	10	13	9870	5229
岱西镇	177	21	1	6	15	10098	8083
长涂镇	183	18	1	10	22	8481	6957
衢山镇	2050	130	6	152	65	38614	30428
秀山乡	254	22	6	10	9	6776	2596
嵊泗县菜园镇	1852	170	6	225	109	10168	7224
嵊山镇	178	17	1	50	10	4952	3137
洋山镇	337	34	1	25	15	4769	9503
五龙乡			1		4	2977	2209
黄龙乡	107	18	2	12	6	5665	5618
枸杞乡	227	25	1	14	12	5413	4372
花鸟乡			2	6	1	1340	950

15-4 续表 4

	农村居民最低生活保障人数(人)	自来水用水户数(户)	金融机构网点数(个)	公园及休闲健身广场个数(个)	城镇规划区面积(公顷)	城镇建成区绿化面积(公顷)	通公共交通的村个数(个)	垃圾集中处理的村个数(个)
定海区金塘镇	136	17220	17	2	570	71	12	12
白泉镇	522	15716	8	2	600	37	13	13
干䃎镇	173	4432	3	1	520	4	6	6
双桥街道	297	5818	2	8			6	6
岑港街道	288	5990	2	5	110	19	9	9
马岙街道	121	4016	1	2	399	7	6	6
小沙街道镇	438	6100	4	12	400	5	10	10
盐仓街道	201	10438	4	9			5	5
普陀区六横镇	880	17925	11	2	1313	295	45	45
虾峙镇	124	3702	1	1	93	4	6	6
桃花镇	299	4578	2	1	1180	4	12	12
东极镇	109	506	1	15	67	28	1	1
朱家尖街道	301	8602	10	9	6870	62	8	9
展茅街道	359	7810	5	2	215	9	6	6
舟山市普陀山镇	9	2018	9	7	1250	26	4	4
临城街道	932	36409	22	2	6760	774	29	30
岱山县高亭镇	521	31400	55	32	1040	65	25	25
东沙镇	211	8060	6	10	420	60	3	3
岱东镇	216	5118	3	7	470	1	5	5
岱西镇	190	4256	3	9	200	30	10	10
长涂镇	143	4036	3	5	1091	4	6	6
衢山镇	738	19805	11	8	831	168	33	33
秀山乡	91	3330	2	5			3	3
嵊泗县菜园镇	291	12750	14	2	589	10	12	12
嵊山镇	207	2921	2	1		1	6	7
洋山镇	286	2702	2	22	673	3		
五龙乡	32	1366	1	10			4	4
黄龙乡	165	2439	2	18			4	4
枸杞乡	129	1610	2	7			7	7
花鸟乡	55	330	1	6			2	2

十六、全省各市国民经济和社会发展主要指标

16-1　全省各市国民经济和社会发展主要指标

（2016 年）

指 标 名 称	计量单位	杭州市	宁波市	温州市	嘉兴市	湖州市	绍兴市
年末总人口(户籍)	万人	736.00	590.96	818.22	352.12	264.84	444.53
年平均人口	万人	729.78	588.77	814.72	350.80	264.28	443.82
常住人口	万人	918.8	787.5	917.5	461.4	297.5	498.8
从业人员期末人数(城镇)	万人	290.13	151.86	104.60	80.55	50.23	136.83
行政区域土地面积	平方公里	16596.00	9816.23	12082.64	4223.00	5820.26	8279.08
水资源总量	万立方米	2131002	1038383	1846639	406081	841074	800309
地区生产总值(当年价格)	亿元	11314	8686	5102	3862	2284	4789
第一产业增加值	亿元	304	302	140	137	127	208
第二产业增加值	亿元	4121	4455	2096	2010	1099	2398
其中:工业增加值	亿元	3726	3981	1744	1826	998	2095
第三产业增加值	亿元	6889	3929	2866	1715	1057	2183
人均地区生产总值(常住)	元	124286	110656	55779	83968	77110	96204
人均地区生产总值(户籍)	元	155030	147537	62618	110095	86438	107905
地区生产总值增长率	%	9.6	7.1	8.4	7.1	7.6	5.5
一般公共预算收入	万元	14023826	11145409	4398744	3879341	2111792	3903010
一般公共预算支出	万元	14043065	12892601	6667495	4421926	2886169	4560959
年末金融机构存款余额(人民币)	万元	325146405	161960114	102133087	66302180	34768018	72633137
年末金融机构贷款余额(人民币)	万元	254648309	158067586	80114741	51852269	27403590	61111742
规模以上工业企业数	个	5684	7286	4871	5051	2806	4430
规模以上工业总产值(当年价)	万元	124209588	145002400	52295784	78829406	46060507	98269408
民用汽车拥有量	辆	2341536	2379915	1782753	1052699	642262	1104557
其中:私人汽车拥有量	辆	1922663	1661613	1638916	899004	588840	972733
年末固定电话用户数	万户	265.70	238.00	156.74	110.46	81.87	127.48
年末移动电话用户数	万户	1734.41	1209.83	1115.33	608.41	456.19	782.54
其中:3G 移动电话用户	万户	1194.20	633.00	760.29	545.27	341.42	393.33
互联网宽带接入用户	万户	443.57	336.00	321.16	164.11	118.49	180.92
社会消费品零售总额	万元	51762033	36676341	30068973	16384941	10688648	17833404
货物进口额(海关数)	万美元	1773389	2882664	200472	784109	120667	204114
货物出口额(海关数)	万美元	5025852	6609658	1607670	2350700	901563	2556423
固定资产投资总额(不含农户)	万元	58424194	49613931	39057352	27901555	15921759	28824824
医生数(执业医师+执业助理医师)	人	38172	22941	24976	10408	7619	14171
注册护士	人	42011	23714	23569	13246	8657	13872
城镇居民人均可支配收入	元	52185	51560	47785	48926	45794	50305
农村居民人均可支配收入	元	27908	28572	22985	28997	26508	27744
城镇单位职工平均工资	元	85022	81578	67951	71767	64383	61003
居民消费价格指数(上年为 100)	%	102.6	102.1	101.4	101.8	101.6	101.9

16-1 续表 1

指 标 名 称	计量单位	金华市	衢州市	舟山市	台州市	丽水市
年末总人口(户籍)	万人	481.15	257.49	97.33	600.17	268.00
年平均人口	万人	479.92	256.94	97.34	598.83	267.19
常住人口	万人	552.0	216.2	115.8	608.0	216.5
从业人员期末人数(城镇)	万人	92.66	20.69	46.99	94.14	18.44
行政区域土地面积	平方公里	10941.75	8844.55	1455.78	9411.00	17324.25
水资源总量	万立方米	1182776	1279447	115752	1002197	2506611
地区生产总值(当年价格)	亿元	3685	1252	1241	3899	1210
第一产业增加值	亿元	148	88	127	254	96
第二产业增加值	亿元	1643	565	510	1696	543
其中:工业增加值	亿元	1423	474	420	1469	460
第三产业增加值	亿元	1893	599	604	1949	571
人均地区生产总值(常住)	元	67158	58281	107463	64287	56238
人均地区生产总值(户籍)	元	76782	48712	127506	65104	45293
地区生产总值增长率	%	7.5	7.2	11.3	7.8	7.1
公共财政预算收入	万元	3381394	1025553	1203248	3432835	1035668
公共财政预算支出	万元	5423599	2680843	2505417	5143996	3416717
年末金融机构存款余额(人民币)	万元	74783132	18966349	18078318	69232204	20378684
年末金融机构贷款余额(人民币)	万元	61673953	16524498	14840103	57589217	15434467
规模以上工业企业数	个	3968	933	375	3618	1115
规模以上工业总产值(当年价)	万元	47057703	15819468	18721066	40840353	17900092
民用汽车拥有量	辆	1471211	331083	173126	1327839	320957
其中:私人汽车拥有量	辆	1375387	299052	122076	1208853	293581
年末固定电话用户数	万户	98.57	37.03	32.82	106.81	36.49
年末移动电话用户数	万户	946.13	224.64	162.10	770.84	305.31
其中:3G 移动电话用户	万户	545.82	133.18	129.77	509.95	151.06
互联网宽带接入用户	万户	206.61	53.87	45.85	208.46	66.26
社会消费品零售总额	万元	19778681	6093102	4573956	20131405	5716390
货物进口额(海关数)	万美元	113945	120939	428852	213588	25342
货物出口额(海关数)	万美元	4717479	302627	626258	1773336	315765
固定资产投资总额(不含农户)	万元	20840146	9817382	13111370	22726317	8416456
医生数(执业医师+执业助理医师)	人	15630	6780	6327	16637	7271
注册护士	人	15682	6798	3347	16180	7379
城镇居民人均可支配收入	元	46554	36188	48423	47162	35968
农村居民人均可支配收入	元	21896	18421	28308	23164	16459
城镇单位职工平均工资	元		78350	77723	63034	82057
居民消费价格指数(上年为 100)	%	101.5	101.9	101.8	101.7	101.7